번암집

한국고전번역원 한국문집번역총서

번암집 13

樊巖集

채제공 지음
蔡濟恭

김정기 옮김
이유찬
정문채

일러두기

1. 이 책의 번역 대본은 한국고전번역원에서 간행한 한국문집총간 235~236집 소재 《번암집(樊巖集)》으로 하였다. 번역 대본의 원문 텍스트와 원문 이미지는 한국고전종합DB(http://db.itkc.or.kr)에서 확인할 수 있다.
2. 역주는 내용이 간단하면 간주(間註)로, 길면 각주(脚註)로 처리하였다.
3. 한자는 필요한 경우 이해를 돕기 위하여 넣었으며, 운문(韻文)은 원문을 병기하였다.
4. 문장 부호는 '한글 맞춤법'에 규정된 용법을 따랐으며, 그 밖에 새로 만들거나 용법을 달리하여 사용한 부호는 다음과 같다.

   「 」: ' ' 안의 재인용을 나타낼 때 사용한다.

   『 』: 「 」 안의 재인용을 나타낼 때 사용한다.

   《 》: 책명 및 각주의 전거(典據)를 나타낼 때 사용한다.

   〈 〉: 편명, 작품명, 논문 제목을 나타낼 때 사용한다.

   …… : 번역문에서 원문의 '云云'을 처리할 때, 각주에서 긴 인용문을 처리할 때, 각주의 표제어가 네 어절 이상일 경우 생략되는 말을 처리할 때 사용한다.

   - - : 본문에서 소자(小字) 원문 주(註)의 처음과 끝에 사용한다.

차례

번암집 제50권

묘갈명 墓碣銘

번암집 제51권

번암집 제52권

묘갈명 墓碣銘

번암집 제53권

묘갈명 墓碣銘

번암집

제50권

묘갈명
墓碣銘

통정대부 수 황해도 관찰사 정공 묘갈명

通政大夫守黃海道觀察使鄭公墓碣銘

공의 휘는 옥(玉)이고, 자는 자성(子成)이며, 초명은 주관(周觀)이고, 호는 우천(牛川)이다. 정씨는 본래 서원(西原)의 저명한 성씨로, 고려조 별장(別將) 극경(克卿)[1]의 후손이다. 2대를 전하여 대장군(大將軍) 의(顗)[2]가 나왔는데, 그는 도끼를 소매에 넣고 들어가 서경(西京)의 역적 최광수(崔光秀)[3]를 찍어 평정하였고, 나중에 필현보(畢玄甫)의 반란[4]에 죽었다. 조정에서 사당을 세워 제사를 지냈는데, 지금 성천(成川)[5]의 포충표절사(褒忠表節祠)가 그것이다. 이로부터 저명하고 박학한 선비들이 대를 이어 나왔다. 소부 소윤(少府少尹) 침(賝)에 이르러,

1 극경(克卿) : 정극경(鄭克卿)은 청주 정씨(淸州鄭氏)의 시조이다.

2 대장군(大將軍) 의(顗) : 정의(鄭顗)는 고려의 무신으로 1217년(고종4) 거란군이 서경에 침입하자 이 틈을 타 서경 사람 최광수 등이 고구려 부흥을 내세워 난을 일으키자 일당 8명을 격살하고 성을 회복하였다. 1233년 필현보, 홍복원(洪福源) 등이 서경에서 모반하자 선유(宣諭)의 임무를 띠고 서경에 갔는데 오히려 필현보가 그를 주장(主將)으로 삼으려 하여 유혹도 하고 협박도 하였지만 굴복하지 않고 죽음을 당하였다.

3 최광수(崔光秀) : ?~1217. 고려 고종 때인 1217년 거란군의 침입을 틈타 서경을 탈취하고 고구려를 부흥한다는 명목을 내세워 난을 일으켰으나, 바로 정의가 휘두른 도끼를 맞아 죽었다.

4 필현보(畢玄甫)의 반란 : 1233년 낭장(郎將)으로 동료 홍복원과 함께 반란을 일으켜 선유사(宣諭使)인 대장군 정의・박녹전(朴祿全) 등을 죽인 뒤에 성을 탈취하여 배반하고 갖은 불법을 자행하다가 최우(崔瑀)가 보낸 가병(家兵) 3000명 및 북계 병마사(北界兵馬使) 민희(閔曦)에게 붙잡혀 개경에 압송되어 사형당하였다.

5 성천(成川) : 평안남도 중부에 있는 군이다.

그는 우리 조정이 천명을 받을 때에 의리상 벼슬하지 않고 안동부(安東府)에 은둔하여, 자손들이 마침내 영남 사람이 되었다.

휘 탁(琢)[6]은 호가 약포(藥圃)이고 관직은 좌상(左相)을 지냈으며 서원부원군(西原府院君)에 봉해졌고 시호는 정간공(貞簡公)이며, 울연히 선조(宣祖)의 명신이 되었다. 그의 아들 휘 윤저(允著)[7]는 집의에 증직되었는데, 이분이 공의 고조이다. 증조 휘 시영(時英)은 이조 참의에 증직되었다. 조부 휘 집(輯)은 이조 참판에 증직되었다. 선고(先考) 휘 석제(碩濟)는 관직이 동지중추부사에 이르렀고, 삼대의 조상에게 소급하여 관작이 내려졌다. 공의 신분이 귀해지자, 조정에서 부모를 추은(推恩)하여 동추공(同樞公)을 이조 참판에 증직하고 어머니 함창 김씨(咸昌金氏)를 정부인(貞夫人)에 증직하였다.

정간공의 체구가 작아서 선조가 일찍이 장난을 잘하였는데, 공의 체구는 정간공을 닮았다. 공은 집안에서 지낼 때 단정하고 확고하며 신중하고 진중하여, 거칠게 말하거나 사나운 표정을 짓는 것을 사람들이 보지 못했으며, 일을 만나 조용히 조치하면 법도에 맞지 않는 것이 없어서 사람들이 재상의 그릇이라고 칭찬하였다.

공은 10세 때 〈요전(堯典)〉을 배우자, 이에 방문을 닫아걸고 독서를 그쳤다. 참판공이 괴이하게 여기고 방문을 열고 보니, 단지 산가지가

6 탁(琢) : 정탁(鄭琢, 1526~1605)의 본관은 청주(淸州), 자는 자정(子精), 호는 약포(藥圃)이다. 1592년(선조25) 임진왜란에 좌찬성으로 왕을 의주(義州)까지 호종하고 곽재우(郭再祐), 김덕령(金德齡) 등의 명장들을 천거하였다. 정유재란에는 이순신(李舜臣)이 옥에 갇히자 힘을 다해 신구(伸救)하여 죽음을 면하게 하였으며, 수륙병진협공책(水陸竝進挾攻策)을 건의하였다.

7 윤저(允著) : 정윤저(鄭允著, ?~1582)는 정탁의 맏아들이다.

앞에 종횡으로 놓여 있었다. 참판공이 공에게 물으니, 공이 아뢰기를 "기삼백(朞三百)[8]의 산가지입니다." 하였다. 공은 창설(蒼雪) 권공(權公)[9]에게 수업하여 학문하는 방도를 들을 수 있었고, 때로 문사(文士)의 모임에 달려가면 반드시 묵묵히 단정히 앉아 있어서, 또래 벗들이 감히 깔보거나 장난을 걸지 못하였다.

계묘년(1723, 경종3)에 모친상을 당하였는데, 애통함으로 건강을 해치면서까지 예를 다하였다.

을사년(1725, 영조1)에 상복을 벗고 국자 상상(國子上庠 성균관 생원)에 올랐다.

정미년(1727)에 대과(大科)에 급제하였고, 승문원에 선발되어 보임되었다. 섭기주(攝記注)로서 경연에 오르자, 상이 물어보고 공이 정간공의 후손이라는 것을 알고 대면해 주셨다.

다음 해인 무신년(1728)에 역변(逆變)이 영남 하도(嶺南下道)에서 일어나자,[10] 공은 집안일을 내던지고 밤낮으로 안동의 창의소(倡義所)

8 기삼백(朞三百) : 고대 역법(曆法)의 기초가 되는 이론으로, 해와 달의 운행과 달의 대소(大小)와 윤달에 대한 설명을 이른다. 《서경》 〈요전〉에 "제요(帝堯)가 말씀하였다. '아, 너희 희씨(羲氏)와 화씨(和氏)야. 기는 366일이니, 윤달을 사용하여야 사시를 정하여 해를 이루어 진실로 백관을 다스려서 모든 공적이 다 넓혀질 것이다.'〔帝曰: 咨汝羲暨和, 朞三百有六旬有六日, 以閏月, 定四時成歲, 允釐百工, 庶績咸熙.〕"라고 하였다.

9 창설(蒼雪) 권공(權公) : 권두경(權斗經, 1654~1725)으로, 본관은 안동(安東), 자는 천장(天章), 호는 창설재(蒼雪齋)이다.

10 무신년에……일어나자 : 1728년 3월에 일어난 이인좌(李麟佐)의 난을 이른다. 소론과 남인의 일부 세력이 영조와 노론을 제거하고 밀풍군(密豐君) 이탄(李坦)을 추대하고자 일으켰던 반란으로 이인좌가 거병했으므로 '이인좌의 난'이라 하며, 무신년에

로 달려갔다. 영천(榮川)에서 의병을 일으키자, 공은 본군(本郡)으로 돌아와서 부장(副將)이 되어 역적을 토벌할 계책을 세웠다. 얼마 지나지 않아 역적의 괴수가 죽고 관병이 파하자 공은 이에 집으로 돌아왔는데, 공의 차분한 태도는 마치 아무 일도 하지 않은 듯하였다.

신해년(1731)에 율봉도 찰방(栗峯道察訪)에 제수되었다. 이때 기근이 심해 역졸이 모두 부황이 들어 생기가 없자, 급히 말이 먹을 콩과 조를 옮겨 죽을 쑤어 역졸들을 구제하고, 산에서 칡덩굴을 꺾어 와 삶아서 말을 먹였는데, 말도 손상이 없었다. 녹봉 1만 민(緡)은 한 푼도 자신을 위해 쓰지 않으며 진휼에 뜻을 다하여 마침내 굶어 죽은 사람이 한 명도 없었다. 어사가 그 일을 상주하자, 상이 내구구(內廏駒)[11]를 하사하여 권면하였다. 공이 체직되어 돌아올 때, 역졸들이 모두 수레를 붙잡고 차마 보내지 못하고, 비석에 새겨서 사모하는 마음을 표현하였다. 10년 뒤에 공이 보령 현감(保寧縣監)에 제수되어[12] 역참을 지나가자, 역졸의 남녀가 앞길을 가득 메우고 빙 둘러서서 절하며 말하기를 "이분은 여러 해 전에 우리를 살려 준 부모이시다." 하고,

발생했으므로 '무신란'이라고도 한다. 1724년 경종의 승하로 영조가 즉위하여 김일경(金一鏡) 등이 제거되고 노론 정권이 들어서자 일부 소론이 남인을 포섭하여 반정을 도모하기 위해 비밀 조직을 결성하였는데, 영조가 1727년 정미환국으로 탕평책을 실시함에 따라 서울의 많은 소론이 이탈하였다. 이에 초조해진 지방의 세력이 이인좌를 대원수로 삼고 청주에서 거병하였으나 관군에게 대파당하고 이인좌 등 수뇌부가 체포되어 평정되었다.

11 내구구(內廏駒) : 내구마(內廏馬)의 망아지이다. 내구마는 임금의 거둥에 쓰이는 말과 수레를 관리하던 관아에서 기르는 말을 이른다.

12 10년……제수되어 : 정옥(鄭玉)은 1742년 5월에 보령 현감이 되었다.

각자 술병과 음식을 가지고 가서 조금이라도 맛보기를 바랐다. 전적(典籍)으로 승진했다가 감찰로 자리를 옮겼으며 다시 병조 좌랑으로 바뀌었다.

갑인년(1734)에 외직으로 나가 황해 도사(黃海都事)가 되어 검전 경차관(檢田敬差官)을 겸임하였다. 또한 과장(科場)을 관장할 때는 원근에서 청탁하는 편지가 자못 모여들었는데, 공은 웃으면서 받아 놓았다가 과장으로 출발할 무렵에 모두 말 머리 앞에 놓고 불살라 버렸다. 토지를 검사할 때는 한결같이 법에 따라 판단하여, 비록 관찰사가 말을 하더라도 돌아보지 않았다. 관찰사 유공 척기(兪公拓基)[13]가 공을 큰 그릇으로 여기고, 매번 평상복 차림으로 와서 이야기를 나누었는데, 탄식하며 말하기를 "아사(亞使)[14]의 풍도가 단정하고 근엄하니, 마땅히 흑두(黑頭)의 공경(公卿)[15]이 되리라." 하였다.

정사년(1737)에 공은 사헌부 지평에 제수되자 소를 올려 6가지 조목을 진달하며 당시의 폐단을 설명한 것이 매우 절실하였다. 상이 우악한 비답을 내려 가상하게 여기고, 소는 궁궐에 남겨 둘 것을 명하였다. 공이 드디어 대청(臺廳)에 나아가 관찰사가 인망(人望)에 부합하지 않은 것, 수령이 이익을 노리고 공물(貢物)을 배에 실은 것, 진영장(鎭營將)이나 포도대장이 함부로 사람을 죽인 것을 논열(論列)하며 혹은 파

13 유공 척기(兪公拓基) : 유척기(1691~1767)의 본관은 기계(杞溪), 자는 전보(展甫), 호는 지수재(知守齋), 시호는 문익(文翼)이다.

14 아사(亞使) : 각 도의 관찰사를 보좌하면서 행정 업무를 총괄한 경력(經歷)과 도사(都事)를 가리킨다.

15 흑두(黑頭)의 공경(公卿) : 젊은 나이에 공경의 지위에 오르는 것으로, 매우 훌륭한 인재를 뜻한다.

직을 청하고 혹은 잡아다 추문할 것을 청하였는데, 공의(公議)가 대각(臺閣)의 위엄이 있다고 인정하였다. 탄핵을 받은 이들은 모두 당시에 권력을 가진 자들로, 수찬(修撰) 이정보(李鼎輔)[16]가 소를 올려 공을 배척했는데, 상은 그가 사당(私黨)을 비호하는 것을 살펴보고 이정보를 삭직하였다. 다음 해에 이전의 직함으로 그에게 소명(召命)을 내렸는데, 당시에 상은 신하들이 사사로이 편당을 짓는 폐단이 더욱 치성한 것을 아파하며 칙교를 지엄하게 내려, 이제부터 다시는 감히 이전처럼 하지 말라고 경계하고, 이어서 먼동이 트기 이전의 일들은 혼돈(混沌)에 부치고 먼동이 튼 이후는 개벽이라 부르도록 지시하였다.[17]

공이 현(縣)과 도(道)를 통해 소를 올렸는데, 그 대략에,

"임금이 변화의 기틀을 잡고 화육(化育)에 참여하고 돕는 공(功)에는 참으로 하늘을 열고 땅을 열며 혼돈을 깨끗하게 없애 버리는 뜻이 있더라도 정령의 조치나 언어와 말투로 강제할 수 없는 점이 있습니다. 지금 전하께서 말씀하신 '개벽'이란 구구하게 사온(賜醞)[18]하고 선반(宣飯)하거나 자질구레하게 호령을 발하고 시행하는 말단을 면하지 못하는데, 스스로 혼돈을 가르는 첫 경계나 개벽을 크게 돌이키는 신묘한 공로로 여기고 계십니다. 그러나 오늘날의 시대 상황을 살펴보건대, 혼돈은 거의 이전 시대보다 심한 점이 있고 개벽하는

16 이정보(李鼎輔) : 1693~1766. 본관은 연안(延安), 자는 사수(士受), 호는 삼주(三洲)·보객정(報客亭)이다.

17 먼동이 트기……지시하였다 : 오늘 새벽 이전의 과오는 모두 없던 일로 하고, 새벽 이후에는 새로운 마음으로 새롭게 시작하라는 말이다.

18 사온(賜醞) : 임금이 신하에게 술을 내리는 것이다.

일은 아득하여 당대에는 기약할 수 없으므로, 신은 그윽이 명군(明君)을 위하여 개탄스럽게 여깁니다. 삼가 바라건대 일에 응하고 사물을 접할 때에 꾸밈을 일삼지 마소서. 이런 자세를 오래 유지하며 한결같이 진실무망(眞實無妄)[19]을 마음속에 간직한다면 전하의 마음속 하늘이 먼저 스스로 개벽하여, 하늘의 도(道)가 말을 하지 않아도 한 해 농사가 절로 이루어지는 것과 같게 되어, 하늘과 땅 사이에 가득한 형형색색의 만물이 모두 개벽의 효과를 입을 것입니다."

하니, 상이 비답을 내려 가상하게 여기고 장려하였다.

다시 지평에 제수되자 시무를 조목조목 진달하며, 또한 호서 관찰사 이보혁(李普爀)과 예안 현감(禮安縣監) 이매신(李梅臣) 등이 함부로 사람을 죽인 죄까지 아뢰었다. 그 뒤에 임금 앞에 나아가서는 대신(大臣)이 아무리 탄핵을 받은 자를 신구(伸救)하더라도 공이 힘껏 간쟁하였다. 상이 웃으면서 이르기를 "대신(臺臣)이 체재를 얻었으니, 내가 마땅히 힘써 따르겠다." 하였다. 공이 물러갈 때 상이 뒷모습을 바라보며 이르기를 "대신의 풍도는 진실로 이와 같아야 한다." 하였다. 그 뒤에 경성 판관(鏡城判官)에 제수되었으나 부임하지 않았다. 잇따라 정언(正言)에 제수되었으나, 힘써 사직하였다.

임술년(1742)에 보령 현감에 제수되었다. 지성으로 백성을 다스리며 추호도 비리에 물든 바가 없었다. 관찰사 이공 종성(李公宗城)[20]이

19 진실무망(眞實無妄) : 《중용장구》 제16장에 나오는 말로, 진실하여 망녕됨이 없는 천리(天理)의 본연을 말한다. 사람은 천리처럼 진실무망할 수 없기 때문에 자신의 덕성을 수양하여 진실무망의 공부를 해야 한다는 의미로 쓰였다.

20 이공 종성(李公宗城) : 이종성(1692～1759)의 본관은 경주(慶州), 자는 자고(子固), 호는 오천(梧川)이다. 시호는 효강(孝剛)이었다가 문충(文忠)으로 바뀌었다.

공의 행정에 탄복하여 공이 청한 폐막(弊瘼) 다스리는 방도를 곡진히 따르지 않은 것이 없었다. 고을이 크게 다스려졌는데, 다음 해에 관직을 버리고 돌아왔다.

병인년(1746)에 다시 정언으로서 굶주린 백성을 진휼하고 진전(陳田)을 조사하며 궁결(宮結)을 감축할 것을 청하고, 또한 시무 5조를 진달하였는데, 그 대략에,

"오늘날 한 나라의 사람으로서 한 시대를 견주어 보면 무릇 조정에 있는 신하는 모두 나의 형제인데, 이역(異域)의 사람들처럼 갈라져서 지력(智力)을 서로 엿보는 데 다 써 버리고 형적이 드러나지 않는 곳에서 풍파를 일으킵니다. 심지어 조정의 원대한 계획이 모두 당론이어서 어전 가까운 곳조차도 경색(景色)이 좋지 못합니다. 바라건대 전하께서는 건극(建極)[21]의 정사에 힘써서 조정을 조용하게 하고 백성을 안정하게 하소서."

하고, 끝에서 또한 아뢰기를,

"동궁(東宮)을 교도할 때는 의당 내관(內官)과 설어(褻御)[22]의 신하를 가려서 써야 합니다. 옛날 명 효종(明孝宗)은 담길(覃吉)[23] 한

21 건극(建極) : 군주가 인륜(人倫)의 모범을 보여 백성들의 표준이 되는 것을 말한다. 《서경》 〈홍범(洪範)〉에서 천하를 다스리는 아홉 가지의 큰 요체인 홍범구주(洪範九疇)를 말하면서 그 다섯 번째로 "표준을 세우되 황극으로써 한다.〔建用皇極〕"를 들었다.

22 설어(褻御) : 임금을 측근에서 모시는 신하로 임금에게 경계하는 말을 아뢰는 역할을 하였다. 위(衛)나라 무공(武公)은 신하들에게 늘 "내가 늙었다 하여 나를 버리지 말고 반드시 아침저녁으로 공손히 하고 조심하여 나를 경계시키라."라고 말하였다. 《詩經 大雅 抑》

23 담길(覃吉) : 명(明)나라 헌종(憲宗) 때 태감(太監)으로서 동궁전새국랑(東宮典

사람을 얻어서 홍치(弘治) 연간의 아름다운 치적의 기반을 만들었고, 무종(武宗) 때에는 동궁에 있으면서 거처에서 놀고 잔치를 벌인 자가 곧 마영성(馬永成)・유근(劉瑾)[24] 등의 무리여서 끝내 유련(流連)[25]으로 귀착되고 말았습니다. 이것은 지난 역사에서 징험할 수 있는 것입니다."

하니, 상이 우악한 비답을 내렸다. 이때 엄우(嚴瑀)가, 상소문 끝에서 진달한 것은 마땅한 말이 아니라고 하면서 공을 논척(論斥)하자, 상이 이르기를 "선유(先儒)도 근습(近習 근신(近臣))을 가려야 한다고 했으니, 정옥(鄭玉)의 말을 어찌 잘못이라고 할 수 있겠는가." 하였다. 이어서 이조 좌랑에 제수되었으나 부임하지 않았다. 동추공의 상을 당하였다. 이때 공은 불훼지년(不毁之年)[26]으로 거상(居喪)에 예를 다하며 조금도 게을리하지 않았다. 상복을 벗은 뒤에 지평에 제수되었다. 온천 행행을 정지할 것을 청했는데, 상이 체직을 명하였다. 이어서 목천

璽局郎)이 되어 훗날 효종이 된 태자를 모셨다. 이때 태자의 나이가 어렸는데, 담길이 사서(四書)의 장구를 말로 가르쳐 주면서 고금의 정치 제도와 백성의 풍속 및 환관이 권력을 제 마음대로 처단하며 정사를 해친 까닭을 이야기해 주고, 태자의 행동거지에 대해 때로 간쟁하여 태자가 담길을 매우 경외하였다. 《明史 宦臣列傳 覃吉》

24 마영성(馬永成)・유근(劉瑾) : 명나라 무종 때 총애를 받은 환관들이다.

25 유련(流連) : 유람이나 놀이에 빠져 돌아오는 것을 잊는다는 뜻이다. 《맹자》 〈양혜왕 하(梁惠王下)〉에 "뱃놀이를 하다가 물길을 따라 내려가서 돌아옴을 잊는 것을 유라 이르고, 물길을 거슬러 올라가서 돌아옴을 잊는 것을 연이라 이른다.〔從流下而忘反, 謂之流, 從流上而忘反, 謂之連.〕"라고 하였다.

26 불훼지년(不毁之年) : 부모상이라 하더라도 슬픔을 자제하여 몸이 손상되지 않도록 해야 할 나이라는 뜻으로, 60세를 가리킨다. 여기서는 정옥이 60세를 바라보는 53세에 부친상을 당했기 때문에 한 말이다.

현감(木川縣監)에 제수되었으나 부임하지 않았다.

신미년(1751)에 경성 판관이 되었다. 이때 북로(北路) 지방에 흉년이 크게 들었다. 공은 경성에 도착하자마자 관가의 건물을 선택하고 그 온돌을 따뜻하게 하여 각 마을의 굶주린 백성을 모아 안치하였으며, 늠료로 받은 쌀을 덜어 죽을 쑤어서 하루에 두 번씩 먹였다. 상부에 알리고 호남과 영남의 좁쌀을 육로와 수로로 운반하여 각 마을에 나누어 진휼하고, 남은 것은 번번이 공문에 의거하여 공이 이웃 고을로 보냈다. 진휼을 감독하는 자가 후일을 위한 계책으로 삼을 것을 청하자, 공이 말하기를 "이웃 고을의 위급함은 곧 나의 위급함이다. 백성을 살리는 데에 어찌 봉강(封疆)의 제한이 있겠는가." 하였다.

어느 날 조운선(漕運船)이 침몰했다는 보고가 이르러 백성이 모두 밤에 곡을 했는데 그 소리가 하늘을 찔렀다. 공이 절도사와 다투어 군량미를 얻어서 양식을 대 주었는데, 관아의 종에게 쌀, 콩 및 작은 솥을 지우고 말 한 필을 타고서 동자 두어 명을 거느리고 깊은 산과 궁벽한 골짜기를 멀다고 하여 가지 않는 곳이 없었다. 굶주려 쓰러진 백성을 만나면 반드시 말에서 내려 죽을 쑤어 먹이고, 굶주려 밭을 갈지 못하는 농부가 있으면 또한 저와 같이 죽을 먹이고서 쌀을 주어 다음 날도 먹을 수 있게 해 주었다. 이때 한 도에서 굶어 죽은 시체가 쌓였는데, 경성의 백성만 홀로 전처럼 편안히 지냈다. 보리가 익을 때가 되어서야 비로소 진휼을 중지하고 관가의 건물에 머물던 굶주린 백성들을 내보냈는데, 굶주린 백성들이 모두 머리를 조아리고 울었으며 들나물을 캐 와서 말하기를 "이것은 정으로 드리는 음식입니다. 친히 한번 맛보시기를 바랍니다."라고 하여, 공이 그들을 위하여 한번 먹었다.

진휼을 마치자, 백성들로 하여금 제방을 쌓게 하여 관개(灌漑)를 편리하게 하였다. 고을의 선비들을 선발하고 그들을 양사청(養士廳)[27]에 머물게 하였다. 지친(至親)이 서로 송사하는 일이 있으면 효제(孝悌)로써 깨우쳐 주며 간혹 눈물을 흘리기까지 하니, 백성도 감격하여 울면서 물러갔다. 어사가 포계(褒啓)하고 관찰사도 치행제일(治行第一)로 보고하니, 상이 특명으로 공을 통정대부(通政大夫)의 품계에 올렸다. 공이 체직되어 돌아올 때 백성들이 모두 눈물을 흘리며 말하기를 "우리를 살려 주신 어진 수령인데, 이제는 그 얼굴을 다시 볼 수 없게 되었다." 하며, 곳곳에 연회 자리를 마련하고 기다리니, 공이 번번이 말에서 내려 조금씩 맛을 보고 일어났다. 관찰사 황정(黃晸)[28]・윤득재(尹得載)[29]가 함경도에서 조정에 돌아와 사람들에게 말하기를 "서한(西漢)의 순리(循吏)[30]에 대해 옛날부터 그 말을 들었는데, 지금 정옥에게서 그런 풍도를 보았다." 하였다.

공이 영남에 돌아와 자제들에게 말하기를,

"전(傳)에서 이르기를 '혈기가 이미 쇠하였으면 얻으려는 욕심을 경계해야 한다.' 하였다. 내가 처음에 율봉도 찰방에서 체직되어 돌아올 때 행낭을 살펴보니, 단지 돈 150문(文)이 남아 있어서 부모님께 드리기 위하여 반찬을 사 왔고, 보령에서 체직되어 돌아올 때는 아전

27 양사청(養士廳) : 선비를 양성하기 위해 지은 건물로, 교육받는 유생들이 머물렀다.

28 황정(黃晸) : 1689～1752. 본관은 장수(長水), 자는 양보(陽甫)이다.

29 윤득재(尹得載) : 1697～1758. 본관은 해평(海平), 자는 자후(子厚), 호는 응휴(應休)이다. 1753년 함경도 관찰사를 지냈다.

30 서한(西漢)의 순리(循吏) : 서한 때 선정을 베풀고 교화를 펼치며 학교를 일으켜 문풍(文風)을 크게 떨친 벼슬아치들을 말한다. 《漢書 循吏傳》

이 선여(羨餘)[31]를 올리기에 4민(緡)을 취하여 빚을 갚고 나머지는 돌려주었다. 이번에 경성에서 체직되어 돌아올 때는 길이 먼 까닭에 말 두 필을 사서 돌아오며 얻을 수 있는 100금을 물리쳤다. 이후에 만약 고을을 얻게 된다면 돌아오는 여장이 어찌 이보다 더하지 않을 줄 알겠는가. 심히 두렵다."

하고, 잇따라 온성 부사(穩城府使), 울산 부사(蔚山府使)에 제수되었으나 모두 부임하지 않았다.

병자년(1756)에 초산 부사(楚山府使)에 제수되었다. 어전에서 하직을 고할 때, 상이 매우 지극히 위로하고 타일렀는데, 이날 밤에 동부승지에 제수되었다. 조회 시간을 기다리며 바쁜 공무를 본 것이 모두 7개월인데 날마다 관디(冠帶)를 갖추고 똑바로 앉아서 지쳐 몸을 기대는 일이 없었다. 동료가 모두 자신들은 미치지 못한다고 여기고, 상도 누차 칭찬하였다.

어느 날 상이 정간공의 화상(畫像)을 올릴 것을 명하고 친히 화상찬(畫像贊)을 지어 공에게 두루마리의 머리에 글씨를 쓸 것을 명하니, 조야가 영화롭게 여겼다. 승진하여 좌승지에 이르자, 상이 매번 어가를 움직일 때마다 반드시 공을 동조(東朝)[32]께 문안하는 승지에 임명하고 전교하기를 "술과 음식을 내리고 특별히 신칙(申飭)을 더하는 뜻을 이

31 선여(羨餘) : 초과 징수된 세금을 말한다. 《주례(周禮)》 〈지관사도(地官司徒)〉에 가구당 1인 이상 도역(徒役)을 시키지 못하게 한 규정을 초과했을 경우 그 초과분을 선(羨)이라고 한 데에서 유래한 말이다.

32 동조(東朝) : 한(漢)나라 때 태후의 거처인 장락궁(長樂宮)이 황제의 거처인 미앙궁(未央宮) 동쪽에 있었던 데서 유래하여 태후의 뜻으로 쓰이게 되었다. 여기서는 당시 대왕대비인 숙종의 제2계비 인원왕후(仁元王后)를 가리킨다.

미 대비전(大妃殿)에 우러러 아뢰었다." 하였다. 겨울에 영해 부사(寧海府使)에 제수되었다.

기묘년(1759) 봄에 임기가 찬 것을 보고하고 돌아왔다. 여름에 특별히 황해도 관찰사에 제수되었다. 이때 시기하고 질투하는 자가 상소문을 올려 특별한 은총으로 관직을 제수하는 것은 아름다운 일이 아니라고 말했는데, 말뜻이 귀착되는 바가 있어서 공이 힘껏 사직하였다. 상이 엄한 분부를 내려서, 공이 결국 서울에 들어가 의금부에서 명을 기다렸는데, 상이 특별히 죄 때문에 외직에 보임할 것을 명하여, 어쩔 수 없이 나가서 명을 따랐다.

공이 청렴하고 결백하며 공정하고 정직한 것으로 한 세상에 저명하였으므로 귀족 출신 자제로서 수령 된 자들이 소문을 듣자 인끈을 풀어 놓을 마음을 많이 가졌는데, 공이 부임하여 정성을 다해 그들을 대하며 고을의 폐해를 듣는 대로 개혁하니, 한 도 사람들의 마음이 모두 공에게 대단하게 쏠렸다. 인사 고과를 할 때 가장 강포한 자 두 사람을 봐주지 않자, 상이 감탄하며 이르기를 "정옥이 아니면 누가 이 일을 해낼 수 있겠는가." 하였다. 부임한 이래로 청나라 칙사를 두 번 접대했는데 예가 정성스럽고 일이 잘 다스려지니, 청나라 칙사도 역관(譯官)에게 말하기를 "선정을 펼치는 관찰사는 참으로 대인(大人)이다. 우리가 어떻게 폐해를 끼칠 수 있겠는가." 하고, 전례에 따라 수여하는 은화(銀貨)를 퇴짜 놓은 일이 한 번도 없었다. 접반사(接伴使)가 감탄하여 말하기를 "관찰사의 위엄 있는 명령이 어떻게 이런 경지에 이르렀는가." 하며, 탄복하면서 갔다.

경진년(1760) 12월에 공이 우연히 감기에 걸리더니, 4일 선화당(宣化堂)에서 세상을 떠났다. 공이 숙종 갑술년(1694, 숙종20)에 태어났으므로 춘추가 67세이다. 한 도의 백성이 시장을 열지 않고 목 놓아 슬피 우는 것이 마치 자신의 친척을 슬퍼하는 것과 같았다. 상이 부음을 듣고 매우 슬퍼하며 이르기를 "내가 중용하려 했는데, 어찌 갑자기 이 지경에 이르렀는가." 하고, 여러 번 탄식하며 애석해하였으며, 이조에 명하여 상기가 끝나거든 그 아들을 등용하게 하였다.

신사년(1761, 영조37) 1월에 영구를 모시고 영남으로 돌아와 3월 6일에 단양(丹陽) 금수산(錦繡山) 묘향(卯向)의 언덕에 장사 지냈다.

공의 효우(孝友)는 천성(天性)에서 나온 것이다. 동추공이 만년에 풍비(風痺)를 앓아서 돌아누울 때 다른 사람의 도움이 필요했는데, 공이 밤낮으로 부축하며 조금도 곁을 떠나지 않았다. 동추공이 영면한 뒤에는 평소 섬기던 방식으로 제사를 지냈는데, 부친이 살아계실 때처럼 공경하고 삼갔다. 한 아우가 기이한 병을 앓을 때 공이 직접 간호했는데 시종 게을리하지 않았다. 아우가 감격하여 울면서 말하기를 "형님의 지극한 정성이 아니었다면 내가 어찌 다시 일어나 사람 구실을 할 수 있었겠는가." 하였다.

공의 몸은 마치 옷을 이기지 못할 듯했으나[33] 의리를 판단할 때에 이르면 조금도 굴복하는 일이 없었다. 공이 겨우 7세 때에 명화적(明火賊)이 한밤중에 갑자기 침입하여 온 집안사람이 달아나 피했는데, 도적이 물러난 뒤에 급히 들어와 보니 공이 알몸으로 방 안에 태연히 앉아 있었다. 동추공이 묻기를,

33 몸은……듯했으나 : 몸가짐이 매우 공손하고 신중함을 뜻한다. 주공(周公)이 부친 문왕(文王)을 심길 때에 너무도 공손하여 "몸은 옷을 이기지 못할 듯하고 말은 입 밖에 나오지 못할 듯했다."라고 하였다. 《淮南子 氾論》《小學 稽古》

"너는 놀라고 겁나지 않았느냐?"

하니, 공이 아뢰기를,

"제가 이미 스스로 옷을 벗어서 몸에 아무 물건이 없는데, 도적이 어찌 저를 해치겠습니까. 이 때문에 놀라고 겁나는 일이 절로 없었습니다."

하였다. 공이 약관(弱冠)의 나이에 밤에 측간에 가는데 개가 따라왔다. 호랑이가 개를 물어 가서 사람들이 모두 놀라 공에게 다시 들어오라고 재촉했는데, 공이 말하기를 "호랑이는 개를 잡아먹었으니 필시 다시 나를 범하지 않을 것이다." 하고, 태연히 측간에 갔다.

정미년(1727)에 공이 성시(省試 복시(覆試))에 응시하고 동반자들과 남한산성으로 나가서 기다렸는데, 이튿날 종이 도성 안에서 나와서 급제 소식을 알렸다. 공은 밥을 먹고 있었는데 전혀 꼼짝도 하지 않았다. 밥을 다 먹은 뒤에 동반자들과 웃고 이야기를 나누었는데, 사람들은 공이 놀라 기뻐하는 기색을 보지 못하였다. 어릴 적부터 이미 공의 심지가 굳게 세워졌던 것이다. 공이 벼슬길에 나가 대각(臺閣)에 있을 적에는 해야 할 말은 다 말하고, 이해 관계 때문에 두마음을 품지 않았으며, 세상일에 대하여는 마음을 빼앗긴 것이 하나도 없었다.

공은 마음이 담박하였다. 공이 일찍이 말하기를 "나는 남보다 뛰어난 것이 없고 물욕과 분수가 조금 적으나, 학문에 힘써 역량을 확충하지 못한 것이 한스럽다." 하였다.

공은 늘 집에서 지내는 날에는 하암(霞巖)[34]의 천석(泉石) 사이에서

34 하암(霞巖) : 정옥은 43세 되던 1736년 마을 입구에 하암대를 짓고, 자신을 암대주인(巖臺主人)이라 불렀다.

소요하였는데 즐거워하며 늙는 것을 잊었다. 하암 아래에는 헤엄치는 물고기가 많았는데, 이웃 마을 사람이 매번 독약을 풀어 다 잡아 갔다. 공이 마을의 벗에게 편지를 보내 못의 물고기를 다 잡아 가지 말라고 경계하고, 또한 '물약어(勿藥魚)'[35] 3자를 하암대(霞巖臺) 앞 두 바위 사이에 써 놓았는데, 동네 사람들이 지금까지 준수하고 있다.

공이 일찍이 소수서원(紹修書院)의 장(長)을 지낼 때 관찰사가 서원을 살펴보고 가서 사람들에게 말하기를 "소수서원의 주인은 보기에 키가 매우 작은데, 앉아서 이야기를 나누며 시간을 보내다 보면 어느새 온 방 안이 점점 충만해짐을 느끼게 되었다. 소수서원의 주인은 범상한 사람이 아니다." 하였다. 약산(藥山) 오공 광운(吳公光運)[36]이 일찍이 온 조정의 인물을 논평하여 말하기를 "정옥은 공평하고 충직하고 청렴하다. 이조와 병조의 인사권을 맡아 인재 선발에 한 번도 실수가 없었으니, 이 사람의 손이 아니면 할 수 없는 일이다." 하였다. 청대(淸臺) 권공 상일(權公相一)[37]이 승지로서 상을 모시는데, 상이 영남 사람 중에 누가 등용할 만한 자인지를 묻자, 대답하기를,

> "정옥은 타고난 자질이 도에 가깝고 담박하여 욕심이 없습니다. 관직 생활이 청렴하고 신중하여 이르는 곳마다 잘 다스린다고 일컬어지니, 마땅히 영남 사람 중에 으뜸이 됩니다."

35 물약어(勿藥魚) : 독약을 풀어 물고기를 잡지 말라는 말이다.

36 오공 광운(吳公光運) : 오광운(1689~1745)의 본관은 동복(同福), 자는 영백(永伯), 호는 약산, 시호는 충장(忠章)이다.

37 권공 상일(權公相一) : 권상일(1679~1759)의 본관은 안동, 자는 태중(台仲), 호는 청대, 시호는 희정(僖靖)이다.

하자, 상이 이르기를,

"나도 그 사람을 안다."

하였다. 아, 영조 임금이 신하를 안 것이 이와 같고, 여러 명공(名公)이 떠받든 것이 또한 이와 같았는데, 끝내 공으로 하여금 지위가 덕에 차지 못하게 하고 구중궁궐에 애석한 탄식만 끼쳤으니, 이것은 무슨 까닭인가.

전배(前配) 증(贈) 정부인(貞夫人) 연안 이씨(延安李氏)는 통덕랑(通德郎) 이명(李溟)의 따님이고, 연원부원군(延原府院君) 이광정(李光庭)의 현손(玄孫)이다. 부인은 2녀를 낳았는데, 장녀는 현감 이세술(李世述)에게 시집가고, 차녀는 김헌(金壗)에게 시집갔다.

계배(繼配) 증 정부인 창녕 성씨(昌寧成氏)는 호군(護軍) 성세진(成世瑨)의 따님이고 청백리 성이성(成以性)의 증손이다. 공이 율봉도 찰방을 지낼 때, 부모님을 봉양하느라 진 묵은빚을 갚기 위해 돈 두어 민(緡)을 보냈는데, 부인은 그중에 반으로 빚을 갚고 나머지는 돌려보냈다. 공이 모범을 보이고 부인이 교화되었으니, 식자들이 탄복하였다. 부인은 4남 2녀를 낳았다. 아들은 참봉 유간(惟簡), 숭간(崇簡), 장간(章簡), 요절한 행석(幸石)이고, 두 사위는 이정현(李廷顯), 김한련(金漢鍊)이다.

유간은 3남 1녀를 두었다. 아들은 필량(必良), 양자로 나간 필공(必恭), 필검(必儉)이고, 사위는 박한공(朴漢恭)이다. 재취(再娶)는 1녀를 낳았다. 또한 서녀(庶女)가 있는데, 채덕수(蔡德洙)에게 시집갔다. 숭간의 양자는 필공이고, 두 사위는 유낙휴(柳洛休), 이이연(李頤延)이다. 장간은 1남 4녀를 낳았다. 아들은 필양(必讓)이고, 사위는 교관(敎官) 김시찬(金是瓚), 성필로(成必魯), 권의도(權義度)이며, 막내

딸은 아직 어리다. 증손과 외손은 다 기록하지 못한다.

참봉군(參奉君 정유간(鄭惟簡))이 불행히 장수하지 못하여, 장간이 공의 유사(遺事)를 가져와 나에게 묘갈명을 부탁하였다. 생각건대 지난날 공이 황해도 감영을 다스릴 적에 부용당(芙蓉堂)[38]을 중수하고는 육위문(六偉文)[39]을 얻어서 걸고 싶어 하기에, 내가 그 뜻을 받들어 정중하게 승낙했으나 미처 부응하지 못하였는데 공이 어느덧 기다려 주지 않아서, 매번 생각할 적마다 미안한 마음을 견디지 못하였다. 지금 비석에 새길 명(銘)에 정성을 담을 수 있게 되었으니, 지난날 지체하며 게을리했던 허물을 속죄하려 한다. 명은 다음과 같다.

그 몸은 작으나	其體則小
그 담력은 매우 컸네	其膽甚大
그 할아버지에 그 손자	有祖有孫
어질다는 명성 무성했네	賢聲藹藹
누구만 못하기에	誰之不如
묘당에 앉지 못했나	坐弗廟堂
소부나 두모를	召父杜母
비강으로도 만들 수 있었네[40]	陶鑄粃糠

38 부용당(芙蓉堂) : 해주(海州) 객관 서쪽에 있는 건물이다. 《新增東國輿地勝覽 卷43 海州牧》

39 육위문(六偉文) : 상량문을 말하는데, 상량문에는 아랑위(兒郎偉)라는 글이 여섯 번 들어가므로 이렇게 칭한다.

40 소부(召父)나……있었네 : 징옥의 재능은 극히 조금만 발휘해도 소부와 두모의 능력을 만들어 낼 수 있다는 말로, 징옥의 재능이 매우 훌륭함을 뜻한다. 《장자(莊子)》

방면[41]도 영화로우나 方面亦榮
공은 이미 백발이었네 公髮已華
하늘이 백성에게 복을 안 주어 天不福民
일천 집이 들에서 곡했네 野哭千家
왕이 애석해하며 王用悼惜
등용 못 함을 한스러워했네 恨不尊用
하늘이 정한 것도 허무로 돌아갔으니 天定亦虛
저 수많은 사람들을 어이하랴 奈彼人衆
공은 혼탁한 세상 벗어났으니 公蛻溷濁
단구[42]에서 즐거우리라 樂哉丹邱
명을 지어 감회를 담고 銘以寓感
비석에 새겨 후세에 보이노라 刻視千秋

〈소요유(逍遙遊)〉에 "고야산(姑射山)의 신인(神人)은 그의 찌꺼기〔粃糠〕를 가지고도 요순(堯舜)을 만들어 낼 수 있다." 하였다. 소부와 두모는 수령으로서 선정(善政)을 베풀었던 전한(前漢)의 소신신(召信臣)과 후한(後漢)의 두시(杜詩)를 가리킨다. 두 사람 모두 남양 태수(南陽太守)가 되어 덕정(德政)을 베풀었으므로 남양 사람들이 "앞서는 소부가 있었고 뒤에는 두모가 있다."라고 일컬었던 고사가 전한다.

41 방면(方面) : 관찰사가 다스리는 행정 구역으로, 관찰사를 지칭한다.

42 단구(丹邱) : 충청도 단양(丹陽)을 가리킨다. 정옥의 묘가 단양 금수산에 있다.

통훈대부 행 홍문관교리 지제교 겸 경연시독관 춘추관편수관 제산 김공 묘갈명

通訓大夫行弘文館校理知製敎兼經筵侍讀官春秋館編修官霽山金公墓碣銘

영조 임금은 지극히 성스럽고 신령하여, 무릇 옥사를 다스리면 사람들이 모두 억울함이 없다고 스스로 생각하였다. 오직 당인(黨人)은 제 소견만 내세우며 좁은 안개로 하늘을 가로막으려 하였다. 이에 제산(霽山) 김공(金公)과 같은 이는 억울함을 안고 세상을 떠났다. 10년 뒤에 성심(聖心)이 조금씩 깨닫고 완전히 석방할 것을 명하였다. 금상(今上) 을묘년(1795, 정조19)에 이르러 상이 공의 죄가 아님을 통찰하고 직첩(職牒)을 내려 주었으니, 공을 불쌍히 여긴 것이 자못 지극하였다. 대개 선왕의 뜻을 계승한 것이다. 군자가 말하기를 "근심이 없는 이는 오직 영조 임금이로세." 하였다. 비록 당인일지라도 해와 달 같은 밝음을 어찌하겠는가.

공의 휘는 성탁(聖鐸)이고, 자는 진백(振伯)이며, 호는 제산이다. 고려 때에 태자첨사(太子詹事) 용비(龍庇)라는 분이 의성군(義城君)에 봉해져서 김씨가 그로 인하여 의성을 관향으로 삼게 되었다. 조선에 들어와서 휘가 진(璡)[43]이고 호가 청계(靑溪)인 분이 다섯 아들을 두었는데, 장남 극일(克一)은 호가 약봉(藥峯)으로 아우 구봉(龜峯) 수일(守一),

43 신(璡) : 김진(金璡, 1500~1580)의 본관은 의성(義城), 자는 영중(瑩仲), 호는 청계이다.

운암(雲巖) 명일(明一), 학봉(鶴峯) 성일(誠一), 남악(南嶽) 복일(復一)과 함께 모두 퇴도(退陶)[44]의 문하에서 노닐었다. 이에 아버지와 아들이 모두 사빈서원(泗濱書院)[45]의 경덕사(景德祠)에 배향되었다.

약봉은 자식이 없어서 구봉의 아들 철(澈)을 후사로 삼았는데, 철은 성균 진사(成均進士)이며 공에게 고조가 된다. 증조의 휘는 시온(是榲)이고 호는 표은(瓢隱)이며, 숭정 병자년(1636, 인조14) 이후에는 조정에서 불러도 나아가지 않았다. 영조 임금이 사헌부 집의를 증직하였다. 조부의 휘는 방렬(邦烈)이고 성균 생원(成均生員)이다. 아버지의 휘는 태중(泰重)이다. 어머니 순천 김씨(順天金氏)는 부사(府使) 김윤안(金允安)의 후손이고 처사(處士) 김여만(金如萬)의 따님이다.

공은 17세 때 금수(錦水)[46]의 북쪽에서 스승을 따르며 사자(四子)[47]와 성리(性理)의 글을 강명(講明)하여 위기지학(爲己之學)[48]을 알고는

44 퇴도(退陶) : 이황(李滉, 1501~1570)의 별호이다.

45 사빈서원(泗濱書院) : 청계 김진과 그의 아들 5형제의 유덕을 추모하고 후학을 양성하기 위하여 1685년(숙종11) 사림과 자손들의 공의로 세워진 서원이다. 묘호는 경덕사라 하였다. 1709년 사수(泗水) 가로 이건하여 사빈서원이라 하였다가 서원철폐령에 의하여 훼철되고 1882년(고종19) 사림과 후손들에 의하여 복원되었다. 현재는 임하댐 건설로 인해 경북 안동시 임하면(臨河面) 사의리(四宜里)에서 천전(川前) 2리로 이건하고 복원하였다.

46 금수(錦水) : 경북 안동시 임하면 금소리의 옛 이름이다. 갈암(葛庵) 이현일(李玄逸)이 강론한 곳이다. 금소(錦昭), 금양(錦陽)이라고도 한다.

47 사자(四子) : 《논어》, 《대학》, 《중용》, 《맹자》를 말한다.

48 위기지학(爲己之學) : 자신의 덕성을 닦기 위한 학문으로, 남을 위한 학문인 위인지학과 대칭되는 말이다. 《논어》 〈헌문(憲問)〉에 "옛날 학자들은 자신을 위한 학문을 하였는데, 지금의 학자들은 남에게 보이기 위한 학문을 한다."라고 하였다.

위인지학(爲人之學)을 달가워하지 않았다. 집이 가난하고 부모가 연로하여 어쩔 수 없이 과거에 응시하기 위한 공부도 함께 하였다. 공이 일찍이 증광 문과(增廣文科)의 복시(覆試)에 응시하러 가다가 서울에 천연두가 유행한다는 말을 듣고 중도에 돌아왔다. 공의 친한 벗이 이때 서울에 있다가 공을 딱하게 여기고 예조에 진시장(陳試狀)[49]을 올릴 것을 꾀하였는데, 공이 마침 종질(從姪)의 상을 당한 것을 가지고 중복(重服)이라고 글을 엮었다. 공이 말하기를 "국법은 기복(朞服)이 아니면 진시를 허락하지 않는다. 지금 소공복을 기년복이라 한다면 이것은 임금을 속이는 것이다." 하고, 편지를 써서 친한 벗을 꾸짖으니, 친한 벗 역시 사죄하여 마지않았다.

을사년(1725, 영조1)에 부친상을 당하였다. 대부인이 생존해 계시기 때문에 비록 어머님의 뜻을 받들어 따르기로 마음먹었으나 집안사람을 신칙하여 감히 초목(草木)의 자미(滋味)[50]를 가까이하지 못하게 하였다. 슬퍼하여 몸이 몹시 야위어 마치 생명을 유지할 수 없을 듯하자, 밀암(密菴) 이공 재(李公栽)[51]가 누차 편지를 보내 경계하였으나,

49 진시장(陳試狀) : 초시에 합격하였으나 특별한 사정이 있어 회시(會試)에 응시할 수 없는 경우에 예조에 올리는 문서로, 진시장을 올려 허가를 받으면 그다음 번의 회시에 응시할 수 있다. 특별한 사정이란 상중에 있는 자, 기복으로 장사를 지내지 못한 자, 부자가 함께 응시하게 될 경우이다. 《大典會通 禮典 諸科》

50 초목(草木)의 자미(滋味) : 입맛을 돋우기 위해 생강과 계피 등의 양념을 넣어서 만든 음식을 이른다. 《예기(禮記)》 〈단궁 상(檀弓上)〉에 "증자가 말하기를 '상중에 병이 있으면 고기를 먹고 술을 마시며 반드시 초목의 자미를 먹는다.'라고 하였으니, 생강과 계피 등을 말한다."라고 하였다.

51 이공 재(李公栽) : 이재(1657~1730)의 본관은 재령(載寧), 자는 유재(幼材), 호는 밀암이다. 갈암 이현일의 아들로, 퇴계에서 학봉, 갈암으로 이어지는 영남 학맥을 이었다.

삼년상을 마칠 때까지 변하지 않았다.

무신년(1728)에 난적이 영남 하도(嶺南下道)에서 일어나자,[52] 안무사(按撫使) 박사수(朴師洙)[53]가 재빨리 편지로 공에게 난적을 토벌할 방략을 상의할 것을 청했는데, 공이 즉석에서 유용와 승현(柳慵窩升鉉),[54] 권강좌 만(權江左萬)[55] 및 향중(鄕中)의 여러 공과 함께 달려가 안무사를 만나 보고서 창의소(倡義所)에 달려가 문장을 지어 사방을 깨우쳤는데, 내용이 엄정하고 강개하였다. 머지않아 전투에 달려가려 하는데, 갑자기 적을 격파했다는 첩보(捷報)가 이르러서 이에 중지하였다.

경술년(1730)에 영남 안핵사 오공 광운(吳公光運)[56]이 일부러 찾아왔는데 예모가 몹시 공손하였다. 조정에 돌아가자 공을 수망(首望)으로 천거하며 말하기를 "금옥(金玉)처럼 훌륭한 사람이다." 하였다. 이 해에 영릉 참봉(英陵參奉)에 제수되었으나 한번 사은(謝恩)하고 곧 돌아왔다.

52 무신년에……일어나자 : 이인좌(李麟佐) 등이 반란을 일으킨 사건을 말한다. 13쪽 주10 참조.

53 박사수(朴師洙) : 1686~1739. 본관은 반남(潘南), 호는 내헌(耐軒)·내재(耐齋), 시호는 문헌(文憲)이다.

54 유용와 승현(柳慵窩升鉉) : 유승현(1680~1746)의 본관은 전주(全州), 자는 윤경(允卿), 호는 용와이다. 1728년(영조4) 이인좌의 난이 일어나자 의병을 일으켰다.

55 권강좌 만(權江左萬) : 권만(1688~1749)의 본관은 안동, 자는 일보(一甫), 호는 강좌이다. 밀암 이재, 눌은(訥隱) 이광정(李光庭)의 문인이며, 이인좌의 난 때 의병을 일으켜 공을 세웠다.

56 오공 광운(吳公光運) : 오광운(1689~1745)의 본관은 동복(同福), 자는 영백(永伯), 호는 약산(藥山)이다.

임자년(1732)에 풍원군(豐原君) 조공 현명(趙公顯命)[57]이 영남 관찰사로서 또한 공을 수망으로 천거했는데, 그 천거하는 글에서 아뢰기를,

"김성탁(金聖鐸)은 온화하고 공손하며 겸손하게 사양하고 물러나 힘써 자신의 재주와 덕을 감추었으나 해박한 학문과 정밀하고 명확한 견해는 영남 선비의 교초(翹楚)[58]로 삼기에 마땅합니다. 나이는 비록 적지만 명예를 이미 이루었는데, 한번 수용(收用)한 뒤에 다시는 기용하지 않고 잊어버리고 있으니, 인재를 샅샅이 찾아내어 밝게 드날려야 하는 도리로 헤아려 보면 이미 지극히 개탄스럽습니다. 이제부터 이전의 투식을 따르지 말고 검사하고 등용하는 데에 머물지 않으며, 도신(道臣)과 수령으로 하여금 그에게 일어날 것을 도탑게 권면하게 하여, 때때로 불러 보시며 마치 명종(明宗)과 선조(宣祖)의 고사처럼 혹은 경전의 뜻을 따져 물으며 혹은 치도(治道)를 두루 자문한다면 암혈(巖穴)의 선비[59]가 관직에 임명되는 것을 쉽게 받아들이게 되어, 아마도 숨은 인재를 널리 불러 모으는 아름다움이 있을 것입니다."

하였다. 가을에 정릉 참봉(靖陵參奉)에 제수되었으나, 한번 사은숙배하고 또 돌아왔다. 두어 달 뒤에 풍원군이 상께 아뢰기를 "지난번에

57 조공 현명(趙公顯命) : 조현명(1690~1752)의 본관은 풍양(豐壤), 자는 치회(稚晦), 호는 귀록(歸鹿)·녹옹(鹿翁), 시호는 충효(忠孝)이다.

58 교초(翹楚) : 뛰어난 인재를 이른다. 《시경》 〈주남(周南) 한광(漢廣)〉의 "쑥쑥 뻗은 잡목 속에 회초리 나무를 베리라.〔翹翹錯薪, 言刈其楚.〕"라는 구절에서 유래하였다.

59 암혈(巖穴)의 선비 : 은둔한 선비를 뜻한다. 사마천(司馬遷)의 〈보임소경서(報任少卿書)〉에 "어진 이를 초빙하고 유능한 이를 등용하여 암혈의 선비를 드러낸다."라는 말이 있다. 《文選 卷21》

김성탁이 은명에 숙배하기 위하여 서울에 들어왔다가, 모친이 병들었다고 말하고 갔습니다. 이런 사람을 단지 침랑(寢郎)에 제수하는 것이 어찌 격려하고 권면하는 도리이겠습니까." 하였다.

계축년(1733)에 본도(本道)의 감진 어사(監賑御史) 이종백(李宗白)[60]이 별천(別薦)하여, 용양위 부사과(龍驤衛副司果)에 제수할 것을 명하였다. 이 당시 공의 나이는 30여 세였는데, 명성이 날로 성대하여 위포(韋布)[61]로부터 공경대부에 이르기까지 공을 한번 보기를 바라지 않는 이가 없었다. 아무리 당로자나 명재상일지라도 사명을 받들고 조령(鳥嶺)을 넘으면 몸소 와서 예를 다하지 않는 이가 없었다.

겨울에 사축서 별제(司畜署別提)에 제수되었다. 상이 도신(道臣)에게 권가(勸駕)[62]할 것을 명하고, 대궐에 이르러 은명에 숙배할 때에는 속히 접견하시고서 묻기를,

"영남은 선정(先正 이황(李滉)) 이래 반드시 전수받은 유훈이 있을 것이다. 사양하지 말고 대답하라."

하였다. 공이 사례하고 나서, 《대학》 1부(部)는 격치(格致)에서 치평(治平)까지[63] 그 요체가 '성경(誠敬)' 2자를 벗어나지 않는다는 것으로

60 이종백(李宗白) : 1699～1759. 본관은 경주(慶州), 자는 태소(太素), 호는 목천(牧川), 시호는 정민(貞敏)이다. 1732년 영남 어사를 지냈다.

61 위포(韋布) : 포의위대(布衣韋帶)의 준말로, 베로 지은 옷을 입고 가죽으로 만든 띠를 두른 빈한한 선비를 뜻한다.

62 권가(勸駕) : 현자(賢者)에게 직임을 맡도록 권하는 것으로, 한 고조(漢高祖)가 군수에게 명하여 현자가 있으면 몸소 찾아가 권면하여 거가(車駕)로 서울에 올려보내도록 한 고사에서 온 말이다. 《漢書 高帝紀下》

63 격치(格致)에서 치평(治平)까지 : 《대학》에 나오는 팔조목을 가리킨다.

대답하였다. 상이 이르기를,

"선유(先儒)들이 경(敬) 자의 뜻을 설명한 것이 많은데, 어떤 설명이 요긴한가?"

하여, 대답하기를,

"정자(程子)는 '주일무적(主一無適)'이라 말하고, 또 '정제엄숙(整齊嚴肅)'이라 말했으며, 사상채(謝上蔡)는 '상성성(常惺惺)'으로 말하고, 윤화정(尹和靖)은 '기심수렴 불용일물(其心收斂不容一物)'로 말했습니다.[64] 선유들이 경 자를 풀이한 것은 이렇게 서너 가지입니다. 그러나 '주일무적'과 '상성성'과 '불용일물'은 모두 마음에 나아가 말한 것이어서 공부를 착수하기가 어려운 점이 있거니와, 만약 그 의거할 곳을 논한다면 정제엄숙이 더욱 친절할 듯합니다."

하였다. 상이 또한 정치의 요체를 묻자, 공은 맹자(孟子)의 '생형벌박세렴(省刑罰薄稅斂)'[65]과 공자의 '군군신신부부자자(君君臣臣父父子子)'[66]를 가지고 우러러 대답하니, 상이 모두 칭찬하였다. 하루 뒤에

64 정자(程子)는……말했습니다 : 《대학혹문(大學或問)》 경(經) 1장에, 경(敬)을 또 어떻게 공부해야 하는지 물은 데 대한 주희(朱熹)의 대답에 "정자는 이것에 대하여 일찍이 '주일무적'으로 말하고, 또 일찍이 '정제엄숙'으로 말하였다. 그 문인 사씨(謝氏)의 설에서는 또 이른바 '상성성법(常惺惺法)'이라고 하고, 윤씨(尹氏)의 설은 또 이른바 '기심수렴 불용일물'이라고 하였다. 이 몇 가지 설을 보면 힘쓸 방도를 알 수 있다."라고 한 데서 온 말이다. 주일무적은 마음을 집중하여 다른 생각을 하지 않는 것이고, 정제엄숙은 가지런하고 엄숙하게 유지하는 것이며, 상성성은 늘 마음이 깨어 있게 유지하는 것이며, 기심수렴 불용일물은 마음을 수렴하여 한 사물도 용납하지 않는 것이다.

65 생형벌 박세렴(省刑罰薄稅斂) : 형벌을 줄이고 세금을 적게 거두는 것이다. 《孟子 梁惠王上》

66 군군신신부부자자(君君臣臣父父子子) : 임금은 임금 노릇을 하고 신하는 신하 노

상이 공을 불러 보고 묻기를,

"그대는 천연두를 피하기 위해 돌아가야 하니, 진달하고 싶은 것을 진달하라."

하여, 공이 답하여 아뢰기를,

"평소 배운 것은 오직 '성의정심(誠意正心)'[67] 4자입니다. 바라건대 성상께서는 이것을 더욱 실천하소서."

하니, 상이 또한 칭찬하고, 납약(臘藥) 4종을 내리면서 이르기를,

"이것은 경연(經筵)의 신하에게 주는 것이다."

하였다. 그리고 사복시 주부(司僕寺主簿)에 제수하였으나, 사양하여 체직되었다.

을묘년(1735) 봄에 단성 현감(丹城縣監)에 제수되었으나 또한 사직하여 체직되었다. 4월에 경과(慶科) 증광(增廣) 향해(鄉解)[68]에 합격하여 복시(覆試)에 응시하기 위하여 서울에 들어갔다. 상이 예위(禮闈)[69]의 시험을 주관하는 자를 불러 하교하기를 "영남의 현사가 지금 과장에 들어왔을 터인데, 과연 보배를 버려둘[70] 수 없지 않겠는가."

릇을 하며, 아버지는 아버지 노릇을 하고 자식은 자식 노릇을 한다는 뜻이다. 이 말은 제(齊)나라 경공(景公)이 정치에 대해서 묻자, 공자가 답한 말이다. 《論語 顔淵》

67 성의정심(誠意正心) : 뜻을 성실하게 하는 것과 마음을 바르게 하는 것으로, 모두 《대학》의 팔조목에 속하는 말이다.

68 향해(鄉解) : 향시(鄉試)이다. 각 도(道)에서 보이던 생진과(生進科)로, 여기에 합격하면 회시(會試)에 응시할 자격을 주었다.

69 예위(禮闈) : 사마시의 회시, 또는 그 회시를 보이는 장소를 말한다. 예조에서 주관하기 때문에 붙인 이름이다.

70 보배를 버려둘 : 초야에 묻혀 있어 알려지지 않은 현인(賢人)을 알아보지 못하는 것을 비유한 말이다. 당(唐)나라 때 적인걸(狄仁傑)이 변주(汴州)의 판좌(判佐)가 되

하였다. 탁호(拆號)[71]하고 보니, 공이 과연 급제하였다. 상이 즉시 공을 사옹원 주부에 제수하여 공으로 하여금 여관 생활의 궁핍함을 해결하게 하였다. 방방(放榜)하던 날에 성균관 전적에 올랐다. 상이 공에게 어사화를 쓰고 입시(入侍)할 것을 명하고 어제시(御製詩) 절구 1수를 친히 내렸는데, 그 시에,

어제 영남에서 과거 보러 온 사람　　昨日嶺南貢擧人
오늘 머리 위에 계화꽃 새롭도다　　今辰頭上桂花新
어찌 다만 그대의 어버이만 기쁘랴　　豈徒於爾榮親喜
내 금마문에 문학의 신하 되었노라　　爲我金門文學臣

하고, 어전에서 차운하여 올릴 것을 명하였다. 이 당시에 영광과 특별한 은총이 한 시대를 울리고 빛냈다. 며칠 뒤에 사헌부 지평에 제수되었는데, 상이 관직을 띠고 귀근(歸覲)할 것을 명하였다.

5월에 사직소를 올렸다. 상하 수천 마디 말로 시폐(時弊)를 논하고 성학(聖學)을 권면했는데 글자마다 절실하여, 상이 가납하고 체직을 허락하지 않았다. 그리고 공이 〈십조소(十條疏)〉를 올리자, 상이 온화하게 타이르는 말을 내렸다. 이어서 도신에게 권가(勸駕)할 것을 명하고, 잠시 뒤에 부사직(副司直)에 제수하였다.

병진년(1736)에 사간원 정언으로서 사직소를 올렸는데, 사직소의 끝부분에서 조정에서 당론이 고질병이 된 것과 향촌에서 선비들의 습

었다가 서리에게 무함을 당했는데, 당시 하남도 출척사(河南道黜陟使) 염입본(閻立本)이 그를 보고 "중니(仲尼)는 허물을 보고 그의 인(仁)을 안다고 하였는데, 그대는 창해(滄海)의 버려진 보배라 할 만하다."라고 하였다. 《舊唐書 狄仁傑列傳》

71 탁호(拆號) : 시권(試券)에 성명 등을 쓰고 봉한 부분을 개봉하여 급제자의 이름을 호명하는 것이다.

속이 바르지 못한 것과 백성이 기근에 괴로운 상황과 부세가 과중하여 생긴 괴로움을 논하고, 이어서 경상도 관찰사가 농사철에 성을 쌓는 폐해를 언급하였다.

정사년(1737)에 공조좌랑 겸 지제교로 옮겼다. 잠시 뒤에 영선(瀛選)[72]에 들어 홍문관 부수찬에 제수되었다가 곧 교리로 옮겼다. 이때 임금의 총애가 날로 융숭하여 장차 조만간 크게 등용할 것 같았는데, 질투하는 무리가 옆에서 엿보다가 몰래 사주하였다. 이에 호남과 영남의 유생 이해로(李海老)·신헌(申𨯶) 등이 이미 공의 지난번 상소에서 "향촌에서 선비들의 습속이 바르지 못한 것" 등의 말에 대해 노기를 품었는데, 게다가 처신을 바꾸어 당로자에게 아첨하며 상소문을 올려서 무고하여 모욕이 공의 스승에까지 미쳤다.[73]

공이 소를 올려 변론하여 아뢰기를,

"신의 스승 이현일(李玄逸)[74]이 지금까지 이름이 죄적(罪籍)에 있는 것은 기사년(1689, 숙종15) 가을에 올린 응지소(應旨疏) 중의 한

72 영선(瀛選) : 홍문관의 관직에 선발됨을 이른다. 조선의 홍문관과 같은 기관인 중국의 한림원(翰林院)을 영주(瀛洲)라고 부른 데서 온 말이다.

73 호남과……미쳤다 : 1736년에 경상도의 진사(進士) 신헌 등이 상소하여 선정신(先正臣) 송시열(宋時烈), 송준길(宋浚吉)을 문묘(文廟)에 종사(從祀)할 것을 청하고, 이어 이인지(李麟至)의 무욕(誣辱)에 대해 변해(卞解)하고, 또 "이현일이 기사년의 흉론(凶論)을 주장하여 문장공(文莊公) 정경세(鄭經世)의 묘비(墓碑)를 찬술하면서 이에 감히 인현왕후(仁顯王后)를 자손록(子孫錄)에 기재하지 않았습니다.……또 무슨 이변이 발생할지 알 수가 없습니다."라고 하였다. 《英祖實錄 12年 8月 20日》

74 이현일(李玄逸) : 1627~1704. 본관은 재령(載寧), 자는 익승(翼昇), 호는 갈암(葛庵)이다. 1691년 이조 참판을 지냈고 그 뒤 이조 판서까지 올랐으나 갑술환국(1694) 때 유배되었다. 시호는 문경(文敬)이다.

구절 때문인데 그 소장 전문의 뜻을 가지고 본다면 실로 국모를 위해 편안히 모시는 도리를 다하고 선대왕을 위해 처변(處變)의 의리를 다하고자 했던 것입니다. 기묘년(1699)의 사면과 신사년(1701)의 완전 석방과 경자년(1720, 경종 즉위년)의 복관이 비록 혹은 행해지고 혹은 중지되었으나 이미 성상께서 통촉해 주셨고 또한 상신(相臣)의 평번(平反)[75]이 있었으니, 그 본정에 다른 것이 없었음을 이에서도 알 수 있습니다. 하물며 이현일은 기사년 연초에는 멀리 향읍에 있었고 사업(司業)으로 부름을 받은 것은 4월이며 걸음이 광주(廣州)에 도달했을 때 곤성(坤聖)[76]을 위하여 소를 올렸으나 후원(喉院 승정원)에서 막혀서 정철(呈徹)하지 못하였으니, 흉론을 주장했다고 그를 평하는 것은 또한 억울하지 않겠습니까. 신은 전하께서 기사년의 일에 대해 선천(先天)에 부친 것을 알지만 신 때문에 모욕이 스승에까지 미친 것을 스스로 통탄하며 분수에 넘침을 피하지 않고 기휘를 무릅쓰고 범하였습니다."

하였다.

공의 상소가 정원에 도달하자, 승지 유엄(柳儼)이 별도로 계사(啓辭)를 작성하며 한껏 모함하여 성상의 귀를 놀라게 하는 계책으로 삼고 공의 소와 함께 성상께 올려 열람하시게 하였다. 상이 의금부에게 명하여 영남에 있는 공을 체포하게 하였다. 고문하고 신문하는 데에 이르러

75 평번(平反) : 억울한 죄를 다시 조사하여 무죄로 처리하거나 감형해 주는 것을 말한다. 한(漢)나라 준불의(雋不疑)의 모친이 아들에게 "오늘은 평번을 해서 몇 사람이나 살렸느냐?"라고 묻고는, 많은 사람을 구제했다는 대답을 들으면 기뻐서 웃곤 했다는 고사가 전한다. 《漢書 雋不疑傳》

76 곤성(坤聖) : 왕후를 이르는 말로 여기서는 인현왕후를 가리킨다.

공의 숨이 간당간당하자, 형장(刑杖)을 잡은 옥졸들도 공을 가엾게 여겨 공으로 하여금 기절한 척을 하게 하였다. 대개 죄인이 기절하면 형장을 멈추는 것이 관례였다. 그러나 공은 끝내 그렇게 하지 않았다. 아, 당인이 들추어내어 죄안을 이루고 공을 사지에 빠뜨린 것은 '선천' 2자에 지나지 않는데, 선천이란 오래고 멀다는 뜻이다. 공의 뜻은 기사년이 지금으로부터 반백 년이 된다고 말한 것에 지나지 않는데, 성상의 효성이 다함이 없어 그때의 일을 듣고 싶어 하지 않았을 따름이다. 어찌 일찍이 다른 뜻이 있었겠는가.

풍원군이 소를 올려 공을 구원하다가 죄를 입어 삭직되고 오랜 뒤에 죄에서 풀려나자 또 상소하여 변론하는 데 더욱 힘썼다.[77] 이에 공을 정의(旌義)에 안치하라는 명이 내려졌다. 옥살이한 것이 모두 다섯 달이고 참혹함이 지극했는데, 능히 옥을 나와서 태연히 바다를 건너니, 사람들이 모두 탄식하며 기이하게 여겼다. 외딴섬에 서책은 없었으나 《심경(心經)》 1부와 《한비문(韓碑文)》[78] 1책을 가지고 와서 아들 낙행(樂行)[79]과 함께 매일 강론하고 토론하는 것을 일삼았다. 다음 해 여름

77 풍원군이……힘썼다 : 조현명의 상소에 "김성탁이 망언으로 장차 죽음에 이르는 것은 진실로 아깝지 않습니다. 그러나 실상은 이현일이 근본이고 김성탁은 지엽인데, 근본인 이현일은 집안에서 편안히 죽게 하고 지엽인 김성탁은 형장에 의해 죽게 한다면 본말과 경중이 과연 어떠하겠습니까. 더구나 조정에서는 처음에 역률로써 이현일의 죄를 처단하지 않았는데, 난역을 비호했다는 것으로 김성탁을 책망한다면 거의 백성을 속이는 데 가깝지 않겠습니까. 금석(金石)의 법전은 스스로 절차와 차례가 있으니, 난역을 비호했다는 죄율을 가벼이 김성탁에게 시행하는 것은 옳지 못합니다."라고 하였다. 《英祖實錄 13年 7月 15日》

78 한비문(韓碑文) : 한유(韓愈)의 비문을 모은 책으로 보인다.

79 낙행(樂行) : 김낙행(金樂行, 1708~1766)의 본관은 의성, 초명은 진행(晉行), 자

에 상이 공을 광양현(光陽縣)으로 양이(量移)할 것을 명하였다.

경신년(1740, 영조16) 겨울에 대부인이 세상을 버리자, 공이 모친의 유의(遺衣)로 신위(神位)를 설치한 뒤에 땅을 치고 울부짖었는데, 상이 듣고는, 돌아가 장사 지낼 것을 특별히 윤허하였다.

신유년(1741) 봄에 비로소 안동의 옛집에 달려가 곡하고 우제(虞祭)와 부제(祔祭)를 마치자마자 유배지로 돌아갔다.[80] 상일(祥日)이 되자 제수를 진설하고 상을 마쳤다.

을축년(1745)에 대계(臺啓)로 인하여 강진현(康津縣)의 신지도(薪智島)로 이배(移配)되었다.[81]

이듬해 봄에 다시 광양으로 이배되었다. 공은 슬픔으로 몸이 상한 이래로 건강이 더욱 훼손되었는데, 겸하여 수토(水土)와 장려(瘴癘) 때문에 병이 어찌할 수 없게 되어 정묘년(1747) 4월 30일에 현의 북쪽 용선암(龍仙菴)에서 생을 마쳤다. 공은 숙종 갑자년(1684, 숙종10)에

는 퇴보(退甫)·간부(艮夫), 호는 구사당(九思堂)이다. 김성탁의 아들이고, 밀암 이재의 문인이다.

80 경신년……돌아갔다 :《제산집(霽山集)》〈제산선생연보(霽山先生年譜)〉에 "경신년……12월에 어머니 김씨 상을 당하였다.……신유년 2월에 분상하며 집에 도착하였다."라고 하였다.《영조실록》17년 1월 3일 기사에 "광양현에서 육지로 내보낸 죄인 김성탁에게 특별히 말미를 허락하여 돌아가서 어머니의 장례를 치르도록 명하였다. 당시 좌의정 송인명(宋寅明)이 김성탁의 아들이 울면서 호소한 것 때문에 청한 것이다."라고 하였다.

81 대계(臺啓)로……이배(移配)되었다 :《제산집》〈제산선생연보〉에 "선생 나이 62세 10월에 아들 낙행이 두 어버이께서 천 리 멀리 떨어져 계신 것을 애통히 여겨 박 부인을 모시고 갔다. 이는 대개 유미암(柳眉巖)이 북쪽으로 귀양 갈 때 부인이 따라갔던 일에 의거하였는데, 이 일로 인하여 사간원의 계사가 나와서 이배의 명이 있었다."라고 하였다.

태어났으니, 향년 64세이다. 그 한 달 전에 절구 10수를 지어 아들 낙행에게 주었는데, 모두 가학(家學)을 면려하는 뜻이 담겨 있었다. 이어서 낙행에게 이르기를 "내가 병든 가운데 《역(易)》을 보아 대략 이해하는 것이 있지만 살날이 얼마 남지 않아 오래 공부하지 못하는 것이 한스럽다." 하였다. 공은 병세가 위중해지자 동자에게 앞에서 옛글을 외우게 하고 한마디도 집안일을 언급하지 않았다. 영구가 물길을 따라 돌아왔기 때문에 10월에 부(府)의 동쪽 이현(梨峴) 묘향(卯向)의 언덕에 장사 지냈다.

공은 자질이 매우 아름다워 수양을 필요로 하지 않았으며 몸가짐의 청렴함과 집안 다스림의 근엄함이 자연히 모두 법도에 맞았다. 모부인의 곁에 있을 때는 해학과 유희로 반드시 기쁘게 해 드리려고 하였고, 아우 경탁(警鐸)[82]과는 마치 손발과 같이 우애로웠다. 고아가 된 조카 중에 먼 곳에 사는 이들을 데려와서 한집에 살면서 마치 친자식처럼 어루만지고 사랑하였다. 은의(恩意)와 성신(誠信)으로 종족을 조처하고 이웃 마을 사람을 대우하여 사람으로 하여금 은혜에 감격하고 은덕을 그리워하게 하였다.

공은 어릴 때부터 옛날 사람처럼 될 것을 스스로 기약했는데, 매번 배우는 이들에게 말하기를,

"처음 배우는 선비는 뜻을 세우는 것을 우선으로 여겨야 한다. 뜻의 높낮이에 따라 성취한 것의 크기가 나뉘고, 뜻의 강약에 학업의 진퇴가 걸려 있다. 같이 산을 만들더라도 백 길에 뜻을 둔 자는 백 길 높이의 산을 만들고, 열 길에 뜻을 둔 자는 열 길 높이의 산을 만든

82 경탁(警鐸) : 김경탁(金警鐸, 1687~1767)의 본관은 의성, 자는 진숙(振叔)이다.

다. 같이 길을 가더라도 만 리에 뜻을 둔 자는 만 리를 가고, 백 리에 뜻을 둔 자는 백 리를 간다. 사람이 학문을 하는 것도 이와 같을 뿐이다. 과업(科業)에 뜻을 둔 자는 과업을 할 뿐이고, 문장에 뜻을 둔 자는 문장을 할 뿐이다. 가령 더 나아가서 숙손 목자(叔孫穆子)가 말한 가장 높은 것[83]에 뜻을 둔 자라면 그가 안자(顏子)와 맹자가 되고 정자와 주자(朱子)가 되는 것을 누가 막을 수 있겠는가. 대저 뜻이란 나의 뜻이다. 내가 뜻을 세우고자 한다면 곧 뜻이 설 뿐이다. 어찌 남에게 줄 수 있겠으며 어찌 남에게서 구할 수 있겠는가." 하였다.

공은 고재(顧齋) 이공 만(李公槾)[84]과 서로 허여하여 도의지교(道義之交)를 맺었다. 무릇 천인성명(天人性命)[85]의 근원과 훈고명상(訓詁名狀)[86]의 의리에서 중요한 핵심과 의심스러운 부분을 서신을 왕복하며 논란하여 옛사람이 밝히지 못한 것을 왕왕 밝혔다. 기삼백(朞三百)[87]에서 19분도(分度)의 7은 선유의 설이 갖추어져 있으나 오히려

83 숙손……것 : 숙손 목자는 춘추 시대 노(魯)나라 대부 숙손표(叔孫豹)를 말한다. 목자는 그의 시호이다. 숙손표가 진(晉)나라 범선자(范宣子)에게 오래되어도 썩어서 폐하지 않는 것 세 가지를 말하기를 "가장 높은 것은 덕을 세우는 것이고, 그다음은 공을 세우는 것이고, 그다음은 말을 세우는 것이다."라고 하여 입덕(立德), 입공(立功), 입언(立言)을 말하였다. 《春秋左氏傳 襄公24年》

84 이공 만(李公槾) : 이만(1669~1734)의 본관은 재령, 자는 군직(君直), 호는 고재이다.

85 천인성명(天人性命) : 천도(天道)와 인사(人事)의 관계, 인간의 본성과 운명에 관한 철학적 논의를 뜻한다.

86 훈고명상(訓詁名狀) : 사물의 명칭과 형태에 관한 자구(字句)를 해석하는 것이다.

87 기삼백(朞三百) : 고대 역법(曆法)의 기초가 되는 이론으로, 해와 달의 운행과 달

완결되지 않은 것이 있었다. 퇴계 선생이 통분납자(通分納子)[88]의 법을 《전의(傳疑)》[89]에 실었으나 그 단락을 따라 산가지를 펼친 것이 얽히고 설키고 미묘하여 깨달아 이해하기 어려운 점이 있었다. 공이 한 가지 방법을 터득하여 미루어 밝히고 분석하여 요결을 만들었는데, 배우는 이로 하여금 깨닫기 쉽게 하였다. 윤법(閏法)[90]은 그 상세한 설명이 이미 《서전집주(書傳集註)》[91]와 《역학계몽(易學啓蒙)》의 소주(小註)에 갖추어져 있으나 처음 배울 때 늘 어지러이 얽혀서 이해하기 어려운 근심이 있다. 공이 그 대강을 논설했는데 "기영(氣盈)과 삭허(朔虛)의 분한(分限)이 고르게 된다."[92]라고 한 곳에 대해 특히 상세히 풀이하여 보는 이로 하여금 알기 쉽게 하였다. 이런 식으로 지지(地志), 복서(卜筮), 의약(醫藥), 병률(兵律)[93]의 부류에 이르기까지 연구하여 풀이하

의 대소(大小)와 윤달에 대한 설명을 이른다. 13쪽 주8 참조.

88 통분납자(通分納子) : 통분은 분모를 같게 만드는 것이고, 납자는 분자를 분모로 환산하는 것이다.

89 전의(傳疑) : 《계몽전의(啓蒙傳疑)》로, 퇴계 이황이 주희의 《역학계몽(易學啓蒙)》은 이치가 심오하고 난해하므로 이를 알기 쉽게 풀이하기 위하여, 해득한 것을 주기(註記)하고 해설을 가한 것이다. 이 밖에 명(明)나라 한방기(韓邦奇)의 《계몽의견(啓蒙意見)》 중에서 요의(要義)를 뽑아 추록하였다.

90 윤법(閏法) : 윤달을 계산하는 법이다.

91 서전집주(書傳集註) : 송(宋)나라 때 채침(蔡沈)이 저술한 책이다.

92 기영(氣盈)과……된다 : 《서경》 〈요전(堯典)〉의 기삼백에 대한 주석에 "19년에 7번 윤달을 넣으면 기영과 삭허의 분한이 고르게 되니, 이것이 1장(章)이 된다."라고 한 데 나오는 말이다. 1년 360일 기준으로 기영은 해가 더 가는 시간을 말하고 삭허는 달이 덜 가는 시간을 말한다.

93 병률(兵律) : 군대의 규율을 가리킨다.

지 않은 것이 없었다. 일찍이 겸춘추(兼春秋)로서 입시했는데, 상이 여러 신하를 돌아보고 이르기를 "김성탁은 고사(古事)의 출처에 대한 응대에 막힘이 없다. 아무리 유경(幽經)과 벽서(僻書)일지라도 또한 그러하니, 과연 경학(經學)을 하는 선비이다." 하였다. 공이 저술한 글을 깨끗하게 베껴 써서 8책을 만들었으니, 후대에 열람하는 자도 그것이 인의(仁義)의 말임을 알 수 있을 것이다.

공의 배위(配位)인 무안 박씨(務安朴氏)는 무의공(武毅公) 박의장(朴毅長)의 후손이고 통덕랑(通德郎) 박진상(朴震相)의 따님으로, 2남을 두었다. 장남은 곧 구사당(九思堂) 낙행으로 문학과 행의로써 사림에게 존중받았다. 차남은 제행(霽行)이고, 딸은 이동영(李東英)에게 시집갔다.

낙행은 아들이 없어서 제행의 아들 시전(始全)을 후사로 삼았다. 사위 4명은 장수학(張壽鶴), 이우필(李宇弼), 박한장(朴漢章), 유윤문(柳允文)이다. 제행은 3남을 두었다. 장남은 시흡(始翕)이고, 둘째는 시전이고, 셋째는 시여(始畬)이며, 사위 3명은 이정응(李鼎凝), 이우명(李宇鳴), 생원 이헌석(李憲錫)이다. 이동영의 외아들 이만운(李萬運)은 문과에 급제하여 정언(正言)을 지냈다.

증손 남녀는 다 기록하지 않는다.

당저(當宁) 을묘년(1795, 정조19)에 공의 손자 시전이 연로(輦路) 아래 엎드려 억울하다고 외쳤다. 상이 일찍이 나에게 이르기를 "문자를 들추어내는 것은 태평성세에 할 일이 아니다. 내가 김성탁의 억울함을 안다." 하였는데, 이때에 이르러 특별히 홍문관 교리의 직첩을 지급하고 판부(判付)로써 시전에게 유시(諭示)하기를 "그 조부는 행의(行誼)로 선조(先朝 영조)의 은전을 두텁게 입었고, 그 아버지의 행의도 자자하게 칭송하는 일이지만 생전에 거두어 쓰지 못하였으니, 이것이 흠이 되는 일이다." 하였다. 양세(兩世)에 높은 벼슬을 내리는 포상이 황천으로 떠난 지 수십 년 뒤에 미치기까지 하였으니, 이것은 천고에 드문 은전이다. 후손과 사림이 서로 더불어 눈물을 훔치고 명(銘)을 요청하니, 어찌 그만둘 수 있겠는가. 명은 다음과 같다.

군자는 명을 알아	君子知命
천명을 순하게 받을 뿐이었네	順受天而已
부들 수레[94] 타고 옥서에 드니	蒲輪玉署
이는 받든 것이네	斯受之矣
험한 바다 건너 산속에 갇히니[95]	鰐海囚山
이는 맡은 것이네[96]	斯任之矣
성인의 경서가 손에 있으니	聖經在手
도산[97]이 가까이 있었네	陶山在邇
영화와 모욕은 만번 바뀌나	榮辱萬變

94 부들 수레 : 덜거덕거리지 않게 하기 위해 부들 잎으로 바퀴를 싼 수레이다. 한나라 무제(武帝)가 학문을 중히 여겨 어진 사람을 초빙할 때 포륜(蒲輪)을 보내어 오도록 하였고, 후대에 포륜은 현자 초빙을 비유하는 말로 쓰였다. 《漢書 武帝紀》

95 산속에 갇히니 : 유배 생활을 하게 된 것을 말한다. 당나라 유종원(柳宗元)이 영주(永州)에 귀양 가서 〈수산부(囚山賦)〉를 지은 뒤로 고달픈 유배 생활을 뜻하는 말로 쓰이게 되었다.

96 맡은 것이네 : 김성탁이 스승 이현일의 억울함을 호소했다가 제주도 정의로 유배 간 것은 자신이 해야 할 일을 맡아 했기 때문이라는 뜻이다.

97 도산(陶山) : 이황을 말한다. 이황이 만년에 강학하던 곳이 도산이므로, 일반적으로 이황을 지칭하는 말로 쓰인다.

나의 마음은 한결같았네	我心則一
죽음을 편안하게 여겼으니	死以爲寧
낙동강이 그윽이 흐느꼈네	洛水幽咽
화고[98]를 이에 돌려주니	華誥載還
대를 이은 임금[99]의 은전이네	嗣聖之恩
공의 영령이 피눈물을 흘리겠네	公靈血泣
저 구원에서[100]	于彼九原
선행을 게을리하지 말라	爲善勿怠
아, 너희 영남 사람들아	咨爾嶺人
공의가 정해지는 데	公議之定
백 년 기다릴 것 없었네	無待百年

98 화고(華誥) : 직첩(職牒) 또는 고신(告身)을 말한다.

99 대를 이은 임금 : 영조를 이은 정조를 가리킨다.

100 공의……구원(九原)에서 : 김성탁의 영령이 저승에서 정조의 은전에 감격하여 울고 있을 것이라는 뜻이다.

구사당 김공 묘갈명
九思堂金公墓碣銘

주 부자(朱夫子 주희(朱熹))가《소학(小學)》한 부를 지어 천고(千古)의 지극한 성품과 빼어난 행실을 모두 모아 함께 실어 놓으니, 이것이 이른바 사람을 만드는 표준[101]이다. 지금 어떤 사람이 지닌 지극한 성품과 빼어난 행실이 반드시 옛사람에게 미치지 못하는 것이 아닌데,《소학》이 편집된 뒤에 태어나서 이름이 자취도 없이 모두 없어져 일컬어지지 않는다면 어찌 한스럽지 않겠는가. 그러나 이 사람은 하늘이 부여한 아름다운 자질을 갖고서 자신이 마땅히 해야 할 일을 행하였을 뿐이니, 남들이 알아주거나 말거나 이름이 전해지거나 말거나, 자신에게 무슨 상관이 있겠는가. 다만 그를 애모(愛慕)하는 것으로 말해 보면, 그의 지극한 성품과 빼어난 행실이 사람을 만드는 표준이 되기에 충분한 줄 분명히 알지만, 그가 주자(朱子)의 시대에 태어나지 못하였다고 하여 그로 하여금 후세에 매몰되어 버리고 말게 한다면 또한 어찌 떳떳한 본성을 지키고 덕을 좋아하는 마음이겠는가. 나는 구사당 김공의 행장에 대해 나도 몰래 재삼 탄식하지 않을 수 없다.

공의 휘는 낙행(樂行)이고, 자는 퇴보(退甫)이며 의성 김씨(義城金

101 사람을 만드는 표준 :《대학혹문(大學或問)》의 주석에 "주자가 말하기를 '《소학》은 사람을 만드는 표준이다.' 하였다."라는 말이 있고,《주자어류(朱子語類)》권7에도 "후생 가운데 초학자들은 우선《소학》부터 읽어야 하니, 이것은 사람을 만드는 표준이다."라고 하였다.

氏)이니, 고려조 태자첨사(太子詹事) 용비(龍庇)의 후손이다. 조선조에 들어와 휘 진(璡)이 있으니, 호가 청계(靑溪)이고 다섯 아들[102]을 두었는데 모두 퇴도(退陶) 선생 문하에서 수업하였다. 이어서 부자(父子)가 사빈서원(泗濱書院)[103] 경덕사(景德祠)에 배향되었다. 고조의 휘는 시온(是榲)[104]이니 호가 표은(瓢隱)이고 숭정(崇禎) 병자년(1636, 인조14) 이후에 산림에 은거하였으며, 능참봉(陵參奉)에 제수되었으나 부임하지 않고 스스로 숭정처사(崇禎處士)라 일컬었고, 영조가 특명으로 사헌부 집의에 증직하였다. 증조의 휘는 방렬(邦烈)[105]이니 국자 생원(國子生員)이다. 조부의 휘는 태중(泰重)[106]이다. 선고(先考)의 휘는 성탁(聖鐸)[107]이고 호는 제산(霽山)이며, 영조께서 학행(學行)이 있다는 말을 듣고 여러 번 명을 내려서 불렀고, 얼마 있다가

102 다섯 아들 : 약봉(藥峯) 김극일(金克一), 구봉(龜峯) 김수일(金守一), 운암(雲巖) 김명일(金明一), 학봉(鶴峯) 김성일(金誠一), 남악(南嶽) 김복일(金復一)이다.

103 사빈서원(泗濱書院) : 김진과 그의 아들 5형제의 유덕을 추모하고 후학을 양성하기 위하여 1685년(숙종11)에 사림과 자손들의 공의로 세워진 서원이다. 31쪽 주45 참조.

104 시온(是榲) : 김시온(金是榲, 1598~1669)의 본관은 의성, 자는 이승(以承), 호는 도연(陶淵)·표은·숭정처사이다. 어려서부터 학문만을 좋아하고 벼슬에는 뜻이 없었다. 경서(經書)의 연구에 심취하였으며, 특히 예학(禮學)에 조예가 깊었다. 안동(安東)의 와룡산(臥龍山) 아래 와룡초당을 짓고 40여 년 동안 절의(節義)를 지키고 후진 양성에 힘썼다.

105 방렬(邦烈) : 김방렬(金邦烈, 1616~1692)의 본관은 의성, 자는 사현(士顯)이다.

106 태중(泰重) : 김태중(金泰重, 1661~1725)의 본관은 의성, 자는 여앙(汝昻), 호는 적암(適庵)이다.

107 성탁(聖鐸) : 김성탁(金聖鐸, 1684~1747)의 본관은 의성, 자는 진백(振伯), 호는 제산이다.

과거에 급제하여 관직이 홍문관 교리에 이르렀다. 선비(先妣) 무안 박씨(務安朴氏)는 무의공(武毅公) 박의장(朴毅長)[108]의 후손인 박진상(朴震相)의 따님이다. 숙종 무자년(1708, 숙종34)에 안동 고향 집에서 공을 낳았다.

공이 한창 어릴 적에 이웃 아이를 따라 잡스러운 놀이를 배웠는데, 어머니가 말씀하기를,

"사군자(士君子)가 공자(孔子)를 배워야 하거늘, 잡스러운 놀이를 어찌 하느냐."

하자, 놀란 듯한 안색으로 대답하기를,

"이와 같다면 공자를 배울 것입니다."

하였다. 이로부터 다시는 놀이를 하지 않았다. 스승에게 나아간 뒤에는 기쁜 마음으로 옛사람을 사모하고 그들과 같아지고자 하였다. 아버지의 명으로 밀암(密菴) 이공(李公)에게 집지(執贄)하고 《근사록(近思錄)》, 《심경(心經)》 등의 책을 익히니, 여러 장로(長老)가 모두 강보(彊輔)[109]로 대우하여 의심스러운 부분이 있으면 반드시 함께 상의하였다.

정사년(1737, 영조13) 제산공(霽山公)이 홍문관에 있을 때, 충청도와 영남 유생 중에 처신을 바꾸어 당로자에게 아첨하는 자가 소를 올려 제산공을 무고하였는데, 모욕이 스승에게 미치자 제산공은 의리상 묵묵히 있을 수 없어서 소장을 올려 사실을 대략 드러내 밝혔다. 당로자

108 박의장(朴毅長) : 1555~1615. 본관은 무안(務安), 자는 사강(士剛), 시호는 무의(武毅)이다.

109 강보(彊輔) : 강력한 도움이 되는 좋은 벗을 말한다. 한(漢)나라 동방삭(東方朔)의 〈칠간(七諫)〉에 "말이 어눌함이여, 또 강보도 없구나.〔言語訥譅兮又無彊輔〕" 하였다.

가 두 글자를 들추어내어[110] 성상의 귀를 매우 놀라게 하였다. 이에 제기(緹騎)[111]를 보내 조옥(詔獄)에 잡아들여 고문을 여러 번 시행하기에 이르렀다. 공은 밤낮으로 잠시도 그치지 않고 금오의 문 밖에 엎드려 울부짖고 두 손으로 땅을 긁어 열 손가락에 모두 피가 났다. 이처럼 하기를 모두 다섯 달이었는데, 어떤 때는 기가 소진되어 혼절하니 종로 거리의 시정아치들이 모두 달려와 구해 주었다. 어떤 이는 술을 가져와 입에 부어 주고 어떤 이는 거적자리로 햇볕을 가려 주었다. 옥졸도 모두 말하기를 "우리도 사람일 따름인데, 어찌 차마 효자에게 마음을 쓰지 않겠는가." 하며, 감옥 안의 소식을 매우 자세히 전해 주었다. 당시 사람 중에 원수처럼 보던 자일지라도 지나갈 때 또한 가여워하며 효자라고 여겼다. 풍원군(豐原君) 조공 현명(趙公顯命)이 직언으로 상소하여 그의 죄가 아니라고 한 것을 계기로, 상이 탐라(耽羅)의 정의(旌義)에 유배할 것을 명하였다. 제산공이 옥을 나오자, 시정아치들이 서로 말하기를 "이제부터 김 효자가 맨땅에서 자지 않을 것이니, 우리도 자리에 편히 누워야겠다." 하였다.

공은 제주도로 가는 길에도 밤에는 반드시 부친의 호흡에 귀를 기울였으며, 앉아 있다가 아침이 오면 꿇어앉아 약을 드리고 울면서 미음을

110 두 글자를 들추어내어 : '선천(先天)'이란 두 글자를 들추어낸다는 말이다. 영조는 1729년 8월 18일 초저녁에 기유처분(己酉處分)을 내렸는데, 선천이란 '이전 세상의 일'이라는 뜻으로 이 처분이 있기 전을 가리킨다. 영조는 선천과 후천(後天)으로 구분하여 선천은 잊어야 한다는 뜻으로 선천에 부친다는 말을 사용하였다. 《承政院日記 英祖 5年 9月 5日, 9年 1月 5日》

111 제기(緹騎) : 한(漢)나라 때 집금오(執金吾)에 소속된 병사를 이르는 말인데, 여기서는 죄인을 호송하는 의금부의 병사를 이른다.

권하였다. 푸른 바다 만 리 길을 마치 신명이 돕는 듯이 건넜다. 배소(配所)에 도착한 뒤에도 밥을 할 때는 직접 간을 하였으니 자신이 여종을 대신한 것이고, 밥 지을 준비를 할 때는 몸소 땔나무를 했으니 자신이 노비를 대신한 것이다. 남은 힘이 있으면 글을 읽고 강론하고 질정하여 부친의 마음을 풀어 드리려 하였다. 섬 주민이 비록 어리석으나 보고 들은 자는 모두 감탄하였으며 맛난 음식을 한 가지라도 얻으면 그때마다 가져와서 드렸다.

다음 해에 광양(光陽)으로 이배(移配)되었다. 광양은 영남 땅과 접해 있다. 교리공(校理公)은 모친이 아직 살아 계시기 때문에 공에게 귀성(歸省)할 것을 명하였다. 공은 비록 부친의 뜻에 따라 돌아왔으나, '부모님이 천 리에 각각 떨어져 계신데 자식으로서 어찌 차마 부부가 한집에서 같이 사는 즐거움을 누리겠는가.'라고 생각하였다. 이런 까닭에 내당(內堂)에 한 걸음도 들여놓지 않은 기간이 전후로 7년이 되었다.

정묘년(1747)에 교리공이 광양에서 세상을 떠나자 공은 기절했다가 다시 깨어난 것이 여러 번이었다. 염(斂)을 하고 나서 널을 받들어 뱃길로 안동 옛집으로 돌아오는 길에 낙동강 중류에 이르러 풍파가 크게 일어서 배의 침몰이 경각에 달렸는데, 공이 더욱 가슴을 치고 울며 하늘에 빌자, 얼마 지나지 않아 바람이 멎어 순조롭게 건넜으니 마치 도와주는 분이 있는 듯하였다.

임오년(1762)에 모친상을 당하여 부친상 때와 똑같이 상례(喪禮)를 행하였다. 묘소 아래에서 천연두를 피한 적이 있는데, 당시는 기근이 심하여 하루에 볶은 콩 백 개를 먹고 아침저녁으로 묘소에 올라가 곡하여 슬픔을 다하고 돌아와서 바로 글을 읽었는데 주리거나 피곤한 기색이 없으니 사람들이 기이하게 여겼다. 공은 전후로 피눈물을 흘려 몸이 병들지 않은 곳이 없었다. 상복을 벗고 2년 뒤 병술년(1766)에 병이 이미 어떻게 할 수 없게 되었다. 그러나 소변을 보러 갈 때마다 반드시 사람을 시켜 부축해 일으키게 해서 방 밖으로 나가니, 자제들이 추위가 극심하므로 나가지 말 것을 청하자, 공이 말하기를 "사우(祠宇)가 가까운 곳에 있다. 병이 비록 심하더라도 어찌 감히 이곳에서 더럽고 지저분한 짓을 하겠는가." 하였다. 결국 11월 16일에 생을 마치니 향년 59세였다. 부고가 전해지자 선비들이 모두 자리를 설치하고 곡하였다.

정해년(1767) 8월에 망천(輞川) 오좌(午坐) 언덕에 장사 지냈다.

공은 일찍이 "학문을 하려면 정주(程朱)를 배워야 한다."[112]라고 말하였다. 평소 공부하는 바는 본(本)이 있고 말(末)이 있었으니 집안에서 닦아 천하에 확대할 수 있었다. 그러나 그 긴요하게 착수한 것은 도리어 지극히 친근하고 지극히 절실한 곳에 있었으니, 하나의 조그만 행실이라도 무심코 넘긴 적이 없고 하나의 작은 일이라도 반드시 더 자세히 살폈다. 이런 까닭으로 어버이를 섬기고 선조를 받들며 동기를 사랑하고 종족을 대접하는 것에서부터 분수를 다하지 않은 것이 하나도 없었다. 배우는 이를 마주할 때는 성명(性命)의 설을 가볍게 말한 적이 없었다. 그러나 묻는 자가 있으면 또한 반드시 정성스럽게 가르쳐 주었다. 공이 늘 말하기를,

"욕심을 막는 것이 가장 어려운 일이다. 내가 평소 술을 좋아하지만 나라에서 금하였기 때문에 입에 가까이하지 않은 지 10년인데, 혹

112 학문을……한다 : 《구사당집(九思堂集)》 권2 〈여이눌옹(與李訥翁)〉에 "사사로이 생각하기를 '학문을 하려면 정주를 배우고 문학을 하려면 한당(漢唐)을 배우는 것이 좋다.'라고 여겼습니다."라고 하였다. 정주는 송나라의 정자(程子)와 주희를 가리킨다.

근심과 걱정이 일면 언뜻 마시고 싶은 생각이 났다. 젊었을 때 일 때문에 서울 여관에 오래 머문 적이 있었는데, 주인 여자의 아름다운 딸과 서로 친근하게 지냈다. 그런데 갑자기 주 선생(朱先生)의 '몇 사람이나 이에 이르러 평생을 그르쳤는가.'[113]라는 구절을 생각하고 비록 결연히 물리쳤지만 그 아리땁고 고운 모습이 때때로 마음에 생각났으니, 어찌 한칼에 그 뿌리를 베어 버리지 못해서 생긴 일이 아니겠는가. 이런 것들은 매우 두려워할 만하다."

하였다.

그리고 부친의 원통함이 신원되지 않았기 때문에 공은 보통 사람처럼 자처하지 않아서, 발걸음은 성시(城市)에 이르지 않고 입으로는 시사(時事)를 말하지 않았으며, 유림(儒林)의 공적인 모임이나 친구들의 즐기는 잔치에 모두 사양하고 가지 않았다. 오직 조공(趙公)의 은혜[114]를 골수에 새기고 술 한 병을 차고 어포 두세 마리를 가지고 천 리 길을 걸어 조령을 넘고 기전(畿甸)으로 들어가 조 상국(趙相國)의

113 몇……그르쳤는가 : 남송(南宋)의 충신 호전(胡銓)이 직언을 하여 귀양 갔다가 10년 만에 풀려나 돌아올 때, 매계(梅溪)의 여관에서 자며 여관 여인과 정을 통하였는데, 이튿날 주인이 추잡하다 하여 밥을 주지 않고 소 먹이는 여물을 주었다. 그 뒤에 주희가 이곳을 지나다가 이 일을 빗대어 "10년 동안 호해에선 한 몸이 가벼웠는데, 돌아오다 보조개 보니 욕정 일도다. 세상길 인욕처럼 험한 것 없는데, 몇 사람이나 이에 이르러 평생을 그르쳤는가.〔十年湖海一身輕, 歸對黎渦却有情. 世路無如人欲險, 幾人到此誤平生.〕"라는 시를 지었다.《晦庵集 卷5 宿梅溪胡氏客館觀壁間題詩自警二絶》

114 조공(趙公)의 은혜 : 조공은 조현명(趙顯命)을 가리킨다. 김성탁이 1737년 이현일(李玄逸)을 위해 신원소(伸冤疏)를 올렸다가 왕의 노여움을 사서 극형에 처하게 되었는데, 조현명이 상소하여 구명한 덕분에 김성탁은 정의(旌義)에 유배되었다가 그 뒤에 광양으로 이배되었다.《歸鹿集 卷7 敍命後乞退論金聖鐸疏》

묘소[115]가 어디에 있는지를 물어, 술을 붓고 제문을 읽으며 반나절을 곡하고 수없이 절을 하고 떠났다. 제문은 자신이 지은 것으로 그 글이 처량하고 비통하여 사람들이 지금까지 외워 전한다.

매번 강좌(江左) 권공 만(權公萬)[116]과 편지를 통하여 문장과 도학(道學)을 논변하였다. 더욱이 대산(大山) 이공 상정(李公象靖)[117]과는 맺은 정분이 몹시 깊어서 때때로 생각이 일어나면 번번이 말을 타고 찾아가서 도를 논하고 글을 강론하였다. 심지어 집을 옮겨 서로 왕래하려고도 하였다.

그 자신을 다스릴 때는 겸양을 우선으로 삼아 자신에게 조그만 잘못이라도 있으면 감히 스스로 용서하지 않았고 남에게 과오가 있으면 그것으로 자신을 경계하였다. 함양한 것이 이미 오래되자 덕성(德性)이 날로 더욱 완전하고 두터워지며 조예가 날로 더욱 높고 깊어져, 말은 꼭 가리지 않더라도 미더우며 마음은 잡아 지키기를 기다리지 않더라도 보존되어, 표리(表裏)와 정추(精粗)[118]가 순수하게 한결같이

115 조 상국(趙相國)의 묘소 : 조현명의 묘소는 충남 보령 성주면에 있다.

116 권공 만(權公萬) : 권만(1688~1749)의 본관은 안동, 자는 일보(一甫), 호는 강좌이다.

117 이공 상정(李公象靖) : 이상정(1711~1781)의 본관은 한산(韓山), 자는 경문(景文), 호는 대산, 시호는 문경(文敬)이다.

118 표리(表裏)와 정추(精粗) : 겉과 속, 정밀함과 거칢이다. 이는《대학장구》전 5장에서 주희가 보충한 내용에 "대학(大學)에서 처음 가르칠 때 반드시 배우는 자들로 하여금 모든 천하의 사물에 나아가서 이미 알고 있는 이치로 인하여 더욱 궁구해서 그 극(極)에 이름을 구하지 않음이 없게 하는 것이다. 그리하여 힘쓰기를 오래해서 하루아침에 활연(豁然)히 관통함에 이르면 모든 사물의 표리와 정추가 이르지 않음이 없을 것이고, 내 마음의 전체와 대용(大用)이 밝지 않음이 없을 것이니, 이것을 '물격(物

바른 데서 나왔다.

바야흐로 망천에 공을 장사 지낼 때, 대산공(大山公)이 장지(葬地)를 보기 위해 와서, 모인 조문객들에게 말하기를,

"이 노인의 덕성은 형용하기 어렵습니다. 너그럽고 부드러운 사람이라 말하면 매우 강하고 굳셈을 깨닫게 되고, 강하고 굳센 사람이라 말하면 매우 너그럽고 부드러움을 깨닫게 되며, 성기고 어설픈 듯하나 도리어 세밀하고, 매우 평이하나 도리어 미치기 어렵습니다. 갑(甲)이 공을 보면 이와 같고 을(乙)이 공을 보면 저와 같습니다. 비유컨대 천 이랑의 물을 뜨지 못하는 것과 같습니다. 아마도 황숙도(黃叔度)[119]의 무리로서 학문의 힘으로 보충한 자일 듯합니다."

하였는데, 이 말을 들은 이들은 공의 덕성을 잘 형용했다고 하였다.

공이 평생 저술한 것은 《계몽질의(啓蒙質疑)》, 《시법질의(蓍法質疑)》, 《상복경전주소통고(喪服經傳注疏通考)》, 《강록간보고의(講錄刊補考疑)》와 유문(遺文) 약간 권이 있으니, 그 문장과 의론은 넓고 정밀하여 모두 백세토록 전할 만하다고 한다.

공의 배위(配位)인 영가 권씨(永嘉權氏)는 충정공(忠定公) 권벌(權橃)[120]의 후손인 처사(處士) 권설(權薛)의 따님이다. 정숙한 덕과 아름

格)'이라 이르며, 이것을 '지지지(知之至)'라 이른다."라고 한 데서 보인다.

119 황숙도(黃叔度) : 숙도는 후한(後漢) 때 황헌(黃憲)의 자이다. 학행으로 한 시대의 추중을 받았으며, 안회에게 비유되기도 하였다. 곽태(郭泰)가 평가하기를 "숙도는 너무나 드넓어 마치 천 이랑의 물결과 같은 사람이라, 맑게 하려 해도 맑아지지 않고 흐리게 하려 해도 흐려지지 않으니, 참으로 헤아릴 수 없다." 하였다. 《後漢書 黃憲列傳》

120 권벌(權橃) : 1478~1548. 본관은 안동, 자는 중허(仲虛), 호는 충재(冲齋)·훤정(萱亭)·송정(松亭)이고, 시호는 충정이다.

다운 품행으로 군자의 배필이 되어, 공보다 9년 뒤에 세상을 떠났고 묘소는 망천 동쪽 기슭에 있다.

딸은 4명을 두었으나 아들이 없어 아우 제행(霽行)의 아들 시전(始全)을 아들로 삼았다. 사위 4명은 장수학(張壽鶴), 이우필(李宇弼), 박한장(朴漢章), 유윤문(柳允文)이다.

시전은 4남을 두었으니, 익운(翼運), 인운(麟運)이고 나머지는 아직 장가들지 않았다. 장수학의 아들은 장윤정(張胤禎)이다. 이우필의 아들은 이광주(李光周)이고 사위는 김구수(金九壽)이다. 박한장의 아들은 박삼녕(朴三寧), 박유령(朴維寧)이고 사위는 권재건(權載健)이다. 유윤문은 자녀가 모두 어리다.

금상(今上) 을묘년(1795, 정조19)에 상이 교리공의 억울한 정상을 특별히 생각하였는데, 말씀과 분부가 측은하였다.[121] 천신(賤臣)이 마침 어전에 엎드려 있었는데, 일어나 아뢰기를 "그 아들 김낙행은 지극한 성품과 빼어난 품행이 있어, 《소학》에 기록된 여러 어진 이에게 부끄러움이 없음은 유독 신만 아는 것이 아니라, 사림 중에 그것을

121 금상(今上)……측은하였다 : 김시전이 1790년에 상언(上言)하여 "저의 조부 김성탁은 무신년(1728, 영조4) 역변을 당하여 많은 선비를 거느리고 충의를 떨쳤습니다.……저의 조부가 당시에 올린 상소는 별것 아닌 몇 마디의 말뿐이었는데 혼자서 그지없는 죄를 입었습니다. 삼가 바라건대 특별히 죄안에서 제거하고 이어서 관작의 회복을 명하여 주소서."라고 하였다. 《正祖實錄 14年 10月 3日》 그 뒤 하교에 "시골로 돌아갔던 고(故) 교리 김성탁의 죄명을 분간(分揀)해 줄 것이라는 뜻을 그에게 분부하도록 하라. 그의 조부가 올바른 행실로 선조의 은혜를 두텁게 입었다마는 그의 부친 역시 행실이 이에 못지않게 일컬어졌는데 생전에 미처 임용되지 못하였으니, 이것이 흠이 되는 일이라 하겠다. 이러한 뜻도 이울러 그에게 효유하도록 하라." 하였다. 《正祖實錄 19年 10月 12日》

말하지 않는 이가 없습니다. 아들을 둔 것이 이와 같으니, 의방(義方)의 가르침[122]을 평소에 확대하여 나라를 저버리지 않았음을 알 수 있습니다." 하였다. 이에 상이 윤음을 내려 교리공에게 직첩을 특별히 지급하고, 이어서 공을 미처 등용하지 못한 것을 세도(世道)를 위해 한스럽게 여겼다. 공과 같이 충성스럽고 효성스러운 성품을 가진 이가 어찌 구천에서 결초보은을 생각하지 않겠는가. 나는 이미 공을 아는 데다 지금 시전이 어버이를 위해 명(銘)을 요청하니, 어찌 감히 사양하겠는가. 명은 다음과 같다.

하늘을 원망할 수 있는가	天可怨乎
하늘을 원망할 수 없다네	天不可怨
하늘을 원망할 수 없으나	天旣不可怨
내 장차 하늘에 물어보리라	吾且爲之天問
지극한 성품과 빼어난 품행 주고	賦以至性絶行
험난함과 어려움 겪게 하였네	餉以險阻艱難
지극한 억울함 안고 땅으로 돌아갔는데	抱至冤而歸之地
하늘은 왜 이렇게 만들었는가	天曷故焉

122 의방(義方)의 가르침 : 일을 의롭게 처리하도록 가르치는 것이다. 《주역》〈곤괘(坤卦) 문언(文言)〉에 "군자는 경으로써 안을 곧게 하고, 의로써 밖을 바르게 하니, 경과 의가 확립되어 덕이 외롭지 않다.〔君子敬以直內, 義以方外, 敬義立而德不孤.〕"라고 하였다. 안은 마음이고, 밖은 일이다.

통정대부 승정원동부승지 겸 경연참찬관 춘추관수찬관 구호 이공 묘갈명

通政大夫承政院同副承旨兼經筵參贊官春秋館修撰官龜湖李公墓碣銘

영종조(英宗朝)에 호서 육군자(湖西六君子)라 일컬어지는 분들이 있었는데, 그중에 한 분이 구호(龜湖) 이공(李公)이다. 나는 공에게 내종제(內從弟)가 되므로, 공을 나만큼 상세히 아는 이는 없을 것이다. 공은 천성이 담박하고 평화로운 데다 진실함을 더하여 평소 성내는 기색을 보지 못했고, 사람과 교유할 때는 나이와 관계없이 성의껏 대접하였으니, 마치 청렴하게 하되 남을 다치게 하지 않는 것[123] 같았다. 그러나 식견이 고명하고 판단에 어긋남이 없었으며 과거 시험장에서 처신을 바꾸고 권문(權門)의 묘지에서 구걸하여[124] 일자반급(一資半級)이라도 얻는 동년배를 보면 밖으로 뛰쳐나가 먹은 것을 토해 버리고 싶어 했고,[125] 언행에 잘못이 있는 친지를 보면 번번이 온화한 말과 안색으로

123 청렴하게……것 : 자신의 청렴을 유지하면서도 남을 다치게 하지 않는 의(義)를 실천했다는 말이다. 《예기(禮記)》 〈빙의(聘義)〉와 《공자가어(孔子家語)》 〈문옥(問玉)〉에 "청렴하게 하되 남을 다치게 하지 않는 것이 의이다."라고 하였다.

124 묘지에서 구걸하여 : 부끄러운 줄도 모르고 출세하려고 권세가에게 빌붙는다는 뜻이다. 《맹자》 〈이루 하(離婁下)〉에서 제(齊)나라 사람이 "동쪽 성곽의 묘지로 가서 제사하는 사람들한테서 남은 음식을 구걸해 먹고 부족하면 또 주위를 둘러보아 다른 사람에게 가서 구걸했다."라고 하였다.

125 밖으로……했고 : 의롭지 못하다고 여겼다는 말이다. 오릉중자(於陵仲子)는 제나라에서 대대로 벼슬을 한 가문 출신으로, 그의 형은 식읍(食邑)인 합(蓋)에서 많은 녹봉을 받고 있었다. 오릉중자는 형의 녹봉을 의롭지 못하다고 여겨 한집에서 살지

거듭 타일러 스스로 뉘우치고 스스로 고치게 하였다.

공은 40년 동안 산림에서 지내며 입 밖으로 사환(仕宦 벼슬살이)이라는 두 글자를 내지 않았다. 때로 관직에 제수하는 교지가 있으면 분수에 따라 나가서 명에 응하여 남다른 모습으로 자신을 세상에 드러내지 않았다. 문장에 해박해서 당시 세상에 짝할 이가 적었으나 마치 무능한 것같이 겸손하였으니, 아는 자는 드물고 모르는 자는 많았다. 무릇 이러한 진실한 마음과 진실한 행동은 집안에서의 품행이 그 근본이 되지 않은 것이 없으며, 그것을 일에 응하고 사물을 접하는 데까지 확장하여 그렇게 한 것이다. 나는 일찍이 탄식하기를 "군자로다, 이 사람이여."[126] 하였다.

공이 세상을 떠난 뒤에 한 도(道)의 사론(士論)이 그 마음을 같이하고 출처(出處)를 같이한 6인을 모아 한마디 말로 칭송하여 군자라고 하였으니, 이에 공이 군자인 것을 알았다. 나같이 혈연관계가 가까워 종형제(從兄弟)가 되는 자가 그것을 알 뿐만 아니라 아무리 멀리 있더라도 한 도의 선비들이 보고 감화되어 사모하고 우러르며 도모하지 않아도 한입에서 나오는 것처럼 군자라고 일컫는 것은 모두 떳떳한

않고 오릉(於陵)에 은둔하였다. 훗날 집에 돌아와 형에게 뇌물로 거위를 바치는 자를 보고 "이 꽥꽥거리는 것은 무엇에 쓰자는 거요?"라고 하며 얼굴을 찌푸렸는데, 그 뒤 어머니가 요리한 거위 고기를 먹고 있을 때 형이 보고는 "이것이 꽥꽥거리던 고기다."라고 하자, 밖으로 뛰쳐나가 먹은 것을 토해 버렸다고 한다. 《孟子 滕文公下》

126 군자로다, 이 사람이여 : 이수일(李秀逸)이 주변의 군자들에게 배워서 훌륭한 인격을 이루었다는 칭찬의 말이다. 《논어》 〈공야장(公冶長)〉에서 공자가 자천(子賤)을 칭찬하며 "군자로다, 이 사람이여. 노(魯)나라에 군자가 없었다면 이 사람이 어떻게 이러한 인격을 갖게 되었겠는가."라고 하였다

본성을 가지고 덕을 좋아하는 마음[127]이기 때문이다. 아, 성대하도다.

공의 휘는 수일(秀逸)이고, 자는 자준(子俊)이며, 구호는 호이다. 이씨(李氏)의 조상은 한산(韓山)에서 나왔고, 고려 말기에 가정(稼亭) 문효공(文孝公) 휘 곡(穀)[128]과 목은(牧隱) 문정공(文靖公) 휘 색(穡)[129]이 있었다. 목은이 계자(季子)인 양경공(良景公) 휘 종선(種善)[130]을 두었다. 그의 아들 휘 계전(季甸)[131]이 문열공(文烈公)이다. 그의 아들 휘 우(堣)는 대사성에 올랐다. 그의 아들 휘 장윤(長潤)은 현감을 지내고 이조 판서에 증직되었다. 그의 아들 휘 치(穉)는 판관(判官)을 지내고 좌찬성에 증직되었다. 그의 아들 휘 지번(之蕃)[132]은 내자시 정(內資寺正)을 지내고 영의정에 증직되고 한천부원군(韓川府院君)에 봉해졌으며 호는 성암(省菴)인데, 퇴도(退陶) 이자(李子 이황(李滉))와 도의(道義)의 교분을 맺었다. 그의 아들 휘 산해(山海)[133]는 영의정을 지내

127 떳떳한……마음 : 착한 본성을 지니고 아름다운 덕을 좋아하는 마음을 말한다. 《시경》 〈대아(大雅) 증민(烝民)〉에 "사람이 떳떳한 본성을 가진지라 이 아름다운 덕을 좋아하도다.〔民之秉彝, 好是懿德.〕" 하였다.

128 곡(穀) : 이곡(李穀, 1298~1351)의 본관은 한산, 자는 중보(中父), 호는 가정, 시호는 문효이다. 이제현(李齊賢)의 문인으로 당시 경학(經學)의 대가로 손꼽혔다.

129 색(穡) : 이색(李穡, 1328~1396)의 본관은 한산, 자는 영숙(穎叔), 호는 목은, 시호는 문정이다. 이제현의 제자로서 고려 말 삼은(三隱)의 한 사람이다.

130 종선(種善) : 이종선(李種善, 1368~1438)의 본관은 한산, 자는 경부(慶夫), 시호는 양경이다.

131 계전(季甸) : 이계전(李季甸, 1404~1459)의 본관은 한산, 자는 병보(屛甫), 호는 존양재(存養齋), 시호는 문열이다.

132 지번(之蕃) : 이지번(李之蕃, ?~1575)의 본관은 한산, 자는 형백(馨伯), 호는 성암·사정(思亭)·구옹(龜翁)이다.

고 아성부원군(鵝城府院君)에 봉해졌으며 호는 아계(鵝溪)로서, 실로 선조조(宣祖朝)의 명신(名臣)인데 곧 공의 7대조이다. 그의 아들 휘 경전(慶全)[134]은 좌참찬을 지내고 한평군(韓平君)에 봉해졌으며, 호는 석루(石樓)이다. 휘 구(久)[135]는 한림을 지냈고 호는 후곡(後谷)인데, 그 백씨(伯氏) 이랑공(吏郎公) 후(厚)[136]와 함께 문장과 명성이 한 시대에 진동했으나 불행히 단명하였다. 이분들이 공에게 6대조와 5대조가 된다.

고조 휘 상빈(尙賓)은 진사이고 시에 사람을 놀라게 하는 말이 있었으나 역시 젊은 나이에 죽었다. 증조 휘 운근(雲根)은 현감을 지냈다. 조부 휘 덕운(德運)은 주서(注書)로서 한림에 천거되었으나 벼슬이 정랑에 그쳤다. 아버지 휘 성(宬)은 지극한 품행이 있었으나 드러나지 않았다. 어머니 평강 채씨(平康蔡氏)는 한성 좌윤(漢城左尹)을 지내고 좌찬성에 증직된 채성윤(蔡成胤)의 따님으로서 현명하고 대단히 총명하였다. 숙종 을유년(1705, 숙종31)에 공을 낳았다.

공은 어릴 적에 총명하고 빼어났으며 얼굴이 수려하고 신채(神采)가 혁혁하게 빛나서 사람 눈에 잘 띄었다. 공이 성장하자 정랑공(正郎

133 산해(山海) : 이산해(李山海, 1539~1609)의 본관은 한산, 자는 여수(汝受), 호는 아계・종남수옹(終南睡翁), 시호는 문충(文忠)이다.

134 경전(慶全) : 이경전(李慶全, 1567~1644)의 본관은 한산, 자는 중집(仲集), 호는 석루이다.

135 구(久) : 이구(李久, 1586~1609)의 본관은 한산, 자는 정견(庭堅), 호는 후곡이다.

136 후(厚) : 이후(李厚, 1585~1613)의 본관은 한산, 자는 자후(子厚), 호는 주봉(酒峯)이다.

公)[137]이 글공부와 책 읽기를 엄격히 시켰는데, 여름에는 해가 질 때까지 겨울에는 밤이 새벽에 이를 때까지 잠시도 게을리하지 않아 경사자전(經史子傳)[138]을 통달하여 환하게 알지 못하는 것이 없었다. 정랑공이 세상을 떠나자 공이 울면서 말하기를 "내가 듣건대 '죽은 이 섬기기를 산 사람 섬기듯이 한다.'[139] 했는데, 내가 조부께서 돌아가셨다고 해서 조부께서 정해 준 과업을 폐한다면 이는 조부를 잊는 것이다." 하고, 드디어 휘장을 드리우고 글을 읽었는데, 아침마다 궤연(几筵)을 살피고 글 외우기를 평소처럼 하다가 대상(大祥)이 지나서야 그만두었다.

외조인 찬성공(贊成公)이 공의 머리를 쓰다듬으면서 시를 주어 말하기를,

관면[140]은 강좌의 벌열[141]처럼 추앙받고　　冠冕已推江左閥
문장은 일찌감치 건안의 울타리[142]에 올랐네　　文章早躡建安藩

하였으니, 공이 일찌감치 성취한 것이 이와 같았다.

137 정랑공(正郎公) : 이수일의 할아버지인 이덕운(李德運)을 가리킨다.

138 경사자전(經史子傳) : 경사자집(經史子集)으로, 경서(經書)와 사서(史書), 제자(諸子), 문집(文集) 등을 일컫는다.

139 죽은……한다 : 《중용장구》 제19장에 "그 자리를 밟아 그 예를 행하고 그 음악을 연주하며, 그가 존경하던 바를 존경하고 그가 친애하던 바를 사랑하며, 죽은 이 섬기기를 산 사람 섬기듯이 하고, 이미 돌아간 이 제사 모시기를 생존한 이 섬기듯 하는 것이 지극한 효도이다."라고 하였다.

140 관면(冠冕) : 명문(名門)을 뜻한다. 이수일의 가문이 명문이기 때문에 한 말이다.

141 강좌(江左)의 벌열 : 동진(東晉)을 일으켜 굉장한 영화를 누린 사안(謝安)의 가문을 이른다.

142 건안(建安)의 울타리 : 삼국 시대 위 문제(魏文帝) 때의 유명한 문장가들인 건안칠자(建安七子)를 이른다.

병진년(1736, 영조12)에 부친상을 당하였다. 공은 이미 3세 때 어머니를 여의어 매양 "효도하려 한들 누구에게 효도하겠는가."[143]라는 말을 읊게 된 처지를 종신(終身)의 한으로 여겨 계모를 섬기는 데에 더욱 정성을 들이고 신중을 다하였다.

경신년(1740)에 증광 문과(增廣文科)에 뽑혀 승문원에 부직(付職)되었는데, 승문원의 하리(下吏)가 면신(免新)[144]을 해야 한다고 고하자, 공이 말하기를 "어찌 면신을 한단 말이냐." 하고, 드디어 호연(浩然)히 남쪽으로 돌아갔다.

갑자년(1744) 이후로 잇따라 능관(陵官)에 제수되었으나 모두 사직하여 체직되었다.

정묘년(1747)에 황산도 찰방(黃山道察訪)에 제수되었을 때는 시를 읊으면서 세월을 보내며 오직 역(驛)의 폐단을 살폈다.

143 효도하려……효도하겠는가 : 증자(曾子)의 말 가운데 "군자는 돌이킬 수 없는 경우를 생각해서 먼저 베푸는 것이니, 부모가 돌아가시면 효도하려 한들 누구에게 효도하겠는가."라는 내용이 있다. 《小學 明倫》

144 면신(免新) : 면신례(免新禮) 또는 면신벌례(免新罰禮)의 준말로 조선 시대 새로 관직에 나오는 신참 관원이 선배 관원들에게 성의를 표시하는 의식이다. 대개 술과 안주를 준비하여 성대하게 대접하였다. 부임하는 즉시 허참례(許參禮)라고 하여 일차 향응을 베풀고, 열흘쯤 뒤에 면신례라는 명목으로 다시 주연을 베풀었다. 이 기간 동안에 선배 관원은 온갖 방법으로 신참 관원을 시험하고 괴롭혔는데, 이때 선배들은 인격적 모독을 가하고 직무상의 함정에 빠뜨리는 것은 물론 육체적인 가혹 행위나 구타도 행하였다. 면신을 잘 치르는 경우 선배 관원들로부터 재능과 인품을 인정받아 그 뒤의 관직 생활이 순탄하였지만, 반대인 경우에는 멸시를 받아 견디기 어려웠다. 이 때문에 신참 관원들은 허참례와 면신례를 성대하게 베풀고 때로는 금품을 상납하기도 하였다. 그래서 정부에서는 이런 악습을 타파하기 위해 면신과 관련하여 금품을 상납받은 자는 최저 장(杖) 60, 최고 장 100에 유(流) 3000리(里)로 처벌하였으나 근절되지 않았다.

기사년(1749)에 과거에 급제한 뒤에 기한이 차서 6품으로 올라 전적(典籍)에 제수되었다가 예조 좌랑으로 옮겨졌다. 그리고 경성 판관(鏡城判官)에 제수되었으나 모친의 병환으로 사직서를 올려 체직되었다.

신미년(1751)에 병조 좌랑으로 옮겨졌다.

병자년(1756)에 지평, 이조 좌랑에 제수되었다가 장령으로 승진하였다. 고산도 찰방(高山道察訪)에 제수되었는데, 또한 모친이 늙었다는 이유로 사직하고 부임하지 않았다.

무인년(1758)에 장령에 제수되었다. 이때에 소조(小朝)[145]에서 대리청정(代理聽政)을 했는데, 서연(書筵)에서 공이 건의한 말에 대해 대조(大朝)에서 골자(骨子)가 없다고 하며 공을 파직하였다가[146] 곧 서용(敍用)하여 사성(司成)에 제수하였다.

기묘년(1759)에 옥구 현감(沃溝縣監)에 제수되었다. 이때 임피 현령(臨陂縣令) 김치량(金致良)이 숙부인 역적 김재로(金在魯)[147]의 세력에 의지하여 이웃 고을을 짓밟으며 까닭 없이 읍비(邑婢)를 요구했는데,[148] 공이 거절하고 허락하지 않았다. 김치량이 드디어 크게 유감

145 소조(小朝) : 장헌세자(莊獻世子, 1735~1762)를 가리킨다. 당시 영조가 일선에서 물러나고 장헌세자가 1749년부터 대리청정을 하고 있었으므로, 영조를 대조(大朝), 장헌세자를 소조로 구분하였다.

146 서연(書筵)에서……파직하였다가 : 이에 관한 내용이 《영조실록》 34년 2월 27일 기사에 보인다.

147 김재로(金在魯) : 1682~1759. 본관은 청풍(淸風), 자는 중례(仲禮), 호는 청사(淸沙)·허주자(虛舟子)이다. 1722년 신임사화로 문외출송(門外黜送)되었다가 이듬해 울산(蔚山)에 안치(安置)되었다. 1724년 풀려나 이듬해 대사간에 등용되었으나 1729년 성미환국으로 소론이 새등징하자 다시 파직되었다. 이후 관직 생활의 절반을 모두 대신으로 있으면서 노론의 선봉자로 활약했다.

을 품고 몰래 도백(道伯)에게 압력을 가하여 공을 하고(下考)[149]에 두게 하고, 역적 김재로가 다른 죄를 얽어서 형벌을 남발하고 끝내 공을 공주(公州)에 도배(徒配)[150]하였다. 얼마 되지 않아서 상신(相臣) 민백상(閔百祥)[151]이 공의 억울함을 아뢰어 공이 돌아올 수 있었다. 이어서 장령에 제수되자 공이 〈팔조소(八條疏)〉를 올려 권면하니,[152] 영조가 비답을 내려 가상히 여기고 또한 교서(敎書)를 내려 이르기를 "그 사람의 외모가 순수하고 근실한 것을 보니, 참으로 글을 읽은 사람이다." 하였다.

갑신년(1764)에 보령 현감(保寧縣監)에 제수되었다. 보령은 공에게는 선영이 있는 고장이므로, 봉록은 박하지만 종족들과 함께 나누었으니, 공이 나누어 주는 것을 기다려서야 밥 지을 불을 지핀 자가 몇 집인지 셀 수 없었다. 이때 영조가, 시종신으로 있다가 수령이 된 자들

148 김치량(金致良)이……요구했는데 : 김치량이 창기(娼妓)를 강제로 끌어와 간음한 일이 밝혀져 유배당한 사건이 《영조실록》 24년 3월 23일 기사에 보이는 것으로 보아, 이때에도 이와 유사한 죄를 저지른 것으로 생각된다.

149 하고(下考) : 근무 고과에서 하등(下等)을 이른다. 외직의 경우 고과에서 하고를 받으면 바로 파직되었다. 조선조에서 관리의 성적을 고과할 적에, 관장(官長)은 부하의 성적을 매년 6월과 12월 두 차례 임금에게 보고하는데, 외관(外官)은 8자로, 경관(京官)은 4자로 평을 달되 상·중·하의 3등으로 구별하여 포폄하였다. 《大典會通 吏典 考課》

150 도배(徒配) : 도형(徒刑)의 죄목으로 귀양을 보내는 것을 말한다. 도형은 오형(五刑)의 하나로 복역 기간은 1년에서 3년이고, 다시 다섯 등급으로 나누었다.

151 민백상(閔百祥) : 1711~1761. 본관은 여흥(驪興), 자는 이지(履之), 시호는 정헌(正獻)이다.

152 팔조소(八條疏)를 올려 권면하니 : 이수일이 상소하여 권면한 내용이 《영조실록》 38년 10월 15일 기사에 보인다.

에게 각각 그 고을의 풍요(風謠)[153]를 올릴 것을 명했는데, 공이 지은 것이 여러 도(道)에서 으뜸이므로 병풍에 그림으로 그리라고 명하고 완상하였다.

병술년(1766)에 내직으로 옮겨 대각(臺閣)에 들어갔다.

기축년(1769)에 계모의 상을 당하였다. 공은 이미 늙은 나이였으나 건강을 해치면서까지 상례를 다하였다.

신묘년(1771)에 상복을 벗었다. 잇따라 대각의 직책 및 상례(相禮), 통례(通禮)에 제수되었다. 공은 관직에서 파면될 때면 서울에 머물러 있은 적이 없고 번번이 향촌으로 내려갔다.

임진년(1772)에 다시 납언(納言 헌납)에 제수되었다. 이때 조정에서 후정시(後庭試)[154]를 시행했는데 공의 아들 주명(柱溟)이 마침 합격하였다. 시임(時任) 대각의 아들이 응시했다 하여 상이 엄한 하교로 그를 탈락시키고 이어서 공의 관직도 삭탈하였다. 얼마 되지 않아 특별히 용서하여 집의로 승진시켰다.

계사년(1773)에 군자감 정(軍資監正)에 제수되었다가 다시 사간(司諫)으로 옮겨졌다. 공이 경연에서 아뢸 적에, 영조가 가문의 세덕(世德)과 연기(年紀)[155]를 물어보고 특별히 동부승지에 제수하면서 분부하기를 "고상(故相 이산해)은 곧 목릉(穆陵 선조(宣祖)) 때의 명신이다.

153 풍요(風謠) : 민요를 말하는데, 이를 통해 민생의 고락을 살필 수 있으므로 민정을 시찰할 때 풍요를 채집하여 조정에 올렸다.

154 후정시(後庭試) : 정시(庭試) 후에 다시 향유(鄕儒)들에게 보이는 시험이다.

155 세덕(世德)과 연기(年紀) : 가문이 내내로 쌓아 온 아름다운 덕과 그 자세한 연보를 말한다.

나는 매번 그를 별호(別號)로 불렀다." 하고, 공에게 명하여 《광국지경록(光國志慶錄)》[156] 및 《아계집(鵝溪集)》을 가져와 앞에서 읽게 하였다. 그리고 하교하기를 "승선(承宣)은 곧 인원성모(仁元聖母)의 지친(至親)인데,[157] 내가 아직까지 몰랐단 말인가. 그리고 왕명 출납(出納)을 익숙하게 해서 마치 익히 승지를 해 본 자 같으니, 가상하다. 만일 이번 제수가 없었다면 조정에서 누가 이와 같은 사람을 천거했겠는가." 하며, 오랫동안 탄식하고 한탄하였다.

공은 성상께 선발되면서부터 은혜를 전에 없이 많이 받았으나 서울에 오래 머무는 것은 평소의 뜻이 아니었으므로 사직서를 올리고 향리로 내려가서, 마침내 기해년(1779, 정조3) 9월 1일에 집에서 세상을 떠나니, 향년이 75세이다. 11월에 보령 칠현(漆峴) 자좌(子坐) 언덕에 장사 지냈다.

아, 나의 선군(先君)[158]은 인물을 품평하고 감식하는 눈이 본래 높아서 사람을 허여하는 일이 적었는데, 유독 마음으로 공을 자랑하며 사람

156 광국지경록(光國志慶錄) : 1587년(선조20)에 선조는 유홍(兪泓)이 종계변무(宗系辨誣)를 통해 수정된 《대명회전(大明會典)》을 가지고 명나라에서 돌아오자, 이 사실을 종묘에 고하고, 백관들과 연회를 열어 시를 지었고, 종계변무 과정의 기록과 시를 모아 이 책을 편찬하였다. 1744년(영조20)에 이조 판서 이여(李畬)가 영조의 서(書), 마유명(馬維銘)의 시, 유홍의 화시(和詩)를 비롯하여 특사교문(特使敎文), 이산해의 사은표(謝恩表), 태학 유생들의 헌축(獻軸) 등을 모아 중간하였다.

157 승선(承宣)은……지친(至親)인데 : 승선은 승지로, 여기서는 이수일을 가리킨다. 인원성모는 숙종의 둘째 계비인 인원왕후(仁元王后, 1687~1757)를 말한다. 인원왕후의 외조모가 곧 이수일의 고조인 진사 이상빈(李尙賓)의 딸 한산 이씨(韓山李氏)이기 때문에 지친이라 한 것이다.

158 나의 선군(先君) : 채응일(蔡膺一, 1686~1765)로, 자는 경언(敬彦)이다.

들에게 말하기를 "이수일(李秀逸)의 넓은 학문과 높은 식견은 참으로 문단의 고수이고, 그 밖에 산천(山川)의 맥락과 도리(道里)의 원근에 대하여 우리나라는 물론이고 중국에 대해서도 평소 왕래하는 사람처럼 모두 알며, 성력(星曆)의 영허지수(盈虛之數)[159]와 용요(龍繇)의 가배지법(加倍之法)[160]에 이르러서도 묻기만 하면 바로 응답하였으며 통달하여 환히 알지 못하는 것이 없으니, 기이하고 기이하다." 하였다.

국포(菊圃) 강공(姜公)[161]도 역시 국기(國器)로 공을 대접하여 일찍이 말하기를 "이수일의 문학은 속유(俗儒)의 것이 아니니, 우리가 마땅히 한발 양보해야 한다." 하였다. 공이 젊어서부터 선배의 추천을 받은 것이 이미 이와 같았다.

일찍이 공이 대비과(大比科)[162]가 있는 해를 만나 향촌에서 경시(京試)[163]에 응시하기 위해 서울로 올라가다가, 도중에 평소 잘 아는 친구

159 성력(星曆)의 영허지수(盈虛之數) : 천문 역법(天文曆法)에서 달이 차고 이지러지는 도수를 말한다.

160 용요(龍繇)의 가배지법(加倍之法) : 용요는 괘(卦)이고, 가배지법은 1에 1을 더해 2로 하고 2에 2를 더해 4로 하는 셈법으로 일명 가일배법(加一倍法)이라고 하는데, 《주역》 〈계사전 상(繫辭傳上)〉에 "태극(太極)이 양의(兩儀)를 낳고 양의가 사상(四象)을 낳는다."라고 한 것에 기초하여 소옹(邵雍)이 수리(數理)를 유추할 때 사용한 방법이다.

161 국포(菊圃) 강공(姜公) : 강박(姜樸, 1690~1742)으로, 본관은 진주(晉州), 자는 자순(子淳), 호는 국포이다.

162 대비과(大比科) : 정기적으로 시행되는 정규 과거로, 자(子)·묘(卯)·오(午)·유(酉)가 드는 해를 식년(式年)으로 하여 3년마다 거행되었으므로 식년과라고도 하였다. 대비란 주(周)나라 때에 3년마다 향리들을 평가하여 현자(賢者)와 능자(能者)를 가리는 일을 칭한다. 《주례(周禮)》 〈지관사도(地官司徒) 향대부(鄕大夫)〉에 "3년이 되면 대비를 하는데, 그 덕행과 도예를 상고하여 현자와 능자를 등용한다."라고 하였다.

중에 향시(鄕試)를 관장하게 된 자를 만났다. 그 친구가 공을 만류하며 말 머리를 돌려 향시에 응시하게 하여 보배를 버려두지 않으려고 했으나[164] 공은 끝내 달가워하지 않고 말에 채찍질하여 서울로 갔으니, 공이 처세한 시초를 여기에서 볼 수 있다.

숙부인(淑夫人) 청주 한씨(淸州韓氏)는 진사 한종욱(韓宗煜)의 따님으로, 부윤(府尹) 한명상(韓命相)의 손녀이다. 숙부인은 공과 같은 해에 태어나서 공보다 10년 뒤인 무신년(1788) 9월 13일에 세상을 떠났으니, 향년이 84세이다. 숙부인은 자손에게 올바른 도리를 가르쳤고, 여사(女士)의 풍도가 있었다. 나와는 외가가 같아 이종 남매가 되기 때문에 나는 그 규범(閨範)을 더욱 자세히 안다.

부부는 5남 2녀를 두었다. 장남 우명(宇溟)은 생원이고 문학과 품행으로 영화로운 명예가 있었으나 일찍 죽었다. 둘째 경명(景溟)은 문과중시(文科重試)에 급제하여 옥당을 거쳐 승지를 지냈다. 셋째 일명(日溟)은 일찍 죽었다. 넷째 주명(柱溟)은 진사로서 도사(都事)를 지냈다. 다섯째 효명(孝溟)은 일찍 죽었다. 사위는 남영로(南永老), 이종혁(李宗赫)이다.

우명은 우윤(右尹) 김조윤(金朝潤)의 딸에게 장가들어 2남 1녀를 낳으니, 아들은 광교(廣敎)·광의(廣毅)이고, 사위는 진사 한영익(韓永益)이다. 경명은 참판 정언충(鄭彦忠)의 딸에게 장가들어 1남 1녀를

163 경시(京試) : 각종 과거 시험의 초시(初試) 중에 한성부(漢城府)에서 실시하던 시험으로, 한성시(漢城試)라고도 한다.

164 보배를……했으나 : 현인이 초야에 묻혀 알려지지 않게 버려두지 않으려 했다는 말이다. 37쪽 주70 참조.

낳으니, 아들은 생원 광도(廣度)이고, 사위는 진사 정약련(丁若鍊)이다. 일명은 진사 오석희(吳錫禧)의 딸에게 장가들어 2녀를 낳으니, 사위는 이정수(李廷修)·이방(李堃)이다. 계취(繼娶)는 한덕기(韓德箕)의 딸로 1남 광경(廣敬)을 낳았다. 주명은 판윤(判尹) 이헌경(李獻慶)의 딸에게 장가들었다가 계취로 진사 이응경(李凝慶)의 딸을 맞이하여 1남 1녀를 낳으니, 아들은 광건(廣健)이고, 딸은 어리다. 효명은 진사 한덕수(韓德樹)의 딸에게 장가들어 2남 2녀를 낳으니, 아들은 광규(廣逵)·광매(廣邁)이고, 큰사위는 홍신영(洪莘榮)이며 막내딸은 어리다. 남영로는 아들이 없어서 형의 아들 남이의(南履義)를 아들로 삼았다. 이종혁은 3남 2녀를 낳았으니, 아들은 이원홍(李元弘)·이원필(李元弼)·이원채(李元采)이고, 사위는 오광진(吳廣鎭)·홍면주(洪冕周)이다.

아, 공의 여러 아들이, 내가 늘 공을 사모하고 좋아하며 공을 깊이 아는 자라 하여 공의 명(銘)을 쓸 것을 요청하니, 내가 어찌 차마 공의 명을 짓는다는 말인가. 명은 다음과 같다.

영조께서 세상을 다스리고 英考御世
충청도는 기북[165]이라 湖西冀北
군자가 여섯 있는데 君子有六
공이 실로 그중 우뚝했네 公實其特
살아서는 본보기 되고 生爲矜式

165 기북(冀北) : 기주(冀州)의 북쪽으로 훌륭한 말이 많이 나는 곳으로, 인재가 많이 배출되는 곳을 뜻한다.

죽어서는 제사 받았네	歿議俎豆
겨와 쭉정이 겨우 시험했으나[166]	試纔糠粃
태산북두처럼 우러러보았네	望猶山斗
풍파가 일 때 언덕에 올라[167]	風波登岸
외로이 웃으면서[168] 침부하였네	孤笑湛浮
가슴에 천고의 일 간직하고	胸藏千古
의리가 이긴[169] 한 언덕 되었네	義勝一邱
이 나라 빛낸 분[170] 묻혔으니	斂此華國

166 겨와……시험했으나 : 이수일의 재능 중 극히 일부만 쓰였다는 말이다. 겨와 쭉정이는 미천하고 쓸모없는 물건을 비유한다. 《장자(莊子)》 〈소요유(逍遙遊)〉에 "그분은 먼지와 때 그리고 쭉정이와 겨 같은 것을 가지고도 요순(堯舜)을 빚어낼 수 있는 분인데, 뭣 때문에 외물을 일삼으려고 하겠는가."라고 한 데서 온 말이다.

167 언덕에 올라 : 자신의 분수를 지키고 그에 넘는 것을 바라거나 부러워하지 않는 도의 경지에 오른 것을 뜻한다. 《시경》 〈대아(大雅) 황의(皇矣)〉에 "상제가 문왕에게 이르기를 '그렇게 이것을 버리고 저것을 잡으려 들지 말며 그렇게 흠모하고 부러워하지 말아서 크게 먼저 도의 경지에 오르라.' 하셨다.〔帝謂文王, 無然畔援, 無然歆羨, 誕先登于岸.〕"라고 하였다.

168 외로이 웃으면서 : 한유(韓愈)의 〈별지부송양의지(別知賦送楊儀之)〉에 "어지러운 마음속에서 미묘한 말을 찾고, 뭇사람 근심하는 중에서 외로이 웃노라.〔索微言於亂志, 發孤笑於群憂.〕" 하였다.

169 의리가 이긴 : 마음속에서 선왕의 의리가 부귀의 낙을 이겼다는 말이다. 증자(曾子)가 자하(子夏)에게 살찐 이유를 물으니, 자하가 "내가 집에 들어가서 선왕의 의를 보면 이것이 좋고, 밖으로 나와서 부귀의 낙을 보면 또 이것이 좋았으므로, 양자가 나의 가슴속에서 싸우며 승부를 알 수 없었기 때문에 몸이 여위었는데, 지금은 선왕의 의가 이겼으므로 이렇게 살졌다."라고 답한 이야기가 《한비자(韓非子)》 〈유로(喩老)〉에 나온다.

170 나라 빛낸 분 : 한림원(翰林院)이나 사관(史館)의 직위에 있으면서 제고(制誥)

운수가 평피[171]한 것을 어찌하랴 奈運平陂
언덕을 보건대 찾아가 볼 곳 있으니 觀原有歸
공이 아니고 그 누구이겠는가 匪公伊誰

나 외교(外交)에 관한 문장을 지을 적에 그 문장이 뛰어나면 나라를 빛낼 수 있으므로 이렇게 말한 것이다. 여기서는 죽은 이수일을 묘사한 것이다.

171 평피(平陂) : 세상의 길흉화복이 필연적으로 변함을 비유하는 말이다. 《주역》 〈태괘(泰卦) 구삼(九三)〉에 "편평하기만 하고 치우치지 않는 경우는 없고 가기만 하고 돌아오지 않는 법은 없다.〔无平不陂, 无往不復.〕"라고 한 데서 온 표현이다.

증 이조 참판 행 호조 좌랑 이공 묘갈명

贈吏曹參判行戶曹佐郎李公墓碣銘

고(故) 좌랑(佐郎) 이공(李公)의 휘는 석규(碩揆)이고 자는 거공(鉅公)으로, 영의정 정숙공(貞肅公) 휘 성구(聖求)[172]의 아들이다. 인조 병자년(1636, 인조14) 겨울에 오랑캐의 침략이 다급하여 정숙공은 어가를 호종하여 남한산성에 들어갔다. 공은 10세의 나이로 대부인을 따라 강화도로 피난했는데, 정축년(1637)에 강화도가 함락되자 대부인이 절개를 지켜 죽었다. 이때 식구들이 혹은 적에게 사로잡히고 혹은 도망가고 혹은 죽었는데, 어린 공은 혼자 시신을 안고 부르짖으며 가슴을 쳤다. 오랑캐가 시신을 끌어내 옷과 이불을 벗겨 가자 공이 시퍼런 칼날을 무릅쓰고 슬피 부르짖으며 피 묻은 속옷을 달라고 빌자 오랑캐도 불쌍히 여겨서 주니, 공이 옷을 가슴에 품고 달아나서 형 참판공 당규(堂揆)[173]와 남한산성 아래에서 만나 펼쳐 보고 부르짖다가 기절하였는데, 인조가 듣고 오랫동안 서글퍼하였다. 대부인의 성은 권씨(權氏)이고 관향은 안동(安東)이며, 의정부 사인(議政府舍人) 권흔(權昕)[174]의 따님으로, 훗날 국가에서 그 여문(閭門)에 정표(旌表)하였다.

172 성구(聖求) : 이성구(李聖求, 1584～1644)의 본관은 전주(全州), 자는 자이(子異), 호는 분사(分沙), 시호는 정숙이다. 《東州集 文集 卷7 伯氏領議政分沙李公神道碑銘》

173 당규(堂揆) : 이당규(李堂揆, 1625～1684)의 본관은 전주, 자는 기중(基仲), 호는 퇴촌(退村), 시호는 문경(文敬)이다.

174 권흔(權昕) : 1568～1612. 본관은 안동, 자는 숙절(叔節)이다.

신사년(1641) 겨울에 정숙공이 다시 정승이 되어 조정에 들어갔다. 이때 오랑캐와 우리나라가 구경(九卿)은 모두 아들을 인질로 보낼 것을 약조하여 정승의 아들도 인질로 가야 했는데, 승지공(承旨公) 동규(同揆)는 막 속환(贖還)된 터라 차마 다시 북쪽에 사신으로 보낼 수 없고 참판공은 평소 병이 많았으므로 공이 청하여 아뢰기를 "제가 가겠습니다." 하였다. 이때 공의 나이가 15세였으므로 정숙공이 불쌍해하면서도 기특하게 여겼다.

임오년(1642) 봄에 공이 심관(瀋館)[175]에 인질로 갔다가 다음 해 가을에 비로소 우리나라로 돌아왔다. 심양은 다른 풍속의 외딴 나라인데, 공은 어린 나이에 곤란한 처지에 처해서도 자신을 단속하고 외물을 접함에 알맞게 하지 않은 것이 거의 없었다. 효종(孝宗)의 총애와 대우가 특별하여 공이 간혹 일로 인하여 풍자하는 뜻을 부치면, 번번이 낯빛을 고치고 술을 하사하였으니, 여러 수행원과 관료가 칭찬하고 기특하게 여기며 연배의 차이를 잊고 더불어 사귀었다. 이때 관외(關外)[176]가 막 격파되자 진귀한 보물이 사방에 전파되어 심관에 같이 머무는 자 중에 손가락을 담그지[177] 않는 사람이 없었으나 공은 보아도 보이지 않는 듯이 지냈으며, 귀국한 뒤에도 행장에 북쪽 물건이 없어 정숙

175 심관(瀋館) : 심양관(瀋陽館)이다. 봉림대군(鳳林大君) 및 삼정승과 육판서의 자제들이 심양에 인질로 갔을 때 머물던 처소 겸 집무소이다.

176 관외(關外) : 산해관(山海關) 이동(以東) 지역을 의미한다.

177 손가락을 담그지 : 얻기를 바라서는 안 되는데 욕심 때문에 망녕되게 바라는 것을 말한다. 춘추 시대 정(鄭)나라 공자 자공(子公)이 자라 요리를 먹지 못하게 되자 자라 삶은 솥 속에 손가락을 담갔다가 그 손가락을 빨면서 나갔다는 이야기가 전한다. 《春秋左氏傳 宣公4年》

공이 매우 기뻐하였다.

갑신년(1644)에 정숙공의 상을 당하자, 상례를 조금도 게을리하지 않고 집행하였다. 이때 심기원(沈器遠)[178]이 막 반란을 일으켜 인심이 흉흉하고 불안했는데, 오랑캐의 기마병이 이미 사현(沙峴)[179]을 지났다는 유언비어가 퍼져 도로에 피난민이 물 끓듯 하였다. 정숙공의 널이 바야흐로 빈소에 있는데도 공은 동요하지 않고 천천히 말하기를 "그럴 리가 없다." 하였는데, 나중에 과연 그러하였다.

임진년(1652, 효종3)에 사마 양시(司馬兩試)[180]에 합격하였다. 공경(公卿)의 자제로서 일찍이 심양에 인질로 갔던 자는 으레 보직(補職)되었으나 공은 사양하며 말하기를 "애통함을 참으며 원수의 뜰에 갔던 것인데, 도리어 그것으로 관작을 구한다면 어떤 부끄러움이 이보다 심하겠는가." 하였다. 일찍이 정시(庭試)에 응시하여 우뚝하게 장원을 했는데, 공을 좋아하지 않는 자가 있어 공을 내쳤으나 공은 태연히 원망하는 빛이 없었다. 이때부터 학업에 전념했는데, 《역(易)》을 더욱 좋아하여 글의 깊은 뜻을 사색하며 세월을 보냈으며, 한가할 때는 임천

178 심기원(沈器遠) : ?~1644. 본관은 청송(青松), 자는 수지(遂之)이다. 1623년(인조1) 인조반정에 공을 세워 정사 공신(靖社功臣) 1등에 책록되고 청원부원군(青原府院君)에 봉해졌다. 1644년 좌의정으로 남한산성 수어사(南漢山城守禦使)를 겸하게 되자, 이를 기화로 심복의 장사들을 호위대에 두고 전 지사(知事) 이일원(李一元), 광주 부윤(廣州府尹) 권억(權濦) 등과 모의하여 반란을 일으켜 회은군(懷恩君) 이덕인(李德仁)을 추대하려고 하였다. 그러나 부하인 황헌(黃瀗), 이원로(李元老) 등이 훈련대장 구인후(具仁垕)에게 밀고하여 거사 전에 죽음을 당하였다.

179 사현(沙峴) : 서울 모화관(慕華館) 서북쪽에 있던 고개이다. 《新增東國輿地勝覽 卷3 漢城府 山川》

180 사마 양시(司馬兩試) : 생원시와 진사시를 말한다.

(林泉)에 자취를 남기니, 향리 사람들은 그 겸손함을 사랑하고 사우(士友)는 그 청렴함에 감복하였다.

무술년(1658)에 금정도 찰방(金井道察訪)에 제수되자 억지로 부임하였다. 임기가 찬 뒤에 의금부 도사로 옮겼다가 호조 좌랑으로 바뀌었다. 외직으로 나가 단성 현감(丹城縣監)을 맡았는데, 자기 몸을 바르게 하여 다스리니, 백성과 아전이 모두 떠받들었다.

병오년(1666, 현종7)에 관직을 버리기 위한 계책으로 임천(林川)[181]의 농장에 돌아왔다가 갑자기 병으로 세상을 떠나니, 7월 5일이다. 향년은 40세이다. 공은 재능이 있으나 다 펴지 못했는데 하늘이 또한 수명을 주지 않았으니, 이것이 무슨 까닭인가. 훗날 외아들이 숙종을 섬겼는데 고상한 문장과 맑은 의론으로 사류(士類)에게 추중을 받고 높은 관직을 역임하였으며 관찰사로 재직 중에 세상을 떠났으므로, 공을 이조 참판에 추증하고, 공의 배위인 민 숙인(閔淑人)을 정부인(貞夫人)에 추증하였다. 하늘의 도는 아마도 여기에 있었으리라. 처음에는 양주(楊州) 옹암(甕巖)에 장사 지냈다가, 훗날 통진(通津)의 산척산(山尺山) 계좌정향(癸坐丁向)의 언덕에 이장하였다.

선계(璿系 왕실의 계보)에서 태종(太宗)의 별자(別子)인 경녕군(敬寧君) 제간공(齊簡公) 휘 비(裶)[182]가 공의 7대조이다. 속적(屬籍)[183]이 끝난 뒤에, 호가 국재(菊齋)이고 대사마(大司馬 병조 판서)를 지낸 휘가

181 임천(林川) : 충남 부여군 임천면이다.

182 비(裶) : 이비(李裶, ?~1458)는 태종과 효빈(孝嬪) 김씨(金氏) 사이에 출생한 왕자이다. 자는 정숙(正淑), 시호는 제간이다.

183 속적(屬籍) : 왕실의 선원보(璿源譜)에 오르는 것이다.

희검(希儉)[184]인 분이 있고, 호가 지봉(芝峯)이고 대총재(大冢宰 이조판서)를 지낸 휘가 수광(睟光)[185]인 분이 있는데, 두 분이 모두 상상(上相 영의정)에 증직되었으며 실로 공의 증조와 조부이다.

민씨 부인의 관향은 여흥(驪興)이고, 호조 좌랑 민성복(閔聖復)의 따님이며, 을사년(1545, 명종 즉위년)의 당인(黨人)으로 호가 역헌(櫟軒)인 민기문(閔起文)[186]의 4세손이다. 성품이 간결하고 부인의 덕을 잘 닦았으나 43세의 나이로 기유년(1669, 현종10) 3월 19일에 세상을 떠나 공의 묘소 왼편에 합장하였다.

외아들 현조(玄祚)[187]는 곧 관찰사이다. 5명의 사위는 참판 이담명(李聃命), 승지 박정(朴涏), 사서(司書) 성준(成儁), 감사 송정규(宋廷奎), 별검(別檢) 윤경제(尹景濟)이다.

관찰사는 후사가 없어 종질인 한보(漢輔)[188]를 데려다 아들로 삼았으며, 측실 소생 아들은 한척(漢陟)이다.

한보의 세 아들은 덕주(德冑), 혜주(惠冑), 헌주(憲冑)이고, 두 딸은 사인(士人)에게 시집갔다. 외손 및 현손은 많아서 다 기록하지 않는다.

184 희검(希儉) : 이희검(李希儉, 1516~1579)의 본관은 전주, 자는 경질(景質), 호는 동고(東皐)・국재이다.

185 수광(睟光) : 이수광(李睟光, 1563~1628)의 본관은 전주, 자는 윤경(潤卿), 호는 지봉, 시호는 문간(文簡)이다.

186 민기문(閔起文) : 1511~1574. 본관은 여흥, 자는 숙도(叔道), 호는 역암(櫟菴)이다.

187 현조(玄祚) : 이현조(李玄祚, 1654~1710)의 본관은 전주, 자는 계상(啓商), 호는 경연당(景淵堂)이다.

188 한보(漢輔) : 이한보(李漢輔, 1675~1748)의 본관은 전주, 자는 중호(仲皓), 호는 졸은(拙隱)이다. 생부는 이현량(李玄亮)이다.

군자가 말하기를 "공이 모친의 시신을 안고 속적삼을 달라고 애걸하자 오랑캐가 다행히 공을 어린아이로 보고 죽이지 않았다. 공은 그가 죽이지 않을 것을 믿었을까? 자기가 죽을 것은 잊고 모친의 시신을 지켰으니, 법으로 볼 때 정표해야 마땅하다." 하였다. 명(銘)은 다음과 같다.

효성은 정표함 당연한데 정표하지 않았고　孝則當旌旌不爲
학문 넉넉하여 벼슬했는데 벼슬 또한 낮았네　學優而仕仕又卑
수명이 요절을 면치 못해 참으로 탄식할 만하나　壽不免夭良足欷
아드님에게 드러났으니 하늘의 도 알겠네　發之令子天道知
선을 행함에 게을리하지 말고 이분을 볼지어다　爲善毋怠監于玆

찰방 이공 묘갈명

察訪李公墓碣銘

공의 휘는 언괄(彦适)[189]이고, 자는 자용(子容)이며, 회재(晦齋) 이 선생(李先生)[190]의 아우이다. 대부인이 현철(賢哲)하다고 이름이 나고 형도 현철하였는데, 공은 효우(孝友)의 본성으로 가정의 감화를 더하고 지행(志行)을 날로 돈독하게 하여, 선생이 공을 손과 발처럼 여겼다. 선생은 중종조(中宗朝)에 사직지신(社稷之臣)으로서 임금이 의지하고 믿는 것이 매우 은근하므로 의리상 물러나 고향으로 돌아올 수 없었다.

공은 새벽부터 저녁까지 모친 곁에서 한탄하는 모친을 즐겁게 해드리며 효성을 다하였다. 조정에서 공이 현철하다는 말을 듣고 침랑(寢郎), 주부(主簿)에 제수하고, 또한 송라도 찰방(松羅道察訪)에 제수하였는데, 혹은 한번 숙배하고 곧 돌아오고 혹은 잠시 나갔다가 선뜻 관직을 버렸다. 대개 공은 조정에 하루라도 선생이 없어서는 안 되고 선생이 이미 집에 있을 수 없다면 자신이 차마 모친을 떠나 벼슬살이를 하지 못하리라 생각한 것이고, 선생도 공이 모친의 좌우에서 봉양하는 것이 자신과 차이가 없을 줄 알았으므로 마음을 어지럽히지 않았다.

정미년(1547, 명종2)에 소인배가 죄악을 쌓아 선생을 강계부(江界

189 언괄(彦适) : 이언괄(李彦适, 1494~1553)의 본관은 여주(驪州), 자는 자용, 호는 농재(聾齋)이다. 회재 이언적(李彦迪)의 아우로 이언적에게 글을 배웠다.

190 회재(晦齋) 이 선생(李先生) : 이언적(1491~1553)으로, 본관은 여주, 자는 복고(復古), 호는 회재·자계옹(紫溪翁)이다.

府)로 귀양 보냈는데, 강계는 아주 멀어 집과의 거리가 수천여 리이다. 공은 애통한 심정으로 밤에는 반드시 향을 사르고 하늘에 빌며 선생이 돌아와 대부인이 살아 계실 때 나란히 색동옷 입고 춤추기[191]를 바랐다.

다음 해에 대부인이 세상을 떠났다. 공은 병이 심한데도 오히려 남의 부축을 받으며 친히 염습을 하며 성신(誠信)[192]으로 유감이 없게 하였다. 장사를 지낸 뒤에는 여묘살이를 3년간 했는데, 슬픔으로 건강을 해쳐 거의 지탱하지 못하였다. 상기를 마친 뒤에는 험하고 어려움을 무릅쓰고 죽을 각오로 길을 떠나 선생의 귀양지로 달려가서 부둥켜안고 슬픔을 다하고 여러 달을 머물렀다. 선생이 변방의 추위가 심한 것을 염려하여 공에게 돌아가라고 권하고, 작별할 때 시 5수를 주니, 공도 화답했는데 내용이 너무 처량하여 사람들이 차마 읽지 못하였다.

애초에 공은 선생을 위하여 조정에 억울함을 호소하고자 했으나 선생이 중지시켰다. 공이 남쪽으로 돌아온 뒤에 석방될 기약이 없는 것을 마음 아파하며 편지로 선생에게 고하여 아뢰기를 "옛날 사람 중에는 형제가 죽음을 다툰 경우[193]가 있습니다. 지금 하늘에 호소하여 만에

191 색동옷 입고 춤추기 : 부모에게 효도하는 것을 말한다. 춘추 시대 초(楚)나라 사람 노래자(老萊子)가 효성이 지극하여, 70세에 색동옷을 입고 춤을 추며 어린아이처럼 재롱을 떨어 그 어버이의 마음을 즐겁게 한 일이 있다. 《太平御覽 人事》

192 성신(誠信) : 진실되고 정성스러운 마음을 말한다. 《예기(禮記)》 〈제통(祭統)〉에 "이 때문에 현자가 제사를 지낼 때에는 성신과 충경을 극진히 한다.〔是故賢者之祭也, 致其誠信與其忠敬.〕"라고 하였다.

193 형제가……경우 : 형제가 서로 대신 죽겠다고 다툰 경우를 말한다. 《후한서(後漢書)》 〈강굉열전(姜肱列傳)〉에는 강굉(姜肱)의 형제가 도적을 만나서 서로 자기가 죽겠다고 다투다가 둘 다 풀려난 내용이 있고, 《오륜행실도(五倫行實圖)》 권4 〈조효취팽(趙孝就烹)〉에는 조효(趙孝)의 아우 조례(趙禮)가 도적에게 잡혀 잡아먹히게 되었을

하나라도 임금을 감동시킨다면 죽음도 사양하지 않겠습니다." 하였는데, 선생이 또한 중지시켰다. 공은 몹시 야윈 몸을 회복하지 못하고 또한 이로 인해 마음속에 응어리져 마침내 계축년(1553) 1월에 세상을 떠나니, 향년 60세이다. 선생은 멀리서 선영에 장사 지낼 것을 명하여 혼백으로 하여금 훗날 서로 의지하게 하였다. 흥해군(興海郡) 남쪽 도음산(禱陰山) 묘향(卯向)의 언덕에 장사 지냈다. 그해 겨울에 선생이 또한 유배지에서 세상을 떠나, 같은 산기슭에 귀장(歸葬)하니, 유지(遺志)를 따른 것이다.

공이 거상(居喪)한 것으로 보면 공이 살았을 때 조정에서 복호(復戶)를 내렸고, 백성에게 사랑을 남긴 것으로 보면 열 달을 다스렸는데 역졸(驛卒)들이 비석을 세웠다. 그러나 공을 사모하고 우러르는 자가 이것으로 공을 알고자 한다면 그것은 아니다. 바야흐로 공이 은명에 숙배하고 돌아올 적에 선생이 공에게 준 시[194]에서 이르기를 "그대 같은 효성은 세상에 드물리라.〔如君誠孝世無多〕"라고 하고, 공이 찰방 관직을 버리고 돌아올 때에도 시[195]를 주어 이르기를 "그대가 사직하고 모친 모셔 기쁘거니.〔喜君投紱承親志〕"라고 하며, 공이 세상을 떠나자 제문[196]을 지어 제사를 지내며 이르기를 "내가 비록 장사 지내고 제사 지내는 일을 직접 행하지 못했지만, 자네가 3년 동안 여묘살이를 하고

때 조효가 자신을 묶고 적에게 가서 말하기를 "조례는 수척하니 살진 나만 못하다." 하니, 도적이 그 뜻을 깨닫고 모두 놓아준 내용이 있다.

194 공에게 준 시 : 《회재집(晦齋集)》 권3 〈기사제(寄舍弟)〉이다.

195 시 : 《회재집》 권3 〈재낙기사제(在洛寄舍弟)〉이다.

196 제문 : 《회재집》 권6 〈제망제자용문(祭亡弟子容文)〉이다.

묘소를 지키며 스스로 정성과 예를 다하였으니, 내가 비록 있었다고 한들 어찌 더할 바가 있었겠는가." 하였다.

아, 선생은 형이고 공은 아우이다. 지극히 정겨운 말을 문장으로 표현하지 않았으나 선생이 시나 문으로 공을 가상하게 여기고 장려하거나 공에게 감동하고 탄복한 것을 모두 나열하며 그칠 줄 모른 것이 이와 같았다. 사람들이 선생을 존경할 줄 안다면 그 말씀을 반드시 믿을 만하다고 여기지 않겠으며, 선생의 말씀을 믿는다면 공의 효우와 지극한 품행이 세상의 모범이 될 수 있음을 알지 못하겠는가.

공은 본래 여주(驪州) 사람인데 중간에 선조가 영남의 연일(延日)로 이주했다가 나중에 경주(慶州)로 옮겨서 지금은 경주 사람이 되었다. 증조 휘 숭례(崇禮)는 참판에 증직되었다. 조부 휘 수회(壽會)[197]는 참군(參軍)을 지냈고 판서에 증직되었다. 아버지 휘 번(蕃)[198]은 생원으로서 문학이 있어서 성묘조(成廟朝)에서 역소(驛召)[199]하여 그의 문학을 시험하고 태학에 머물게 하였으며, 세상을 떠난 뒤에는 좌찬성에 증직하였는데, 이것은 회재 선생의 신분이 고귀해져서이다. 어머니 정경부인 손씨(孫氏)는 계천군(雞川君) 손소(孫昭)[200]의 따님이다.

공은 모두 두 번 장가들었다. 선산 오씨(善山吳氏)는 무공랑(務功郎) 오달민(吳達民)의 따님이자 부윤(府尹) 오식(吳湜)의 증손녀이고,

197 수회(壽會) : 이수회(李壽會, 1431~1518)이다. 본관은 여주이다.

198 번(蕃) : 이번(李蕃, 1463~1500)이다. 본관은 여주이다.

199 역소(驛召) : 조정에서 선비를 역마(驛馬)로 불러올리는 것을 이른다.

200 손소(孫昭) : 1433~1484. 본관은 경주, 자는 일장(日章), 시호는 양민(襄敏)이다.

웅천 주씨(熊川朱氏)는 주수(朱壽)의 따님인데, 모두 자식이 없어서 사촌 동생 도(道)의 아들 응기(應期)를 데려와 후사로 삼았다.

응기는 1남 2녀를 두었는데, 아들은 의주(宜澍)이고, 두 사위는 이군빈(李君賓)과 사재감 정(司宰監正) 이득봉(李得鳳)이다. 서자(庶子) 의흡(宜洽)은 무과에 급제하였다.

증손과 현손 이하는 많아서 다 기재하지 않는다.

공의 7세손 전 현감 헌락(憲洛)이 일찍이 나에게 와서 말하기를,

> "우리 선조는 지극한 품행으로 사림이 사당을 세워 제향했는데, 갑자기 국가의 금지령으로 인하여 제향이 중지되었습니다. 참으로 선생의 한마디 말을 얻어서 무덤을 빛낸다면 아마도 후손들의 생각을 위로할 수 있을 것입니다."

하여, 내가 승낙했으나 결행하지 못하였다. 성상(聖上) 8년(1784)에 영남의 선비들이 상소하여 공의 사적을 아뢰자, 상이 특명으로 사헌부 지평에 증직하였다. 많은 선비가 덕을 숭상한 것과 성스러운 군주가 교화를 돈독히 한 것은 모두 글로 쓰지 않아서는 안 되겠기에 드디어 명(銘)을 짓는다. 명은 다음과 같다.

형은 문묘에 종사되고	兄祀文廟
아우는 향사에서 제사를 받네	弟食鄕祠
사당을 훼철하고 복구하지 않으니	祠毁不復
후손이 슬퍼하는 바이네	後孫之悲
아, 공의 지극한 품행을	嗟公至行
어떻게 빛낼까	曷以章之
성조가 교화를 돈독히 하여	聖朝敦化

찬란하게 증직하였네 | 煒哉贈誥
내가 무덤길에 명을 지어 | 我銘于隧
먼 후세에 알리노라 | 百世是詔

가의대부 경상좌도 병마절도사 노공 묘갈명
嘉義大夫慶尚左道兵馬節度使盧公墓碣銘

공의 휘는 계정(啓禎)이고, 자는 국휴(國休)이며 경주(慶州) 안강현(安康縣) 사람이다. 신라 대광(大匡) 광한(光漢)이 그 비조(鼻祖)이다. 우리 조정에 들어와서 군기시 첨정(軍器寺僉正) 휘 종선(從善)이란 분이 있어 점필(佔畢)·한훤(寒暄)[201] 두 선생의 문하에서 노닐었으며 문무(文武)를 겸전한 재능으로 이름이 났다.

4대를 전하여 수함(守諴)[202]에 이르렀는데, 그는 스스로를 송암(松菴)이라 부르며 박송당(朴松堂)[203]의 문하에서 배우면서 한 시대의 명현들과 함께 모두 도의의 교분을 맺었다. 송암이 휘 경필(景佖)[204]을 낳으니, 경필은 스스로를 역정(櫟亭)이라 부르며 국자 상상(國子上庠)에 오르고 장여헌(張旅軒)[205] 선생과 같이 천섬(薦剡)[206]에 올라 안기

201 점필(佔畢)·한훤(寒暄): 점필재(佔畢齋) 김종직(金宗直, 1431～1492)과 한훤당(寒暄堂) 김굉필(金宏弼, 1454～1504)이다.

202 수함(守諴): 노수함(盧守諴, 1516～1573)의 본관은 안강(安康), 자는 경부(敬夫), 호는 송암이다.

203 박송당(朴松堂): 박영(朴英, 1471～1540)으로, 본관은 밀양(密陽), 자는 자실(子實), 호는 송당이다. 1494년(성종25) 고향으로 가서 낙동강 변에 집을 짓고, 《대학》과 경전을 배워 격물치지(格物致知)에 힘썼다.

204 경필(景佖): 노경필(盧景佖, 1554～1595)의 본관은 안강, 자는 구중(懼中), 호는 역정이다.

205 장여헌(張旅軒): 장현광(張顯光, 1554～1637)으로, 본관은 인동(仁同), 자는 덕회(德晦), 호는 여헌, 시호는 문강(文康)이다.

찰방(安奇察訪)에 제수되었으며, 선조 임진년(1592, 선조25)에 계씨(季氏)인 교리공(校理公),[207] 박건재 수일(朴健齋遂一)[208]과 의병을 일으켜 왜적을 토벌하여 이름이 온 세상에 알려졌다.

증조의 휘는 세효(世孝)이고 집의에 증직되었다. 조부의 휘는 이원(以元)이고 좌승지에 증직되었다. 부친의 휘는 성빈(聖賓)이고 호조참판에 증직되었다. 3대가 증직된 것은 공의 신분이 고귀해졌기 때문이다. 모친 완산 이씨(完山李氏)는 정부인(貞夫人)에 증직되었는데, 임영대군(臨瀛大君)[209]의 6세손인 이전(李樿)의 따님이다.

공은 이른 나이에 부모를 잃고 족숙부 성여(聖與)[210]에게 수학하였다. 족숙부도 세상을 떠나자, 공이 탄식하여 말하기를 "우리 집안은 대대로 유학을 업으로 삼았는데, 지금 불행히 가르쳐 주는 스승을 잃었

206 천섬(薦剡) : 지방관의 천거를 말한다. 섬(剡)은 진한(秦漢) 시대에 회계군(會稽郡)에 속한 현인데, 그곳에서 종이가 생산되었다. 그 섬지(剡紙)에 추천하는 글을 적었으므로 천섬이란 말이 나왔다.

207 교리공(校理公) : 노경임(盧景任, 1569~1620)으로, 본관은 안강, 자는 홍중(弘仲), 호는 경암(敬菴)이다. 장현광과 유성룡(柳成龍)의 문하에서 수학하였다. 임진왜란이 일어나자 의병을 일으켰다. 1597년 전쟁 상황의 상세한 보고로 선조의 신임을 얻어 교리로 임명되었다.

208 박건재 수일(朴健齋遂一) : 박수일(1553~1597)의 본관은 밀양, 자는 순백(純伯), 호는 건재·명경(明鏡)이다. 1592년 임진왜란이 일어나자 노경임과 함께 의병을 일으켜 항전하였으며, 그 공으로 군자감 참봉이 되었으나 정유재란 때 전사하였다.

209 임영대군(臨瀛大君) : 1420~1469. 세종의 넷째 아들로, 이름은 이구(李璆)이다. 시호는 정간(貞簡)이다.

210 성여(聖與) : 노성여(盧聖與)의 본관은 안강, 자는 행원(行遠)이다. 사마시에 합격하였으나 반대 당파의 방해로 삭탈관직되었으며, 이후 은거하여 학문과 후진 양성에 전념하였다.

고 또한 빈한하여 스스로 살아갈 길이 없다. 그러나 장부가 어찌 농사나 짓다가 늙어 가겠는가." 하였다. 영종(英宗) 1년 을사년(1725, 영조1)에 무과에 급제하였다. 어떤 친지가 축하하자 공이 근심스러운 얼굴로 말하기를 "내가 어찌 이것을 즐거워하겠는가." 하였으니, 이는 부득이해서이다. 이때부터 영남에 있는 초라한 집을 굳게 지키면서 더욱 손오(孫吳)[211]의 서책을 가져다가 날마다 강독했는데, 거친 좁쌀로도 끼니를 잇지 못하면서도 배고픔을 모르는 것 같았다.

임자년(1732)에 수문장(守門將)이 되었다. 이전에는 궐문의 통제가 엄격하지 않아 사람들이 출입하는 데 검문하는 자가 없었다. 공이 개연히 직무를 수행할 것을 생각하고, 날이 밝자 손에 칼을 쥐고 문턱 안에 마치 심어 놓은 것처럼 서서 불법으로 들어오려고 하는 자는 한 사람도 접근하지 못하게 하였다.

조공 현명(趙公顯命)[212]이 일찍이 상신(相臣)으로서 궐문에 들어오는데 근수(跟隨)하는 자가 자못 분수에 지나치게 많았다. 공이 문턱에서서 그들을 물리쳤는데, 근수들이 오만하게 명령을 듣지 않았다. 공이 거친 목소리로 조공을 향해 말하기를 "종인(從人)이 법을 어기는데 상공이 그들을 금지하지 않으니, 수문장이 어떻게 국법을 지키겠습니까." 하니, 이에 조공이 공을 기이하게 여기고 그 종자(從者)들을 꾸짖어 물리치고야 말았다.

211 손오(孫吳) : 춘추 시대 제(齊)나라 손무(孫武)와 전국 시대 위(衛)나라 오기(吳起)의 병칭으로, 병법가(兵法家)를 대표적으로 일컫는 말이다.

212 조공 현명(趙公顯命) : 조현명(1690~1752)의 본관은 풍양(豐壤), 자는 치회(稚晦), 호는 귀록(歸鹿)·녹옹(鹿翁)이다.

궁례(宮隷)가 무당을 데리고 궐문을 들어오면서 말하기를,

"내전(內殿)의 명을 받드는 것이오."

하였다. 공이 두 눈을 부릅뜨고 꾸짖으며 말하기를,

"부정한 인물이 들어오는 것을 허락할 수 없다."

하니, 궁례가 횡포를 심하게 부렸다. 공이 분연히 칼을 들어 붉은 모자를 치니, 모자가 땅에 떨어졌다. 궁례가 망가진 모자를 주워 들고 상서성(尙書省)에 가서 하소연하니, 송공 인명(宋公寅明)[213]이 마침 자리에 있다가 갑자기 말하기를 "수문장이 직무를 잘 수행하니, 포창할 수는 있어도 죄를 주어서는 안 된다." 하고, 드디어 이 일을 연석(筵席)에서 아뢰며 극진히 칭찬하였다.

어느 날 동조(東朝)[214]가 하교하여 이르기를,

"내 조카도 대내(大內)에 출입할 수 없는가?"

하니, 공이 아뢰기를,

"내전은 매우 깊고 엄한데, 백의(白衣)를 입은 자가 어찌 감히 출입하겠습니까."

하였다. 일찍이 밤이 깊어진 뒤에 선전관(宣傳官)이 표신을 가지고 유문(留門)하였는데, 공이 손가락으로 표신을 만져 보고 밀랍으로 만든 것임을 알고 합문(閤門) 밖까지 쫓아가 칼로 그를 베고자 하니, 사알(司謁)이 상의 명이라 하며 중지시켰다. 대개 상이 애초에 공을 시험해 보고자 그렇게 했던 것이다.

213 송공 인명(宋公寅明) : 송인명(1689~1746)의 본관은 여산(礪山), 자는 성빈(聖賓), 호는 장밀헌(藏密軒), 시호는 충헌(忠憲)이다.

214 동조(東朝) : 당시의 왕대비인 인원왕후(仁元王后) 김씨를 가리킨다.

갑인년(1734)에 훈련원 주부로 옮겨졌다. 겨울에 판관에 제수되었는데, 바로 그날에 또한 도총부 도사로 승진하였다. 상이 춘당대(春塘臺)에 납시어 청룡도(靑龍刀)를 들어 보라고 명했는데, 공이 청룡도를 들고 휘두르고도 힘이 남아돌았다. 상이 공을 불러서 살고 있는 고을 및 부친의 이름과 세덕(世德)을 물어보고, 이어서 일어나서 얼굴을 들라고 명하고 또한 나이를 말하라고 하고는 좌우를 돌아보고 이르기를 "참으로 쓸 만하도다." 하고, 말을 지급할 것을 명하니 특별한 은전(恩典)이었다. 전장(銓長 이조와 병조의 판서)이 공을 외직에 시험하고자 공에게 다스리고 싶은 곳을 물었는데, 답하기를 "피폐한 고을 한 곳을 얻고 싶습니다." 하니, 전장이 어떤 사람에게 말하기를 "벼슬살이하는 자들은 모두 좋은 지역을 구하는데, 노계정(盧啓禎)은 유독 피폐한 고을을 구하니, 가상하다." 하고, 공을 박천 군수(博川郡守)에 제수하였다.

공은 박천군에 부임한 뒤에 정성을 다하고 힘을 다하며 잠을 자지 않고 먹는 것도 잊고, 무릇 폐단을 제거하고 이익을 늘리는 일은 곧장 앞으로 나아가 담당하며 굽히는 바가 없어 온 경내가 크게 다스려졌다. 개시 차원(開市差員)[215]으로서 의주(義州)에 가서 위엄과 신뢰를 아울러 드러내니 청나라 사람이 공의 청렴함에 감복하고, 개시 이래 일찍이 이와 같이 훌륭한 관원은 본 적이 없다고 말하기까지 하였다. 순찰사와 절도사 두 영(營)에서 모두 포계(褒啓)로 보고하였다.

215 개시 차원(開市差員) : 개시는 조선 시대 국경에 개설된 무역 시장으로, 중강(中江), 경원(慶源), 회령(會寧)에 설치되었고 매년 3월 15일과 9월 15일을 개시일로 정하여 통제하였다. 차원은 중요한 사무로 임시 파견하는 직원인 차사원(差使員)이다.

다음 해에 위원 군수(渭原郡守)에 옮겨 제수되었다. 또한 개시 차원으로서 봉황성(鳳凰城)[216]에 갔는데, 청나라 사람이 공을 가리키며 말하기를 "지난날 훌륭한 관원이 이곳에 왔다." 하면서, 앞다투어 정성을 다해 마지않았다.

공이 고을을 순찰하고 탄식하여 말하기를 "저 청나라 땅과의 사이에는 단지 한 줄기 물[217]이 있을 뿐이로구나. 옛날에는 성이 있었는데 성이 무너져 벽돌 한 장 남은 것이 없고, 터만 있을 뿐이구나. 이래서야 완급(緩急)[218]에 대비할 수 있겠는가." 하였다. 이에 매달 나가는 월급과 지출 비용을 제외하고 따로 더 안배하고 마련해서 예전의 터를 살펴 성을 쌓는데, 판목과 가래를 잡고 솔선수범하며 몇 달을 들여 공사를 마치니, 완연한 큰 성지(城池)가 되었다. 그리고 말하기를 "성이 있으나 성을 지킬 장수와 병사가 없으니, 되겠는가." 하고, 이에 무술과 체력을 갖춘 자들을 모집하여 360인을 얻어 장별 군관(壯別軍官)이라 불렀으며 청사(廳舍)를 설치하여 그들로 하여금 돌아가며 맡아서 지키게 하고, 개인적으로 쌀 700섬을 마련하여 운용 자금으로 삼았다. 또한 백금 1000냥을 갖추어 비상시를 대비하여 저장해 두었다.

또한 서재(書齋)를 건립한 것이 3채이고, 생도를 선발하여 친상사장(親上事長)의 의리[219]로 가르치며 희름(餼廩)[220]을 넉넉히 하여 온 고을

216 봉황성(鳳凰城) : 요동(遼東)에 있는 지명으로 의주에서 북경(北京)으로 가자면 이곳을 거치게 되는데, 이곳에 장책(長柵)의 관문인 책문(柵門)이 있고, 여기에서 입국 절차를 밟고 들어가게 되며 무역이 행해진다.

217 한 줄기 물 : 압록강을 말한다.

218 완급(緩急) : 보통은 위급한 일이나 돌발적인 사변을 뜻하는데, 여기서는 청나라의 침략을 뜻한다.

을 대접하니, 면모를 일신하여 흥기하였다. 절도사가 급히 장계(狀啓)하여 포창하니, 상이 특명으로 지급을 더하여 통정대부의 품계로 올렸다. 수의(繡衣)[221]가 이어서 포계하여 아뢰기를 "치적이 제일일 뿐만 아니라 실로 완급이 있을 때에 의지할 만한 인물입니다." 하여, 상이 또한 자급을 더할 것을 명하여, 가선대부(嘉善大夫)의 품계에 올랐다.

기미년(1739)에 상주 영장(尙州營將)에 제수되었다. 송공 인명이 상에게 아뢰기를 "노계정이 청렴결백하고 백성에게 은혜를 베푸는 것을 이야기로 전하지 않는 사람이 없습니다. 이러한 사람을 변방에 오래 두어서 변방의 일에 정통하게 한다면 훗날 쓸모가 있을 것입니다." 하여, 드디어 잉임(仍任)하였다.

가을에 선천 방어사(宣川防禦使)로 옮겨 제수되었다. 고을에 젊은 무뢰배가 있어 서로 패거리를 이루고 삼색오색계(三色五色契)라 부르며 수령에 맞서고 백성을 침해하여 호향(互鄕)의 동자(童子)[222]로 불렸

219 친상사장(親上事長)의 의리 : 윗사람을 친근하게 여기고 어른을 섬기는 의리이다. 《孟子 梁惠王上》

220 희름(餼廩) : 유현(儒賢)이나 빈사(賓師)를 예우하는 차원에서 다달이 식량을 보내 주는 것을 말한다.

221 수의(繡衣) : 암행 어사를 이른다. 한(漢)나라 무제(武帝) 때에 민간의 소요를 진압하기 위하여 황제가 어사를 파견하였는데, 이들이 수놓은 옷을 입고 부월(斧鉞)을 지니고서 황제를 대신하는 사신(使臣)의 권위를 행사한 데서 유래하였다.

222 호향(互鄕)의 동자(童子) : 풍속이 좋지 않은 고장의 젊은이를 말한다. 공자가 풍속이 아주 나쁜 마을인 호향에 사는 동자를 제자로 받아들이자, 문인(門人)들이 모두 의아하게 생각하였다. 그러자 공자가 말하기를 "사람이 몸을 가다듬어 깨끗이 하고서 찾아오면 그 몸을 깨끗이 한 것을 허여할 뿐이요, 지난날의 잘잘못은 보장할 수 없는 것이다." 하였다. 《論語 述而》

다. 공이 부임하여 토호 두세 사람을 불러 앞으로 나오게 하여 화복(禍福)으로 깨우치고 효제(孝悌)로 권면하고, 의를 행하는 자가 있으면 맞아들여 예로써 대접하니, 사람들이 모두 기뻐하며 감복하였다. 몇 개월 뒤에 대관(臺官)에게 미움을 받아 파직되어 돌아왔는데, 때는 경신년(1740) 3월 4일이었다. 제단을 설치하고 심하(深河)의 전투[223]에서 전사한 장수와 병사에게 제사를 지내며 글로써 흠향하기를 권하였다. 대개 지난날 숭정(崇禎)[224] 경신년(1620, 광해군12)에 장군 김응하(金應河)[225]가 본 고을을 다스리다가 의사(義士) 35인과 함께 심하에서 순절했는데, 공이 마침 그때와 같은 연월일을 만나 감개한 심정을 스스로 이기지 못하여, 돌아가기에 앞서 의기(義起)[226]하여 제사를 지

223 심하(深河)의 전투 : 명나라가 요동을 침범한 후금(後金)을 치려고 1618년 조선에 원병을 청하자 조선에서 강홍립(姜弘立)을 원수로 삼아 포수 3500명, 사수 3500명, 살수 3000명을 파병하였는데, 이듬해인 1619년 3월 4일에 명군과 함께 이곳에서 대패하였다. 《光海君日記 10年 7月 4日, 11年 3月 12日》

224 숭정(崇禎) : 명나라의 마지막 황제 의종(毅宗)의 연호로, 1628년부터 1644년까지 사용되었다. 따라서 경신년(1620) 앞에 숭정을 붙인 것은 오류이다.

225 김응하(金應河) : 1580~1619. 본관은 안동(安東), 자는 경의(景義)이다. 철원(鐵原) 출신이다. 1618년 명나라가 후금을 칠 때 조선에 원병을 청해 오자 부원수 김경서(金景瑞)의 휘하에 좌영장(左營將)으로 들어갔다. 이듬해 2월 도원수 강홍립을 따라 압록강을 건너 후금을 정벌하러 나섰다가 명나라 군대가 대패하자 3000명의 군사를 거느리고 수만 명의 후금 군사를 맞아 싸우다 전사하였다. 그 보답으로 명나라 신종(神宗)이 요동백(遼東伯)에 봉해 주었고, 조선에서도 영의정을 추증하였다.

226 의기(義起) : 예문(禮文)에는 없지만 의리에 입각해서 행하는 예법을 말한다. 《예기》 〈예운(禮運)〉의 "선왕의 예법에는 그러한 예가 없을지라도, 의리에 입각해서 적절하면 새로 일으킬 수도 있는 것이다.〔禮雖先王未之有, 可以義起也.〕"라는 말에서 유래하였다.

낸 것이다.

신유년(1741, 영조17)에 전라우도 수군절도사에 제수되었다. 부임하고 3년 동안 군용 장비와 전함(戰艦)을 계획하거나 수리하여 정채(精彩)가 일변(一變)하였다. 전함은 예전에는 나무로 닻을 만들었으나 공이 쇠로 바꾸었는데, 견고하고 치밀하여 오래가도록 힘쓴 것이다. 적신(賊臣) 박찬신(朴纘新)[227]이 그가 만들거나 바꾼 것을 들추어내어 결국 공이 파직되었다. 관찰사가 충성을 바치다가 죄를 얻은 것을 불쌍히 여기고 급히 장계하여 포창하니, 공이 가의대부의 품계에 올랐다. 얼마 있다가 어영청 별장(御營廳別將)이 되고 이어서 창성 부사(昌城府使), 곡산 부사(谷山府使)에 제수되었으나 잇따라 대관의 논평 때문에 체직되었다. 상이 대관의 상소에 내린 비답에서 이르기를 "국가에서 인재를 쓸 때는 그 재능을 쓰는 것이 당연한데, 그가 변방의 장수로 있을 때나 수령으로 있을 때 서로 탄핵하여 한 번도 그의 재능을 쓰지 못하였으니, 그것이 과연 공평한 마음인가." 하고, 또한 동지중추부사에 제수하였다.

병인년(1746)에 강화 중군(江華中軍)에 제수되었으나 부임하지 않았다. 금위영 천총(禁衛營千摠)으로서 초산 부사(楚山府使)에 제수되었다. 이때 오랑캐의 땅에 등등기(磴磴磯)[228]라는 곳이 있는데 그곳에

227 박찬신(朴纘新) : 1679~1755. 본관은 함양(咸陽), 자는 군술(君述)이다. 1725년에 김일경(金一鏡)의 당여로 지목되어 탄핵을 받아 정배(定配)되었다가 1727년 7월에 풀려났으며, 1755년 나주괘서(羅州掛書) 사건 때 사형당하였다.

228 등등기(磴磴磯) : 《영조실록》 22년 3월 28일 기사에 "등등기는 호인(胡人)의 부락으로 그 땅이 우리나라 삼수(三水), 갑산(甲山)과 백두산(白頭山)의 왼쪽인 동북에 있는데, 영고탑(寧古塔)과의 거리는 900리이다." 하였다. 등등기(鄧鄧磯)라고도 한다.

사는 자들이 출몰하며 난리를 일으킬 것이라는 소문을 전해 듣고 서울과 지방이 놀라 술렁였다. 공이 상에게 하직 인사할 때 상이 공을 특별히 불러 보고 지난날 자급을 올린 일에 대해 물으니, 공이 대답하여 아뢰기를,

"신이 위원(渭原)에서 쌓은 것은 돌담인데, 수신(帥臣)이 성벽을 쌓았다고 조정에 보고하여 지나치게 자급이 더해진 것입니다."

하였다. 상이 탄식하며 이르기를,

"요즘 사람들은 담을 쌓고도 스스로 성을 쌓았다고 하는데, 이 사람은 도리어 성을 쌓고도 담을 쌓았다고 말하니, 가상하도다."

하고, 대신(大臣)을 돌아보고 이르기를,

"조정에서 특별히 더 권면하고 등용해야 마땅하다."

하였다.

이때 큰 흉년을 만나서 정성을 다해 굶주린 백성을 구제하여 온전하게 살아난 자가 셀 수 없었고 떠돌아다니거나 도망갔던 백성들이 사방에서 돌아와서 공덕을 기리는 노래를 지었다. 공이 말하기를 "아직도 부족하다. 농상(農桑)을 장려하고 효의(孝義)를 도탑게 하는 것에 내가 감히 마음을 다하지 않겠으며 군대 훈련과 무술 연습이 어찌 오늘날의 급선무가 아니라고 말하겠는가." 하고, 혹은 더 늘려 고치고 혹은 새로 만들어 설치하였다. 몇 년 사이에 활쏘기와 말타기에 뛰어난 인재가 900여 인에 이르렀으니, 방백(方伯)이 그들을 칭찬하며 충의사(忠義士)라는 이름을 붙여 주고 열읍(列邑)에 그 규정을 내려보내 본떠 시행하게 하였다.

바야흐로 공이 진휼을 베풀 적에 수의가 진휼을 감독하며 부(府)에 도착했는데, 주전(廚傳)[229]의 접대를 절목대로 할 뿐 후하게 하지 않자

수의가 성내며 가더니 만나는 일마다 닦달하였다. 공이 이에 첩지(牒紙)를 보내어 말하기를,

"어사는 명을 받들어 진휼을 감독하고 계십니다. 제가 부사로서 진휼 정사는 거행하지 않고 자신만을 살찌웠다면 저를 삶는 솥에 넣더라도 사양하지 않을 것입니다. 그렇지 않으니 저는 부사로서 주전의 죽과 성악(聲樂)의 즐거움을 과연 제공할 수 없습니다."

하니, 수의가 더욱 노여워하였다. 돌아간 뒤에는 날조하여 무함하는 말이 이르지 않는 데가 없었다. 공을 이졸(吏卒)에게 보내어 조사했는데 사건이 모두 탈공(脫空)되었다. 이에 변방에서 화폐를 사용한 것으로 중한 형률을 적용하니, 대신이 상에게 아뢰어 그 형률을 줄여 주어 공이 순창(淳昌)에 유배되었다. 다음 해에 상이 특별히 용서해 주었다.

경오년(1750)에 상이 정부(政部)에 명하여 공을 곤임(閫任)[230]에 제수하도록 하였다. 이때 자리가 없어 평양 중군(平壤中軍)에 의망되어 1개월 근무하다가 경상좌도 병마절도사에 옮겨 제수되었다. 사은(謝恩)하고 길에 오른 뒤에 대관의 논평이 또 발의되어 결국 파직되었다. 얼마 지나지 않아 서용되어 훈련도감 좌별장(訓鍊都監左別將)이 되어 온양(溫陽)까지 어가를 호종했는데, 풀을 밟으며 가고 들에서 자며 모두 13일 동안 한결같이 갑옷을 벗지 않고 자거나 촛불을 밝히고 점잖게 앉아 있거나 군대의 대오를 정돈하니 요속(僚屬)들이 탄복하였다.

서울로 돌아오자 곧 휴가를 받아 향촌으로 돌아가서 벼슬살이할 뜻을 끊고 오직 산수 사이에서 낚시를 즐기며, 때로 도롱이를 걸치고

229 주전(廚傳) : 숙식(宿食)과 거마(車馬) 등의 대접을 말한다.

230 곤임(閫任) : 병사(兵使)와 수사(水使)의 직임을 통틀어 이르던 말이다.

삿갓을 쓰고 강가를 오갔다. 집 뒤 작은 산기슭에 서재를 짓고 서재 앞에는 대를 심으니 맑은 그림자가 쓸쓸하였다. 눌은(訥隱) 이공(李公)[231]이 듣고 즐거워하며 죽월헌(竹月軒)이라는 편액을 걸어 주었다. 공은 경사자집(經史子集)을 두고 종족 및 친구의 자제를 불러서 맞아들여 그 사이에서 강독하거나 학업을 익히게 하였다.

을해년(1755)에 나라에 역변(逆變)이 있다는 소식을 듣고 바로 그날 길을 떠나 서울에 들어갔다가 역변이 그쳐서 향촌으로 돌아왔는데, 도중에 서질(暑疾)에 걸려 위독해졌다. 공은 집에 닿은 뒤에 가인(家人)에게 말하기를,

"나는 한 끼에 쌀밥을 한 말씩 먹고 술은 한량없이 마셨는데, 발신(發身)한 이래로 술을 끊고 점심밥을 먹지 않았다. 내가 어찌 자신을 아끼지 않겠는가마는 다만 장부는 여자와 다름을 생각한 것이다. 어찌 길이 안방에 거처할 수 있겠느냐. 국가에 위급한 일이 있으면 우리는 반드시 편안히 앉아 배불리 먹을 수 없다. 사람은 고통을 겪어 본 뒤에야 일을 할 수 있는 것이다. 나는 국가로부터 두터운 은혜를 받아서 늘 죽을 자리를 얻지 못할까 두려웠다. 소원을 이루지 못했는데 지금 갑자기 이에 이르렀으니, 운명이로구나."

하고, 드디어 7월 14일에 침소에서 세상을 떠났다. 공은 숙종 을해년(1695, 숙종21)에 태어나서 육십갑자를 한 번 돌았다. 10월에 선산부(善山府) 동쪽 수월산(水月山) 자좌(子坐)의 언덕에 장사 지내니, 곧 증조부 집의공(執義公)의 묘소 왼쪽이다.

231 눌은(訥隱) 이공(李公) : 이광정(李光庭, 1674~1756)으로, 본관은 원주(原州), 자는 천상(天祥), 호는 눌은이다.

배위 영천 이씨(永川李氏)는 부호군(副護軍) 이시번(李時蕃)의 따님으로서 정부인에 봉해졌다. 1남 1녀를 낳았다. 아들은 철(澊)이고, 딸은 조석화(趙錫華)에게 시집갔다.

철은 3남을 두었으니, 아들은 상식(尙植), 무과에 급제하여 부사(府使)를 지낸 상추(尙樞), 상억(尙檍)이고, 딸은 유항조(柳恒祚)에게 시집갔다. 상식의 두 아들은 정엽(珽燁)과 용엽(龍燁)이다. 상추는 2남 2녀를 두었으니, 아들은 익엽(翼燁)이고 나머지는 모두 어리다. 상억은 3남 1녀를 두었다. 조석화의 세 아들은 조한연(趙翰然), 조형연(趙衡然), 조설연(趙卨然)이다. 유항조의 아들은 유성목(柳誠睦)이다. 나머지는 기록하지 않는다.

공은 어려서부터 소를 잡아먹을 기세[232]가 있었다. 성장한 뒤에는 몸가짐은 산악이 움직이지 않는 것과 같았고 두 눈동자는 반짝반짝 빛이 났으며 수염과 눈썹은 마치 신선 같았다. 이에 유생과 같이 통절히 스스로 가혹하게 꾸짖고 자신을 단속하였다. 부친이 일찍 세상을 떠난 것을 애통해하여 부친 이야기가 나오면 번번이 눈물을 흘렸고, 제사 때는 반드시 목욕재계하였으며 몹시 슬프고 애달픈 마음이 안색에 나타났다.

앞뒤로 고을과 병영을 맡았을 적에 종족이 빈궁한 것을 염려하여 범 문정(范文正)이 의장(義莊)을 설립했던 고사[233]를 본떠서 자신의

232 소를 잡아먹을 기세 : 어려서부터 걸출한 모습을 보인다는 말이다. 《시자(尸子)》 권하에 "범이나 표범의 새끼는 아직 무늬를 이루기 전에도 소를 잡아먹을 기세가 있고, 기러기나 고니의 새끼는 날개가 완전히 나기 전에도 사해를 날아다닐 마음이 있다. 현자의 탄생 또한 그러하다."라고 한 데서 온 말이다.

233 범……고사 : 송(宋)나라 문정공(文正公) 범중엄(范仲淹)이 벼슬이 높아져 참지

녹봉을 덜고 계획을 짜서 문중에 맡겨서 일을 주간하는 사람으로 하여금 창고를 세우고 수입을 헤아려 이문을 취하여 그것으로 죽은 이를 장사 지낼 때 서로 돕게 하였다. 그러나 집에서는 집안의 궁핍함을 생각하지 않았으니, 원근의 듣는 자들이 모두 감복하였다. 공은 강직한 기질로 악을 미워하여 습속을 따라 행동하는 것을 달가워하지 않으며 국가의 일에 마음을 다했으나 비방이 뒤따랐으므로 그 재능을 입곡(笠轂)[234]과 사명(司命)[235]의 지위에서 시험해 보지 못하였으니, 애석하도다.

공의 손자 상추가 공의 행적을 차례대로 적은 글[236]을 가지고 와서 내게 명(銘)을 부탁하였다. 나는 소싯적에 공의 풍도를 듣고 자못 장하다고 여기고 한번 만나 보고 싶었으나 만날 수 없었다. 지금 묘도에 새길 글에 대해 의리상 사양하지 못하고 드디어 명을 짓는다. 명은 다음과 같다.

정사(參知政事)에 이르자 오현(吳縣)의 자기 종족을 위하여 자신의 봉급을 덜어서 곡식이 항상 잘 익는 전답 1000무(畝)를 사서 대소사의 경비를 충당하였다.

234 입곡(笠轂) : 장수가 타는 병거(兵車)로, 곧 고관의 지위를 비유한다. 《춘추좌씨전(春秋左氏傳)》 선공(宣公) 4년 기사에 "또 한 대의 화살을 쏘니 수레의 끌채를 지나 입곡에 꽂혔다.〔又射汰輈, 以貫笠轂.〕"라고 했는데, 그 주에 "병거에는 덮개가 없다. 존귀한 사람이 병거에 탔을 경우 곁에 있는 사람이 삿갓을 들고 곡(轂)에 의지해 서서 추위나 더위를 막는 것을 입곡이라 한다."라고 하였다. 일설에는 삿갓 모양으로 된 시루의 뚜껑인데 화살을 막는 것이라고도 한다.

235 사명(司命) : 각 영의 대장, 유수, 순찰사, 통제사의 총칭이니, 사람의 운명을 맡았다는 뜻에서 유래하였다.

236 공의……글 : 연보나 행상을 말하는데, 이와 관련하여 《임여제집(臨汝齋集)》 권8 〈절도사노공행장(節度使盧公行狀)〉을 참고할 수 있다.

염파는 한 말 밥을 먹었고[237] 廉頗斗飯
극곡은 시서를 공부했네[238] 郤縠詩書
군사를 부릴 곳이 없었으니 無地用武
큰 바다 편안했네[239] 鯨海晏如
작았도다, 고을과 병영이여 小哉州閫
어찌 큰일을 할 수 있었으랴 曷足有爲
신하로서 본분을 다하니 臣而盡分
나라는 있고 사사로움은 없었네 有國無私
다만 그 우뚝함을 惟其傑卓
소인들이 의심했네 小腹之疑
공은 웃으며 돌아보지 않고 公笑不顧
산 위에 구름을 즐거워했네[240] 怡悅嶺雲

237 염파(廉頗)는……먹었고 : 노계정이 늙어서도 체력이 좋고 나라를 위해 일할 의지가 있었다는 말이다. 염파는 전국 시대 조(趙)나라의 명장으로, 노년에도 밥 한 말과 고기 열 근을 먹고 갑옷을 입고 말에 올랐다 한다. 《史記 廉頗藺相如列傳》

238 극곡(郤縠)은 시서를 공부했네 : 노계정이 무장이지만 유학에도 밝았다는 말이다. 극곡은 춘추 시대 진(晉)나라 대장인데, 보통 유장(儒將)의 대명사로 쓰인다. 《춘추좌씨전》 희공(僖公) 27년 기사에 따르면, 진 문공(晉文公) 4년에 군대를 피려(被廬)에 집결시켜 삼군(三軍)을 편성하고 나서 원수(元帥)를 뽑을 적에 시(詩), 서(書), 예(禮), 악(樂)에 능하다는 조최(趙衰)의 천거에 따라 극곡을 중군(中軍)의 대장에 임명하였다고 한다.

239 군사를……편안했네 : 노계정의 생애에 외침이나 내란이 없어서 재능을 쓰지 못했다는 말이다.

240 산……즐거워했네 : 노계정이 노년에 산수를 즐긴 것을 말한다. 남조(南朝) 양(梁)나라 도홍경(陶弘景)의 〈조서(詔書)로 산중에 무엇이 있느냐고 물으시길래 시를 읊어 답하다〔詔問山中何所有賦詩以答〕〉에 "산중에는 무엇이 있느뇨. 산 위에는 흰 구

푸른 도롱이와 푸른 대삿갓[241] 綠簑青篛
그 옛날 장군이었네 舊時將軍
가슴에 간직한 임금의 은혜 主恩在中
죽어도 여전히 가득 맺혔네[242] 死猶弸結
비석에 공의 마음을 실어 놓으니 碑載公心
영원토록 수월산에 전하리라 千古水月

름이 많아라. 그저 나 혼자 즐길 뿐, 그대에게 줄 수는 없도다.〔山中何所有, 嶺上多白雲. 只可自怡悅, 不堪持贈君.〕" 하였다.

241 푸른……대삿갓 : 노계정이 노년에 은거한 모습을 표현한 것이다. 당나라 은사(隱士) 장지화(張志和)의 〈어부사(漁父辭)〉에 "푸른 대삿갓 쓰고 푸른 도롱이 걸쳤으니, 비낀 바람 가랑비에 굳이 돌아갈 것 없네.〔青篛笠綠簑衣, 斜風細雨不須歸.〕" 한 데서 온 말이다.

242 가슴에……맺혔네 : 노계정이 세상을 떠나기 전에 남긴 말을 두고 한 말이다.

외조고 증 이조 판서 행 형조 정랑 이공 묘갈명
外祖考贈吏曹判書行刑曹正郎李公墓碣銘

생각건대 나의 외조부이며 이조 판서 행 형조 정랑에 증직된 이공(李公)은 실로 관찰사 이우당(二憂堂)[243]의 셋째 아우이다. 이우당공은 숙종조(肅宗朝)에 높은 덕과 넓은 도량으로 온 세상의 표준이 되었으나 불행하게도 중년에 세상을 떠났다. 그 당시 사우(士友)의 논의는 공이 이우당공의 자취를 이을 수 있으리라 여기고 몹시 은근히 기대했는데 공도 재능은 컸으나 운명이 기구해 끝내 급제하지 못하였고, 명성이 퍼져 세상에 드러난 것이 낭서(郎署)와 현치(縣治)[244]를 지내는 데 불과하였다. 벼슬의 직위는 진실로 시대에 구애를 받았다지만 사명(司命)[245]이 공에게 수명을 많이 주지 않은 것은 또한 무슨 까닭인가.

연안 이씨(延安李氏)는 당(唐)나라 중랑장(中郎將) 이무(李茂)[246]의 후예로서, 이름난 석학이 대대로 이어져 실로 우리나라에서 명망이

243 이우당(二憂堂) : 이만원(李萬元, 1651~?)으로, 본관은 연안(延安), 자는 백춘(伯春), 호는 이우당이다.

244 현치(縣治) : 현청이 있는 마을로, 여기서는 작은 고을을 다스렸다는 뜻으로 쓰였다.

245 사명(司命) : 사람의 운명과 죽음을 관장하는 신(神)이다.

246 이무(李茂) : 연안 이씨의 시조이다. 당나라 고종 때 중랑장을 지내다가 나당연합군 대총관 소정방(蘇定方)의 부장이 되어 신라에 들어와 백제를 평정하는 데 공을 세웠다. 이후 신라에 귀화하여 연안후(延安侯)에 봉해졌고 식읍 1000호를 받아 살게 되었다고 한다.

있는 집안이다. 휘 광정(光庭)[247]은 이조 판서를 지냈고 공훈으로 연원 부원군(延原府院君)에 봉해졌으며 청백리에 뽑혔는데, 공에게 고조부가 된다. 증조 휘 현(袨)은 평안도 관찰사를 지냈고 연안군(延安君)에 봉해졌으며, 병자년(1636, 인조14)에 관향사(管餉使)[248]로서 세운 공로로 세상을 떠난 뒤에 좌참찬에 증직되었으며, 시호는 충정(忠定)이다. 조부 휘 성징(星徵)은 황해도 관찰사를 지냈다. 부친 휘 형(泂)[249]은 생원시에 장원하여 사림의 중망(重望)을 받았으나 장수하지 못하고 효릉 참봉(孝陵參奉)에 그쳤으며, 나중에 이조 참판 연창군(延昌君)에 증직되었다. 모친 삭녕 최씨(朔寧崔氏)는 영의정을 지낸 최항(崔恒)[250]의 후손으로 참군(參軍)을 지낸 최대년(崔大年)의 따님이다. 5남을 두었는데, 장남 휘 만원(萬元)이 바로 이우당이다.

공의 휘는 만성(萬成)이고, 자는 정보(貞甫)이며, 기개가 크고 시원스러워 무릇 여울물을 터놓은 듯한 용기를 지녀서 공과 용기를 겨룰

247 광정(光庭) : 이광정(李光庭, 1552~1627)의 본관은 연안, 자는 덕휘(德輝), 호는 해고(海皐)이다. 1601년(선조34) 청백리에 뽑혔으며, 명나라에 사신으로 갔던 공로로 숭정대부에 올랐다. 임진왜란 때 선조를 호종한 공으로 1604년 호성 공신(扈聖功臣) 2등에 연원군(延原君)으로 봉해졌으며, 이어 부원군에 진봉되었다.

248 관향사(管餉使) : 비상시에 군량으로 쓰기 위하여 특별히 관리하던 양곡을 관향미(管餉米)라고 하는데, 이를 관리하던 관직이다. 1623년 북쪽 오랑캐와 남쪽 왜적의 침입에 대비하여 각 지방에 군량을 비축하고 관향사를 파견하여 이를 관리하였다. 시간이 지나면서 황해도와 평안도 지방에 치중하게 되었고, 1636년에 이르러서는 평안도 감사가 관향사를 겸임하게 되었다.

249 형(泂) : 이형(李泂, 1628~?)의 본관은 연안, 자는 공윤(公潤)이다.

250 최항(崔恒) : 1409~1474. 본관은 삭녕, 자는 정보(貞父), 호는 태허정(太虛亭), 시호는 문정(文靖)이다.

수 있는 사람이 없었다. 이우당공이 누차 이조 판서를 맡아서 가문이 번성하였으나, 공은 밤낮으로 학업을 익히며 망녕되이 손님을 한 사람도 부르지 않았다. 필법(筆法)은 더욱 굳세어 저 멀리 진왕(晉王)[251]을 본받고 가까이로는 충정공(忠定公 증조 이현(李袨))의 심화(心畫)[252]를 추구하여, 세상에서 병풍과 묘갈을 구하는 자들 중에 공의 손을 빌리려는 자가 많았다. 그러나 공은 이것을 대단하게 여기지 않았으니, 스스로 기약한 것이 처음부터 훗날 조정에서 임금을 높이고 백성을 보살피는 사업에 있지 않은 적이 없었다.

경오년(1690, 숙종16)에 진사가 되었다. 이때 서전(西銓 병조)을 관장하는 자가 계방(桂坊)의 세마(洗馬)를 엄선했는데, 마음이 공에게로 쏠려서 사람을 시켜 슬쩍 공의 뜻을 떠보게 했으나, 공이 달가워하지 않자 전부(銓部 전조(銓曹))가 감히 억지로 하지 못하였다. 오래 지나지 않아 세상의 운수가 뒤집히고, 이우당공 역시 하세(下世)하였다. 공은 시사(時事)가 어쩔 수 없게 된 것을 알고 지기(志氣) 역시 권태로워져서, 정해년(1707)에 억지로 능서랑(陵署郎 능참봉)에 나아갔고, 4, 5년 사이에 다섯 번 옮겨 형조 좌랑이 되었으며, 이어서 창녕 현감(昌寧縣監)에 제수되었으나 부임하지 않았다.

다음 해에 다시 형조에 들어가 정랑에 올랐다. 공이 송사를 자세히 듣고 심리하는 것이 명민하고 환히 통하여 형조에서 송사를 지체하는

251 진왕(晉王) : 동진(東晉) 때의 명필 왕희지(王羲之)를 가리킨다.

252 심화(心畫) : 마음의 그림이란 뜻으로 글씨를 가리킨다. 한(漢)나라 양웅(揚雄)은 《법언(法言)》 권5 〈문신(問神)〉에서 "말은 마음의 소리이고, 글씨는 마음의 그림이다. 소리와 그림이 드러남에 따라, 군자와 소인이 보인다.〔言心聲也, 書心畫也. 聲畫形, 君子小人見矣.〕"라고 하였다.

일이 없었다. 판당(判堂)[253]이 공을 몹시 그릇으로 여겨서, 어느 날 관아에 출근했을 적에 공에게 이르기를 "모일(某日)에 그대 집에 찾아가 보려 한다." 하였는데, 판당은 당시 권병(權柄)을 주관하는 자였다. 공이 허락을 달가워하지 않고, 곧 아뢰기를 "그날 마침 일이 있어서 제가 집에 있으리라 보장하기 어렵습니다." 하니, 판당이 공의 뜻을 알고 그만두었다.

을미년(1715)에 임실 현감(任實縣監)에 제수되었다. 마치 형조에 있을 때처럼 정사를 보자 강명(剛明)함이 온 도에 높이 드러나서, 도내에서 억울함을 풀지 못한 묵은 송사가 저자같이 모여들었으며, 가폐(嘉肺)에서 관례대로 거둔 것[254]이 관청에 쌓이자 그것으로 선산에 비석을 세우는 일에 썼다. 두서너 해 근무하다가 어떤 일로 인하여 파직되었다.

숙종 무술년(1718) 5월 3일에 세상을 떠나니, 공이 태어난 신축년(1661, 현종2)과의 거리는 58년이다.

이보다 먼저 공은 부모님의 장지가 길지가 아닌 것을 애통해하여

253 판당(判堂) : 판서의 별칭이다. 여기서는 형조 판서를 말한다.

254 가폐(嘉肺)에서……것 : 재판에 관련된 양쪽의 당사자들이 관청에 내는 일종의 공탁금이다. 가폐는 가석(嘉石)과 폐석(肺石)의 준말로 재판을 뜻한다. 가석은 가벼운 범죄를 저지른 사람을 앉혀 부끄러움을 주어 회개시키는, 무늬가 있는 돌을 말한다. 폐석은 붉은 돌인데, 억울한 백성들이 위에 아뢰고자 하는 바가 있어도 그 장리(長吏)가 전달해 주지 않을 경우 3일 동안 이 폐석에 서 있으면 사사(士師)가 그 사정을 올려서 위에 아뢰고 그 장리를 죄주었다 한다.《周禮 秋官司寇 大司寇》관례대로 거둔 것은 균금속시(鈞金束矢)를 말하는 것으로 일종의 공탁금이다.《주례》〈추관사구(秋官司寇)〉에 "백성이 소송을 제기할 때는 반드시 양쪽에서 다 속시(束矢)를 조정에 바친 후에 판결을 내리고, 백성이 옥사(獄事)를 일으킬 때는 양쪽 문권(文券)과 균금(鈞金)이 다 조정으로 들어온 후 3일 만에 판결을 내린다."라고 하였다.

파산(坡山 파주(坡州))의 선영에 이장하려고 도모했으나 종중이 막았다. 공은 몇 년 동안 침식을 거르며 말이 이에 미치면 눈물을 샘처럼 쏟았다. 끝내는 조정에 호소하여 안장할 수 있었으나 수염과 머리카락이 다 세었다. 공이 세상을 떠난 뒤에 공을 아는 자들이 모두 말하기를 "공은 죽어서는 안 되었다. 공의 수명이 파산에 이장하는 일 때문에 줄어들었다고 하지 않을 수 없으니, 효성스럽도다." 하였다.

공은 모두 세 번 장가들었다. 원배(原配)는 정부인에 증직된 청송 심씨(青松沈氏)로 이조 판서를 지낸 심액(沈詻)[255]의 증손녀이자, 정언을 지낸 심상(沈相)의 따님이다. 후배(後配)는 사과(司果)를 지낸 윤형미(尹亨美)의 따님인 증 정부인 해남 윤씨(海南尹氏)와 학생 채제윤(蔡悌胤)의 따님인 정부인 평강 채씨(平康蔡氏)이다. 모두 아들을 두지 못하여 넷째 아우인 성균관 진사 만선(萬善)의 아들 지억(之億)[256]을 아들로 삼았는데, 지억은 문과에 급제하여 병조 판서를 지냈다.

심씨 부인은 2녀를 낳았으니, 장녀는 진사 한종욱(韓宗煜)에게 시집갔고, 차녀는 지중추부사 채응일(蔡膺一)에게 시집갔다. 판서는 1남 3녀를 두었으니, 아들 보연(普延)은 이른 나이에 죽었고, 사위는 윤항진(尹恒鎭)·정장간(鄭章簡)·유사춘(柳師春)이다.

한종욱은 2남 1녀를 두었으니, 아들은 한의현(韓義顯)·한의준(韓義俊)이고, 사위 이수일(李秀逸)은 문과에 급제하여 승지를 지냈다.

255 심액(沈詻) : 1571~1654. 본관은 청송, 자는 중경(重卿), 호는 학계(鶴溪), 시호는 의헌(懿憲)이다.

256 지억(之億) : 이지억(李之億, 1699~1770)의 본관은 연안, 자는 덕유(德庾), 호는 성헌(醒軒)이다.

채응일은 1남 2녀를 두었으니, 아들인 나 채제공은 문과에 급제하여 판중추부사 겸 병조판서이며, 사위는 심지연(沈祉衍)·이태운(李台運)이다.

외증손 중에 현달한 자로는, 이수일의 아들 이경명(李景溟)이 문과에 급제하여 좌랑을 지냈고, 이태운의 아들 이유경(李儒慶)이 문과에 급제하여 홍문관 교리를 지냈으며, 윤항진의 아들 윤영희(尹永僖)가 문과에 급제하여 별검을 지냈다. 나머지는 다 기록하지 않는다.

공의 묘는 파주의 치소 남쪽 노곡(弩谷)에 있는 연원공(延原公)의 묘소에서 서쪽으로 수백 보 떨어진 등언리(騰彦里) 오향(午向)의 언덕에 있는데, 심씨·윤씨 두 부인과 같은 봉분이다. 채씨 부인의 묘는 7대조 삼척공(三陟公)[257]의 묘 서쪽 언덕에 있다. 공의 제사를 주관하는 자는 보연의 계자(繼子) 영덕(永德)이다. 명(銘)은 다음과 같다.

지기가 성대하여	志氣之盛
암랑[258]에 들길 기대하였네	指日巖廊
우리 유학의 도가 곤궁하여	吾道之窮
노년에도 금당[259]에 있었네	老年琴堂
그 뜻이 크고 기개 있음은	惟其倜儻

257 삼척공(三陟公) : 이말(李㭆, 1466~?)로, 본관은 연안, 자는 말지(㭆之)이다.

258 암랑(巖廊) : 높고 큰 낭무(廊廡)로, 정승들이 모여 있는 의정부를 가리킨다.

259 금당(琴堂) : 수령이 정사하는 곳을 말한다. 옛날 복자천(宓子賤)이라는 어진 수령이 선보(單父)라는 고을을 다스릴 때 기문고를 티면서 마루 아래에 내려온 일이 없었으나 잘 다스려졌다는 고사에서 유래한 말이다. 《呂氏春秋 察賢》

세가의 풍도 때문이었네 以世家風
그 아들에 그 손자 있어 伊子伊孫
팔좌[260]에 높이 앉았네 八座崇崇
이것이 보답을 받은 것이니 是維食報
하늘은 흐리멍덩하지 않네 天不夢夢

260 팔좌(八座) : 팔좌상서(八座尙書)의 준말로, 육조 판서와 홍문관 대제학 그리고 한성부 판윤의 통칭이다.

번암집

제51권

묘갈명
墓碣銘

성호 이 선생 묘갈명

星湖李先生墓碣銘

선생은 휘가 익(瀷)이고 자는 자신(子新)이며 성은 이씨(李氏)로, 광주(廣州) 첨성리(瞻星里)에서 은거하며 도를 닦았으니, 호를 성호(星湖)라고 스스로 지은 것은 이 때문이다. 선생은 태어난 지 2년 만에 아버지를 여의었는데, 선생의 모친은 선생이 깡마르고 툭하면 병치레하는 것을 걱정해서 일찍 스승에게 나아가 공부하게 하지 않았다. 조금 자라서는 둘째 형 섬계공(剡溪公) 이잠(李潛)을 모시고 배우면서 전심으로 학업에 몰두하였는데, 총명함이 남보다 뛰어나 여러 책을 두루 보았다. 둘째 형이 세상의 참화를 입게 되자[1] 세상사에 미련을 버려 과거 공부를 그만두고서 셋째 형 옥동(玉洞) 이서(李漵)와 사촌 형 소은(素隱) 이진(李溍) 두 분과 어울려 지냈다. 개연(慨然)히 도학을 추구하는 마음을 품고 방 한 칸에 단정히 앉아서 경전 및 송(宋)나라의 정자(程子)와 주자(朱子), 우리나라 퇴계(退溪)의 글을 늘 읽고 생각하여 파죽지세로 세세히 이해하였다.

대개 선생이 도에 들어가는 방도로는 오직 경(敬)을 위주로 하였으니, 일찍이 말하기를 "발하기 전에는 정(靜)한 때의 경이 있고, 발하고

1 둘째……되자 : 이잠은 1680년(숙종6) 부친 이하진(李夏鎭)이 경신대출척(庚申大黜陟)으로 운산(雲山)에 유배되자 과거를 포기하고 방랑 생활을 하였고, 1706년 김춘택(金春澤)이 세자 책봉을 방해하자, 이를 논박하는 상소를 올렸다가 노론의 탄핵으로 국문을 받고 죽었다.《肅宗實錄 8年 6月 26日, 32年 9月 17日·20日》

난 뒤에는 동(動)한 때의 경이 있다. 그러나 동한 때의 경 역시 다만 정한 때의 공부에 바탕을 둔다. 만약에 정한 때 경을 주로 하지 못한다면 동한 때 어떻게 경을 지켜서 바르게 될 수 있겠는가?" 하고서 〈경재잠도(敬齋箴圖)〉와 〈경재잠설(敬齋箴說)〉을 지었는데 "동한 때와 정한 때가 어긋남이 없고 내면과 외면이 서로 바르게 되어야 한다.〔動靜不違 表裏交正〕"[2]라는 구절을 절도로 삼았다.

공이 학문을 증진한 방법으로 말하자면, 실천은 반드시 아는 것이 우선이므로 치지(致知)를 역행(力行)의 뿌리로 삼았고, 아는 것은 장차 실천하기 위해서이므로 역행을 치지의 열매라 여겼다. 후대의 학자들이 문구 같은 여줄가리에만 전념하고 실제적인 공부에는 대부분 착수하지 않으려고 하는 것을 안타깝게 여겨서 늘 말하기를 "그 말을 배웠다 해도 마음으로 반드시 깨닫는 것은 아니고, 마음으로는 비록 깨달았다 해도 몸으로 반드시 실천하는 것은 아니다. 요컨대 몸에 체득한 뒤에야 마음으로 깨닫고 몸으로 실천할 수 있는 것이다." 하였으니, 정한 때는 보존하고 동한 때는 살피며, 진정으로 알고 힘써 실천하여 공부에 편중하지 않는 것이 이러하였다. 조정에서 공의 명성을 듣고 선공감 가감역(繕工監假監役)에 제수하였으나 나아가지 않았다. 연로한 뒤에는 첨지중추부사에 제수되었으니, 노인을 우대하는 은전이었다. 아, 선생께서는 맹자가 부동심(不動心)을 했던 나이[3]보다 배를 더

2 동한 때와……한다 : 주희(朱熹)가 지은 〈경재잠(敬齋箴)〉의 일부 구절로, 《회암집(晦庵集)》 권85에 실려 있다. 여기서 주희는 이 글을 지은 취지에 대해 "장경부(張敬夫)의 〈주일잠(主一箴)〉을 읽고서 그가 남겨 놓은 뜻을 정리하여 〈경재잠〉을 짓고는 서재의 벽에 써서 스스로를 경계한다."라고 하였다.

3 맹자가……나이 : 맹자의 제자 공손추(公孫丑)가 일찍이 맹자에게 묻기를 "부자께

누리고도 몇 년을 더 사셨다.

본래부터 가지고 있는 본성에 대해 하나라도 궁구하지 않은 이치가 없었고 마땅히 해야 할 직분에 대해 하나라도 갖추지 않은 일이 없었다. 행(行)은 천지신명에 통할 만했는데 그 근원은 계구(戒懼)와 근독(謹獨)[4]에서 나왔고, 도(道)는 하늘과 사람을 관통할 만했는데 그 기초는 조금조금 노력을 쌓은 데서 비롯되었다. 땅이 만물을 실어 주고 바다가 다른 강물을 포용하듯이 범위가 넓었고 가느다란 누에 실과 소털처럼 분석을 치밀하게 하였으니, 선생의 학문을 세상에 펼치게 했더라면, 군주는 요순과 같은 성군이 되고 백성은 요순의 백성이 되었을 것임은 의심의 여지가 없다. 그런데 선생은 당시 액운을 겪어 참되고 바른 포부를 조금도 펼칠 수 없었으니, 후생들이 볼 수 있는 것은 오직 예법에 엄격했던 가행(家行)이고, 전수할 수 있는 것은 종이 위에 기록되어 있는 지론(至論)뿐이다.

가행으로 말하자면, 늘 돌아가신 아버지의 얼굴을 알지 못하는 것을

서 제(齊)나라의 경상 지위에 오르시어 도를 행할 수 있게 된다면 이로 말미암아 패자나 왕자가 되는 것도 이상하지 않을 것입니다. 이렇게 된다면 마음이 동요하시겠습니까?" 하자, 맹자가 이르기를 "아니다. 나는 40세에 마음이 동요하지 않았노라.〔否! 我四十不動心.〕" 하였다. 《孟子 公孫丑上》

4 계구(戒懼)와 근독(謹獨) : 계신 공구(戒愼恐懼)와 신기독(愼其獨)에서 나온 말로, 《중용장구》 제1장에 "도는 잠시도 떠날 수 없는 것이니, 떠날 수 있다고 한다면 도가 아니다. 그렇기 때문에 군자는 보이지 않아도 조심하는 것이요, 들리지 않아도 두려워하는 것이다. 숨어 있는 것보다 더 잘 드러나는 것이 없으며, 미세한 것보다 더 잘 나타나는 것이 없다. 그러므로 군자는 홀로 있을 때를 삼가는 것이다.〔道也者, 不可須臾離也, 可離, 非道也. 是故君子戒愼乎其所不睹, 恐懼乎其所不聞. 莫見乎隱, 莫顯乎微, 故君子愼其獨也.〕"라고 하였다.

지극히 애통해하여, 아버지를 언급할 때면 늘 주룩주룩 눈물을 흘렸고 노쇠하여서도 그러하였다. 훗날 아버지가 돌아가신 지 갑년이 되던 해에 추복(追服)하려다가 이윽고 말하기를 "퇴옹(退翁 이황(李滉))도 나처럼 어릴 때 아버지를 여의었으나 추복을 하지 않으셨다. 퇴옹은 내 스승이니 어찌 감히 지나치게 할 수 있으랴." 하고서, 여생을 마치도록 재계(齋戒)하고 소식(素食)하며 지냈는데, 슬퍼하고 그리워하는 마음이 상중에 있는 것과 다름이 없었다.

평소에는 새벽에 일어나서 사당에 배알하고, 서실로 물러나 앉아 옷차림을 반드시 가다듬었고, 사우(士友)들과 만나면 배읍(拜揖)을 반드시 공손하게 하며 "절은 예의 시작이니 무엇을 꺼려서 하지 않는단 말인가." 하였다. 이런 까닭에 사차(私次)에서 묵는 문인과 자제는 들어갈 때 반드시 절하고서 뵙고, 나올 때 반드시 절하고서 인사를 드렸다.

규문 안은 정숙하여 비록 후손이나 친족이라도 연유 없이 안으로 들어오게 하지 않았고, 늘 《주역》 〈가인괘(家人卦) 구삼(九三)〉의 "집안사람들이 비록 원망하지만 집을 다스리는 도리에서는 잘못이 아니다. 부인과 자식이 희희낙락함은 집안 예절을 잃은 것이다.〔家人嗃嗃 未失也 婦子嘻嘻 失家節也〕"라는 구절을 외웠다.

형제와 자질(子姪)에 대해서는 한결같이 성심으로 아끼고 교육하였다. 비록 먼 친족이라도 굶주리면 구휼해 주고 병들면 약을 주고 죽으면 부조해 주며, 시집이나 장가를 갈 시기를 놓친 사람이 있으면 혼수품을 마련하여 인륜을 저버리지 않게 하였다.

선대의 무덤에 대수가 멀어 제사를 지내지 못하는 분이 있으면 각각 묘전(墓田)을 두어서 10월에 제사를 지냈다.

8대조인 경헌공(敬憲公) 이계손(李繼孫)의 사당을 종자(宗子)의 집

에 세우고 해마다 종인(宗人)을 데리고 한 차례 제사를 지냈다. 글을 지어서 그 뜻을 밝히기를,

“우리나라에서는 공자(公子)나 훈신(勳臣) 말고 종가의 맏아들을 세워서 대를 잇게 한다는 글이 없다. 그러므로 서성(庶姓)의 대족(大族)들은 흩어져 계통이 없다. 그러나 《예기(禮記)》〈왕제(王制)〉에 근거하면 ‘별자는 조가 되고 별자를 계승한 사람은 종이 된다.〔別子爲祖 繼別爲宗〕’라고 하였고,[5] 정현(鄭玄)의 주(注)에 ‘비록 별자가 아니라 해도 처음에 작위를 받은 사람은 그렇게 될 수 있다.〔雖非別子 始爵者亦然〕’라고 하였고, 공영달(孔穎達)의 소(疏)에 ‘이성으로서 대부가 된 사람 역시 태조가 될 수 있다.〔異姓爲大夫者 亦得爲太祖〕’라고 하였으니,[6] 이는 서성도 맏아들을 세워서 대를 잇게 할 수 있다는 증거이다.”

하였다.

지론으로 말하자면, 모두 깊은 연구를 통해 스스로 터득하여 이전 사람들이 밝혀내지 못한 것을 밝힌 것이다. 〈하도(河圖)〉와 〈낙서(洛

5 예기(禮記)……하였고 : 별자는 고대 종법제(宗法制)에서 제후(諸侯)의 적장자를 제외한 서자(庶子)를 가리킨다. 이익(李瀷)이 인용한 내용은 《예기》〈왕제〉가 아니라 《예기》〈상복소기(喪服小記)〉에 나온다.

6 정현(鄭玄)의……하였으니 : 이익이 “별자는 조가 되고 별자를 계승한 사람은 종이 된다.”라는 말의 근거로 든 정현의 주와 공영달의 소는 《예기》〈왕제〉의 “천자는 7묘니, 3소, 3목과 태조의 묘를 합쳐서 7묘이다. 제후는 5묘이니, 2소, 2목과 태조의 묘를 합쳐서 5묘이다. 대부는 3묘이니, 1소, 1목과 태조의 묘를 합쳐서 3묘이다. 사는 1묘이다. 서인은 정침에서 제사 지낸다.〔天子七廟, 三昭三穆與大祖之廟而七. 諸侯五廟, 二昭二穆與大祖之廟而五. 大夫三廟, 一昭一穆與大祖之廟而三. 士一廟. 庶人祭於寢.〕”라는 내용에 있다.

書)〉에 대해 논하기를,

"〈하도〉의 수는 기우(奇耦)를 〈선천도(先天圖)〉로 삼고 배합하는 것을 〈후천도(後天圖)〉로 삼고 생성하는 것을 〈낙서〉로 삼는다. 〈낙서〉가 부연되어 〈홍범(洪範)〉이 만들어졌다. 《서경》〈홍범〉에서 두 번째 오사(五事)의 숙(肅), 예(乂), 철(哲), 모(謀), 성(聖)이 여덟 번째 서징(庶徵)에 서로 나타나 있고[7] 〈낙서〉 중에 2와 8은 자리가 바뀌었으니, 기자(箕子)가 어찌 나를 속이겠는가."

하였다.

삼대(三代)의 정전제(井田制)에 대해 논하기를,

"50무(畝)에서 70무로 바뀌고 70무에서 100무로 바뀐 것[8]은 마치 토

7 서경……있고 : 《서경》〈홍범〉에서 천하를 다스리는 데 필요한 아홉 가지 항목을 말하였는데, 그 아홉 가지 항목은 오행(五行), 오사, 팔정(八政), 오기(五紀), 황극(皇極), 삼덕(三德), 계의(稽疑), 서징, 오복(五福)이다. 그중에서 두 번째 오사와 여덟 번째 서징은 서로 상호 관련이 있다. 오사는 모(貌), 언(言), 시(視), 청(聽), 사(思)로, 다섯 가지 덕(德)인 공(恭), 종(從), 명(明), 총(聰), 예(睿)에 대응한다. 이 다섯 가지 덕은 또 다섯 가지 용(用)인 숙, 예, 철, 모, 성에 대응한다. 이것이 여러 가지 징조로 나타나는 것이 서징이다. 서징은 비〔雨〕, 볕〔暘〕, 더위〔燠〕, 추위〔寒〕, 바람〔風〕으로 '아름다운 징조〔休徵〕'와 '불길한 징조〔咎徵〕'로 나뉜다. '엄숙하니 때맞춰 비가 내린다.〔肅時雨若〕', '조리(條理)가 있으니 때맞춰 날이 갠다.〔乂時暘若〕', '지혜로우니 때맞춰 날이 따뜻해진다.〔哲時燠若〕', '일을 헤아리니 때맞춰 날이 추워진다.〔謀時寒若〕', '성스러우니 때맞춰 바람이 분다.〔聖時風若〕'라는 것은 아름다운 징조이다. '군주가 잘난 척하고 안하무인이면 늘 비가 온다.〔狂恒雨若〕', '참람된 짓을 하면 늘 볕이 난다.〔僭恒暘若〕', '게으르면 늘 덥다.〔豫恒燠若〕', '성급하면 늘 춥다.〔急恒寒若〕', '무지몽매하면 늘 바람이 분다.〔蒙恒風若〕'라는 것은 불길한 징조이다. 《書經集傳 洪範》

8 50무(畝)에서……것 : 《맹자》〈등문공 상(滕文公上)〉에 "하후씨(夏后氏)는 50무에 공법(貢法)을 썼고, 은나라 사람은 70무에 조법(助法)을 썼고, 주나라 사람은 100무에 철법(徹法)을 썼으니, 사실은 모두 10분의 1이다."라는 내용이 있다.

지 구획을 바꾼 것과 같다. 그러므로 선대 학자들이 의심하였으나 분석이 어렵지 않다."

하고, 곧 1정(井)은 9전(田)이고 1전은 4구(區)이고 구는 사방 50보(步)의 제도임을 변증하여 하(夏)나라 때는 1부(夫)가 1구를 받고 은(殷)나라 때는 1부가 2구를 더 받고 주(周)나라 때는 1부가 4구를 더 받은 것을 밝혀내었다. 그러고서 말하기를 "그러므로 하나라, 은나라, 주나라의 정전이 50무에서 바뀌어 70무와 100무에 이른 것은 당연하다. 맹자께서 어찌 나를 속이겠는가." 하였다.

삼대의 정삭(正朔)에 대해 논하기를,

"시(時)와 월(月)을 바꾼 것에 대해서 여러 학설이 분분하여 절충하기가 어렵다. 그러나 《시경》, 《서경》, 《주역》에서 고찰해 보니 분명히 시와 월을 바꾸지 않았고, 《춘추(春秋)》와 《맹자》 및 맹헌자(孟獻子)의 말[9]을 고찰해 보니 분명히 시와 월을 바꾸었다. 그렇다면 시와 월을 바꾼 것은 주나라가 동천한 이후 말세의 잘못이다. 동천하기 전에 시와 월을 바꾸었다는 글을 찾아낼 수 있는 자가 있는가?"

하였다.

〈왕풍(王風)〉에 대해 논하기를,

"정현을 비롯한 학자들은 모두 주나라가 동천한 이후에 왕실이 미약해져서 제후들과 동격 취급을 받았기에 아(雅)가 되지 않고 풍(風)이 되었다고 하였다. 그러나 풍과 아는 각자 체제가 있으니 주나라의

9 맹헌자(孟獻子)의 말 : 《예기》 〈잡기(雜記)〉에서 "맹헌자가 '1월 일지(日至)에 상제에게 제사할 수 있고, 7월 일지에 시조(始祖)에게 제사할 수 있다.'라고 하였으니, 7월 체(禘) 제사는 맹헌자가 한 것이다."라고 한 내용을 가리킨다.

흥망성쇠와는 관련이 없다. 주나라가 한창 융성할 때도 풍이 있었으니 〈주남(周南)〉과 〈소남(召南)〉이 이런 내용이고,[10] 제후들이 미약했을 때도 아가 있었으니 〈억(抑)〉이 이런 작품이다. 왕도 정치의 은택이 고갈되자 변아(變雅)[11]가 만들어졌는데, 주나라 평왕(平王)이 비록 미약했지만 어찌 변아의 끝에 낄 수 없었겠는가. 계찰(季札)이 주나라의 음악 연주를 구경할 때 왕(王) 지역은 위(衛)나라 부근에 있었다. 패(邶), 용(鄘), 위(衛), 왕은 모두 동도(東都) 지역이고, 동도는 왕도(王都)이니, 천자가 제후에게 조회를 받는 곳인데 후대에야 옮겨 살았다. 무릇 대도시는 모두 시(詩)를 가지고 민속을 관찰하였으니, 앞에는 빈(豳)과 주(周)에 풍이 있고 뒤에는 왕성(王城)에 풍이 있었다. 〈왕풍〉이라 한 것은 왕성의 풍을 말하는 것이지 평왕 때문에 지은 것이 아니다."

하였다.

삼경(三經)과 사서(四書) 및 《소학(小學)》과 《근사록(近思錄)》과

10 주나라가……내용이고 : 주(周)는 나라 이름이고, 남(南)은 남쪽 제후 나라를 가리킨다. 소(召)는 지명으로 소공(召公) 석(奭)의 채읍이다. 《시경집전(詩經集傳)》에서는 "문왕이 주공에게는 주나라 안에서 나라를 다스리게 하고, 소공에게는 제후들에게 정사를 펴도록 하자, 덕화(德化)가 국내에서 크게 이루어지고, 남방 제후국과 강(江), 타(沱), 여(汝), 한(漢)의 사이에 있는 나라가 모두 따라서 교화되니, 천하의 3분의 2를 소유하였다."라고 하였는데, 〈주남〉과 〈소남〉에는 바로 이 당시의 상황을 노래한 시가 수록되어 있다.

11 변아(變雅) : 《시경》 〈소아(小雅)〉의 일부분으로, 〈시전대전서(詩傳大全序)〉에서는 "왕도가 쇠퇴하여 예의가 무너지고 정교가 잘못되자 나라마다 정사가 달라지고 집마다 풍속이 달라져서 변풍(變風)과 변아가 생겼다."라고 하여 변아가 주나라 혼란기에 생겨난 것으로 보았다.

《심경(心經)》에 대해서는 글자마다 그 의미를 찾고 구절마다 그 요지를 찾아서 모두 질서(疾書)를 지었으니, 대개 장횡거(張橫渠)의 "묘리를 터득하면 빨리 썼다."[12]라는 취지를 취한 것이다. 질서의 순서는 《맹자》부터 시작했는데 "세대로 말하자면 뒤 세대이고, 의미로 말하자면 내용이 상세하다. 뒤 세대이니 가깝고, 상세하니 뜻이 드러난다. 그러므로 성인의 뜻을 찾으려면 반드시 《맹자》로부터 시작해야 한다."라고 하였다.

예(禮)의 근원에 대해서는 삼례(三禮)를 기본으로 하고 두우(杜佑)의 《통전(通典)》 및 역대 학자들의 학설에 두루 통달하여 《가례(家禮)》와 절충하였으므로 《가례질서(家禮疾書)》를 지었다. 〈산절한 관의〔刪節冠儀〕〉, 〈신부 맞이 의식〔娶婦儀〕〉[13]과 〈딸 출가 의식〔嫁女儀〕〉, 《상위록(喪威錄)》,[14] 《묘묘향사의(廟墓享祀儀)》 같은 여러 편으로 말하자면 저술하여 일가의 법으로 삼은 것이다.

퇴계를 존경하고 흠모함이 주자를 흠모하는 마음과 다르지 않아서

12 묘리를……썼다 : 주희가 장재(張載)에 대해 쓴 〈횡거선생찬(橫渠先生贊)〉의 "일찍이 손오(孫吳) 병법을 좋아했고, 말년에는 불로(佛老) 사상으로 도피했네. 용감하게 그 자리를 거두고 한번 변하자 도에 이르렀네. 정밀히 생각하고 힘써 실천하며 묘리를 터득하면 빨리 썼네. 〈정완(訂頑)〉의 가르침, 우리에게 인(仁)의 길을 보여 주었네."에서 유래한 말이다.

13 신부 맞이 의식 : 《성호전집》 권48에 나온다. 여기서는 신부를 맞이하는 단계를 고묘(告廟), 청기(請期), 납폐(納幣), 지(贄), 신부가 시부모를 뵙는 의식〔婦見舅姑〕, 신부가 시부모에게 음식을 올리는 의식〔婦饋舅姑〕, 신부에게 음식을 먹이는 의식〔饗婦〕, 묘현(廟見)으로 구분하였다.

14 상위록(喪威錄) : 《상위일록(喪威日錄)》을 가리킨다. 이익이 1746년(영조22) 무렵 부인상을 치르면서 상례와 제례에 관한 자신의 견해를 정리한 책이다.

유집(遺集) 및 문인들이 기록한 것에 보이는 언행을 《근사록》의 체례처럼 편집하고 책 이름을 《도동록(道東錄)》[15]이라 하였다. 또 예에 대해 논설한 글을 뽑아 분류하고 엮어서 책 이름을 《이선생예설(李先生禮說)》[16]이라 하였다. 퇴계 이후로 사단칠정(四端七情)과 이기(理氣)에 대한 학설이, 주자가 해석한 "도심(道心)은 의리에서 발동하고, 인심(人心)은 형기(形氣)에서 발동한다."[17]라는 내용과 《주자어류(朱子語類)》에 실린 "사단은 이(理)가 발한 것이고 칠정은 기(氣)가 발한 것이다."라는 내용과 어긋나는 것을 근심하여 《사칠신편(四七新編)》을 찬술해서 주자의 뜻을 드러내고 퇴계의 학설을 보조하였다. 비록 전원에 살면서도 이 세상 일을 자기 걱정거리로 생각하여 《곽우록(藿憂錄)》과 《사설(僿說)》 등의 책을 찬술하였다.

일찍이 개연히 탄식하기를,

"백대 동안 훌륭한 치세가 없는 것은 세 가지 재앙 때문이다. 군주를 높이고 신하를 억압하는 것은 진(秦)나라 영정(嬴政 진 시황(秦始皇))

15 도동록(道東錄) : 현재 전해지는 《이자수어(李子粹語)》가 바로 이 책이다. 이익이 제자인 안정복(安鼎福) 및 윤동규(尹東奎) 등과 상의하여 이황의 글과 그 문인들의 글 중에서 요긴한 부분을 뽑아서 종류별로 엮은 책으로, 이후에 내용을 더 증보하여 1753년에 완성하면서 이름을 《이자수어》로 고쳤다. 《順菴集 卷18 李子粹語序》

16 이선생예설(李先生禮說) : 이익이 이황의 편지 중에서 예(禮)와 관련된 부분을 모으고 유형별로 편집한 책이다. 《星湖全集 卷49 李先生禮說類編序》

17 도심(道心)은……발동한다 : 《서경》 〈대우모(大禹謨)〉에 "인심은 위태롭고 도심은 미묘하니, 오직 정밀하고 일관되게 하여 그 중도를 잡아야 한다.〔人心惟危, 道心惟微, 惟精惟一, 允執厥中.〕"라는 내용에서 집전(集傳)에 "형기에서 발동하는 것을 가리켜서 말하면 인심이고, 의리에서 발동하는 것을 가리켜서 말하면 도심이다.〔指其發於形氣者而言則謂之人心, 指其發於義理者而言則謂之道心.〕"라고 하였다.

때부터 시작되었는데 한(漢)나라가 개혁하지 못했으며, 사람을 등용함에 문벌을 중시한 것은 위(魏)나라 조아만(曹阿瞞 조조(曹操)) 때부터 시작되었는데[18] 진(晉)나라가 개혁하지 못했으며, 문장으로 과거 시험을 본 것은 양광(楊廣 수 양제(隋煬帝)) 때부터 시작되었는데 당(唐)나라가 개혁하지 못하였다. 세 가지 재앙이 제거되지 않으면 치세를 말할 수 없는데, 세 가지 중에 과거가 더 해롭다. 그래도 차선책을 말한다면 당나라의 양관(楊綰)이 논한 효렴과(孝廉科)[19]나 우리나라 정암(靜菴) 조광조(趙光祖) 선생이 말한 현량과(賢良科)[20]가 아마도 그 차선책일 것이다. 정암 선생은 이미 문묘(文廟)에 배향되었는데 한 사람도 거행하지 않는 것은 무슨 이유에선가?" 하였다.

우리나라 역사가 소루하고 어긋난 것을 근심하여 문인인 안정복(安

18 사람을……시작되었는데 : 이는 위진(魏晉) 시대 인재 등용법인 구품중정제(九品中正制)를 말한다. 위나라의 진군(陳群)이 발의하여 시행되었는데, 이는 각 지역에 중정(中正)을 설치하고 감식안이 있는 사람들을 뽑아 인재를 선별하여 그 등급을 나누게 하는 제도였다. 그러나 이 제도는 당초의 목적과는 달리 권력가들의 세력을 넓히는 정치도구로 전락하였다. 청(淸)나라의 조익(趙翼)이 쓴 《이십이사차기(二十二史箚記)》에서는 "상위 등급에는 한문이 없고 하위 등급에는 세족이 없다.〔上品無寒門, 下品無世族.〕"라는 말로 이 제도의 폐단을 설명하였다.

19 양관(楊綰)이 논한 효렴과(孝廉科) : 양관은 당나라 대종(代宗) 때 사람이다. 당시 예부 시랑으로 상소하여 명경과(明經科)와 진사과(進士科) 및 도거과(道擧科)를 정지하고, 효렴과를 시행하자고 청하였다. 《資治通鑑 卷222 代宗睿文孝武皇帝上之上》

20 정암(靜菴)……현량과(賢良科) : 이 제도는 학문과 덕행이 뛰어난 사람을 천거하는 것으로, 사림을 등용하려는 조광조의 건의에 따라 1519년(중종14) 4월 10일에 120인의 후보자들을 근정전(勤政殿)에 모아 놓고 시험을 쳐서 28인을 선발하였다. 《燃藜室記述 卷8 賢良科罷復》

鼎福)에게 글을 쓰라 부탁하고는 글의 범례를 주어서 마침내 믿을 만한 역사서인 《동사강목(東史綱目)》을 완성하였다.[21]

저술한 시문에 찬집한 여러 글을 아우르면 모두 수백여 권이다. 요약하자면, 학문은 수사를 빼고 실용적인 것에 힘썼고, 예를 논한 것은 사치를 버리고 검소함을 따랐고, 경세제민은 위를 덜어 아래를 보태주는 것을 주장했는데, 모두 근본을 탐구하고 요점을 끌어냄에 각각 조리가 있어서 이를 거행할 만하였으니, 아, 참으로 성대하다.

이씨(李氏)는 본래 계보가 여주(驪州)에서 나왔다. 비조는 고려의 인용교위(仁勇校尉)인 이인덕(李仁德)이다. 8대조는 휘가 계손(繼孫)으로 병조 판서를 지냈고 시호는 경헌(敬憲)이니, 일찍이 함경도 관찰사를 맡아서 유교의 교화가 크게 드러나자, 북쪽 사람들이 서원을 세워서 선사(先師)의 예로 제사 지냈다. 증조는 휘가 상의(尙毅)로 의정부 좌찬성을 지냈으며 시호는 익헌(翼獻)이니, 바로 목릉(穆陵 선조)의 명신이었다. 할아버지는 휘가 지안(志安)으로 사헌부 지평을 지냈으며 문정공(文正公) 미수(眉叟) 허목(許穆)과 함께 총산(蔥山) 정언옹(鄭彦瓮) 문하에서 교류하며 도의로 서로 추중하였다. 아버지는 휘가 하진(夏鎭)으로 사헌부 대사헌을 지냈으며, 숙종 때 힘을 다해 청의(淸議)를 붙들어서 사류(士類)의 존경을 받았다. 전비(前妣)는 정부인(貞夫人)에 추증된 용인 이씨(龍仁李氏)로 유수를 지낸 이후산(李後山)의 따님이며, 후비(後妣)는 정부인 안동 권씨(安東權氏)로 권대후(權大

21 안정복(安鼎福)에게……완성하였다 : 《동사강목》은 단군 조선에서 고려 말기까지를 다룬 강목체 역사서이다. 안정복이 《동사상목》을 편찬하기 위해서 이익과 편지로 토론한 내용이 《순암집(順菴集)》 권10 〈동사문답(東史問答)〉에 있다.

後)의 따님이니, 선생은 권 부인의 소생이다.

선생은 숙종 신유년(1681, 숙종7)에 태어나서 영종 계미년(1763, 영조39)에 졸(卒)하였으니, 향년 83세이다. 속광(屬纊)하자마자 찬장에 있는 음식을 올리고, 성빈(成殯)하기 전에는 아침저녁으로 음식 올리는 것을 그만두지 않았다. 염(斂)할 때는 종이 이불을 쓰고 종이에다 명정(銘旌)을 썼으며, 관에는 옻칠을 하지 않고 송진을 발랐으니, 모두 선생이 평소에 정해 둔 것이다. 문하 제자들은 모두 조복(弔服) 차림에 가마(加麻)하고서 기년까지 있었고, 단문(袒免) 이외의 족인들은 포건(布巾)과 포대(布帶)를 하고 장례를 지낸 뒤에 벗었다. 장지는 집 북쪽의 임좌(壬坐) 언덕에 있다.

선생은 처음에 고령 신씨(高靈申氏)에게 장가들었는데, 정언 신필청(申必淸)의 따님으로, 아이를 낳지 못했다. 다시 사천 목씨(泗川睦氏)에게 장가들었는데, 진사 목천건(睦天健)의 따님이다. 두 부인은 선생의 묘에 합장되었다. 아들 맹휴(孟休)는 문과 장원을 했는데 관직이 정랑에 그쳤고, 가학을 전할 수 있었는데 일찍 죽어서 그렇게 하지 못했다. 딸은 위솔(衛率) 이극성(李克誠)에게 시집갔다. 정랑은 참판 채팽윤(蔡彭胤)의 딸에게 장가들어서 아들 하나를 두었는데, 아들 구환(九煥)은 성균관 생원이다. 이극성은 윤하(潤夏)를 양자로 두었다. 증손과 현손 이하는 기록하지 않는다.

내가 일찍이 경기 관찰사가 되어 군현을 순행할 때 길을 우회하여 첨성리 댁에 있는 선생을 찾아가 뵌 적이 있었다. 선생은 당시 연세가 81세로 처마가 낮은 허름한 집에서 단정히 앉아 있었는데, 눈에서는 광채가 번쩍거려 쏘아보는 듯하고 듬성듬성한 수염은 허리띠까지 내려와 있었다. 절하기 전에 이미 마음이 숙연해져 존경심이 일어났는데,

다가갔더니 온화하고 너그러운 모습이었다. 경전의 뜻을 강론하고 고금의 역사를 토론하여 듣지 못했던 것을 들을 수 있었다. 그리하여 세상사가 사람을 몰아대니 진심으로 공경하는 마음을 가지고 적막한 물가에 와서 선생을 섬길 수 없는 것을 스스로 아쉽게 생각했다.

이제 36년이 지나 선생의 종손(從孫)인 처사 이삼환(李森煥) 군이 가장(家狀)을 가지고 와서 나에게 명(銘)을 지어 달라고 부탁하였다. 나는 그저 늙은이일 뿐이니 어찌 도학의 기상을 가진 분을 잘 표현할 수 있으랴. 다만 우리나라의 도학은 본래 이어져 온 계통이 있으니, 퇴계는 우리나라의 부자(夫子)로 그의 도통을 한강(寒岡) 정구(鄭逑)에게 전하였고, 한강 정구는 그의 도통을 미수 허목에게 전하였다. 선생은 미수를 사숙한 분으로, 미수를 배우고 퇴계의 실마리를 이었으니, 후대의 학자들은 사문(斯文)이 적통끼리 계승하여 속일 수 없음을 안 뒤에야 지향점을 헷갈리지 않을 수 있을 것이다. 이런 내용으로 선생에 대한 명을 지어도 되겠느냐고 하니, 처사군이 "그 말씀이 요점만 있어서 번거롭지 않으니, 선생을 잘 아시는군요."라고 하였다. 마침내 옷을 여미고서 명을 짓는다. 명은 다음과 같다.

도를 품고도 은택을 펴지 못하니	抱道而莫能致澤
당대의 불행이나	一世之不幸
책을 써서 충분히 은혜를 베푸시니	著書而亦足嘉惠
백대의 행운이라	百世之幸
하늘의 뜻은 여기에 있는 게 아닐까	天之意無乃在是歟
당대는 짧으나 백대는 영원하지	一世短而百世永
선생의 명을 써서 우리 당을 면려하니	銘先生而勉吾黨

어찌 선생의 글을 읽지 않는가	盍與讀先生書
도통의 전수는 자기에게 달렸지 남에게 달렸겠는가	傳統由己而由人乎

보국숭록대부 겸 호조 판서 판의금부사 완양부원군 이공 묘갈명

輔國崇祿大夫兼戶曹判書判義禁府事完陽府院君李公墓碣銘

공의 휘는 충원(忠元)이고 자는 원보(元甫)이며 호는 송암(松菴)으로, 정종대왕의 열 번째 아드님인 덕천군(德泉君) 휘 후생(厚生)의 현손이다. 증조는 신종군(新宗君) 휘 효백(孝伯)이고, 할아버지는 회진군(會津君) 휘 경손(敬孫)이고, 아버지는 영선군(永善君) 휘 간(簡)이고, 어머니는 남원 정씨(南原丁氏)로 참의 정자견(丁自堅)의 따님이다.

가정(嘉靖) 정유년(1537, 중종32)에 공이 태어났다. 8세에 부친상을 당했는데, 성인처럼 엄숙한 태도로 상복을 입었다. 할머니와 어머니를 모시고 여주(驪州)에 우거하였다. 공은 왕실 자손으로 부귀한 집안에서 태어났으나 성품이 담박하여 외물에 마음이 얽매이지 않고, 날마다 책을 가지고 스승을 따랐다. 스승의 집이 큰 고개 너머에 있어서 30리 남짓이나 되었지만, 힘든 내색 없이 왕래하였고, 밤에는 꼭 관솔불을 밝혀서 책을 읽으니 문장이 나날이 증진하였다.

명종(明宗)[22] 병인년(1566, 명종21)에 별시(別試)에 장원 급제하여 즉시 호조 좌랑에 제수되었다. 얼마 지나지 않아 할머니 안 부인(安夫人)의 승중상(承重喪)을 당하였다. 상을 마치자 전적(典籍)에 임명되었다가 예조 좌랑이 되었다.

22 명종(明宗) : 대본에는 '中宗'으로 되어 있다. 《명종실록》 21년 윤10월 20일 기사에 근거하여 '中'을 '明'으로 바로잡아 번역하였다.

기사년(1569, 선조2)에 사간원 정언에 제수되었다. 척신(戚臣) 중에 집권하던 사람이 공을 자기에게 끌어들이려고 온갖 수단으로 회유하고 위협했으나, 공은 정색하고 엄정하게 꾸짖으며 조금도 흔들리지 않고, 무슨 일을 만날 때마다 항변하며 기피하는 바가 없었으니, 강직하여 쟁신(諍臣)다운 풍모가 있었다. 집권자가 미워하여 외직으로 내쫓아 경기 도사(京畿都事)에 보임하였다가 또 황해 도사(黃海都事)에 보임하였다.

임신년(1572)에 고양 군수(高陽郡守)로 옮겼다.

정축년(1577)에 조정에 들어와 사도시 첨정(司䆃寺僉正)이 되었다.

이듬해인 무인년(1578)에 지방으로 나가 광주 목사(廣州牧使)가 되었다.

공이 고양을 다스릴 적에 오직 백성들을 어르고 달래는 데 힘쓰고 엄한 형벌을 쓰지 않았다. 광주는 큰 고을인데, 또 연이은 기근으로 백성들 대다수가 도적으로 변하여 거리낌 없이 마을을 노략질하였다. 공이 부임하여 우두머리 열몇 사람을 붙잡아 모조리 죽이자 이 덕분에 더 이상 도적을 경계하지 않게 되었다. 일이 조정에 전해지자 포상으로 한 자급을 올려 주었다. 도적의 처자는 국법상 관청에 귀속되어야만 하는데, 권세 있는 재상이 연루된 자신의 비복을 빼내려고 누차 부탁하였으나, 공이 끝내 들어주지 않았다. 그러자 그 재상이 사람을 사주해 다른 일을 지적하여 공의 자급을 도로 거두고야 말았다.

신사[23]년(1581)에 지방으로 나가 연서 찰방(延曙察訪)이 되니, 공론

23 신사 : 대본에는 '辛丑'으로 되어 있다. 《쌍계유고(雙溪遺稿)》 권8 〈완양부원군이공시장(完陽府院君李公諡狀)〉에 근거하여 '丑'을 '巳'로 바로잡아 번역하였다.

이 모두 분개하였으나 공은 태연하게 마음에 담아 두지 않고 더욱 부지런히 직무를 수행하였다.

을유년(1585)에 조정이 새로워지자[24] 비로소 홍문관 부수찬으로 부름받아 돌아와서 군기시 정, 사헌부 장령, 사간원 헌납을 역임하였다.

정해년(1587)에 왜노(倭奴)가 녹도(鹿島)를 함락하자[25] 상께서 변양걸(邊良傑)에게 가서 소탕하라는 명을 내리셨다. 공이 막부(幕府)에서 일을 하여 한결같이 보좌하고 계획을 내는데, 모든 일을 때맞춰서 잘 조처하니, 사람들이 이에 공의 지략이 문장보다 뛰어남에 감복하였다. 돌아와서 사복시 정과 홍문관 교리에 제수되었다가 의정부의 사인(舍人)과 검상(檢詳)으로 옮겼는데, 사은숙배하지 못하였다.

경인년(1590)에 옥책(玉冊)을 서사(書寫)한 공로로 통정대부에 오르고 공조 참의에 제수되었다.

임진년(1592)에 왜(倭)의 침략으로 위급해지자 상이 의주(義州)로 행행하셨는데, 공은 눈물 속에 맨 걸음으로 말고삐를 잡고 앞장서다 넘어져서 죽을 뻔한 적이 수차례였는데도 게을리하거나 지친 모습을 보이지 않았다. 어가가 개경(開京)에 이르자 도승지에 발탁되었고, 의

24 을유년에 조정이 새로워지자 : 1583년 서인의 중심 인물인 이이(李珥)를 탄핵한 동인의 송응개(宋應漑), 박근원(朴謹元), 허봉(許篈)이 각기 함경도 변방으로 귀양을 갔는데, 이를 계미삼찬(癸未三竄)이라고 한다. 그 후 이이가 1584년에 죽자, 1585년 2월 영의정 노수신(盧守愼)이 함경도로 귀양 간 세 사람의 억울함을 말하니, 얼마 안 가서 세 사람이 석방되었다. 이때부터 다시 동인들이 국정을 쥐기 시작하였다. 《燃藜室記述 卷13 東人用事》

25 정해년에……함락하자 : 1587년 2월 26일 왜적의 배 18척이 흥양(興陽)을 침범하여 녹도 권관(鹿島權管) 이내원(李大源)이 진사하였는데, 이를 정해왜변(丁亥倭變)이라고 한다. 《宣祖實錄 20年 2月 26日》

주에 이르자 예조 참판에 임명되었다. 공의 어머니는 당시 연세가 78세로 막 전란을 피해 숨어 있던 중이었다. 공이 은혜와 의리 간에는 때로 경중이 있음을 저울질하고서 차마 자신의 어머니를 우선시하고 자신의 임금을 뒤로 미루지 못하였다. 나라의 운명이 뒤집히려는 때에 노고를 바쳐 위기와 어려움이 닥친 즈음에 지우(知遇)를 받았으니, 사람들이 따라갈 수 없는 점이 이러하였다. 겨울에 또 도승지에 임명되었다. 당시에 명(明)나라 장수를 접빈하고 관군을 조발하며 각처에 격서를 보내는데, 왕명을 출납하고 여쭙고 보고하는 것이 늘 사리에 맞으니, 행조(行朝)의 신하들이 모두 탄복하였다.

계사년(1593)에 명나라 군대가 왜적을 소탕하자 상이 한양으로 돌아왔다. 공이 곧 상소하여 호서(湖西)의 예산(禮山)에서 어머니를 찾아 모시고 돌아오게 해 달라고 청하였다. 상이 가상히 여겨 허락하고 특별히 쌀과 고기, 비단과 솜을 하사하셨으니, 특별한 은혜였다.

을미년(1595)에 자헌대부에 오르고 한성부 판윤에 제수되었다.

무술년(1598)에 제독 동일원(董一元)의 접반사가 되어 경상우도로 내려갔다. 당시 영남 지방이 전란의 참화를 혹독하게 겪고 기근으로 헐벗어 군읍에 통상적인 예우를 요구할 수 없었으므로, 공이 편의대로 공궤도감(供饋都監)을 설치하고 경상우도의 명망 있는 선비 네 명을 뽑아 맡긴 뒤, 날마다 그들과 함께 계획을 짜내어 외부적으로는 명나라 군대의 식료를 계속 대어 주고 내부적으로는 백성들을 한숨 돌리게 해 주었다. 그래서 임기가 끝나 돌아갈 때까지 백성들은 식량을 나르거나 물자를 원조하는 부역이 있는 줄 몰랐다. 돌아와서 조정에 선비 네 명에 대해 말하니, 모두 관직을 주었다.

신축년(1601)에 공조 판서가 되고 또 호조 판서가 되었다.

이듬해인 임인년(1602)에 모친상을 당하였다. 공은 60세가 넘은 나이에도 젊은 사람처럼 예법을 지켰다.

갑진년(1604)에 상을 마치자 숭록대부에 오르고 다시 공조판서 겸 판의금부사가 되었다.

을사년(1605)에 호성 이등공신(扈聖二等功臣)에 책록되어 보국대부에 오르고 완양부원군(完陽府院君)에 봉해졌다.

공의 의식주 생활은 가난한 선비처럼 쓸쓸하여 한 이랑의 전답도 늘리지 않고 집은 두어 칸을 넘지 않았다. 고관(考官)으로 시험장에 갈 때 마침 혹독한 추위를 만났는데, 몸에 갖옷을 걸치지 못했던 탓에 한질(寒疾)에 걸려 들것에 실린 채로 돌아왔다. 상이 이 소식을 듣고서는 내의(內醫)에게 진찰을 명하고 약물(藥物)을 거듭 내리셨다. 결국 이해 12월 15일에 정침에서 졸하니, 수(壽)가 69세였다. 부음이 전해지자 상이 매우 슬퍼하며 조회를 정지하고 부의는 후하게 주셨으며 특별히 예장(禮葬)을 지내게 하셨다. 병오년(1606) 2월 아무 날에 여주(驪州) 품곡(品谷)의 유좌(酉坐) 언덕에 안장하였다.

공은 순박하고 너그러우며 침착하고 도량이 커서 겉모습을 보면 야인 같았으나, 흉중에는 실로 빼앗을 수 없는 지조가 있었다. 선조(宣祖)의 성대한 시대를 만나 인재들이 무리 지어 나와서 마치 물고기의 비늘처럼 빽빽하였으니, 공의 달통한 재주와 높은 명망으로 어느 자리에 간들 맞지 않았겠는가. 그러나 권력가들에게 맞서면서 자기의 견해를 고수한 까닭에 배척받아 10년 가까이 뜻을 펼치지 못하였는데도 두려워하지도 번민하지도 않았다. 오래 꺾여 있다가 잠시 펴게 된 날에 이르러서는 또 나라의 정세가 위급한 상황을 맞아 천신만고를 다 겪었는데, 끝내 능히 승지의 임무를 맡아 기밀을 보좌하여 삼경(三京)을 수복하였다. 그래서 상의 은총이 나날이 늘고 상의 간택이 더욱 융숭해졌으며, 공신록에 이름이 오를 적에는 신하로서의 지위가 극치에 이르게 되었다. 교서에 "의리로 보면 비록 임금과 신하라는 분수가 있지만, 정리로 보면 실로 부자간의 친분과 같다."라고 하였으니, 오랜 세월 뒤에도 그 당시 임금과 신하 사이에 마음이 맞았던 것을 상상해 볼 수 있다.

공은 집안에서 품행이 매우 반듯하여 어머니를 모시는 데서는 비록 나이와 지위가 높아도 어머니의 안색을 살피고 부지런히 움직여 단 하루도 조금도 게을리하지 않았다. 봉록은 동생들에게 고루 나누어 주고 나머지는 친족들에게 주었는데, 친소를 따지지 않았다. 별세할 때 옛날 옷으로 염을 하고 여차(旅次)에 빈소를 모셨으니, 아, 존경할 만하도다.

저술한 시문은 모두 전란의 불길로 사라져 버렸고, 《성산수창록(星山酬唱錄)》만이 세상에 전해진다. 필법은 당대에 이름을 떨쳐서 산릉에 쓸 보첩과 태실의 옥책을 공이 써서 바친 것이 많았다. 공은 처음에 부장(部將) 우사철(禹思哲)의 따님인 단양 우씨(丹陽禹氏)에게 장가들었다. 뒤에 전부(典簿) 권항(權恒)의 따님인 안동 권씨(安東權氏)에게 장가들었는데, 바로 상국(相國) 권철(權轍)의 손녀이다.

공은 3남 1녀를 낳았다. 장남은 정랑을 지낸 경준(庚俊)이고 차남은 부사직(副司直)을 지낸 을준(乙俊)이고 삼남은 평시서 영(平市署令)을 지낸 인준(寅俊)으로, 권씨 소생이다. 딸은 정랑을 지낸 안극제(安克悌)에게 시집갔는데, 우씨 소생이다. 손자와 증손 이하는 많아서 다 기록하지 않는다. 공이 돌아가신 지 200년 가까이 되는데, 7대손인 무(茂)가 공의 행장을 가지고 와서 명(銘)을 지어 달라고 청하였다.

효심 가득한 후손이 먼 조상을 추모하는 정성을 차마 저버릴 수 없어서 삼가 이렇게 명을 쓴다. 명은 다음과 같다.

옛날 선조대왕의 시대에	昔宣廟世
중흥의 운수를 만났었지	運値中興
하늘이 현자들을 내리니	天胚賢俊
비 퍼붓고 구름 모인 듯	雨興雲蒸
공은 마음가짐 충직하여	公有衷素
압록강 두고서 맹세했지	鴨水在彼
업무가 안개처럼 많아도	機務霧集
시종일관 부지런하였지	密勿終始
임금 모시고 돌아와서는	扶還日轂
종묘에서 제사를 지냈지	淸廟鍾簴
임금께서 말씀을 하셨지	王曰勳勞
공신 중 그대만을 인정하노라	予惟汝許
장엄한 기린각에다가	有儼麟閣
공은 그 이름 올렸네	公載其名
공의 평생 좇아 보니	蹟公平生
난세 속에 충신이라	板蕩識誠
왕실의 훌륭한 자손	王家有孫
그 영광을 떨쳤도다	載揚之光
이를 새겨 길이 게시하니	刻視千劫
내 명이 매우 드러나리라	我銘孔彰

정곡 조공 묘갈명

鼎谷曺公墓碣銘

나는 당론(黨論)을 달가워하지 않는 성격이라서 늘 주자(朱子)가 원우(元祐)와 원풍(元豐) 때를 논하면서 "원우 연간의 사람들은 그저 자기와 뜻이 다른 사람들을 소인으로 여길 줄만 알고, 자기와 뜻이 같은 사람들이 꼭 전부 군자는 아니라는 것은 알지 못했다."[26]라고 한 말씀이 대현자의 어느 한쪽으로 치우치지도 기울어지지도 않는 정론이라고 여겼다. 이런 까닭에 우리나라에 분당(分黨)이 생긴 후로부터 상호 간에 모함하는 말에 대해서는 전부 꼭 믿으려고 하지 않았다. 이제 정곡(鼎谷) 조공(曺公)의 행장을 보니, 살아서는 존경을 받고 죽어서는 애도를 받은 그분의 일생이 나로 하여금 곧장 머리털이 곤두서고 기운이 솟게 하였다. 이리하여 기축옥사(己丑獄事)는 한쪽의 선량한 사람들을 일망타진하는 일이었으며, 그 일을 주도한 사람은 아무리 오랜 세월이 흘러도 소인배라는 지목에서 벗어날 수 없다는 것을 비로소 알게 되었다.

공의 휘는 대중(大中)이요 자는 화우(和宇)이다. 조씨는 본래 창녕(昌寧)의 성대한 씨족으로, 고려 창녕부원군(昌寧府院君) 조겸(曺謙)

26 원우……못했다 : 이 말은《회암집(晦庵集)》권28〈여유승상서(與留丞相書)〉에 나오는 구절의 일부이다. 원래 내용은 "원우 시대로 말하자면, 그 잘못이 자기와 의견을 달리한 자를 군자가 아닌 줄로만 알았고 자기에 동조하는 자라 해서 소인이 아닐 수 없다는 것은 알지 못했다는 데 있습니다."로, 번암이 인용한 구절과 약간 다르다.

의 후손이다. 높은 관직을 얻어 8대가 연이어 평장사(平章事)를 지냈다. 우리나라에 들어와서는 휘 린(璘)이 한성부 판윤에 제수되었으나 끝내 출사하지 않았다. 이분이 휘 흡(恰)을 낳았는데, 흡은 병조 판서를 지내고 옥천군(玉川君)에 봉해졌으며 시호는 공희(恭僖)이다. 옥천은 순창(淳昌)의 옛 이름으로, 사는 곳에 근거해 봉지를 하사한 것이다. 이분들이 공의 6대조와 5대조이다. 증조는 휘가 온(穩)으로 장례원 사의(掌隷院司議)를 지냈고, 할아버지는 휘가 건(健)으로 사포서 직장(司圃署直長)을 지냈다. 아버지는 휘가 세명(世明)으로 능서랑(陵署郎 능참봉)을 지냈고, 직장 정도(鄭覩)의 따님이자 판서 정식(鄭軾)의 후손인 나주 정씨(羅州鄭氏)에게 장가갔다.

명종 4년 기유년(1549)에 공이 태어났다. 성동(成童)이 되자마자 문절공(文節公) 미암(眉巖) 유희춘(柳希春)의 문하에서 학문을 배웠는데, 문절공은 공과 경서의 뜻을 토론하면서 침이 마르도록 칭찬하였다.

만력(萬曆) 병자년(1576, 선조9)에 진사시에 입격하였다. 이때 공이 지은 시가 한번 나오자 사인(士人)들이 모두 전하면서 외웠다. 서평(西平) 한준겸(韓浚謙) 공이 사람들에게 말하기를 "이는 당(唐)나라 사람의 시어이다."라고 하였다.

임오년(1582)에 문과에 급제하여 승정원 주서에 배치되었다가 예문관에 뽑혀 들어가서 봉교(奉教)로 승진하였다. 선조(宣祖)께서 공의 필한(筆翰)을 보고는 늘 칭찬과 격려를 하셨다. 공은 일찍이 성균관에 들어가서 퇴계(退溪) 이황(李滉) 선생을 뵌 적이 있었다. 퇴계 선생이 그 후에 사암(思菴) 박순(朴淳) 공을 만나서 말하기를,

"조 아무개는 참말로 박학다식한 학자입니다."

하자, 사암은 말하기를,

"이 사람은 강직(剛直)하고 방정(方正)하니, 풍헌관(風憲官)의 자리에 두면 의당 볼만할 겁니다. 다만 악을 미워하는 마음이 너무 심하여 남을 포용하는 도량은 아무래도 부족하니, 재상의 그릇은 아닌 것 같습니다."

하였다.

당시에 조정에서 당론이 일어나 동인(東人)이니 서인(西人)이니 하며 분열되어 피비린내 나는 격렬한 싸움이 일어날 징조가 보였다. 공은 정철(鄭澈)을 매우 증오하여 급제하자마자 순창군(淳昌郡)으로 돌아가서는 문을 닫아걸고 외부 사람들을 들이지 않았다. 또 같은 배를 타고 금강(錦江)을 건넌 적이 있었는데, 침묵하고서 대화를 나누지 않았다. 영광 군수(靈光郡守) 김공희(金公喜)도 자리에 있었는데, 건너고 나서 공을 경계하기를 "이런 행동은 화(禍)를 취하는 길이네."라고 하였다.

정해년(1587)에 병조 좌랑에서 외직으로 나가 전라 도사가 되었으니, 당인들이 사실상 외직으로 쫓아낸 것이다. 공은 여러 읍을 순시하며 재해로 인한 피해를 살펴보고, 가차 없이 규찰하여 적발하니, 탐관오리 중에 관직을 내려놓고 떠난 사람이 많았다. 보성군(寶城郡)에 이르러서 군적강(軍籍講)을 실시하였는데, 시험에 참관한 사람은 영광 군수 김공희와 담양 군수(潭陽郡守) 김여물(金汝岉)이었다. 당시에 역적 정여립(鄭汝立)이 죽고 토역 사문(討逆赦文)이 내려오자, 공은 "이 일은 나라의 경사이니, 잔치를 베풀지 않으면 안 된다." 하고서 두 명의 시관과 술자리를 열고 풍악을 울리고서 파하였다. 이전에 정여립은 문성공(文成公) 율곡(栗谷) 이이(李珥)의 문하를 출입하면서 명예를 크게 도둑질하였다. 한번은 뜰 앞의 감나무를 가리키며 말하기를,

"공자는 익은 감이요 율곡은 아직 덜 익은 감이다."

하였는데, 공이 그 말을 듣고 너무 놀라 말하기를,

"정여립은 어리석은 게 아니라면 망녕된 자로구나. 군자는 말 한마디에 지혜로운 사람이 되기도 하고 지혜롭지 못한 사람이 되기도 한다. 정말로 이런 말을 내뱉다니, 어떻게 인벌(人罰)과 천벌(天罰)을 두려워하지 않을 수 있단 말인가."

하였다. 율곡이 졸하자, 정여립은 또 이발(李潑)을 추종하며 율곡을 손가락질하는 데 매우 힘써서 심지어 '나라를 그르친 소인배'라고 하니, 공은 또 말하기를 "한 사람을 두고 처음에는 공자에 버금간다고 하였다가 마지막에는 나라를 그르친 소인배라고 하다니, 어찌 애증이 이렇게까지 차이가 난단 말인가." 하며, 마침내 이발에게 편지를 보내기를,

"호강후(胡康侯) 같은 현자도 오히려 진회(秦檜)의 간사함을 몰랐습니다.[27] 지금 세상에 이런 사람이 없으리라고 어찌 장담하겠습니까. 옛날 조조(曹操)가 여포(呂布)의 사형을 완화해 주려고 하자, 소열제(昭烈帝 유비(劉備))가 '명공(明公)께서는 정건양(丁建陽 정원(丁原))과 동 태사(董太師 동탁(董卓))의 일을 보지 않으셨습니까?'라고

27 호강후(胡康侯)……몰랐습니다 : 호강후는 호안국(胡安國)으로 송(宋)나라의 명재상이고, 진회는 북송 말부터 남송 초기에 걸쳐 28년간 권력을 독점했던 인물이다. 처음에 휘종(徽宗)과 흠종(欽宗)이 금(金)나라로 끌려갈 때 진회가 따라갔는데, 몇 년 뒤에 돌아와서 자신을 감시하던 금나라 군사들을 다 죽이고 배를 타고 도망 왔다고 주장하였다. 이로 인해 명성을 떨치고 재상 자리에 올랐다. 호안국은 평소 진회와 사이가 좋았으므로 그의 이러한 행동을 매우 훌륭하게 여겨 크게 칭찬했는데, 호안국이 죽고 난 뒤 진회가 도리어 금나라와의 관계를 이용해서 자신의 입지를 강화하고자 화의(和議)를 주장하고 악비(岳飛)와 같은 명장을 죽이는 등 악행을 저질렀다. 《宋史 姦臣列傳 秦檜》

하니,[28] 조조도 고개를 끄덕였습니다. 은혜와 의리를 저버리는 것은 인지상정으로 볼 때 똑같이 싫어하는 것이고, 맘에 들면서도 나쁜 점을 아는 것은 군자가 숭상하는 것입니다."

하였으니, 대개 정여립과 교분을 나누지 말라는 뜻이었다. 공이 간사함을 알아보는 지혜와 일이 생기기 전에 드린 충고가 얼마나 명확하면서도 간절한가. 공이 보성군을 순시하고 아직 떠나기 전에 관찰사가 역리를 보내서 공으로 하여금 문묘(文廟)에 쓸 위안문(慰安文)을 지어 보내게 하였으니, 대개 전주(全州) 대성전(大成殿) 상량문이 바로 정여립이 지은 것이라서 많은 사인이 싫어했기에 개축하려 한 까닭이다. 공이 즉시 지었는데, 위안문의 대략에 "성상의 위엄 덕분에 흉악한 무리를 토벌하였네. 역적 왕돈(王敦)은 무릎 꿇었으나 악당 왕망(王莽)이 지붕에 남아 있네. 올린 나무 불살라야 하지, 글씨만 깎으면 가볍다오."라고 하였으니, 공이 엄정하게 징토하는 마음이 또 어떠한가.

이때에 이르러서 당인들은 역적 정여립이 이발에게 의탁한 일을 가지고 반대 당을 일망타진할 수 있는 절호의 기회로 여겼다. 이에 압객(狎客)인 백유함(白惟諴), 양천경(梁千頃), 정암수(丁巖壽) 등을 사주해 광주(光州)의 교궁(校宮)에 모이게 하고서는 하늘을 속이고 사람을 속일 상소를 날조하여 이발, 이길(李洁), 정개청(鄭介淸), 유몽정(柳夢井), 이황종(李黃鍾) 및 공을 모두 정여립의 당에 몰아넣었으니, 대

28 조조(曹操)가……하니 : 여포는 후한 말기의 군벌로, 처음에는 정원 밑에 있다가 정원을 배신하고 동탁에게 투항했다. 그 후에 동탁의 시녀와 간통한 일이 들통날까 두려워하던 차에 왕윤(王允)이 여포를 끌어들여 동탁을 죽였다. 유비가 조조에게 한 말은 조조와 유비가 힘을 합쳐 여포를 공격해 사로잡은 뒤에 한 말이다. 《後漢書 呂布列傳》

개 모두 한쪽의 청류(淸流)이자 선사(善士)였기 때문이다. 공에 대해서는 "정여립이 죽었다는 소식을 듣고서 그를 위해 눈물을 흘리며 소식(素食)하였다."라고 적었다. 상소가 들어가자, 당시에 정언(正言)을 맡고 있던 추포(秋浦) 황신(黃愼) 공이 사람들이 빽빽하게 모인 자리에서 말하기를 "만약 조 아무개가 올바른 사람이라면 반드시 역적을 위해 눈물을 흘리지 않았을 것입니다. 만약 간사한 사람이라면 역적이 처형된 뒤에 어찌 사람을 마주하고서 눈물을 흘릴 리가 있겠습니까. 이 상소는 말도 되지 않고 논리에 맞지도 않습니다." 하였다.

공이 순시를 하다가 만경현(萬頃縣)에 도착했을 때 체포되어 옥에 갇혔는데, 보성에서 시험에 참관한 김여물 등을 증인으로 내세웠다. 국청 대신이던 정철은 이들을 끝내 증인으로 쓰지 않고, 단지 보성의 지인(知印) 두 사람과 다모(茶母) 한 사람을 잡아들이게 하여 매우 혹독하게 고문을 하였지만, 세 사람은 모두 불복하고 죽었다.

공은 죽음을 앞두고 자기 형인 민중(敏中)에게 편지를 보내기를,

> "주상께서는 영명하시고 하늘도 알고 계십니다. 아우는 이제 타인의 모함으로 억울함을 품은 채 죽게 되었으니, 비록 부당하기 이를 데 없지만 이는 실로 천명이지요. 죽은 뒤에 반드시 한 도(道)의 공론이 일어나겠지만 때늦은 일일 테니 우습습니다. 제 아들 순남(順男)이 꽤나 학문에 뜻을 두고 있다 하니, 죽는다 해도 위안이 되는군요. 부디 충분히 권면하여 좋은 사람이 되도록 해 주시고, 제가 죽었다고 해서 조금이라도 해이해지지 않게 해 주십시오. 제 죽음은 그야말로 천명이니, 부디 말을 지어낸 사람들에게 잘못을 돌리지 말도록 해 주십시오."

하였다. 마침내 옥중에서 목숨이 끊어졌으니, 경인년(1590, 선조23)

3월 13일이며, 향년 42세이다.

문충공(文忠公) 백사(白沙) 이항복(李恒福)은 문사 낭청(問事郎廳)으로서 그때 일을 목격하였는데, 사람들을 마주하기만 하면 늘 공이 억울하게 죽은 상황을 극진하게 설명하였다. 공의 시신이 한양에서 화순(和順)의 옛집으로 돌아오면서 정읍(井邑)을 지나는 길에 당시 정읍 현감으로 있던 충무공(忠武公) 이순신(李舜臣)이 제문을 지어 조상하면서 매우 애통하게 곡을 하자 사람들이 모두 불안하게 여겼다. 충무공은 "나는 조공의 죄명에 대해서는 모르오. 정을 가눌 수 없었을 뿐이오."라고 하였다. 택당(澤堂) 이식(李植) 공이 충무공의 행장을 지을 때 이 일화를 앞에 드러내어서 찬미하였다.[29]

공은 숨이 끊어지기 전에 시 한 수를 짓기를,

일편단심 누가 알아주랴 丹心一片有誰[30]知
깊은 억울함 풀지 못하니 더디 죽음이 한스럽네 未吐深冤恨死遲
지하의 비간을 따라간다면 地下若從比干去
외로운 넋은 미소 짓고 슬퍼하지 않으리 孤魂含笑不須悲

하였는데, 간신배 최황(崔滉)이 시의 위 구절을 빼 버리고 아래의 한 구절을 가지고 상 앞에서 외워 아뢰기를 "조대중(曺大中)이 이미 비간을 자신에게 비유하였으니 임금을 누구에게 비교했겠습니까?" 하였다. 이리하여 상을 격노하게 하자, 극형을 추가하여 화가 저승에까지 미치

29 택당(澤堂)……찬미하였다 : 《이충무공전서(李忠武公全書)》 권10에서 이식이 지은 〈시장(諡狀)〉에 보인다.

30 有誰 : 《갈암집(葛庵集)》 별집 권6 〈통훈대부행전라도도사겸춘추관기주관조공행장(通訓大夫行全羅道都事兼春秋館記注官曺公行狀)〉에는 '鬼神'으로 되어 있다.

고, 처첩(妻妾)과 자서(子壻) 및 제질(弟姪)은 모두 체포되어 심문이 매우 성화같았다. 이에 정철도 공론에 용납되지 못할까 염려하여 차율(次律)로 처벌하기를 청했으나, 상이 들어주지 않았다. 정철이 또 의견을 아뢰기를 "조대중의 흉악한 정황은 이미 시구에 드러났습니다. 다만 역적을 비호한 이들에게 원래 해당하는 법률이 있으니, 처첩들에게 압슬(壓膝)을 가한다는 것은 신의 생각에는 실로 타당하지 않은 듯합니다." 하자, 상이 정철의 말을 조금이나마 받아들였고, 공이 가형(家兄)에게 보낸 편지와 옥중에서 지은 시의 위 구절 및 전주 대성전에 쓴 위안문을 보고 나자, 측은한 마음이 일어나서 친속들을 풀어 주고 적몰한 가산도 돌려주라는 명을 내렸다.

최황이 시구를 외워 아뢰며 죄를 덮어씌울 적에 문간공(文簡公) 우계(牛溪) 성혼(成渾)은 정철에게 편지를 보내어 "조대중의 시는 본래 대단하지 않은 것인데, 어찌하여 조정하지 않으시오. 이는 칭념(稱念)의 옥사가 아닙니다."[31]라고 하였다.

이듬해인 신묘년(1591)에 상이 크게 뉘우치고 "간신배 정철에게 모함을 받아 배척된 사람이 있다면 모두 거두어서 서용하라."라는 하교를 내렸다. 양천경 등을 모두 엄히 국문하라는 명을 내리자, 양천경 등은 정철에게 사주받았다고 자복하고 장형(杖刑)을 받아 죽었다. 전(前) 현감 권유(權愉)가 제일 먼저 발론하여 기축년(1589)에 억울하게 죽은 사람들의 신원을 청하였다. 이에 조정의 논의가 크게 일어나자, 상이 또 하교하기를,

31 조대중의……아닙니다 : 《우계집(牛溪集)》 권4 〈여정좌상철별지(與鄭左相澈別紙)〉에 보인다.

"정암수 등이 나라에 역적들이 일어난 변고를 틈타 감히 남을 모함하는 술수를 부리고는 근거 없는 말을 날조하고, 간사하고 음흉한 상소를 몰래 아뢰어 어진 재상과 이름난 경 들을 모조리 손가락질하여 기어코 나라를 공허하게 만들려고 했으니, 이들은 모두 간사한 사람의 사주를 받은 것이다."

하고는, 기축년의 위관(委官) 정철을 강계부(江界府)에 안치(安置)하였다. 이로부터 벼슬아치와 유생 들이 연명 상소를 올려 호남 지역 다섯 신하들의 신원을 청하니,[32] 승정원이 상소문으로 거의 꽉 찰 지경이었다.

선조가 승하하고 광해군이 뒤를 이었을 때도 여전히 상소를 올려 청하였다.

인조가 개옥(改玉 반정)하고서 첫 정사에서 서둘러야 할 일 중에 무엇이 우선인지 묻자, 연평(延平) 이귀(李貴) 공이 "정철을 신원해야 합니다."라고 하였는데, 보덕(輔德)을 맡은 윤지경(尹知敬) 공이 홀로 "정철을 신원하는 일이 급선무가 아니라 기축년에 억울하게 죽은 사람들이 제일 우선입니다."라고 하였다. 여러 대신(大臣)은 서로 쳐다보기만 할 뿐이고 대답을 하지 않았는데, 백강(白江) 이경여(李敬輿) 공이 뒤이어서 "윤지경의 말이 옳습니다."라고 하였다. 상이 의견을 수렴하라고 명하시자, 영의정 문충공(文忠公) 이원익(李元翼)과 좌의정 윤방(尹昉) 및 우의정 신흠(申欽)이 기축년에 억울하게 죽은 사람들을 먼

32 호남……청하니 : 호남의 다섯 신하는 정개청, 이발, 이길, 조대중, 유몽정을 말한다. 전라도 유생 최홍우(崔弘宇)가 기축옥사에 연루된 다섯 명의 신원을 청하고자 상소를 올렸다. 《宣祖實錄 40年 6月 11日》

저 신원해야 한다는 의견을 올렸다. 이리하여 공 및 이발, 유몽정 등이 모두 관작을 회복하였으니, 아, 천도(天道)가 이로 인해 안정되었다.

공의 부인은 참봉 김응성(金應星)의 따님인 경주 김씨(慶州金氏)로 2남 2녀를 낳았다. 장남은 수정(守正)이고 차남은 수헌(守憲)이다. 장녀는 유함(柳涵)에게 시집가고 차녀는 부윤(府尹) 이정건(李廷楗)에게 시집갔다. 내외 자손들은 약간 명이다. 공의 장지는 화순현(和順縣) 서쪽 세양동(細陽洞) 좌묘(坐卯)의 언덕에 있는데, 김씨가 여기에 함께 묻혔다.

당초에 공은 아버지를 일찍 여의고 형제들은 4명이었다. 공의 어머니는 성품이 엄정하여 자식들 교육에 법도가 있었기에 결국 모두 인재가 되었고, 효성과 우애로 향리 사람들을 감복시켰으니, 가정에서 수양하지 않았다면 어떻게 조정에 이름을 떨칠 수 있었겠는가.

《용학구결(庸學口訣)》 1권과 문집 2권이 집에 보관되어 있었는데, 금오랑(金吾郎)이 수색해 가지고 가서는 결국 잃어버렸다.

호남의 사림들이 공을 매우 독실하게 경모하여 공의 5대조인 공희공(恭僖公)의 역정사우(櫟亭祠宇)에다가 나중에 배향하였으니, 이 점이 그 당시 많은 사람의 상심을 조금이나마 달랠 수 있으리라.

이제 공의 6대손인 희순(喜淳)이 공의 행장을 가지고 천 리 너머 한양에 와서는, 나에게 한마디 말을 빌려서 비석에 새기고자 하였다. 그의 표정이며 말투가 나를 감동시키기에 충분하니, 어찌 감히 늙었다고 해서 거절하랴. 이에 명(銘)을 짓는다. 명은 다음과 같다.

당고의 화 전해지니	黨錮有傳
천고에 한이 쌓였네	千古恨積

지조 지켜 세상에 아부 않으니 道不阿世
거룩하셔라, 정곡 선생이시여 韙哉鼎谷
누가 알았으랴, 성군의 시대에도 孰謂聖世
오늘이 옛날 같을 줄을 視今猶昔
공의 마음 단사처럼 붉고 其心如丹
공의 피는 벽옥과 같았네[33] 其血之碧
영혼은 비간을 따르고 魂隨比干
이름은 하늘과 땅을 덮었다 名被天壤
슬픈 바는 나라이니 所悲家國
붕당이 재앙의 빌미라오 禍祟朋黨
누가 눈이 공정하여 誰能眼公
우리 역사에 쓸 수 있으랴 修我簡策
징험하고픈 자들은 有欲徵者
이 비석을 보시게 視此刻石

33 공의 피는……같았네 : 《장자(莊子)》 〈외물(外物)〉에 "군주는 자기의 신하가 충성을 다하기를 바라지 않는 이가 없지만, 충성스러운 신하가 반드시 신임을 받는 것은 아니다. 그러므로 오자서(伍子胥)는 부차(夫差)에게 충간(忠諫)을 했다가 그에게 죽음을 당해서 말가죽 부대에 담겨 강물에 버려졌으며, 장홍(萇弘)은 참소를 당해 추방되어 촉(蜀)으로 돌아가서 죽었는데 촉 사람들이 그 피를 담아 보관하니 3년 만에 변하여 벽옥(碧玉)이 되었다." 하였다. 이후로 혈벽(血碧) 또는 벽혈(碧血)은 충신의 억울한 죽음을 비유하는 말로 쓰였다.

통정대부 승정원좌승지 겸 경연참찬관 춘추관수찬관 지제교 명고 정공 묘갈명

通政大夫承政院左承旨兼經筵參贊官春秋館修撰官知製敎鳴皐鄭公墓碣銘

영묘(英廟 영조(英祖))께서 일찍이 조회에서 조정 신료 중에 청렴결백하여 쓸 만한 사람을 꼽으면서 "내 신하에 두 사람이 있는데, 그중 한 명은 이태중(李台重)이고 다른 한 명은 정권(鄭權)이다."라고 하신 적이 있었는데, 대신(大臣)들이 앞에 나와서 "성상께서 바로 보셨습니다."라고 하였다. 나는 그 당시에 붓대를 잡은 신하로 어전에서 성상을 모시고 있었는데, 마음속으로 '이공(李公)은 지금 사람들에게 인망을 받는 사람이니 상께서 그의 이름을 거론하신 것은 그럴 만하다. 그런데 정공(鄭公) 같은 분은 천 리 밖 영남에 있는 몸으로 거취가 마치 나그네와 같은데, 이렇듯 능히 군주의 지우를 받으니 이분은 필시 남보다 매우 뛰어날 것이다.'라고 혼잣말을 하였다. 뒤에 정공과 늘그막의 친분을 이루어 내 스스로 공을 잘 안다고 생각하였다. 가만히 보니, 공은 마음이 편안하면서 행실이 우아하여 점잖은 모습을 지녔으므로 친하게 지낼 만하였다. 그러나 무슨 일에 맞닥뜨리면 모두 의리로 판단하여, 아무리 작은 일이라도 자기 마음에 차지 않는다고 하여 자신의 뜻을 굽히고 외물을 좇지 않았다. 종합하자면 학문이 위주인 사람이니, 성상께서 청렴결백하다 칭찬하신 것은 특별히 그분의 관직 생활과 자기를 단속한 부분만 거론한 것이다.

공의 처음 휘는 권(權)이고 자는 도중(道中)이었는데, 뒤에 치욕을 피하고자 글을 올려 권을 간(榦)으로 고치기를 청하고[34] 도중은 개인적으로 도직(道直)으로 고쳤다.

연일 정씨(延日鄭氏)는 고려에서 추밀원 지주사(樞密院知奏事)를 맡은 정습명(鄭襲明)을 시조로 모신다. 고려 중기에 이르러서 전공판서(典工判書)를 지낸 휘 인언(仁彦)이 비로소 영천군(永川郡)에 거주하였다. 이분이 휘 광후(光厚)를 낳았는데, 광후는 본조(本朝)에서 벼슬하여 관직이 공조 판서에 이르렀다. 7대를 지나 휘 대임(大任)이 계셨는데, 선조 임진년(1592, 선조25)에 의병을 일으켜 왜적을 토벌하는 데 공로가 매우 두드러져 2등 공신에 책록되었고, 죽은 뒤에는 호조 참판에 추증되었으니, 공에게는 5대조이다. 증조는 휘가 원호(元護)이고, 할아버지는 휘가 세진(世振)이고, 아버지는 휘가 사징(思徵)이다. 뒤에 공이 부윤을 지냈기 때문에 공의 증조에게는 사헌부 집의를, 할아버지에게는 승정원 좌승지를, 아버지에게는 이조 참판을 추증하였다. 어머니는 정부인(貞夫人)에 추증된 월성 이씨(月城李氏)로, 상의원 별좌(尙衣院別坐)를 지낸 이두표(李斗杓)의 따님이다.

숙종 임신년(1692, 숙종18)에 공을 낳았다. 공은 11세에 아버지를 여의었다. 공의 어머니는 공이 어린 나이에 고아가 된 것을 불쌍히 여겨 집을 나가 스승에게 배우도록 하였다. 당시에 지수(篪叟) 정규양(鄭葵陽) 공과 그의 형인 훈수(塤叟) 정만양(鄭萬陽) 공이 동남(東南)

34 권을……청하고 : 1755년(영조31) 소론인 심정연(沈鼎衍), 윤혜(尹惠) 등이 노론을 제거할 목적으로 역모 사건을 일으켰고, 이 사건으로 인하여 소론이 제거되었다. 이 사건에 연루된 죄인 중 동명이인인 정권이 장을 맞고 죽었는데, 이 일 때문에 정권은 치욕을 피하고자 개명을 청하는 상소를 올린 것이다. 《承政院日記 英祖 31年 5月 18日・19日・23日, 32年 4月 13日》《鳴皐集 卷3 請改名上書》

지역에서 학문을 창도하였기에, 그들의 문하에 가서 학업을 배우기를 청하는 사람들이 매우 많았다. 공도 책을 짊어지고 가서 종유하였는데, 두 분은 공의 온화하고 영특한 면모를 보고는 매우 기특하게 여겨 힘을 다해 가르쳤다. 공은 10년간 스승의 문하에 있으면서 어머니를 뵈는 일이 아니면 늘 자리를 지키고 떠나지 않았다. 도의에 대한 가르침을 가슴에 새기고 경전 및 정자와 주자의 글을 착실히 공부하였으며, 출세에 안달하는 속유들을 보면 자기 몸을 더럽힐 것처럼 여겨 멀리하였다.

숙종 을미년(1715)에 성균관 생원이 되었다.

영종(英宗) 1년인 을사년(1725)에 증광 문과(增廣文科)에 급제하여 승문원에 선발되고 배속되어 부정자(副正字)가 되었다.

정미년(1727)에 모친상을 당했다. 상복을 벗은 뒤에 상이 문신(文臣)의 전경강(專經講) 자리에 친히 납시었는데, 그때는 신해년(1731) 대기근이 든 시기였다. 공이 앞으로 나아가 《춘추》 양공(襄公) 24년조를 읽었다. 경전을 다 읽고 나니, 고관(考官)을 맡고 있던 상신(相臣)이 "예물을 줄여 마련하지 않는다는 말은 무엇을 말하는 것인가?" 하고 묻자, 공이 《주례(周禮)》의 "군주는 고기반찬을 먹지 않으며, 말에게 곡식을 먹이지 않으며, 대부는 기장밥을 먹지 않으며, 사는 술을 마셔도 음악을 연주하지 않는다.〔君膳不祭肺 馬不食穀 大夫不食粱 士飮酒不樂〕"[35]라는 글과 《예기(禮記)》의 "제사에 태뢰를 쓰지 않는다.〔祭祀不用太牢〕"라는 글을 거론하여 대답하였다. 상이 이르기를,

35 군주는……않는다 : 《주례주소(周禮注疏)》 권18 〈춘관(春官) 대종백지직(大宗伯之職)〉에 있는 내용이다.

"예물을 어찌 다 줄일 수 있는가."

하시자, 공이 대답하기를,

"그중엔 줄일 수 없는 예물이 있습니다. 그러나 줄여야 하는 예물은 마땅히 모두 줄여야 하는 것입니다."

하였다. 상이 이르기를,

"요(堯) 임금과 순(舜) 임금조차도 백성들에게 은혜를 널리 베풀어 구제하는 일의 어려움을 한탄하셨다. '홍수나 가뭄이 들어도 백성들이 굶주린 기색이 없다.〔有水旱 民無菜色〕'라는 호씨(胡氏)의 말[36]은 너무 지나치지 않은가."

하시자, 공이 대답하기를,

"신이 우선 이 문제를 접어 두고 근본적인 이유를 찾아 말씀드려도 되겠습니까? 무릇 《춘추》에서 천재지변을 신중하게 생각하여 아무리 작은 일이라도 꼭 기록한 이유는, 성인의 뜻이 대개 군주들이 두려운 마음을 품고 수양과 반성을 하여 늘 망하지나 않을까 하는 경계를 마음에 담아 두기를 바랐기 때문입니다. 하늘의 뜻에 부응하여 재변을 멈추게 하는 방도 역시 그저 정책과 법령을 시행하고 조치하는 데서만 찾아서는 안 되니, 그것의 요점은 마음의 본바탕에 공력을 들이는 데 달려 있습니다."

하고서, 《중용》의 계신 공구(戒愼恐懼)와 중화 위육(中和位育)의 공부

36 홍수나……말 : 호씨는 호안국(胡安國)으로, 그가 지은 《춘추호씨전(春秋胡氏傳)》 양공 24년 기사에서 "옛날에는 구제 정책을 펼 때, 나라에 흉년이 드는 등의 일이 생기면 창고를 열어 주는 등의 정책을 펼쳐서 가뭄이나 홍수가 일어나도 백성들이 굶주린 기색이 없었다."라고 하였다. 《春秋胡傳附錄纂疏 卷22 襄公中》

를 조목조목 아뢰었다. 상이 이르기를,

"근원적인 공부야 힘쓰지 않으면 안 된다고 해도, 현재 진휼 정책이 막 시작되고 있는데 그 방도는 어떻게 해야 하겠는가?"

하시자, 공이 대답하기를,

"다른 지방에서 곡식을 옮겨다 주고, 부역을 줄여 주고, 세금을 감면하는 일은 실로 경전에 기록된 내용입니다. 수입에 맞춰 지출하고 사치를 금지하고 검소함을 숭상하는 것이 오늘날에 제일 서둘러야 할 일인데, 반드시 군주가 솔선수범한 뒤에야 도성에서 시골까지 큰 변화가 일어나는 효과가 있을 것입니다."

하였다. 상신 조문명(趙文命) 공이 아뢰기를,

"정권의 문의(文義)가 모두 조리 있으니, 입으로만 읽는 사람들이 할 수 있는 것이 아닙니다."

하고, 도승지 박문수(朴文秀) 공이 아뢰기를,

"이런 신하가 있으니 참으로 나라의 복입니다."

하자, 상이 이르기를,

"그의 말이 실행될 수 있다면 실로 나라의 복이겠지만, 실행되기 전에야 어찌 복이 될 수 있겠는가."

하시고서, 말을 하사하여 은총을 내렸다.

계축년(1733)에 승문원 박사로 있다가 제원 찰방(濟原察訪)에 제수되었다.

이듬해인 갑인년(1734)에 성균관 전적으로 승진하고, 예조와 병조의 좌랑, 함경 도사(咸鏡都事)가 되었다.

정사년(1737)에 병조 정랑에서 외직으로 나가 청양 현감(靑陽縣監)이 되었다. 1년도 안 되어 어떤 일로 인해 관직을 버리고 돌아갔다.

관찰사가 급히 장계(狀啓)하여 "정권의 청렴하고 검소한 품행이 충청도 전체에 널리 알려졌으니, 그가 은거하도록 허락해서는 안 됩니다." 라고 하자, 상이 해당 지역 수령에게 명을 내려서 공을 엄히 타일러 길을 나서게 하였다. 공이 하는 수 없이 다시 관직을 맡았다가 얼마 지나지 않아 병을 이유로 사직서를 올리고 돌아갔다.

신유년(1741)에 종묘서 영(宗廟署令)에서 외직으로 나가 무장 현감(茂長縣監)을 맡았다. 녹봉을 덜어 폐막(弊瘼)을 구제해 주니, 백성들이 그 덕분에 안정되었다. 공이 벼슬을 버리고 돌아갈 적에 사민(士民)들이 모두 감영(監營)에 와서 공을 유임해 달라고 매우 간절하게 청하니, 관찰사가 조정에 아뢰었다. 이리하여 하는 수 없이 다시 부임하였다가 몇 년 뒤에 관직을 버리고 돌아갔다.

갑자년(1744)에 사헌부 지평에 제수되었다. 상소하여 종묘의 축문(祝文) 양식에 대해 논하기를,

"어휘(御諱) 위쪽과 간지(干支) 아래쪽에는 모두 효증손사왕신(孝曾孫嗣王臣)이라고 칭합니다. 그런데 정종(定宗), 문종(文宗), 단종(端宗), 예종(睿宗)의 4실(室)에는 사왕신(嗣王臣)이라고만 칭하고 덕종(德宗)의 실에는 국왕신(國王臣)이라 칭하여 모두 효증손(孝曾孫) 세 글자가 없습니다. 인종(仁宗)의 실에는 효질손사왕(孝姪孫嗣王)이라 칭하여 신(臣) 자가 없습니다. 예법에 방친(旁親)에 대해 일컬을 때는 효(孝)라고 일컫지 않습니다. 그러나 제왕의 집안은 비록 형제들이 서로 계승하더라도 삼년상을 치르고, 일컬을 때는 효사(孝嗣)라고 하는 이유는, 그야말로 대통(大統)을 잇고 중기(重器)를 전수받아서 왕의 지위에 오르고 왕의 예를 하는 것이 자식으로서의 도리가 있고 신하로서의 도리가 있기 때문입니다. 전(傳)에

'증(曾)은 중(重)이다.'[37]라고 하였으니, 바로 '거듭한다'는 뜻을 일컫고 별다른 뜻은 없습니다. 손(孫)이라는 글자는 만약에 왕고(王考)와 소목(昭穆)을 함께하면 모두 일컬을 수 있습니다. 옛날에는 천자가 동성(同姓)인 제후들에 대해서는 곧 백부(伯父)나 숙부(叔父)라고 불렀습니다. 하물며 방존(旁尊 근친(近親))을 승중(承重)한 상황에서 또 어찌 효라고 자칭하는 것에 대해 혐의를 두겠습니까. 4실에 대해 증손(曾孫)이라고 일컫지 않는 것은 참으로 의아한데, 덕종의 실에 국왕이라 일컫고 인종의 실에 효질손(孝姪孫)이라고 일컬은 것은 더욱더 의아한 점이 있습니다. 무릇 국왕이란 두 글자는 종묘에 효를 다하여 제향을 드리는 자리에서 쓸 만한 글자가 아닙니다. 《이아(爾雅)》에 '자매가 형제의 자식을 부를 때 질(姪)이라고 한다.'라고 하였으니, 종자(從子)를 질(姪)이라고 부르는 경우는 예에 있지 않습니다. 그런데 지금 질(姪) 자에다 효(孝) 자를 더해 놓고 효(孝) 자에다 질(姪) 자를 이어 놓았으니 역시 애매모호하지 않겠습니까."
하였다. 이어서 정치의 도리와 군주의 덕에 대해 수천 글자로 자세하게 아뢰고서는 마침내 향리로 돌아갔다.

정묘년(1747)에 보령 현감(保寧縣監)에 제수되었다. 부임지로 가려고 청양(靑陽)을 지나는 길에 청양의 백성들이 열 명씩 백 명씩 무리를 짓고 길 양쪽에 늘어서서 다투어 맞이하고는 매우 기뻐하며 서로 말하기를 "우리 옛 백성들이 우리 명부(明府)의 얼굴을 다시 뵐 수 있게 하였으니 이는 하늘의 은혜입니다."라고 하였다. 공이 부임하여 《소학

37 증(曾)은 중(重)이다 : 《시경집전》 〈소아(小雅) 신남산(信南山)〉에 나오는 내용이다.

(小學)》으로 온 고을을 면유(勉諭)하고 17조를 만들어서 반포하니, 온 고을이 교화되었다. 관찰사가 근무 성적을 평가하는 글에 "화살처럼 곧고 얼음처럼 깨끗하다. 검소하며 널리 베풀었다."라고 하니, 조정과 민간에서 모두 외워서 전하였다. 영의정 김재로(金在魯) 공이 상에게 아뢰기를 "정권은 경술과 학식을 지니고 있으니, 그의 재능은 수령에 그쳐서는 안 됩니다. 치적으로 말해 보아도 온 고을의 백성들이 모두 고금에 있지 않았던 일이라고 말하니, 큰 고을의 목민관을 맡겨 보아야 합니다." 하였다. 얼마 지나지 않아 사헌부 장령으로 승진하여 제수되었는데, 영의정이 정권을 유임해서 진휼을 마치게 하자고 청하고, 호서 암행 어사도 돌아와서 치적과 행실이 제일이라고 보고하니, 상이 가납하였다. 통정대부로 특별 승진하고 승정원 동부승지에 제수되었다가 이윽고 우부승지로 승진하였다. 체차된 지 얼마 지나지 않아 경주 부윤(慶州府尹)에 제수되었는데, 상신이 공의 집이 경주와 가깝다고 아뢰자 동래 부사(東萊府使)로 옮겨서 제수되었다. 경주의 백성들이 공이 경주를 지나가는 때에 모두 말을 붙잡고 눈물을 흘리면서 "우리가 복이 없어서 이 명부를 잃게 되었구나." 하였다. 동래 관아에 부임하고서는 성실함으로 앞장서고 법규로 신칙하였으며, 일본과의 개시(開市)에서는 또 감히 화물(貨物)을 몰래 무역하지 않았다. 때때로 말 한 필과 하인 몇몇에 퉁소를 부는 사람을 데리고서 하루 종일 해운대 같은 여러 명승지를 유유히 돌아다니다가 밤이 되면 돌아와서 촛불을 밝히고 독서하니, 사람들이 이은(吏隱)이라고 하였다. 임기가 끝나 돌아갈 때, 왜인들이 목비(木碑)를 새기기를 "왔을 때 청풍(淸風)이더니, 떠날 때도 청풍이시네. 올 때도 갈 때도 청풍이니, 영원한 청풍이실세."라고 하였다.

경오년(1750)에 동부승지에 제수되었다가 곧 영월 부사(寧越府使)에 제수되었다. 공이 하직 인사를 드릴 때 상이 소견(召見)하여 "그대 머리카락은 왜 그렇게도 흰가. 예전에 봤을 땐 머리카락이 검었는데 이제 이렇게 되었으니, 그대 임금의 노쇠함도 알겠네."라고 하고 나이를 물은 뒤에 위로와 격려를 해 주시고서 보냈다. 영월은 산중 고을인지라 오직 문치 교화를 우선시하니, 몇 개월도 안 되어서 백성들의 풍속이 모두 변화하였다. 한번은 금강(錦江)에 배를 띄우고 한가롭게 노닌 적이 있었는데, 어떤 젊은 여인이 그 당시 금오랑(金吾郎)의 〈미인과 천만리를 이별하네〉라는 곡을 부르자, 공은 우수에 젖어 즐겁지 않아 더는 청령포(淸泠浦)에서 배를 타지 않았다.

1년 뒤, 선천 부사(宣川府使)에 옮겨 제수되어 백성들의 고통을 물어보고 국경을 순무하며, 여러 가지를 발상하여 계획을 짜는 데 최선을 다하였다. 마침 관찰사와 사이가 좋지 않았는데, 관찰사는 바로 당시의 권신이어서 사람들을 좌지우지할 수 있었다. 그러나 공은 "내가 어찌 머리를 숙이고 뜻을 굽혀서 그에게 억지로 굴복할 수 있겠는가."라고 하고서 무슨 일이 있을 때마다 번번이 강경하게 논박하니, 관찰사가 화나서 마침내 장계를 올려 공을 파직하였다. 공이 말 한 필로 돌아가는데, 사민들이 앞다투어 술과 음식을 가지고 전별하였으나, 모두 거절하고 받지 않았다. 공의 행차가 곽산(郭山)쯤에 이르자, 선천의 남녀들이 길을 막고 교외에서 전별연을 성대하게 차려 놓았는데, 이때에 이르러서는 거절할 수 없었다. 공이 떠날 즈음에 눈물 흘리는 백성들이 많았다. 도중에 선천 사람이 공의 작은 초상화를 그려 두었다는 말을 듣고는 사람을 보내 끝까지 찾아내어 도로 빼앗고야 말았다. 이후로 간간이 승지에 제수되었다.

정축년(1757)에 중궁전과 대왕대비전이 연달아 예척(禮陟)하셨다[38]는 소식을 듣고는 한양에 갔는데, 모든 관리들이 최복(衰服)을 입고 백화(白靴)를 신고 있는 것을 보고서는 글을 올려 예에 맞지 않는다고 말하고 빨리 바꿀 것을 청하니,[39] 상이 그의 말을 따르고 명을 내려 《상례보편(喪禮補編)》에 수록하게 하였다.[40] 형조 참의에 특별히 제수되었다가, 얼마 지나지 않아 또 승지에 제수되었다. 그때 제주(濟州)에서 상경한 사람들이 산릉의 역사에 자원하자, 상이 그들의 마음을 가상히 여겨서 모두에게 신역(身役)을 면제해 주었다.[41] 그 후 북관(北關) 사람들이 제주 백성들처럼 자원하자, 공이 아뢰기를 "진위를 알기 어려우니, 차차 서로 따라 한다면 폐해가 없지 않을 것입니다." 하였는데, 상이 처음에는 옳지 않다고 하다가 뒤에 공의 말이 옳다고 하셨다.

우부승지에서 좌승지로 승진하였다. 상이 또 관구(菅屨)와 마구(痲屨) 등의 예제(禮制)에 대해 물으시자, 공이 예를 인용하여 대답하고,

38 중궁전과……예척(禮陟)하셨다 : 1757년 2월 15일 당시 중궁인 정성왕후(貞聖王后)가 창덕궁 관리합(觀理閤)에서 승하하고, 3월 26일 대왕대비인 인원왕후(仁元王后)가 영모당(永慕堂)에서 승하하였다. 《英祖實錄 33年 2月 15日, 3月 26日》

39 모든……청하니 : 정간(鄭幹)의 《명고집(鳴皐集)》 권3 〈백관최복청거백피화착마구상서(百官衰服請去白皮靴着痲屨上書)〉에 보인다.

40 상이……하였다 : 예관(禮官)이 정간의 글을 가지고 아뢰자 영조가 그 말을 따라 백관이 최복을 입을 때는 마구를 착용하여 백피화를 대신하게 하고, 이를 《상례보편》에 기재하도록 명하였다. 《英祖實錄 33年 5月 27日》

41 제주(濟州)에서……주었다 : 제주의 백성 40명이 상경하여 산릉의 역사에 자원했는데, 그중 사노(寺奴) 유만길(兪萬吉)과 김원행(金遠行)은 숙종이 승하한 경자년(1720)에도 부역한 사람들이었다. 이들이 또 부역하러 오자, 가상하게 여겨 그의 아들과 손자를 모두 영원히 천인(賤人)을 면하도록 허락하였다. 《英祖實錄 33年 6月 2日》

또 조정 신료들이 은안(銀鞍)과 청첩(靑鞊)을 쓰는 잘못에 대해 진달하자, 모두 윤허를 받았다. 하직 인사를 드리고 향리로 돌아갈 적에 또 글을 올려서 상례의 잘못에 대해서 진달하였는데, 하나는 공제(公除)가 지난 뒤에 평소처럼 제사를 지내는 것이고, 하나는 신하들이 나와서 임금을 뵐 때 오사모(烏紗帽)와 흑각대(黑角帶)를 쓰는 것이었다.

이전에 공의 백씨(伯氏)가 세상을 떠난 뒤에 미처 장례를 치르지 못해서 공이 직접 선산 밑에서 일을 감독하다가 갑자기 한질에 걸려 들것에 실린 채로 돌아왔다.[42] 이때 마침 경성 부사(鏡城府使)에 제수한다는 교지가 내려왔기에 겨우 베개에 기댄 채로 사직소를 받아쓰게 해서 보냈다. 백씨를 장사 지내는 날에 이르러서는 숨이 매우 약해졌는데도 오히려 장례에 참석하지 못했다는 이유로 눈물이 이불을 적셨다. 이틀 뒤에 정침에서 돌아가시니, 정축년 9월 29일이며 향년 66세이다. 12월 신유일에 망지동(望祉洞) 병향(丙向)의 언덕에 장사를 지냈다. 일찍이 백씨와 같은 곳에 묻히자는 약속을 했기 때문에 백씨의 묘 아래를 자신의 장지로 택하였다.

공은 효성과 우애가 깊은 성품으로, 아버지를 일찍 여읜 탓에 세 살 많은 백씨를 아버지처럼 섬기고 형수를 어머니처럼 섬겼다. 출사한 뒤로는 봉록이 남으면 형수를 봉양하고, 물건 하나라도 절대 사사로이 하지 않아서 비록 노비들이 잘못하여도 백씨에게 말씀드리고서 매를

42 공의……돌아왔다 : 정간의 형은 정극(鄭極)으로, 정간의 〈제백씨문(祭伯氏文)〉에 "18일에 망지동(望祉洞)으로 들어가서 19일에 산에 올라 일을 감독하면서 하루 종일 바람을 맞은 탓에 병이 마침내 크게 발작하여, 22일에 들것에 실려 집으로 돌아왔다."라고 하였다. 《鳴皐集 卷7》

때렸다. 대개 사문(師門)의 가르침은 오직 《소학》에 있었는데, 공이 가슴에 새겨 잃어버리지 않고 그것으로써 자신을 단속하고 집안에서 실천한 것이 이와 같았다.

지수공(篪叟公)이 일찍이 어떤 사람에게 편지를 보내서,

"정권이 한양에 있을 때, 공무를 보고 나서 틈이 생기면 늘 《심경(心經)》과 《근사록(近思錄)》을 외웠고, 또 '임금을 섬기는 데 속이지 않는다.〔事君不欺〕'라는 네 글자를 늘 가슴에 새겼습니다. 이 사람은 보통 선비가 아니니, 기대가 적지 않소."

하였으니, 이를 보면 공이 청렴결백하여 부귀를 흠모하지 않는 것과 마음이 굳세어 권세와 영리에 굽히지 않는 것이 모두 학문에서 힘을 얻어 그렇게 된 것임을 알 수 있다.

애석하게도 공은 온 세상 사람들이 나쁜 무리를 짓던 때를 만났기에 공에게 주어진 것은 백 리의 고을을 다스리는 직책에 불과하였고, 비록 신하의 됨됨이를 잘 알아보는 영조께서 마음에 두고서 등용하지 않은 적이 없으셨지만 끝내 지위가 승지에 불과하고 말았으니, 아, 어찌 시운과 관계된 것이 아니겠는가.

공의 부인은 홍처약(洪處約)의 따님인 정부인(貞夫人) 남양 홍씨(南陽洪氏)로, 5녀를 낳았다. 아들을 낳지 못했기에 족제 정요(鄭橈)의 아들 주변(周弁)을 후사로 삼았다. 사위 5명은 김치(金緻), 박사철(朴思徹), 신근인(申近仁), 장윤혁(張胤爀), 이귀상(李龜祥)이다. 외손들은 모두 기록하지 않는다.

주변이 영남에서 한양으로 와서 공의 행장을 나에게 주며 묘소에 세울 비석에 새길 글을 부탁하는데, 진심이 표정과 말에 드러났다. 나는 공과 만년의 교분이 두터웠던 데다 그 아들의 정성에 감동하여

승낙하였는데, 십 년 사이에 글은 이루지 못하고 주변은 세상을 떠나고 말았다. 그 일을 생각하기만 하면 비통함과 한스러움을 견딜 수 없어 병든 몸과 희미한 정신을 무릅쓰고서 명(銘)을 짓는다. 명은 다음과 같다.

고기처럼 좋아했던 것은 嗜如芻豢
정자와 주자의 학문이라 洛閩之旨
청렴결백한 몸가짐으로 勵若氷蘗
수령의 책임을 맡았었지 民社之寄
성군께서 상을 내리셨고 聖主攸賞
어진 스승이 가르치셨지 賢師攸訓
치우치고 두루 펴지 못했으니 偏而不咸
어찌하랴, 그때의 운수인 것을 奈何時運
달처럼 밝은 그 풍채 皎皎清標
영남에서 빛이 났네 于嶺有光
이를 새겨 우리 당에 보이니 銘示吾黨
부디 길이 슬퍼하지 말기를 維勿永傷

남애 김공 묘갈명

南厓金公墓碣銘

영남 의성현(義城縣)에 품행이 성실한 군자가 있었으니, 휘는 상원(尙瑗), 자는 백옥(伯玉), 성은 김(金)이고, 남애(南厓)는 그분의 호이다. 공이 성동(成童)이 되기 전에 부모가 애지중지하여 독서를 별로 하지 않았는데, 이웃 사람이 《효경(孝經)》을 읽는 것을 보고 탄식하기를 "사람이면서 《효경》을 읽지 않는다면 사람이라 할 수 있을까." 하였다.

15세에 이시(李蒔) 공을 모시며 학문을 배웠다. 어느 날 스승을 떠나 돌아오자 부모가 그 까닭을 물었더니, 공은 "이공의 동생들이 거만하고 괴팍하니 머무를 수가 없습니다."라고 대답하였다. 더 자란 뒤에 수암(修巖) 유진(柳袗) 공을 모시며 경전의 의문점에 대해 질정하여 정확한 뜻을 분석하니, 유진 공이 특별히 아꼈다. 당시에 한강(寒岡) 정구(鄭逑)와 여헌(旅軒) 장현광(張顯光) 두 선생이 유학의 도를 자신들의 임무로 삼자, 사방의 학자들이 그들에게 귀의하였다. 공이 제자의 예로 두 분을 뵙고 일 년 동안 두 선생의 문하에 머물되, 각각 반씩 머물렀다. 한강은 항상 "나는 이 사람처럼 자세히 묻는 사람은 못 보았다."라고 하였고, 여헌 또한 "물러나서 절차탁마하며 어울린 사람은 학사(鶴沙) 김응조(金應祖)와 고산(孤山) 이유장(李惟樟)이고, 상수(象數)에 대해 논변을 펼친 사람은 역락재(亦樂齋) 김치관(金致寬) 공이다."라고 하였다.

공의 용모는 헌걸차면서 수려하고 자질은 순수하면서 훌륭한데, 또 어진 스승과 벗을 만나서 학문이 이루어지고 행실이 수양되었으니,

공의 뜻이 어찌 일신만 잘 간직하고 마는 것이었겠는가. 그러나 세상에는 공을 끌어 주는 사람이 없어서 끝내 초야에서 늙어 죽어 이제 전할 만한 것이라고는 오직 효도와 우애의 실체가 한동네 사람들을 교화한 것뿐이니, 어찌 직분상 당연히 해야 할 일이었다고만 하여 삼가 이를 기록해 후세에 모범을 보여 주지 않아서야 되겠는가.

공은 어머니를 모실 때 60년 동안 한결같이 곁에서 온갖 일을 맡았다. 어머니가 돌림병에 걸린 적이 있었는데, 공이 직접 어머니의 변을 맛보고 손가락을 잘라 피를 약에 타서 드시게 하여, 어머니가 소생할 수 있었다. 몇 년 뒤에 어머니가 천수를 다하시자, 마실 것과 죽 같은 음식은 모두 고례(古禮)를 따랐다. 장사를 지내고 묘 옆에 여막을 지었는데, 골짜기가 깊어서 맹수들이 많았다. 한번은 묘를 둘러보고 돌아올 적에 호랑이가 길을 막고 있었는데 공이 타일러 깨우쳐 주자 호랑이가 머리를 숙이고 떠나고서는 3년 내내 더 이상 길을 막지 않으니, 사람들은 효성이 호랑이를 감동시킨 것이라고 하였다. 선조의 제사를 모실 때는 공경을 다해서 비록 나이 여든이 되어서도 직접 치르고 대신하게 하지 않았다.

동생 4명과 함께 살면서 딴집살이를 하지 않다가, 아내가 생기고 자식이 생겨서 집이 좁아 수용하지 못한 뒤에야 이웃에 집을 만들었다. 옷은 누가 주인이라고 할 것이 없었고, 아이들도 누가 아버지라고 할 것이 없었다. 자식이나 조카 등을 계도해 줄 때는 자애로우면서 엄격하였고, 반드시 도량과 식견을 우선시하고 글재주는 그다음으로 여겼다. 이웃들과 남전 여씨(藍田呂氏)가 남긴 향약을 행하여 부모님을 모시고 친족과 화목하게 지내고 재난이 생기면 서로 구해 주자는 약조를 만들어, 봄과 가을마다 마을의 서당에 모여 약조를 강습하고, 따르지 않는 사람이 있으면 벌을 주었다. 국가 기일을 만나면 반드시 소찬(素饌)을 먹고, 세대가 멀다고 하여 그만두지 않았다.

인조 병자년(1636, 인조14)에 향시에 합격하였다. 얼마 지나지 않아 상이 남한산성에서 항복하자, 공이 부끄럽게 여겨 남궁(南宮)의 복시(覆試)에 응시하지 않았다. 이때부터 세상사와 연을 끊어 책상 위에는 오직 《춘추(春秋)》 한 책만 두고 벽에는 '대명숭정(大明崇禎)' 네 글자를 써 놓았으며, 늘 독서하다가 충신이나 열사가 복수하였다는 말에 이를 때면 몹시 슬피 오열하였고, 죽을 때까지 청(淸)나라 물건을 가까이하지 않았다. 집에 만년송이 있었는데 나무 책상을 그 밑에다 두고 갈건 차림에 청려장을 짚고 밤이건 낮이건 여기에만 머물고 더는 향리 밖으로 나가지 않으니, 그 일을 아는 사람들은 모두 숭정처사(崇禎處士)라고 칭송하였다.

정묘년(1687, 숙종13)에 정침에서 돌아가시니, 1월 23일이었다. 만력 무술년(1598, 선조31)에 태어났으니, 향년 90세였다. 돌아가시기 며칠 전에 〈경재잠(敬齋箴)〉을 손수 쓰고 자손들에게 명심하라 명하고서는 "난 더 이상 너희들을 가르칠 수 없고, 너희들은 더 이상 내 말을 들을 수 없으니, 부디 이것을 깊이 유념하기를 바란다."라고 하였다. 구산면(龜山面) 사재동(思齋洞)의 오향(午向) 언덕에 장례를 지내니, 바로 선산이다. 처음에 부고를 전했을 때는 사우들이 모두 자리를 만들어서 곡을 하였고, 장례 날이 되어서는 몇몇 고을에서 모두 술과 안주를 가지고 영전에 와서 바쳤다.

김씨(金氏)는 본래 신라 왕의 후손으로, 고려에서는 큰 공로를 세워 상락공(上洛公)에 봉해진 김방경(金方慶)이 있다. 우리나라에 들어와서는 성화(成化) 연간의 현량과에 합격하여 북평사(北評事)를 지낸 김극해(金克諧)가 있다. 북평사의 아들은 광수(光粹)로, 바로 서애(西厓) 유성룡(柳成龍)[43] 선생의 외할아버지이다. 연산군 때 정치가 혼란하자 만년송 아래에서 은거하며 자신의 호를 송은(松隱)이라고 하였다. 사림에서 제사를 지내 받들었다. 4대를 내려와 휘 사원(士元)은 퇴계(退溪) 선생 문하에서 공부하였으며 호는 만취당(晩翠堂)이다. 임진년(1592, 선조25)에 의병을 일으켜 공을 세웠다. 이분이 휘 준(濬)을 낳았는데, 준은 예빈시 직장을 지냈고, 공의 아버지이다. 어머니는 안동 권씨(安東權氏)로 좌부장(左部將)을 지낸 권돈(權暾)의 따님이다. 공의 전처는 진성 이씨(眞城李氏)로 진사 이형남(李亨男)의 따님이다. 후처는 죽산 안씨(竹山安氏)로 첨지 안벌(安橃)의 따님이다. 장남 요좌(堯佐)는 전처가 낳았고, 차남 성좌(成佐)와 딸 셋은 후처가 낳았다. 이미(李亹), 참봉 권득여(權得輿), 이대번(李大蕃)은 사위이다.

아, 맹자가 "하늘이 내려 준 벼슬을 수양하면 인간이 주는 벼슬이 따라온다."[44]라고 하셨으니, 이는 사리로 보아 당연한 말이다. 후세에는 그렇지 않아서 공의 훌륭한 행실과 뛰어난 덕으로도 인간이 주는 벼슬은 오지 않았고, 공을 예우한 것이라고 해 봐야 단지 조정에서 노인을 우대한 관직을 준 것뿐이었다. 옛날 일을 논평하는 자들이 애초부터 안타깝게 여겼지만 그들이 이치의 변수에 대해서 어찌하랴.

공의 후손인 종렬(宗烈)이 나에게 명(銘)을 요청하려고 한두 번 한

43 유성룡(柳成龍) : 1542~1607. 본관은 풍산(豐山), 자는 이현(而見), 호는 서애, 시호는 문충(文忠)이다.

44 하늘이……따라온다 : 하늘이 내려 준 벼슬이란 인의충신(仁義忠信)과 선을 행하여 게을리하지 않음[樂善不倦]이고, 인간이 주는 벼슬이란 공경대부(公卿大夫) 같은 작위를 말한다. 《孟子 告子上》

양에 온 적이 있으나, 나는 정중히 거절하고 부응하지 못했다. 종렬이 죽고 그의 족종(族從)인 종진(宗鎭)이 그 일을 계승하여 종자(從子)인 송광(宋光)에게 천 리 길을 넘어 방문하게 했는데, 그 요청이 더욱 간절하였다. 내가 이리하여 죽은 이에 대한 감회가 뭉클하게 일어나 사양하지 않고 명을 짓는다. 명은 다음과 같다.

수신하여 천하와 국가에 실행코자 했으나	修之身欲以行天下國家
사람들이 몰라주니 어찌하랴	人不知則那
《춘추》 읽어 존왕양이 구현코자 했으나	讀春秋欲以明尊攘大義
황하가 맑아지지 않으니 끝이로다	河不淸已矣
공경으로서 이름 묻힌 자 얼마나 많은가	公卿而名湮沒者何限
숭정처사와는 바꿀 수 없지	換不得崇禎處士
묘문을 지나는 사람들이여, 공경을 표하시게	過墓門者敬止

통정대부 공조 참의 용와 유공 묘갈명

通政大夫工曹參議慵窩柳公墓碣銘

공의 휘는 승현(升鉉), 자는 윤경(允卿), 자호(自號)는 용와(慵窩)이다. 유씨(柳氏)는 본래 문화(文化)에서 이름난 족성(族姓)으로, 중세에 전주(全州)로 이적(移籍)하였다. 우리나라를 섬겨 총재의 지위에 오르고 문학이 뛰어나 집현전(集賢殿)의 명신이 된 분으로 유의손(柳義孫)이 있다. 2대를 지나 홍문관 전한(弘文館典翰)을 지내고 참판에 추증된 분으로 유식(柳軾)이 있다. 한양에서 영남에 정착한 분으로 유윤선(柳潤善)이 있다. 또 2대를 지나 호는 기봉(岐峯)이고 외삼촌인 학봉(鶴峯) 김성일(金誠一) 선생에게서 학문을 배웠으며, 졸한 뒤에 좌승지에 추증된 분으로 유복기(柳復起)가 있으니, 공에게는 5대조이다. 고조 유우잠(柳友潛)은 호가 도헌(陶軒)이고, 증조 유숙(柳橚)은 부호군을 지냈고, 할아버지 유진휘(柳振輝)는 성균관 진사이고, 아버지 유봉시(柳奉時)는 향리에서 의를 좋아하는 군자라고 칭송하였다. 어머니 아주 신씨(鵝洲申氏)는 신이징(申以徵)의 따님이다.

공이 한창 어릴 때, 공의 아버지는 아들의 기량을 이미 알아보고는 완성해 주고자 하여 산촌에 들어가서 공부를 매우 치밀하게 시켰다. 공 역시 아버지의 마음을 먼저 알아차리고 뜻을 받들어 매일 부지런히 학업을 닦아 과거 시험장에서 명성을 크게 날렸다. 그러나 사습(士習)이 자신의 뜻과 맞지 않음을 보고서는 시험장에 들어갔더라도 바로 그만두고 돌아왔다.

숙종 기해년(1719, 숙종45)에 증광시 문과에 급제하였는데, 급제자를 발표하기 전에 공은 이미 고향으로 발길을 돌렸다. 급제 소식이 여관에 뒤따라 전해지자 함께 묵던 사람들이 모두 아연실색하며 놀라 자빠졌는데 공은 여전히 코를 골며 자니, 사람들이 공의 원대한 그릇을 알았다.

신축년(1721, 경종1)에 성균관 관원으로 뽑혔다.

계묘년(1723)에 전적(典籍)으로 승진했다가 예조 좌랑으로 옮겼다.

이듬해인 갑진년(1724)에 정랑으로 승진하였다. 어느 날 갑자기 관직을 내던지고 돌아오자, 부로(父老)들이 맞이하고서 위문하고 또 말하기를,

"지금 사람들은 한양에서 벼슬하면 곧 한양 사람들의 말투와 행동을 따라 하는데, 자네는 여전히 시골 사람 같은 모습을 하고 있구먼."

하자, 공이 웃으며,

"재주가 없어서 못 고칩니다."

하였다. 공은 관현(觀鉉)이라는 동생이 하나 있는데, 동생이 장성하기 전에 아버지가 돌아가셔서, 공은 동생을 자애로운 아버지처럼 아끼기도 하고 엄한 스승처럼 가르치기도 하여 결국 자립할 수 있게 하였다. 집안 사정이 좋든 나쁘든 좋은 일이든 힘든 일이든 모두 똑같이 함께하고, 비록 노비나 토지도 정해진 주인이 없었다. 집안일을 모두 동생에게 넘기고, 표계(瓢溪)의 경치 좋은 곳에 초막을 지어 용와(慵窩)라는 이름을 붙이고서 음풍농월하고 유유자적하여 세상의 득실을 잊고자 하였다.

병오년(1726, 영조2)에 용강 현령(龍岡縣令)에 제수되었는데, 곧바로 이전 수령이 유임되었기에 미처 부임하기 전에 체직되었다.

영종 무신년(1728)에 역도들이 모반을 꾀했는데 영남까지 선동하

자,[45] 안동(安東)의 사대부들이 안동의 수치[46]라 여기고서 의병을 일으켜 토벌하기로 하고 공자 사당 앞에 군문을 세우고 공을 대장으로 추대하였다. 당시에 눈물을 뿌리며 운집한 사람은 모두 장보관을 쓴 유생이라 군사 일에 대해서는 몰랐다. 공이 의연하게 그들을 불러 모으고서 하늘을 우러러 맹세하고, 밤에는 격문을 썼는데 그 어투가 강개하니, 사람들이 모두 머리를 숙이고서 벌벌 떨고 엄숙해 떠드는 이가 없었다. 깃발과 북을 세우고서 북 치며 행군하려는데, 관군이 벌써 적을 토멸해 호남과 영남이 평정되었다는 소식을 듣고, 공 또한 군대를 해산하고 돌아왔다.

공은 순박하고 온화해서 사람들을 대할 때 격식을 전혀 따지지 않고 성의가 넘쳐흘렀기에 어진 사람이건 그렇지 않은 사람이건 모두 공을 후덕한 장자(長者)라고 불렀다. 일상생활에서는 공손하여 마치 무능력한 듯한 모습만을 보이다가, 사변에 맞닥뜨리면 충성으로 인한 분기가 솟구쳐 앞을 향해 나가고 생사에 마음이 얽매이지 않으니, 큰 절개를 빼앗을 수 없음이 이러하였다. 공이 군영을 제어할 적에 안무사(安撫使) 박사수(朴師洙)가 영문(營門)에 들어와서 "군사들이 기강이 있

45 영종……선동하자 : 1728년 영조와 노론에 대한 반감으로 소론의 급진 세력과 일부 남인 계열이 일으킨 무신란(戊申亂)을 말한다. 이 반란의 중심은 호서의 이인좌(李麟佐), 호남의 박필현(朴弼顯), 영남의 정희량(鄭希亮)이었는데, 정희량은 안동에서 반란을 일으키려고 하다가 안음(安陰)에서 난을 일으켰다. 《이성무, 조선시대 당쟁사 2, 아름다운날, 2007, 153~158쪽》

46 안동의 수치 : 안동 사림들이 정희량의 반란을 안동의 수치로 여겼다는 뜻이다. 이 말은 한(漢)나라 이릉(李陵)이 농서(隴西) 사람으로서 무제(武帝)의 명을 받고 흉노(匈奴)를 토벌하러 갔다가 도리어 흉노에 항복하고 우대를 받았는데, 이에 한나라 황실에서는 그의 처자를 모두 죽였고, 그의 문하에 있던 농서의 사대부들은 모두 그 사실을 부끄러워했다는 고사에서 유래하였다. 《史記 李將軍列傳》

구나." 하고 탄복하였고, 호소사(號召使) 조덕린(趙德隣) 공도 "묵지(墨紙)로 머리를 싸매고 치마를 찢어 몸을 감싸고서 앞다투어 임금을 위해 나아가니, 얼마나 훌륭한가."라고 하였다.

기유년(1729)에 병조 정랑에 제수되었다가 사헌부 장령에 옮겨 제수되고 장령에서 교체되고서 종부시 정에 제수되었다. 얼마 지나지 않아 통정대부에 오르고 종성 부사(鍾城府使)에 제수되었다. 하직 인사를 드릴 때 상이 소견하여 이르기를 "작년에 반란이 일어나자 의병을 일으켜 사람들에게 맹서(盟誓)한 사람이 자네가 아니었던가? 참으로 어떤 사람인지 알지 못했다는 격이로구나.[47]" 하고는 매우 극진하게 위유(慰諭)한 다음에 활과 화살을 내려 주고서 보냈다. 종성의 선비들은 서로 축하하며 "즐겁도다. 작년에 옥천(玉川) 조덕린 공께서 우리 땅에 귀양 와서는 남쪽에 유 아무개라는 어진 선비가 있다고 늘 말씀하셨는데, 이제 우리 수령이 되셨구나."라고 하였다. 얼마 지나지 않아 동관(潼關)의 백성들이 몰래 청(淸)나라 국경을 넘어간 일이 발각되자, 관찰사가 장계를 올리고서 지방관을 파직하였는데,[48] 공은 파직되

47 어떤……격이로구나 : 당 현종(唐玄宗) 때 충신 안진경(顔眞卿)의 고사에서 나온 말이다. 당 현종 때 안녹산(安祿山)이 반란을 일으켜 침범하자 하북(河北) 지방이 모두 붕괴되었는데, 평원 태수(平原太守) 안진경만은 미리 대비를 하고 있다가 계책을 상주하니, 현종이 매우 기뻐하면서 "짐은 안진경이 어떠한 사람인지 알지 못했는데 이렇게 훌륭한 일을 하는구나."라고 하였다. 《新唐書 顔眞卿列傳》

48 동관(潼關)의……파직하였는데 : 《노애집(蘆厓集)》 권9 〈선고통정대부공조참의용와부군가장(先考通政大夫工曹參議慵窩府君家狀)〉에 파직된 사유가 좀 더 명확하게 나온다. 여기에 따르면, 유승현(柳升鉉)이 향시(鄕試) 고관(考官)에 차임되어 오랫동안 관사를 떠나 있었는데, 마침 속진(屬鎭)인 동관의 백성들이 국경을 넘어서 약초를 캔 일이 있었고, 이 일이 발각되자 파직된 것이다.

었다고 해서 정사에 소홀하지 않으니, 온 고을이 잘 다스린다고 칭송하였다. 이듬해 여름에 후임자가 오자, 백성들이 어른 아이 할 것 없이 길을 막고 전별하는데 심지어 눈물 흘리며 전송하는 사람도 있었다.

계축년(1733)에 조정에서 함안(咸安) 읍의 일이 어그러진 것을 우려하여 문신 중에 명망이 있는 사람을 뽑아 다스리게 했는데, 적임자를 찾기 어려워 이조에서 공을 천거하였다. 공은 함안을 다스리면서 공평하고 관대하게 하는 데 힘써 관청의 비용을 줄이고 백성들의 세금을 줄이니, 2년이 채 안 되어서 백성들의 삶이 회복되었다. 이에 교궁(校宮)을 옮겨 습지대를 버리고 마른 곳에 나아갔으며, 우졸자(迂拙子) 박한주(朴漢柱)의 묘를 봉식(封植)하였다. 또 행의와 문학이 뛰어난 몇 사람이 있었는데, 고을의 자제들을 모아 봉급을 출연하여 곡식을 계속 대 주며 학문을 권장하기를 게을리하지 않았다. 함안의 습속은 친구 집안이라도 원수가 되면 날마다 흘겨보았는데, 공이 정성을 다해 화해시키자 거리에서 시끄럽게 다투는 사람이 없었다. 백성들은 "우리 고을이 문목공(文穆公) 정구(鄭逑)의 유화(儒化)를 다시 보게 될 줄 생각도 못 했다."[49]라고 하였다.

을묘년(1735)에 세선(稅船)이 전복된 사고 때문에 규례에 따라 의금부에 나가 심리를 받았는데, 아전이 법령 집행자에게 뇌물을 주면 부임지로 돌아갈 수 있다고 말하자, 공은 "조정의 처치(處置)가 있을 것이다."라고 꾸짖었다. 끝내 파직되고서 돌아왔다.

49 우리……했다 : 정구는 1586년(선조19)에 함안 군수(咸安郡守)에 임명되었다. 정구가 함안에서 이룬 지석은 《여헌집(旅軒集)》 권13 〈황명조선국……한강정선생행장(皇明朝鮮國……寒岡鄭先生行狀)〉에 나온다.

임술년(1742)에 판결사(判決事)에 제수되었다. 몇 달이 지나 병을 핑계 대고 돌아왔다. 겨울에 영해 부사(寧海府使)에 제수되었다. 영해는 고향과 맞닿아 있어서 인척들과 옛 친구들이 그 안에서 교분을 맺고 있었기에, 어떤 사람이 문지기를 엄히 단속해 빈객들을 끊으라고 권하자, 공은 "꼭 이렇게 할 필요가 있겠소? 내 마음과 능력을 헤아려서 다스릴 따름입니다."라고 하였다. 3개월도 안 되어서 창리(倉吏)가 공이 간악한 정황을 적발할까 두려워하여 일부러 공삼(供蔘) 올리는 일을 게을리하니, 공은 파직되고 창리는 달아났다. 읍민들이 모두 분개하였으나 공은 개의치 않았다.

공은 이제까지 고을을 다스리면서 자기 관리에 엄격하여, 종성에서 돌아올 때는 홑이불이 해져도 바꾸지 않고, 딸아이 하나가 시집갈 때는 화장 도구가 북쪽에서 난 물건이 없었다. 그리고 함안에서 의금부로 가서 심리를 받을 때는 고을 백성들이 옛날 관례에 따라 돈 400민(緡)을 마련하여 집으로 쫓아와서 주었는데도 공은 다 돌려주었다. 예전처럼 가난하게 지냈는데, 사람들이 칭송하면, 웃으면서 "사실 나는 능력이 없는 데다 고을도 척박해서 그런 것이오."라고 하였다.

을축년(1745)에 공조 참의에 제수되었다.

이듬해인 병인년(1746) 봄에 풍기 군수(豐基郡守)에 제수되었다. 당시 대기근이 들어서 감영에 달려가 구민책(救民策)을 상의하고, 돌아온 지 며칠 지나 병이 들었는데, 환곡을 더 요청하고자 누운 채로 입으로 읊어 주며 글을 쓰게 하였다. 다음 날 아전이 자제들에게 대서(代署)하게 하자고 말하자, 공이 눈을 뜨며 안 된다고 하고서는 말을 마치자 돌아가시니, 병인년 3월 28일이었다. 환곡을 요청하는 글이 부고보다 늦게 도착하자, 감사가 매우 슬퍼하여 진조(賑糶)를 꽤나 넉넉하게 주었다. 진곡(賑穀)을 받은 백성들은 모두 눈물을 흘리면서 "이는 우리 군수께서 남기신 은혜다."라고 하였다. 향년 67세이다. 관을 모시고 돌아왔으므로 9월 갑오일에 안동 침곡(砧谷)의 부경(負庚) 언덕에 장례 지냈다. 숙부인(淑夫人)의 묘를 옮겨서 합장하였다.

공이 처음 벼슬할 때, 영광이 부모님께서 살아 계실 적에 미치지 못한 것을 한스럽게 여겼고, 또 가난으로 부모님의 상에 온 힘을 다하지 못하였기에, 자제들에게 자신의 장례가 부모님의 장례보다 후해서는 안 된다고 주의를 주었다. 과부가 된 누이와 아버지 없는 생질을 돌보고, 당형(堂兄)인 상사공(上舍公) 유원현(柳元鉉)을 아버지처럼 모셨다. 공이 일찍이 청송(青松)으로 집을 옮기려고 조치를 이미 다 해 놓았는데, 상사공이 울면서 만류하자 공도 차마 떨어지지 못하니, 밀암(密菴) 이재(李栽) 공이 탄복하며 "두 형제간의 돈독한 우애가 아름답구나."라고 하였다.

일찍이 제산(霽山) 김성탁(金聖鐸)과 막역지교를 맺었다. 김성탁이 세망(世網)에 걸린 상황[50]에 이르러서는 그의 친지들은 두려워 떨며 감히 찾지 않았는데, 공은 홀로 자나 깨나 그리워하고 한탄하면서 오랫동안 그의 곤궁함을 돌보아 주었다.

공은 함양한 바가 온화하고 관대하였는데, 법령을 봉행할 때는 청탁을 감히 들어주지 않았다. 예부랑(禮部郎)이 되었을 때 같은 성씨를 가진 사람이 향시에 합격하고서 진시(陳試)를 하게 해 달라고 요구하

50 김성탁이……상황 : 김성탁이 이현일(李玄逸)을 신구(伸救)하기 위해 상소를 올렸다가 영조의 노여움을 사서 국문을 받고 유배된 일을 말한다. 《英祖實錄 13年 5月 22日, 6月 2日》

였는데, 공은 불허하며 "친척의 죽음을 사칭한 것도 진실로 안 되는 일인데, 하물며 이로써 임금을 속이려 한단 말이오." 하였다. 함안에 있을 때는 고시(考試)를 하러 가려고 하는데 고향에서 편지가 도착하자, 자제들에게 먼저 그 편지의 별지를 없애라고 하고서 "보고 난 뒤에 그 청을 따라 주면 내가 사심을 쓰는 것이 되고, 일부러 쫓아내면 저 사람이 억울한 일을 당하는 것이 되니, 차라리 안 보는 편이 낫다."라고 하였다. 고을에 어 정승(魚政丞)의 묘가 있는데, 국구인 어유귀(魚有龜)의 선조이다. 국구가 족인을 통해 공에게 편지를 보내서 묘전(墓田)을 되찾고자 하였는데, 전답이 백성들에게 들어가 있어서 영업전(永業田)과 같아졌기에 공이 거절하고서 주지 않으니, 국구도 사과하였다.

공은 만년에 《주역》을 좋아해서 이 책을 읽지 않으면 의심을 해결하고 사리에 통달할 방법이 없다고 여겼다. 시문을 지을 때는 오직 수수하고 질박하며 이치에 맞도록 하는 데 중점을 두고, 글을 잘 쓰고 못 쓰고는 신경 쓰지 않았다. 유집(遺集)이 집에 보관되어 있다.

아내 광주 김씨(光州金氏)는 현감을 지낸 김한벽(金漢璧)의 따님으로, 시부모를 모시고 남편을 받들면서 어긋나는 행실을 하지 않았고, 부지런하게 길쌈을 하여 공이 유학하는 데 밑천을 대었다. 공보다 16년 전에 죽었다. 아들을 낳지 못하여 공의 동생인 참의 유관현(柳觀鉉)의 아들 도원(道源)을 후사로 삼았다. 딸아이 하나는 이세헌(李世憲)에게 시집갔다. 측실은 1남 4녀를 낳았는데, 아들은 연원(演源)이고, 사위는 권정공(權正恭), 조상술(趙相述), 김계태(金啓泰), 이달원(李達遠)이다.

도원은 사마시에 합격하여 학문과 행실로 칭송을 받았고, 3남 4녀를 낳았다. 장남은 범휴(範休)로 단아하면서도 몸가짐을 삼가서 사림의 존경을 받았으며, 현임 재랑(齋郞)이다. 차남은 낙휴(洛休)와 현휴(玄休)이다. 사위 4명은 이지순(李之恂), 이의수(李宜秀), 김곤수(金坤壽), 김성진(金聲振)이다. 연원의 아들은 검휴(儉休)이다.

공의 족자(族子)인 대사간 유정원(柳正源)은 독서인으로, 늘 말하기를 "용와공(慵窩公)의 사람을 진정(鎭定)하는 도량과 편안하고 고요한 지조는 옛사람에 비교해도 손색이 없다. 우리가 그분의 행적을 삼가 준수하면 허물을 줄일 수 있을 것이다." 하였는데, 공이 돌아가시자 3개월 내내 소식(素食)하였다. 여기에서 공의 참된 덕을 집안사람이 깊게 보고 느낀 것을 더욱 알 수 있었다. 명(銘)은 다음과 같다.

세상이 위태로우면 나라 생각뿐 자신을 잊었고	時危則國耳忘身
세상이 평화로우면 종적 감춰 없는 것 같았네	時平則斂之若無
나는 내 본분을 다할 뿐이지	吾以盡吾分爾
쓰이고 말고가 나와 무슨 상관이랴	用不用何關於吾
지닌 역량 조금 베풀었지만	薄施塵糠
공수와 황패[51] 같았지	爲龔爲黃
이것만으로 이분을 알 수 있으려나	斯可以了斯人耶
세상을 위해 개탄하지 않을 수 없구나	不能不爲世道慨傷

51 공수(龔遂)와 황패(黃霸) : 한(漢)나라 때 백성을 잘 다스린 관리들이다. 공수는 선제(宣帝) 때 발해 태수(渤海太守)로 있으면서 큰 치적을 남겼고, 황패는 무제(武帝) 때에는 하남 태수(河南太守)의 승(丞)으로, 선제 때에는 영천 태수(穎川太守)로 있으면서 백성을 잘 다스렸다. 《漢書 循吏傳 龔遂, 黃霸》

통정대부 형조 참의 양파 유공 묘갈명

通政大夫刑曹參議陽坡柳公墓碣銘

내가 평사(評事)로서[52] 북관(北關)의 시험을 감독한 적이 있었는데, 양파(陽坡) 유공(柳公)이 때마침 경성(鏡城)의 통판(通判)이 되어서 참시관으로 왔었다. 삼가 살펴보니, 공은 후덕하고 순박하였고, 함께 대화를 나누어 보니 마치 진한 술에 취한 듯 인품에 감화되어 내가 진실로 탄복하였다. 이틀 지나 사서의(四書疑)로 시험 문제를 내려고 촛불을 밝히고 책을 보는데, 시험 문제에 합당한 것을 전혀 찾지 못했다. 간간이 공에게 질문을 하였더니, 공은 그때마다 성인의 말씀을 한 줄 두 줄 외우면서 사서(四書)를 반복하는데 모두 다 정확하였다. 이리하여 나는 또 공이 경학에 이렇게 조예가 깊지만 남에게 잘난 척하는 모습을 보이지 않는 데 탄복하였다. 이윽고 내가 일을 마치고 돌아가는데, 공이 함흥부(咸興府) 성 밖의 유정(柳亭)에서 전송하면서 잡은 손을 차마 놓지 못하고 흰머리가 될 때까지 노력하자는 약속을 하였다. 그 뒤에 공이 시종신이 되어 부름을 받아 한양에 들어오면, 나는 늘 회포를 풀러 가서는 시간이 한참 지나서야 일어났다. 대개 공의 말투와 용모는 온화하며 간간이 우스갯소리를 섞기도 하여 소탈한 데 힘썼는데, 마음을 세우고 행실을 닦는 데는 권세 있는 자도 굴복시키지 못했으니, 내가 공에 대해 모르는 것이 이와 같음을 더욱 알게 되었다.

52 내가 평사(評事)로서 : 번암은 1754년(영조30) 봄 북도 평사에 제수되었다. 《海左集 卷24 領議政諡文肅蔡公神道碑銘》

공의 휘는 관현(觀鉉)이고 자는 용빈(用賓)으로, 본래 문화(文化)가 본관인데 중세에 전주(全州)로 이적(移籍)하였다. 이 뒤로 휘 의손(義孫)이 세종을 섬겨 집현전 학사로서 당시의 명신이 되었다. 2대가 지나서 휘 식(軾)에 이르러 홍문관 전한을 지냈다. 또 2대가 지나 휘 성(城)에 이르러 비로소 영남에 터를 잡아 이제는 안동(安東) 사람이 되었다. 이분이 휘 복기(復起)를 낳았는데, 복기는 외삼촌인 학봉(鶴峯) 김성일(金誠一) 선생께 학문을 배웠고, 호는 기봉(岐峯)이며, 좌승지에 추증되었다. 이분이 휘 우잠(友潛)을 낳았는데, 우잠은 은덕(隱德)이 있었고 호는 도헌(陶軒)이니, 이분이 공의 고조이다. 증조는 휘가 숙(橚)으로 부호군을 지냈다. 할아버지는 휘가 진휘(振輝)로 성균관 진사이다. 아버지는 휘가 봉시(奉時)이고 어머니는 아주 신씨(鵝州申氏)로 신이징(申以徵)의 따님이다. 2남을 낳았는데, 장남 승현(升鉉)은 참의를 지냈고 호는 용와(慵窩)이며, 공은 용와공의 막냇동생이다. 어려서 총명하여 날마다 만 마디 말을 외웠다. 용와공에게 학문을 배웠는데, 용옹(慵翁)이 매우 크게 기대를 하였다.

영종 을묘년(1735, 영조11)에 증광 문과에 급제하였다.

을축년(1745)에 성균관 전적에 제수되었다가 사헌부 감찰로 옮겼다. 그때 용옹은 수부 우시랑(水部右侍郎)에 임명되어 조정에 나가니, 형제가 한집에 살면서 공무가 아니면 문밖을 나가지 않고 시를 서로 주고받아 《연상록(聯床錄)》을 만들었다.

병인년(1746)에 영희전 영(永禧殿令)으로 옮겼다. 용옹은 기천(基川 풍기(豐基))의 수령으로 나갔다가 얼마 안 되어 관사에서 돌아가셨다. 공이 숙직하고 있다가 부고가 전해지자 상의 허락을 기다리지 않고 지레 달려갔는데, 조정에서 공의 마음을 불쌍히 여겨 불문에 부쳤다.

몇 달 뒤에 마지못해 다시 직임에 나아가다가, 조령(鳥嶺)에 이르러 형제가 여기서 함께 노닐었던 옛일을 회상하며 차마 앞으로 나가지 못하고 얼굴을 가리고 울면서 돌아오니, 들은 사람들이 감탄하였다.

계유년(1753)에 경성 판관(鏡城判官)에 제수되었다. 임기가 만료되었는데, 을해년(1755) 대기근을 만나자 관찰사가 상에게 급히 아뢰어서 1년을 더 맡기기를 원하니, 상이 허락하였다. 이듬해에 비로소 임기를 마치고 돌아왔다.

무인년(1758)에 사헌부 지평에 제수되었다. 이 뒤로 사간원에서는 사간에 임명되고, 사헌부에서는 장령으로 승진하였다. 세자시강원에서는 문학(文學), 필선(弼善), 보덕(輔德)에 임명되었고, 여러 시(寺)에서는 군자감 정과 종부시 정에 임명되었다.

계미년(1763)에 통정대부에 오르고 형조 참의에 제수되었으나 이미 와병 중이었다.

공은 어려서 아버지를 여의었기에 아버지를 섬기는 것처럼 용와공을 섬겨서 10여 년을 함께 사는 동안 매사를 꼭 물어본 뒤에 행하였다. 용옹이 표계(瓢溪)의 경치 좋은 곳에 이주했을 때는 보잘것없는 음식이라도 먼저 드리지 않으면 먹지 않았다. 과부가 된 누이를 안타깝게 여겨서 누이가 춥고 배고플 때마다 약속이나 한 듯 음식을 보내 드렸고, 누이가 죽은 뒤에는 누이의 자식을 자기 자식처럼 돌봤으며, 연로한 종형을 자기 형처럼 봉양하니, 향리 사람들이 공의 효성과 우애에 탄복하였다. 조정에 출사했을 때는 자기가 배운 것을 조금이나마 펼칠 수 있던 곳이 오직 경성(鏡城)뿐이었는데, 많은 세금을 줄여 주고 과격한 풍속을 부드럽게 만들었다. 기근이 든 백성들을 구휼해 줄 때는 지극정성으로 하니, 고을 전체가 그 덕분에 살아났다. 공이 임기가 만료되어서 돌아갈 때, 선비들은 모두 전별을 하고 진휼곡을 받았던 기민(飢民)들도 따로 전별을 해 주는데, 심지어 길이 막혀 가지 못할 정도였다. 귀문관(鬼門關)에 도착하자 장정 수십 인이 앞에 나와서 말하기를,

"저희는 진휼곡을 받은 백성들입니다. 명부(明府)의 은혜에 보답해 드릴 길이 없으니, 가마꾼으로라도 써 주십시오."

하였다. 공은 손을 내저으며,

"본래 가마꾼이 있느니라."

하였지만, 백성들은 가마꾼들을 밀쳐 내고서 앞다투어 가마를 멨고, 평탄한 길로 나가서 공이 말에 오른 뒤에야 눈물로 인사드리고서 떠났다.

공이 필선으로 세자를 서연(書筵)에서 모실 때, 동궁께서 공의 해설과 대답이 자세하고 명쾌한 것에 감복하여 《주역》의 요지를 뽑아 그림으로 만들어서 바치라고 명을 내리고는 음식과 환약을 하사하셨다. 또 한번은 서연이 오랫동안 정지되자 달사(達辭)를 올려서 경계를 하니, 예비(睿批)를 내려 가납하였다. 공은 이제까지 벼슬을 제수하는 교지를 받으면 출사하기도 하고 그러지 않기도 하여 하나만을 고집한 적이 없었다. 신사년(1761)에 보덕에서 사체(辭遞)된 이래로 공을 부르는 교지가 6차례나 내렸으나 끝내 나가지 않았는데, 이는 세상 형편을 관찰하고서 길흉에 대해 점을 친 뜻이니[53] 어느 누가 끼어들 수

53 이는……뜻이니 : 《주역》 〈계사전 상(繫辭傳上)〉의 "거할 때에는 괘(卦)의 상(象)을 보며 말을 살펴보고, 동할 때에는 괘효(卦爻)의 변(變)을 보고 점을 살펴본다."라는 말에서 따온 것이다.

있었겠는가. 갑신년(1764) 2월 10일에 정침에서 돌아가시니, 향년 73세이다. 4월 기유일에 안동부 동쪽 달시동(達施洞) 묘향(卯向) 언덕에 장례 지냈다.

아내인 숙부인(淑夫人) 김씨는 김구용(金九用)의 따님으로, 유순하고 근검하였으며, 손위 동서를 시어머니처럼 모시고 함께 살면서 즐겁고 편안하게 지냈다. 공보다 14년 일찍 죽었다. 안동부 동쪽 침곡(砧谷)에 장례 지냈는데, 또한 묘향의 언덕이었다.

공은 어려서 집안이 매우 가난하였는데, 용옹은 물욕이 없는 성품이라 생계를 마음에 두지 않았으므로, 공이 집안일을 대신 맡아 농사에 힘써 자질구레한 일을 잘하였다. 사람들이 혹 너무 고생하는 것을 경계하면 공은 웃으면서 "가난하지만 내 힘으로 먹고사는 것은 본분일 뿐이니, 뭐 나쁠 것이 있겠습니까."라고 하였다. 조금이라도 남은 것이 있으면 가난한 친족들에게 나누어 주니, 사람들은 그 밭을 의전(義田)이라고 불렀다. 그러나 늘 자제들을 경계하면서 "천하에 다스리기 어려운 것으로는 사리사욕만 한 것이 없느니라. 나는 늘 경계하고 두려워하며 반성하고 고치려 했으나, 생업을 마음에 둔 까닭에 결국 초탈할 수 없었다. 너희들은 이것을 알아야 한다."라고 하였다. 며느리들이 시집오자 공은 며느리들에게 현미밥을 먹게 하고 아이들에게는 고기 먹는 것을 허락하지 않으면서 "이는 훗날 너희들에게 힘이 될 것이다."라고 하였다. 교제에는 더욱 돈독하여 친한 벗이 전염병에 걸려 죽으면 반드시 직접 염습하였고, 집안 친척이 전염병에 걸려 위태로우면 반드시 손수 약을 달였다. 제산(霽山) 김성탁(金聖鐸) 공은 허물없는 친구 사이로, 공이 천 리 너머 호남의 유배지로 찾아가서 문안을 하고, 그의 본가를 구휼해 주는 일을 계속하였다.

3남을 두었는데, 장남은 통원(通源)이고, 차남인 진사 도원(道源)은 용와공의 후사가 되었고 삼남인 생원 장원(長源)은 양자로 나갔다. 또 서자인 신원(新源)과 환원(還源)이 있다.

통원은 3남을 두었는데, 장남은 생원 성휴(星休)이고 차남인 천휴(川休)는 장원의 후사가 되었고, 삼남은 귀휴(龜休)이다. 딸 둘은 김현운(金顯運)과 진사 김희발(金熙發)에게 시집갔다. 도원은 3남을 두었는데, 장남은 현임 사옹원 낭청 범휴(範休)이고 차남은 낙휴(洛休)이며, 삼남은 현휴(玄休)[54]이다. 딸 넷은 이지순(李之恂), 이의수(李宜秀), 김곤수(金坤壽), 김성진(金聲振)에게 시집갔다. 장원의 아들은 천휴이고, 딸 둘은 김시길(金始吉)과 김희명(金熙命)에게 시집갔다.

성휴는 5남 1녀를 두었는데, 장남은 진사 회문(晦文)이고, 차남은 돈문(暾文)이고, 삼남은 위문(暐文)이다. 나머지는 어리다. 범휴는 어린 아들 둘이 있고 딸 하나는 김응수(金應洙)에게 시집갔다. 낙휴는 어린 아들 하나가 있다. 현휴는 어린 아들 둘이 있다. 천휴는 4남 1녀를 낳았는데 재문(載文)과 양문(養文)이 있고, 나머지 자식들은 모두 어리다.

신원은 아들 하나를 두었다. 환원은 아들 둘이 있는데 모두 어리다.

아, 공의 자손들은 모두 수신을 잘한 데다 문학의 능력도 있어서 두드러지게 사류(士流)의 존경을 받았다. 공의 가르침에 감화받은 것을 알 수 있으니, 더욱 경탄스럽다. 명(銘)은 다음과 같다.

54 현휴(玄休) : 대본에는 '文休'로 되어 있다. 《대산집(大山集)》 〈통정대부형조참의양파유공행장(通政大夫刑曹參議陽坡柳公行狀)〉에 근거하여 '文'을 '玄'으로 바로잡아 번역하였다.

내면에 성인의 글 많이 쌓아 두었지만	腹貯聖人書幾編
학식이 있어도 없는 듯이 하였고	有若無
벼슬하되 거취의 절도가 어긋남 없으니	仕而進退節無差
군자다우신 학자로구나	君子儒
아는 것을 안다고 하는 것일 뿐	知之爲知之
나는 아첨하는 게 아니라네	我不諛

증 호조 좌랑 권공 묘갈명

贈戶曹佐郎權公墓碣銘

공의 휘는 득중(得重)이고 자는 자후(子厚)로, 영남에 살았으며, 꾸밈이 없고 정직하며 의를 좋아하는 사람이었다. 영종 계유년(1753, 영조 29)에 어사가 조사를 통해 공의 바른 행실과 성실한 성품을 알고 나서 조정에 돌아가 상에게 아뢰니, 상이 이조에 명을 내려 등용하라 하셨다.[55] 그러나 공이 세상을 떠나고서야 호조 좌랑에 추증을 청하니, 이것이 어찌 우리 성조에서 "재야에 버려진 현자가 없도록 한다."[56]라는 의미를 깊이 유념하는 것이겠는가. 군자들은 이를 안타까워하였다.

공의 행장을 살펴보니, 공은 천성이 도에 가까워서 심신을 수양하여 집안에서 실천하고, 이를 친족과 고향 마을에까지 확장한 것 중에 어느 하나도 명성을 가까이하려 한 의도가 없으므로, 사람들이 모두 자연스럽게 감복하여 이구동성으로 "은군자로세, 은군자로세." 하며 치켜세웠는데, 대개 그 바탕은 효성과 공경에 있을 뿐이었다. 어려서 탁월한 성품을 지녀 옷과 버선이 해지고 더러워져도 늘 "자애로운 어머니가

55 영종……하셨다 : 당시 영남 어사는 이득종(李得宗)으로, 안동(安東)의 사인 이광정(李光靖), 영천(永川)의 사인 권득중(權得重), 경주(慶州)의 사인 이헌탁(李憲鐸)의 훌륭한 행실을 아뢰며 천거하였다. 《承政院日記 英祖 29年 4月 2日》

56 재야에……한다 : 이 말은 인재를 밝게 알아 등용하여 훌륭한 정치가 펼쳐진다는 의미이다. 《서경》 〈대우모(大禹謨)〉에 "진실로 이와 같이 하면 훌륭한 말이 숨어 있지 않게 되고, 재야에 유능한 이가 남아 있지 않게 되어 만국이 모두 평안해질 것이다."라고 하였다.

바느질한 것인데 어찌 감히 버리랴."라고 하였다. 장성하여서는 아버지가 비증(痹症)을 앓자 공은 3년 동안이나 옷을 벗지 않았고, 아버지의 병이 심해졌을 적에는 손가락을 베어 그 피를 아버지 입에 넣어 드렸다. 아버지 상을 당하고 나서는 슬픔으로 몸이 비쩍 말라서 목숨을 보전하지 못할 정도였다. 여막이 묘소와 몇 리나 떨어져 있었는데도 날마다 성묘하며 곡을 하고 비바람이 불어도 그만두지 않았다.

5년 뒤에 어머니의 병 수발을 들었는데, 병환 중에는 손가락을 베어 피를 내고, 돌아가시자 아버지 상 때처럼 예를 다하였다. 상을 마치고 나서는 유언에 따라 형과 분가하여 살았는데, 서로의 촌락이 어렴풋이 보이고 냇물이 또 사이에 있었지만, 10년 동안 한결같이 날마다 꼭 일찍 일어나 가서 형과 함께 사당에 절을 드렸다. 형이 뒤에 비증에 걸렸는데도 공에게 "내가 병이 들었지만, 어찌 함께 삭망례를 안 할 수 있겠느냐."라고 하니, 공은 오직 형의 뜻을 받들었다. 형이 돌아가신 뒤에 형의 아들이 고아인 데다 어렸으므로, 사당의 동쪽에 집을 옮겨 짓고서 종택(宗宅)을 서와(西窩)라고 이름 붙이고 자기가 사는 곳은 동와(東窩)라고 이름 붙이고서는 "이는 옛사람이 남궁(南宮)과 북궁(北宮)을 만든 뜻이다.[57] 집을 동쪽과 서쪽에 두고서 내 여생을 마치는 것이 좋으리라."라고 하였다.

선조를 받드는 데 더욱 정성을 다해 여름에는 물고기와 과일이 쉽게 부패할까 봐 꼭 미리 말려서 따로 저장해 놓았다. 부모님 제사를 지내

57 이는……뜻이다 : 《근사록(近思錄)》 〈치법(治法)〉에 나오는 장재(張載)의 말로, 옛날 사람들이 따로 살아 소원하게 지내는 듯해도 사실은 이렇게 지내는 것이 서로 영원히 친목을 도모할 수 있는 길이라는 뜻이다.

면 칠일재(七日齋)와 삼일계(三日戒)를 하고, 밤새 단정히 앉아서 슬픔과 공경을 모두 지극히 하였다.

과부가 된 누이가 가난하게 살자, 매우 가련하게 생각하여 늘 "만약에 부모님이 살아 계셨으면 어찌 그렇게 두었겠는가." 하고서 지극정성으로 돌보았다. 염습할 옷과 홑이불을 미리 준비하였다가, 누이가 죽자 장례를 지냈다.

외가의 살림이 기울어진 것을 가엾게 여겨 직접 전답을 마련해 제사를 담당한 자에게 주어서 제사를 모시게 했다. 장인어른이 죽고 손자 하나가 의지할 데 없는 것을 불쌍히 여겨 데리고 와서 직접 기르고 장가든 뒤에 돌려보내어 제사를 지내게 하였다.

친척이나 이웃에 대해서도 모두 은정(恩情)을 곡진하게 베풀었는데, 덕행을 본 사람들은 그 행동이 억지로 해서 그런 것이 아닌 줄을 알았다.

중년에 과거 공부를 그만두고, 문을 닫은 채 책을 보며 성부(城府)에 들어가는 것을 부끄럽게 여겼다. 하루는 집안사람에게 "내 비록 재야에 묻힌 사람이기는 하나 임금을 그리워하는 마음이야 어찌 귀천의 차이가 있으랴."라고 말하고서 마침내 천 리 길을 걸어서 한양에 들어와 임금이 계신 곳을 한번 바라보고서 돌아갔다.

성품이 또 아름다운 산수를 좋아하여 영남이나 관동의 명승지로 이름난 곳은 두루 찾아다니면서 마음을 씻어 내지 않은 적이 없었다. 노쇠하여 피로한 나이가 되어서는 조용히 앉아서 역사서를 열람하며 손수 《역대통기(歷代通紀)》를 엮었는데, 중국과 우리나라의 흥망에 대해 손바닥을 가리키는 듯이 일목요연하였다. 그 책은 모두 십수 권으로, 몇 년 동안 공들이면서 고달프다고 여기지 않았다.

향년 68세로, 갑술년(1754) 4월 22일에 정침에서 돌아가셨다. 소로잠(小魯岑) 서쪽 좌축(坐丑)의 언덕에 장례 지냈다. 고을 수령이 장정들을 징발하여 광(壙)을 파는 일을 도왔고 상여 줄을 끈 사우들이 100여 명이었다. 몇 년 뒤에 원근의 인사들이 공의 행적을 기록한 글을 감영에 보내어 조정에 알리기를 청하는 일이 끊이지 않았다.

권씨 계보는 화산(花山)에서 비롯되었는데, 고려의 태사(太師) 권행(權幸)이 시조이다. 권중화(權仲和)는 본조(本朝)에 벼슬하여 예천백(醴泉伯)에 봉해졌고 시호는 문절공(文節公)이다. 3대가 지나 사정(司正) 벼슬을 지낸 권균(權勻)에 이르러 비로소 영남의 영천(永川)에 거주하였다. 또 3대가 지나 참판에 추증된 권극립(權克立)에 이르러 입암(立巖)의 그윽한 절경을 마음에 들어 하여 여헌(旅軒) 장현광(張顯光) 선생을 맞이하여 입암의 주인으로 모시니, 이분이 공의 고조이다. 증조는 휘가 봉(崶)으로 80세의 나이로 부호군에 제수되었으며, 여헌의 문하에 나아가 크게 인정을 받았다. 할아버지는 휘가 상민(尙敏)이다. 아버지는 휘가 륙(稑)이고, 어머니는 오천 정씨(烏川鄭氏)로 정시영(鄭時永)의 따님이며 판서에 추증된 호수(湖叟) 정세아(鄭世雅)의 현손이다.

공의 아내는 월성(月城) 손여지(孫汝智) 공의 따님으로, 경절공(景節公) 손중돈(孫仲暾)의 후손이다. 아름다운 덕이 있어서 공이 집안을 다스릴 때 아내의 내조를 많이 받았다. 을유년(1765) 7월 14일에 돌아가시니 수가 81세이다. 공의 묘 아래에 장례 지냈다.

2남 1녀를 두었는데, 장남 우전(遇銓)은 품행이 올발라서 관찰사가 독서를 하며 몸가짐이 신중하다고 조정에 천거하였다. 오랜 시간이 지나 능침랑(陵寢郎)에 제수한다는 교지가 내려왔으나 죽은 지 벌써 몇 년이 된 뒤였다. 차남은 달전(達銓)이고, 사위는 이회원(李恢遠)이다.

우전의 아들은 제경(濟經)과 제륜(濟綸)이고, 사위는 이동원(李東遠), 김봉운(金鳳運), 김붕운(金鵬運)이다. 달전의 아들은 제홍(濟弘)이고, 사위는 이홍대(李弘大)와 이운상(李雲祥)이다.

제경은 3남 1녀를 두었으니, 아들은 도추(道樞)와 운추(運樞)이고 하나는 어리다. 사위는 이정윤(李鼎尹)이다. 제륜은 어린 아들 셋을 두었다. 제홍은 4남을 두었으니, 응추(應樞), 시추(是樞), 신추(愼樞), 익추(翊樞)이다.

이회원의 아들은 이우균(李宇均)과 이우겸(李宇謙)이고, 사위는 홍시일(洪始一)과 조기중(趙基重)이다.

아, 공의 손자인 제경이 공의 행장을 가지고 와서 일찍이 나에게 명(銘)을 지어 달라고 부탁하였는데, 마음이 매우 지극하기에 내가 승낙을 하였다. 그러나 얼마 안 되어 제경이 죽고 집이 또 영남 밖에 있어서 10년 동안 소식이 끊기니, 매번 그 일을 생각할 때면 죽은 사람의 부탁을 저버릴까 걱정하였다. 이번 겨울에 제륜이 와서 자기 형이 마무리하지 못했던 뜻을 울면서 말하니, 내가 매우 슬픈 마음이 들어 병을 무릅쓰고서 명을 짓는다. 명은 다음과 같다.

성현들의 책을 읽었고	讀聖賢書
옛사람의 사상 흠모했네	慕古人道
삼대와 멀어져	世遠賓興
암혈에서 묻혀 살았다오	巖穴枯槁
누가 그것을 알리오	誰其知之
명을 지어 알리노라	銘以爲告

통정대부 예조 참의 대산 이공 묘갈명

通政大夫禮曹參議大山李公墓碣銘

금상 5년인 신축년(1781, 정조5) 12월 9일에 대산(大山) 선생 이공(李公)께서 안동(安東) 소호리(蘇湖里)의 집에서 돌아가시니, 영남 백성들이 눈물을 흘리면서 "대산 선생이 복이 없으시니, 그야말로 우리 백성들이 복이 없는 것이구나."라고 하고, 영남 선비들은 서로 마주 보고서 곡을 하며 "현자께서 돌아가셨으니, 우리는 앞으로 누구를 존숭한단 말인가."라고 하고, 조정 관료들은 모두 탄식하며 "재능을 다 쓰지 못하였으니, 세상 사람들을 무엇으로 권면한단 말인가."라고 하였다. 장례를 지낼 때, 와서 참석한 사람이 1200여 명이나 되었고, 물러나서 공의 언행을 개인적으로 저술한 사람들은 제자 70명이 공자를 따른 것처럼 감복하였다. 살아서는 우리 유학의 중임을 맡고 죽어서는 우리 유학의 운명과 관계된 것을 여기에서 징험할 수 있다. 아, 거룩하여라.

공은 영종 을묘년(1735, 영조11)에 사마시에 합격하고 곧바로 또 대과에 급제하였는데, 당시 나이 25세로 명망이 당대에 으뜸이었다. 이전에 공은 어려서부터 외할아버지 밀암(密菴) 이재(李栽)[58] 선생께 학문을 배웠는데, 개연히 속학(俗學)은 힘쓸 게 아니라는 것을 알았다. 벼슬길에 나설 때는 부귀영화를 지푸라기처럼 여기고서 도학에 마음 쏟아, 몸은 옷의 무게를 못 견딜 듯 약했으나 도에 증진하는 용기는

58 이재(李栽) : 1657~1730. 본관은 재령(載寧), 자는 유재(幼材), 호는 밀암이다. 조선 후기 성리학의 대가로, 영남학파를 이끌고 주리론(主理論)을 주장하였다.

맹분(孟賁)조차도 빼앗지 못할 정도였고, 말은 입 밖으로 내지 못하는 듯하였으나 이치를 분석하는 정밀함은 세세한 것조차도 놓치지 않을 정도였으며, 차라리 성인을 배워서 그 경지에 도달하지 못할지언정 하나의 장점으로 명성을 이루려고 하지 않았다.[59] 이런 이유로 3, 4십 년 초야에 있는 동안 하루도 공맹(孔孟)과 정주(程朱)의 글을 읽지 않은 적이 없었고, 잠시도 존양성찰의 공부를 그만두지 않았다. 일상의 윤리에 삼가는 마음을 다하여 문로(門路)가 확실해졌고, 조금씩 쌓아 나가는 데 힘써 단계가 정돈되니, 체용(體用)이 모두 갖추어져 도학에 편안히 거처하고 도학에 깊이 의지하였다. 만년에 이르러서는 억지로 조심하려 했던 것이 부드러워지고 고달팠던 것이 쾌활해져서 그 덕이 겉으로 드러나 분명하게 덕을 완성하였으니, 이는 한 사람의 말이 아니라 사림이 누구나 하는 말이고, 사림의 말이 아니라 온 나라 사람들이 다 아는 일이다. 천덕(天德)과 왕도(王道)는 본래 별개가 아니니 공이 수신한 것을 천하와 국가에 확장했다면 어디든 알맞지 않았겠는가마는, 하늘이 태평성세를 원하지 않으니 어찌하겠는가.

공이 벼슬할 적에 조정에서는 승문원 정자, 별검, 전적, 예조와 병조의 낭청을 지내고, 지방에서는 연원 찰방(連原察訪)[60] 및 연일(延日)과 강령(康翎) 두 곳의 현감에 제수되었을 뿐이다. 그런데 연원에서는 반년 만에 관직을 버리고서 돌아왔고, 연일에서는 다스린 지 2년 만에

59 차라리……않았다 : 여대림(呂大臨)이 지은 〈명도애사(明道哀辭)〉의 구절로, 《근사록(近思錄)》 권14 〈총론성현(總論聖賢)〉에 나온다.

60 연원 찰방(連原察訪) : 대본에는 '連源察訪'으로 되어 있다. 《신증동국여지승람(新增東國輿地勝覽)》 권14 〈충주목(忠州牧)〉에 근거하여 '源'을 '原'으로 바로잡아 번역하였다.

어떤 일로 인해 체직되었고 강령에는 부임하지 않았다. 영묘께서 일찍이 공을 등용하고자 하여 누차 연석에서 자문하셨으나 미처 등용하지는 못하였다.

금상께서 등극하신 1년 정유년(1777)에 사간원 정언에 특별히 제수하였다가 이윽고 또 대신(大臣)이 이구동성으로 천거하자 병조 참지에 특별히 제수하였고, 예조 참의로 옮겨 제수했으나 사직하고 나아가지 않았다. 신축년(1781)에 또 형조 참의에 제수되었다. 상이 동궁에 계실 적에 이미 공이 유림의 일인자라는 것을 알고 있었기에, 즉위하시고서 친히 발탁하여 몇 년 동안에 세 번이나 차관의 자리에 옮겼다. 반드시 한번은 조정에 초빙하여 문치 교화를 빛내고자 하였기에, 친히 옥음을 내려서 꼭 한번은 만나고 싶다 타이르기도 하고, 연신(筵臣)들에게 글을 써서 출사를 권장하라 명을 내리기도 하였으니, 대개 자리를 비워 놓고 현자를 고대하는 생각이 지극했던 것이다. 공은 시의를 헤아리고 의리를 가늠하여 느긋하게 정해 놓은 계획이 있었으나, 집에만 있고 태도를 바꾸지 않는 것은 신하 된 본분으로 감히 편안하지 못한 것이라 여겨 출발했다가 돌아온 적이 두 번이었다. 이에 "몸은 이미 출사할 수 없으니, 말씀을 올려 군주를 섬기는 것도 옛사람들의 도리이다."라고 하고는 아홉 조목의 상소를 올리니, 첫 번째는 뜻을 세움〔立志〕, 두 번째는 진리를 구현함〔明理〕, 세 번째는 공경하는 마음을 지님〔居敬〕, 네 번째는 하늘의 덕을 본받음〔體天〕, 다섯 번째는 간언을 수용함〔納諫〕, 여섯 번째는 학문에 전념함〔典學〕, 일곱 번째는 인재 등용〔用人〕, 여덟 번째는 백성에 대한 사랑〔愛民〕, 아홉 번째는 검약을 숭상함〔尙儉〕이다. 앞의 다섯 조목에서는 군주의 덕을 논하고 뒤의 네 조목에서는 정치 강령을 논하였다. 마지막에는 일흔에 벼슬을 그만두는 도리에 대해 말하면서 사직을 청하고 시골에 묻혀 생을 마감하기를 바랐다. 상소문이 도착하자 상이 빨리 들이라 명하고서 한참 탄식하시다가 "아홉 조목의 만언(萬言)은 한마디 한마디에 진정성과 간절함이 있으니, 이를 좌우명으로 대신하여 반성할 거리로 삼고자 하노라."라는 비답을 내렸다. 대개 공이 어려서 학문을 배우고 자라서 실천하여 사람들이 날마다 볼 수 있게 했던 것은 연원 찰방으로 있을 때 지조를 지키며 자기를 단속한 것과 연일 현감으로 있을 때 어진 정치를 하여 백성들을 교화시킨 것뿐이었는데 이는 아주 은미한 것이다. 오직 아홉 조목의 상소에 제왕이 국가를 다스리는 바탕과 우리 유학의 체용의 학문이 분명하게 갖추어져 있으니 공에게는 학문의 정력이 깃들어 있는 것인데, 결국은 그리하겠다는 성군의 대답만을 받았을 뿐이다.

얼마 지나 병이 났는데, 그 병이 위중해지자 문하의 제자들을 불러들여 윗도리와 띠를 몸에 걸쳐 놓으라 말씀하시고서 "그대들은 착실하게 공부하기 바란다."라고 하고, 또 "도학은 일상적인 것이나, 일상적인 것 안에 원래 묘리가 있느니라."라고 하였다. 동생 광정(光靖)에게는 "상황에 따라 잘 헤쳐 나가고 후학들을 면려해 다오."라고 하였다. 또 육촌 동생인 사정(師靖)에게는 "자제들은 본분에 따르도록 가르쳐서 유가(儒家)의 기상을 잃지 않도록 해 다오."라고 하였다. 다음 날 편안하게 돌아가시니 향년 71세이다. 이듬해인 임인년(1782) 3월에 안동부 북쪽 학가산(鶴駕山) 밑의 사향(巳向) 언덕에 장례 지냈다.

공은 탁월한 품행으로 말하자면 집에서는 효도와 우애에 도리를 다하고 상중에서는 애통한 마음을 다하고 예를 다하였으며, 지은 글로 말하자면 《약중편(約中篇)》은 정(情)이 활활 타올라 성(性)이 상할까 염려한 글이고 《제양록(制養錄)》은 외면을 단속하여 내면을 편안하게 하려는 글이다. 지경(持敬)은 평소 공부의 요점이라 생각하여 《경재잠집설(敬齋箴集說)》[61]을 지어서 천명을 따르는 데 도움을 주었고, 이기(理氣)는 급한 순간에도 몰입해야 할 곳이라 여겨 《이기휘편(理氣彙編)》[62]을 지어서 이기의 선후 관계, 이의 온전한 상태와 기의 불완전한 상태, 이는 같으나 기는 다른 상태와 기는 같으나 이는 다른 상태, 이기가 서로 합쳐진 경우와 떨어진 경우에 대해 밝혀 놓았다. 《주자어류(朱子語類)》와 퇴계(退溪)의 편지는 분량이 방대해 자세하게 보기가 어려우므로 그중 요점을 추려 책을 만듦으로써[63] 학습하는 데 편리하게 하였다. 사단칠정(四端七情)과 이발(理發)이나 기발(氣發)의 학

61 경재잠집설(敬齋箴集說) : 대본에는 '敬齋箴集解'로 되어 있다. 이상정(李象靖)의 〈경재잠집설서(敬齋箴集說序)〉에 근거하여 '解'를 '說'로 바로잡아 번역하였다. 1750년 주희의 〈경재잠(敬齋箴)〉을 앞에 제시한 다음에 여러 선비의 경(敬)에 대한 설을 모아서 각 장(章)마다 서로 같은 부류를 덧붙이면서 다시 곳곳에서 필요한 설명을 제시하였다.

62 이기휘편(理氣彙編) : 이상정이 이기(理氣)에 대한 어휘를 모아서 풀이한 책이다. 이기총론(理氣總論), 이기이합(理氣離合), 이기선후(理氣先後), 이기동이(理氣同異), 이기편전(理氣偏全), 이기동정(理氣動靜), 이기선악(理氣善惡), 이기승부(理氣勝負), 이기체용(理氣體用), 이기유무(理氣有無), 이기허실(理氣虛實), 이기분합(理氣分合), 이기미현(理氣微顯)으로 구성되어 있고, 설명마다 정자와 주희 및 송나라 학자들의 학설과 이황의 이기설을 인용하고 자신의 견해를 밝혀 놓았다.

63 주자어류(朱子語類)와……만듦으로써 : 이상정이 《주자어류》 권8~13 〈학(學)〉과 권113~121의 〈주자(朱子)〉에서 학문에 대한 핵심을 뽑아 만든 책은 《주자어절요(朱子語節要)》로 모두 4권이고, 퇴계의 글에서 편지글을 뽑아 만든 책은 《퇴도서절요(退陶書節要)》로 모두 10권이다. 《주자어절요》는 주자학의 집약적 인식에 노력하면서 위학론(爲學論)에 관심을 가지고 있음을 보여 주고, 《퇴도서절요》는 퇴계의 절실한 학문 세계를 집약해서 보여 준다. 《금장태, 退溪學派와 理철학의 전개, 서울대학교출판부, 2000, 83쪽》

설 같은 경우는 주자와 퇴계의 정론(定論)이 있었는데, 후대에 담론하는 자들은 곧 이 때문에 붕당이 갈렸다. 공은 이와 기가 떨어지지 않는 곳에는 본디 이와 기가 섞이지 않는 곳이 있고 나눌 수 없는 곳 안에 또한 나뉘지 않으면 안 되는 것이 있으며, 성현의 말씀은 뭉뚱그려 말한 것이 있지만 때로는 또한 구분하여 말한 것이 있으니, 뭉뚱그려 말한 곳은 하나로 보고 구분하여 말한 곳은 구분해 보아야 한다고 여겼기에 사단칠정설(四端七情說)을 지었다. 친구들과 문답한 글 및 논저한 각 문체가 또한 약간 권이 있다. 대개 공은 타고난 자질이 남다른데다 노력이 또한 지극하여 무릇 묘리를 깨달으면 바로 빨리 기록하였으니, 모두 주자와 퇴계를 본받고 우리 유학을 돕는 것이었다. 사방의 학자들이 먼 길을 힘들게 걸어와 경전을 가지고서 토론을 벌이니 문 앞에 신발이 늘 가득하였다. 공은 제자들의 재능에 따라 정성스레 인도하며 오직 마음 씀씀이를 깨우쳐 주고 기질을 변화시키는 데 힘썼다. 공은 비록 돌아가셨지만, 영남 학자 중에 언행이 공손하고 외관이 단아한 사람들은 물어보지 않아도 대산공의 문인임을 알 수 있다.

공의 휘는 상정(象靖)이고 자는 경문(景文)이며 본관은 한산(韓山)이다. 문효공(文孝公) 이곡(李穀)과 문정공(文靖公) 이색(李穡)은 문장과 절조 있는 행실이 천하에 알려졌으니, 공은 그분들의 후손이다. 우리나라에 들어와서 몇 대를 지나 대사간 이윤번(李允蕃)에 이르러서 깨끗한 절조로 이름이 드러났다. 이홍조(李弘祚)라는 분은 현감 벼슬을 하였고 호는 수은(睡隱)이니 공에게는 4대조이다. 광해군이 패륜을 저지르자 온 가족을 데리고서 조령을 넘어 외씨(外氏)인 서애(西厓) 유성룡(柳成龍) 선생에게 의지하여 사니, 자손들이 마침내 안동 사람이 되었다. 증조는 휘가 효제(孝濟)이고 할아버지는 휘가 석관(碩觀)

이며 아버지는 휘가 태화(泰和)로 모두 은덕(隱德)이 있어서 향리에서 존경을 받았다. 어머니는 재령 이씨(載寧李氏)로 밀암 이재의 따님이다. 밀암은 가정의 가르침을 받고서 남방에서 도학에 앞장섰고, 부인은 법도 있는 가문에서 나고 자라서 현명한 데다 행실을 갖추었다.

숙종 신묘년(1711, 숙종37)에 공을 낳았다. 4, 5세가 되자 아무리 놀이 같은 작은 일이라도 반드시 의리로써 가르치니, 공은 이미 능히 두려워하여 경계할 줄 알았다.

공의 아내는 숙부인에 추증된 장수 황씨(長水黃氏)로 익성공(翼成公) 황희(黃喜)의 후손이며 처사 황곤(黃混)의 따님이다. 공이 깨끗한 행실을 지키고 육성하는 데 내조를 많이 받았다. 공보다 14년 일찍 죽었다. 외아들인 완(埦)은 문과에 급제하고 별검 벼슬을 하였으며 3남 2녀를 낳았다. 장남 영운(永運)은 약관에 진사가 되어 사림들의 인망을 많이 얻었다. 차남은 영진(永進)이고 삼남은 영원(永遠)이다. 딸은 진사 유회문(柳晦文)에게 시집갔다. 막내딸은 어리다.

옛날 정이천(程伊川) 선생이 "명도(明道)의 장례에 문인과 벗이 글을 지었는데, 그의 도학에 대해 쓴 사람이 매우 많았다. 각각 자기가 아는 것을 써서 같지 않았으나 '맹자 이후로 성인의 도를 전한 사람은 명도 한 사람뿐이다.'라고 한 것은 같았다."라고 하였다. 이제 공의 벗과 문인이 쓴 제문(祭文)과 개인적으로 언행에 대해 기록한 내용을 가지고 살펴보니, 칭송하고 앙모하는 말은 사연이 일치하지 않았지만, 도산(陶山)의 적전(嫡傳)을 물려받았다고 한 것에 대해서는 이견이 없었다.

아, 옛날에 "명도 선생은 맹자 이후로 유일한 사람"이라고 했던 말이 지금 진실로 불변의 정론임을 아니, 후대의 사람들이 지금 시대를 보고서 공이 도산의 적전임을 아는 것이 반드시 오늘의 우리가 옛날 일을 보는 것과 같으리라. 이에 명(銘)을 쓴다. 명은 다음과 같다.

성인 멀어지고 말씀 묻혔으나	聖遠言湮
그 사상은 책에 담겼네	道寄方冊
정자와 주자 이후로는	洛閩之後
퇴계 선생이 넓혔노라	陶山廓之
누가 그분을 사숙했나	誰其私淑
공이 남쪽에 계셨노라	公在南服
과거에 합격하는 것이	黃甲之擢
내 즐거움은 아니었네	匪我所樂
내가 가진 이 몸과 마음	我有身心
지키고 보존하고 삼가서	操存整飭
자나 깨나 경 공부 하며	寤寐持敬
연못가에 선 듯 조심했네	翼翼臨淵
임금께선 그대 이리 오라	王曰汝來
그대만이 어진 학자라시며	汝惟儒賢
산천이 반짝반짝 빛나도록	山耀谷輝
은혜로운 교지 내려왔다네	恩旨自天
공은 말했네, 신은 미련하여	公曰臣駑
초야에서의 삶이 어울립니다	分合林泉
아홉 가지 조목의 정치 강령	九條治法
신이 드릴 말씀은 이뿐입니다	臣言止是
살아서 사람들 감동시킴도	生而感發

퇴계 선생과 매우 비슷했고　陶山孔邇
죽어서 사람들 찬탄케 함도　歿而贊歎
퇴계 선생과 흡사하였다네　陶山是似
이 세상을 돌아다보니　瞻顧斯世
실마리 무너져 막막해라　墜緖茫茫
힘쓰시게 우리 당이여　勉哉吾黨
이 명문을 보시게　視此銘章

통훈대부 행 세자시강원 필선 심공 묘갈명

通訓大夫行世子侍講院弼善沈公墓碣銘

공의 휘는 득원(得元)이고 자는 선장(善長)이며 성은 심씨(沈氏)이니, 본관은 청송(靑松)으로 고려 시중 청성백(靑城伯) 심덕부(沈德符)의 후손이다. 시중의 다섯째 아들 휘 온(溫)은 우리 조정에서 벼슬하여 영의정에 올랐고 청천부원군(靑川府院君)에 봉해졌다. 이 뒤로 벼슬하는 이들이 성대해졌다. 휘 륭(㦕)에 이르러 사평(司評) 벼슬을 하고 승지에 추증되었으니, 이분이 공의 고조이다. 증조는 휘가 대형(大亨)으로 성균관 진사였고 참판에 추증되었다. 할아버지는 휘가 연(演)으로 함경도 관찰사를 지냈다. 아버지는 휘가 서견(瑞肩)으로 원주 목사(原州牧使)를 지냈고, 어머니 숙인(淑人) 창원 황씨(昌原黃氏)는 목사를 지내고 참판에 추증된 황수(黃灖)의 따님이다.

관찰공이 함경도에서 관찰사 직무를 수행할 적에, 공이 숭정 갑신년(1644, 인조22)에 함흥 감영에서 태어났다. 어려서부터 청아하고 순수하였다. 나이 13세에 종조부인 관찰공 택(澤)을 모시고 평양 감영에 가서 머물렀다. 평양 감영 지역은 아름답고 화려하기로 전국에서 으뜸이었다. 그런데 공은 어린 나이에도 한눈팔지 않고 바르게 앉아 책을 읽으니 관찰공이 기특하게 여기고서 서적을 인쇄해 주며 면려하였다. 한양으로 돌아올 때 재종조부인 범재공(泛齋公) 대부(大孚)가 문장과 행실이 당대에 유명했기에 공이 또 가서 배움을 청해 날마다 《자치통감강목(資治通鑑綱目)》을 수업받아 거의 전권(全卷)을 마쳤는데, 대충 훑어보고서도 한 글자도 틀리지 않고 암송하니, 범재공께서 매우 지극하게 칭찬하고 아껴 주셨다. 당시에 용문(龍門) 권대재(權大載) 상서(尙書)가 조야의 명망을 받고 있었는데, 공의 용모와 행동거지가 단정하고 문학이 날로 명성이 있음을 보고서는 자기 딸을 시집보냈다.

이듬해에 성균관 진사가 되었는데, 이때 나이 17세로 당시의 대학자와 문인이 날마다 집을 찾아와서 교분을 청했다.

기유년(1669, 현종10)에 모친상을 당했다. 어머니 병 수발을 들면서 옷을 입은 채로 허리띠를 풀지 않은 기간이 6개월이나 되었다. 모친상을 당하자 예법보다 지나치게 슬퍼하여 몸이 수척해지니 공의 정성 어린 효도에 감복하지 않는 사람들이 없었다. 상을 마치고서 성균관에 있을 적에 여러 선비를 데리고 조가석(趙嘉錫)이 미수(眉叟) 허목(許穆) 선생을 무고한 일[64]에 대해 변론하니, 사론이 옳게 여겼다.

무오년(1678, 숙종4)에 천거로 능침랑(陵寢郎)에 제수되었으나, 맡지 않았다.

기사년(1689)에 다시 의금부 도사에 제수되었는데, 부친의 명이 있었기에 마지못해 출사하였다. 이해 증광 문과에 급제하여 승문원에 임용되었다. 조정에서 과거에 합격한 사람 중에 홍문관과 대각(臺閣)에 두어도 되는 사람을 뽑아 6품으로 승진시키라는 명을 내렸는데, 공도 여기에 포함되었다. 얼마 지나지 않아 부친상을 당했다. 3년 뒤에 전적에 제수되었다가 병조와 예조 좌랑으로 옮기고서는 곧 사헌부 지

64 조가석(趙嘉錫)이……일 : 1677년 4월 현종의 묘정에 배향할 신하를 논의하였는데, 허목이 정태화(鄭太和)를 현종 묘정에 배향하는 것에 대해 처음에는 찬성했다가 다시 반대하자, 당시 장악원 정이었던 조가석이 상소를 올려서, 허목이 정신이 오락가락하여 정태화를 묘정에 배향하는 데 찬성하다가 반대하다가 한다면서 비난한 일을 가리킨다. 《燃藜室記述 卷33 顯宗廟庭配享陞黜議》

평에 제수되었고 시강원 사서(侍講院司書)와 사간원 정언으로 옮겼다. 얼마 지나지 않아 지평으로 옮겼다. 당시에 포도대장 장희재(張希載)[65]가 희빈(禧嬪) 장씨(張氏)의 세력을 믿고 교만과 횡포가 심하니, 공이 탄핵하여 잡아다가 죄를 묻자고 청했다. 뒤에 다시 정언의 직임을 맡고서 내승(內乘) 장만춘(張萬春)이 명현(名賢)의 후손으로 왕실 외척과 긴밀한 관계를 유지하고 정승 집안과 교제를 맺어 교묘하고 은밀하게 처신한 행태에 대해 논박하고, 대간 이현조(李玄祚) 공과 연명 상소를 올려 장만춘을 벼슬아치 명단에서 삭제해 달라고 청하자, 권세가 중에 미워하는 자들이 많았다. 얼마 지나지 않아 병조 낭청에서 지방으로 나가 황장목 경차관(黃腸木敬差官)이 되고, 또 지방으로 나가 평안도 도사가 되었으니, 모두 좌천된 것이다. 공은 지체 높은 명가에다 문학적 능력도 있었으니 옥당에 들어가지 않는다면 어울릴 만한 자리가 없었다. 그런데 공의 풍채가 당시 집권자에게 미움을 받았기에, 홍문관과 도당의 공의가 나오면 바로 막아 버려 한직을 전전한 것이 이 지경에 이르렀다. 그러나 공은 태연하여 마음 쓰지 않았다.

갑술년(1694)에 조정의 판국이 바뀌어[66] 간간이 정언, 지평, 장령, 필선, 시정(寺正), 병조 낭청에 제수되었으나 모두 응하지 않았다.

병자년(1696)에 영암 군수(靈巖郡守)에 제수되었다. 영암군은 바닷

65 장희재(張希載) : 희빈 장씨의 오빠이다. 희빈 장씨가 숙종의 총애를 받게 되자 금군 별장(禁軍別將)이 되었고, 이어 1692년에 총융사(摠戎使)가 되었다. 1694년 복위된 인현왕후를 해하려고 희빈 장씨와 함께 음모를 꾸미다가 발각되어 제주도에 유배되었다가, 1701년 소환되어 사사(賜死)되었다.

66 갑술년에……바뀌어 : 폐비 민씨 복위를 반대하던 남인 계열이 화를 입어 실각하고 소론과 노론이 재집권한 갑술환국(甲戌換局)을 말한다.

가 먼 지역이어서 무단 행위를 하는 사민들이 많았는데, 공은 오직 법대로 처리하여 조금도 봐주지 않고, 숨은 인재를 돌보고 문학을 권면하니, 고을이 이로써 잘 다스려졌다. 그런데 어떤 사람이 오랜 원한을 풀려고 관찰사를 꼬드기자 관찰사가 결국 공을 내쳤다.

2년 뒤에 다시 면천 군수(沔川郡守)에 제수되었다. 그해 대기근이 들어 자기 봉록을 덜어 내어 굶주린 자들을 먹이니, 목숨을 보전하여 살아남은 사람들이 매우 많았으므로, 고을 전체가 다 칭송하였다.

이듬해에 관직을 버리고 고향에 돌아갔다. 고향에 돌아가자마자 구성(駒城)에 있는 조상들의 묘소 아래로 가 자그마한 집을 지었다. 지명이 산의(山義)여서 공이 집의 편액을 '산의(散宜)'라고 하였으니, 대개 "한산한 자리에 있는 것이 분수에 맞는다.〔置散分宜〕"라는 뜻을 따오고[67] 골짜기 이름에 그 뜻을 빗댄 것이다. 그 후에 헌납, 장령, 필선, 시정에 제수된 적이 몇 번 있었지만 예전처럼 명을 따르지 않았다.

무자년(1708)에 이르러서 학사 채명윤(蔡明胤)과 학사 임수간(任守幹)이 연달아 죄를 얻었는데, 대개 채 학사는 자기 할아버지가 인조대에 상소를 올려 성혼(成渾)과 이이(李珥) 두 신하를 문묘에서 출향(黜享)해 달라고 청했다가 다른 사람에게 무고당한 것에 대한 송사를 하였고,[68] 또 그의 동생인 전임 호당(湖堂) 채팽윤(蔡彭胤)이 홍문관

67 한산한……따오고 : 한유(韓愈)가 지은 〈진학해(進學解)〉의 "걸핏하면 비방을 듣기는 하나 이름 또한 따르니, 한산한 데에 버려지는 것은 내 분수에 마땅하다."에서 따온 구절이다.

68 채……하였고 : 1635년(인조13) 5월 11일 성균관 유생 송시영(宋時瑩) 등 270여 명이 성혼과 이이를 문묘에 종사하자는 내용의 상소를 올리자, 채명윤의 할아버지인 채진후(蔡振後)는 당일에 별도의 상소를 올려 문묘 종사를 반대하였고, 13일 응교 심지

관원에 뽑힌 것은 이미 끝난 일인데, 당인들이 채팽윤이 성균관 유생으로 있을 때 성혼과 이이를 문묘에서 출향시키기를 청하는 상소에 이름을 올렸다는 이유로 홍문록 선발에서 삭제하자,[69] 채명윤이 의리상 자신만 홍문관에 나갈 수 없다고 말하였으므로 임 학사는 극력으로 구원하고 이어서 홍문록에 호당공을 복구시켜야 한다고 말하니,[70] 이리하여 당론에 능한 사람이 또 견책한 것이다. 공이 마침 장령에 제수되었기에 개탄하며 직언하는 상소를 올려서 아뢰기를,

"임수간의 상소는, 대개 왕도 정치는 공평해야 한다는 의리를 권면하고 성상의 조정에서 인재를 등용하는 길을 넓히며 이렇게 막힌 벼슬길을 뚫어 주는 청을 하려고 한 뜻이니, 이것이 어찌 큰 죄라 하겠습니까. 그런데 파면하라는 명을 조금도 가차 없이 내리셨습니다. 채명윤의 경우, 그가 상소하여 진달한 내용의 대체적인 뜻을 규명해 보면 자기 할아버지가 무고를 입었으므로 손자로서 잠자코 있으면서 한마디도 안 하면 안 될 상황이고, 자기 동생이 홍문록에서 삭거되었으므로 형으로서 혼자 이 직책을 맡으면 안 되기 때문입니다.

원(沈之源)과 교리 윤구(尹坵)・조석윤(趙錫胤)이 차자를 올려서 채진후를 비난하였다. 이후로 1708년 4월 17일 채명윤이 상소하여 할아버지인 채진후가 그 당시에 상소를 올린 이유에 대해서 변론하였다.《仁祖實錄 13年 5月 11日, 13日》《肅宗實錄 34年 4月 17日》

69 채팽윤(蔡彭胤)이……삭제하자 : 1694년 11월 7일 채팽윤이 이이와 성혼을 문묘에서 내쫓기를 청하는 진사 이현령(李玄齡)의 상소에 이름을 올리고 나서 홍문록 선발에서 삭제된 사건을 말한다.《肅宗實錄 20年 11月 7日》

70 임……말하니 : 1708년 4월 11일 수찬 임수간이 채팽윤을 홍문관 관직에 다시 제수하기를 청하며 상소를 올렸다.《肅宗實錄 34年 4月 11日》

어찌 먼저 시비를 분별하는 말을 했다고 하여 갑자기 죄를 준단 말입니까. 지금 이 두 신하는 논사(論思)의 직책을 맡고 있는데 누구는 진언을 한 탓에 파직을 당하고 누구는 억울함을 하소연한 탓에 문외출송을 당하니, 신은 오늘의 이 처분이 지나치게 잘못되었다고 생각하고, 또한 성세의 훌륭한 일이 아닌 듯합니다."

하였다. 상소가 들어가자, 당인들이 한입으로 비방과 욕을 하여 공을 파직하고야 말았다. 그러나 선비들의 공론에서는 공의 말과 뜻이 엄정하다고 혀를 내두르며 탄복하였으니, 당인들의 비방 따위가 공에게 무슨 해가 되겠는가.

2년 뒤인 숙종 경인년(1710) 2월 2일에 병으로 정침에서 돌아가시니, 향년 67세이다. 4월 7일에 용인(龍仁)의 가산(佳山)에 가매장하였다. 이듬해 5월에 면의곡(勉義谷) 사향(巳向) 언덕에 이장하였으니, 바로 참판에 추증된 증조의 묘소 아래쪽이다.

아, 공은 타고난 자질이 훌륭한 데다 어려서 범재공과 용문공 두 분을 모시고 배워 훈육으로 터득한 것이 문예의 완성에만 있지 않았고, 효도와 우애에도 각각 해야 할 도리를 다하였다. 동생이 죽자 고아가 된 자녀들을 양육하니 사람들은 공의 자식이 아닌 줄 몰랐고, 분가할 때는 기름진 땅을 양보하고 척박한 땅에서 살았다. 서모(庶母)가 죽었을 때는 돌아가신 아버지가 남긴 의복과 기물을 서제(庶弟)에게 다 넘겨주고, 서교(西郊)의 전택에 대해서도 "여기는 우리 돌아가신 아버지께서 너희들을 데리고 사셨던 곳이다."라고 하고서 서제들을 그곳에서 주인으로 지내도록 하였다.

급제하기 전에는 어떤 재신이 공의 재능과 행실을 아깝게 여겨서 시험을 관장할 때 부정하게 표지(標識)를 만들어 주었으나 공은 끝내 쓰지 않았다. 일찍이 회시에 들어가서 시제(試題)의 한 글자를 잘못 쓴 적이 있었는데 문을 나오고 나서야 깨달았다. 어떤 사람이 공을 위해서 고쳐 써 주고자 하였으나 공은 "이것이 간계를 쓰는 것하고 뭐가 다르지요. 저는 이 짓을 차마 할 수 없습니다."라고 하였다. 고시(考試)할 때에는 정말로 급제하였으나, 결국 잘못 쓴 시제 때문에 낙방하였다.

무인 김중하(金重夏)란 사람이 동생의 집안과 친숙한 사이였는데, 공은 경계하며 "세상이 험하다. 어찌 잡배들과 왕래를 한단 말이냐."라고 하고는 김중하를 만나도 말 한마디조차 섞은 적이 없었다. 뒤에 김중하가 무변(誣變)을 올리자[71] 일찍이 한두 번 대면했던 사람들이 많이 연루되어 체포되었는데 유독 공의 이름을 감히 거론하지 않았으니, 공의 준엄함이 사람을 감복시키는 것이 이러하였다.

출사하여 대각에 있을 적에는 장희재가 대권세가이고 장만춘은 정승 집안의 심복이었는데, 공은 마음속으로 '만약에 세도(世道)를 깨끗하게 만들고 권력가의 기세를 꺼뜨릴 수 있다면, 내 비록 말 한마디로 늙어 죽을 때까지 배척당한다 해도 무얼 주저하랴.'라고 하였다.

장만춘을 논핵할 적에 전관(銓官)이 공의 계초(啓草)를 보고자 하였으나 공은 의연하게 대간의 체면을 지키며 허락하지 않았다. 임수간과 채명윤 두 분의 일로 말하자면, 한겨울이 되어 생기가 막힌 와중에

71 김중하가 무변(誣變)을 올리자 : 1682년 10월에 일어난 사건으로, 임술삼고변(壬戌三告變)이라고 한다. 서인 계열인 김석주(金錫胄) 및 김익훈(金益勳) 일파가 남인 계열을 숙청하기 위해서 함정 수사를 실시하였는데, 김중하는 남인 계열인 민암(閔黯) 등을 고발하였다.《燃藜室記述 卷34 壬戌三告變之獄老少論之始分》

한 줄기 볕을 떠받들고 나오려는 것과 같아서 자신의 몸은 비록 곤욕을 치렀고 마음도 고생하였지만, 자신의 뜻을 굽히고 나약한 태도를 취하며 입 닫은 채로 남에게 잘 보이려는 세상에서 명예를 지키고 절조를 온전히 하여 시종일관 변치 않는 일을 누가 공과 같이 할 수 있었겠는가.

아내인 권 부인(權夫人)은 안동(安東)이 본관으로, 비록 규중에 있었지만 어진 아버지의 가르침에 길들여 시부모를 섬길 적에는 정성과 공경이 다 지극하였고 동서들과 지낼 적에는 은혜와 의리가 두루 미쳤으니, 종당들이 모두 어질고 덕이 있다고 우러러보았다. 공이 돌아가신 이듬해인 신묘년(1711) 3월 3일에 돌아가시니 향년 70세였다. 공의 묘소에 합장되었다.

공은 2남 1녀를 두었는데, 아들은 수간(壽幹)과 수백(壽柏)이고 사위는 진사 목천광(睦天光)이다. 수간의 양자 유의(游義)는 문과 급제를 하고 병조 정랑을 지냈는데, 일찍 죽었다. 수백의 양자는 유성(游性)이다. 유의도 자식이 없어서 조카인 집(檝)을 후사로 삼았다. 집은 2남 2녀를 낳았는데, 장남 규로(奎魯)는 문과 급제를 하고 현재 홍문관 교리이며, 차남 일로(日魯)는 진사이다. 사위는 참봉 이원성(李源誠)과 사인 홍낙오(洪樂吾)이다. 유성은 2남 2녀를 두었는데, 장남은 규(槻)이고 차남은 구(榘)이다. 사위는 신최연(申最淵)과 이유신(李維新)이다. 외손들은 다 기록하지 않는다.

교리군 규로가 공의 행장을 가지고 찾아와 나에게 명(銘)을 지어 달라 청하였다. 나는 바로 채씨 집안 후손으로 평소 공을 앙모하는 마음이 남달랐다. 이제 묘도문에 당시의 일을 쓰게 되니 다행이라 하겠다. 드디어 명을 적는다. 명은 다음과 같다.

뜨거운 저 권력의 불꽃	爀彼權焰
왕실 외척의 집안에	戚畹之門
손을 덴 이는 누구였나	誰其炙手
칠흑처럼 캄캄한 밤에	以夜以昏
공은 탄핵 상소를 지어	公有白簡
저 권력가를 꾸짖었지	唾爾權貴
배척당한 것은 몸이나	所擯者身
빼앗지 못한 건 기개라	莫奪者氣
천균 무게의 상소 한 장	尺紙千勻
우리 사문을 붙들었도다	扶我斯文
늘그막의 영광으로	暮年光華
당인들은 수군댔네	黨口噂噂
돌아가 범재공께 말씀드리니	歸陳泛翁
어진 스승께서 알겠다 하셨네	賢師曰唯
스승께서 주셨던 가르침에	師有敎詔
살아서나 죽어서나 부끄럼 없었네	生死不愧
구성현의 언덕에는	駒城之原
강직한 공의 무덤 남아 있네	遺直攸宅
내 명문이 환하게 드러나니	我銘孔昭
지나는 자들 꼭 숙연하리라	過者必肅

번암집

제52권

묘갈명
墓碣銘

설월당 김공 묘갈명

雪月堂金公墓碣銘

내가 일전에 퇴도(退陶) 노선생(老先生)[1]의 유집(遺集)을 읽었는데 당시 문하에 있던 선비들이 학문을 할 때는 덕성을 함양하고, 의심나는 점을 질문할 때는 하늘과 인간의 이치에 대해 끝까지 궁구하니 스승을 대하는 제자들의 온화하며 강직한 의용[2]이 그대로 그곳에 다 담겨 있음을 확인해 볼 수 있었다. 아아, 선비로서 그 시대에 태어나 선생을 만나 귀의처로 삼았던 자는 영광스럽고도 행복한 사람이 아니겠는가. 그런데 삼가 스스로의 처지를 한탄해 보건대, 나는 태어난 시기가 뒤늦은 탓에 우왕좌왕 헤매면서 본받아 따를 분이 없었다. 이에 설월당(雪月堂) 김공(金公)의 행장을 앞에 둔 지금, 어찌 심중의 뜻을 재삼 드러내지 않을 수 있겠는가.

공의 휘는 부륜(富倫), 자는 돈서(惇敍)로 노선생의 수제자이다. 16세에 책을 읽다가, 명도(明道) 선생이 16세에 주무숙(周茂叔)이 도

1 퇴도(退陶) 노선생(老先生) : 이황(李滉, 1501~1570)의 경칭(敬稱)으로, 퇴도는 그의 호이다. 자는 경호(景浩), 또 다른 호는 퇴계(退溪)・도수(陶叟)・청량산인(淸凉山人), 시호는 문순(文純)이다. 김부륜(金富倫)은 1546년(명종1) 16세의 나이에 이황의 문생이 되었다. 《思菴集 卷4 退溪先生墓誌銘》

2 온화하며 강직한 의용 : 《논어》 〈선진(先進)〉에 "민자건(閔子騫)은 옆에서 모실 때 온화하였고 자로(子路)는 굳세었고 염유(冉有)와 자공(子貢)은 강직하였는데, 공자께서 즐거워하셨다."라고 한 데서 유래한 말로, 학덕이 뛰어난 스승을 모시는 제자들의 이상적이고 모범적인 태도를 가리킨다.

를 강론한다는 말을 듣고서 도를 추구하려는 의지가 솟구쳤다고 한 대목[3]에 이르러 "내 나이도 이때와 같다."라고 탄식을 내뱉었다. 그러고는 마침내 책심시(責沈詩)[4]를 짓고 책 상자를 등에 지고서 도산(陶山)으로 향하였다. 이때부터 주야로 선생에게서 직접 가르침을 받아 부지런히 노력하며 게으름을 피우지 않았다. 그리하여 《심경(心經)》과 〈태극도(太極圖)〉[5] 가운데 의문 나는 부분이 있을 때에는 논란을 제기하고, "마음속에 한 가지 일도 두어서는 안 된다."[6]라는 말을 철저히 궁구

3 명도(明道)……대목 : 《성리대전(性理大全)》 권39 〈제유(諸儒)〉에 실려 있는 북송(北宋)의 학자 정호(程顥) 행장(行狀)에 나온다. 명도는 정호의 호이며, 주무숙은 동시대의 학자 주돈이(周敦頤)로 무숙(茂叔)은 그의 자이다. 이 글의 원 출처는 《이천선생문집(伊川先生文集)》 권5 〈명도선생행장(明道先生行狀)〉이다.

4 책심시(責沈詩) : 《설월당집(雪月堂集)》 권1 〈독진요옹책심문(讀陳了翁責沈文)〉을 가리킨다. 책심(責沈)이란 춘추 시대 초(楚)나라 섭현(葉縣) 사람인 심제량(沈諸梁)을 책망한다는 말로, 당대의 현자(賢者)를 모르고 살아온 자신의 과문함과 고루함을 자책하고 반성한다는 뜻이다. 북송의 학자 진관(陳瓘)이 당대의 대학자인 정호를 몰라보고 범조우(范祖禹)에게 물은 일을 부끄럽게 여긴 끝에, 심제량이 공자를 몰라보고 자로에게 그의 인물됨을 물었다는 《논어》 〈술이(述而)〉의 고사를 인용하여 책심문(責沈文)을 지었던 데서 유래하였다. 《伊洛淵源錄 卷3 明道先生 遺事》

5 태극도(太極圖) : 북송 때 학자 주돈이가 음양(陰陽)과 오행(五行)의 변화에 따라 일어나는 만물의 생성에 관한 역(易)의 이치를 설명한 그림이다. 여기에 설명을 붙인 글인 〈태극도설(太極圖說)〉은 남송(南宋) 때 학자 주희(朱熹)가 정밀한 해석을 가하여 형이상학적 철학 체계를 수립한 이후 성리학의 가장 근본이 되는 저술이 되었다.

6 마음속에……된다 : 북송 때 학자 정호가 단주(澶州)에서 교량(橋梁)을 수리할 적에 들보로 쓸 큰 나무 하나가 부족해 민간에서 두루 구한 일이 있었는데, 이후 길에서 좋은 나무를 보기만 하면 반드시 길이를 재고 싶은 욕구가 일어나게 되어, 이 경험을 계기로 학자들에게 경계로 삼은 말이다. 《二程遺書 卷3 謝顯道記憶平日語》 이 일화는 이후 성리학의 필수 교재가 된 《근사록(近思錄)》과 《심경》에 실려 '경(敬)'을 위주로

하여서는 문목(問目)을 갖추어 질정하고, 상중(喪中)에 있을 때에는 상례 및 장례와 관련된 의절(儀節)에 대해 질문하고, 《주자서절요(朱子書節要)》[7]에 대한 의문이 생길 때에는 조목별로 열거하여 여쭈고, 의리(義理)에 대한 의문점을 서술한 절목을 통해서 《계몽전의(啓蒙傳疑)》에 대해 누차 다른 글을 참고하여 고증하는 데에 이르러서는 써 내려간 조목의 수가 한둘이 아니었다. 이에 선생은 극진한 찬사를 보내면서 언제나 긴 편지로 답장을 해 주었다. 그러면서 "정자(程子)와 주자(朱子)께서 사제 간으로 서로 주고받은 심법(心法)이 이와 같은데, 지금 족하께서는 또 능히 여기까지 의문이 미쳐 강구해 터득하려 하는군요."라고 하였다. 또 "족하께서는 나이가 젊고 기력이 왕성한데 학문을 향한 부지런함과 뜻을 세운 것의 독실함이 이와 같으니, 그 종국에 도달할 경지를 예상이나 할 수 있겠습니까."라고 하였다. 또 "회암(晦庵)[8]의 편지에 대해 절목을 갖추어 의문을 제기한 것이 지극히 상세하니, 깊이 궁구하고 정밀하게 사색하지 않았다면 어떻게 이 정도까지 할 수 있었겠습니까. 깊이 바라건대 거듭 말씀해서 빠지고 소략한 부분

한 성리학의 존심양성(存心養性) 공부의 중요한 화두로 자리 잡았다. 김부륜은 스승인 이황에게 편지를 올려 이 말의 의미에 대해 최소 두 번 이상 질문을 하였는바, 그 내용 및 이황의 대답이 각각 《설월당집》 권3의 〈상퇴계선생문목(上退溪先生問目)〉 첫 번째 작품과 〈상퇴계선생(上退溪先生)〉에 실려 있다.

7 주자서절요(朱子書節要) : 이황이 《회암집(晦庵集)》에 실린 주희의 서찰 가운데 학문에 관계되고 받아들여 실천하는 데 절실하다고 판단한 글을 선별해서 엮은 책이다. 편찬을 끝낸 1556년(명종11) 당시 김부륜은 《주자서절요》를 등사(謄寫)하면서 이황에게 의문점을 질의한 바 있다. 《退溪集 卷42 朱子書節要序》 《雪月堂集 卷6 行狀》

8 회암(晦庵) : 대본에는 '晦齋'로 되어 있다. 《설월당집》 권6 〈묘갈명〉에 근거하여 '齋'를 '庵'으로 바로잡아 번역하였다.

이 없도록 해 주십시오."라고 하였다. 또 "보내오신 말씀은 모두 들었던 것을 평상시 마음속에 미루어 검증해 보면서 매우 자세히 사색하고 매우 치밀하게 살펴 식별한 것이니, 여기에서 공력을 들인 절실함을 확인해 볼 수 있습니다."라고 하였다.

또 공이 참판공(參判公)[9]의 상을 당하였을 적에 5월부터 겨울이 되도록 죽만 마시는 생활을 이어 나가자 선생이 섶처럼 수척해진 그 모습을 안타까워하면서 편지를 보내어 권면하였고, 공이 《계몽전의》의 의심스러운 부분을 고증하자 선생이 그 오류를 깨닫고서 수정까지 하였다. 또 〈독서유감(讀書有感)〉이란 시를 지었을 때는 선생이 평을 하면서 몹시 칭찬하고는 얼마 뒤 또 정문봉 유일(鄭文峯惟一)[10]에게 편지를 보내어 말하기를 "김돈서(金惇敍)는 학문에 매우 힘써 무슨 일이든 반드시 옳은 부분을 추구하니, 쉽게 만날 수 있는 사람이 전혀 아닙니다."라고 하였다. 대개 공의 돈독한 효성과 우애는 물론 타고났거니와, 스승의 가르침을 독실하게 믿어서 참으로 알고 힘써 실천하며 자신을 단속하고 행실을 제어함으로써 언제나 예법으로 스스로 단속하였으니, 굳이 물어보지 않아도 그가 도산의 제자라는 사실은 알 수 있었다.

융경(隆慶) 임신년(1572, 선조5)에 유일(遺逸)[11]로 천거되어 집경전

9 참판공(參判公) : 김부륜의 부친인 김수(金綏, 1491～1555)로, 본관은 광산(光山), 자는 수지(綏之), 호는 탁청정(濯淸亭)이며, 이황의 문인이다. 참판이라 한 것은 김수가 사후에 호조 참판에 증직되었기 때문이다. 《退溪集 卷46 成均生員金公墓誌銘》

10 정문봉 유일(鄭文峯惟一) : 정유일(1533～1576)의 본관은 동래(東萊), 자는 자중(子中), 호는 문봉이며, 이황의 문인이다. 《竹川集 卷5 通政大夫僉知中樞府事鄭公墓誌》

참봉(集慶殿參奉)에 제수되고 만력(萬曆) 을해년(1575)에 전생서 참봉(典牲署參奉)에 제수되었으나 모두 사은(謝恩)하지 않고 체직되었다.

경진년(1580)에 또 문소전 참봉(文昭殿參奉)에 제수되었다가 곧 돈녕부 봉사(敦寧府奉事)로 천직해 정릉(靖陵 중종의 능)의 석역(石役)을 관장함으로써 말을 하사하는 은전을 입었다. 제용감 직장(濟用監直長)과 내섬시 주부(內贍寺主簿)로 전직하였고, 외직으로 나가 동복 현감(同福縣監)이 되었다. 관아에 도착한 뒤 공성묘(孔聖廟)를 개축하는 한편, 봉급을 출연해 서책 800권을 구입하여 감실(龕室)에 보관하고 학령(學令) 수십 조를 지어 몸소 이끌면서 권면하고 타일렀다. 이에 선비들의 풍속이 일변하고 백성들 또한 크게 화합하여 임기가 다하여 돌아간 뒤에 비석에 글을 새겨 칭송하였다.

임진년(1592)에 왜구가 깊은 곳까지 침입해 들어오자 공이 가산을 털어 향병(鄕兵)을 대대적으로 지원하는 한편, 관찰사 김수(金睟)[12]에게 편지를 보내어 왜구를 막을 세 가지 방책에 관해 논하였는데, 전후의 수천 글자 속에 담긴 충의와 분노가 사람들의 마음을 격동하였다. 얼마 지나지 않아 봉화(奉化)의 수령이 관아를 버리고 도망치는 일이 발생하여 공이 사명(使命)을 받들고 임시로 현성(縣城)을 지켰는데, 그 이듬해 상이 공이 이룬 성과에 대해 듣고는 특명을 내려 현감으로 삼았다. 그러자 피폐하고 지쳐 있던 자들이 고향으로 다시 돌아왔는데

11 유일(遺逸) : 학식과 인품을 갖추었으나 등용되지 못하고 초야에 묻혀 있는 선비를 가리킨다.

12 김수(金睟) : 1547~1615. 본관은 안동, 자는 자앙(子昂), 호는 몽촌(夢村)으로 이황의 문인이다. 대본에는 '金晬'로 되어 있다. 《설월당집》 권6 〈묘갈명〉 및 《국조문과방목(國朝文科榜目)》 등에 근거하여 '晬'를 '睟'로 바로잡아 번역하였다.

그 모습이 마치 환란을 겪고 있는 것조차 모르는 사람들 같았다. 그렇게 1년을 있다 벼슬을 사양하고 체직되어 귀향하였다.

무술년(1598) 9월 13일에 침소에서 생애를 마쳤는데, 태어난 해인 가정(嘉靖) 신묘년(1531, 중종26)으로부터 68년을 산 것이다. 안동(安東) 방잠리(方岑里) 모향(某向)의 언덕에 장사 지내니, 바로 참판공의 묘 뒤편이다.

공은 어려서부터 탁월한 품성을 지녔다. 12세에 대부인의 상을 당하자 예법을 지키는 과정에서 그 어떤 허물도 범하지 않았다. 어느 날 참판공을 모시고 밥을 먹을 적에 시종이 실수로 공에게 고깃국을 올리자 공이 쉬지 않고 눈물을 흘리니, 참판공이 어여쁘고 기특하게 생각하였다. 이후 온 마음을 학문에 집중하게 되었을 때, 나가서 훈도(薰陶)를 받으면서는 대현(大賢)의 문하에서 노닐었고[13] 들어와 강마(講磨)를 하면서는 두 형님인 산남공(山南公)[14]과 양정공(養正公),[15] 사촌인 후조공(後凋公)[16]과 읍청공(挹淸公)[17]과 함께하였으니 "노(魯)나라에 군자가 없었다면 이 사람이 어디에서 이러한 덕을 취하였겠는가."[18]라

13 대현(大賢)의 문하에서 노닐었고 : 이황의 문하에서 수업한 것을 가리킨다.

14 산남공(山南公) : 김부륜의 맏형인 김부인(金富仁, 1512~1584)으로, 자는 백영(伯榮), 호는 산남이며 이황의 문인이다.

15 양정공(養正公) : 김부륜의 둘째 형인 김부신(金富信, 1523~1566)으로, 자는 가행(可行), 호는 양정당(養正堂)이며 이황의 문인이다.

16 후조공(後凋公) : 김부륜의 사촌인 김부필(金富弼, 1516~1577)로, 자는 언우(彦遇), 호는 후조당(後凋堂)이며 이황의 문인이다.

17 읍청공(挹淸公) : 김부륜의 사촌인 김부의(金富儀, 1525~1582)로, 자는 신중(愼仲), 호는 읍청정(挹淸亭)이며 이황의 문인이다.

18 노(魯)나라에……취하였겠는가 : 《논어》 〈공야장(公冶長)〉에서 공자가 제자 복부

는 말은 이를 두고 하는 말이 아니겠는가. 한강(寒岡) 정 선생(鄭先生)[19]은 일찍이 "오천(烏川)[20] 한 마을에 사는 사람들 가운데 군자 아닌 사람이 없다."라고 하였는바, 이는 참으로 식견이 있는 말이다. 공이 이룬 학문의 경지는 물론 후생이 살펴 헤아릴 수 있는 영역이 아니지만, 삼가 사문(師門)의 기대와 칭찬 및 한로(寒老)의 칭송과 찬탄으로 보건대 찬란하게 덕을 성취하였다는 사실을 알 수 있으니, 전아한 문장과 굳센 필법 같은 것이 어찌 족히 공에게 특별하겠는가.

공은 본관이 광주(光州)로, 신라 왕자 흥광(興光)의 후예이다. 왕자의 후손인 길(吉)이 고려의 태조(太祖)를 도와 공을 세워 지위가 삼중대광 사공(三重大匡司空)에 이르렀다. 자손이 대대로 정승을 지냈는데, 본조에 들어와서는 휘 천리(天利)라는 분이 밀직사 부사(密直司副使)를 지냈으며 공에게 6대조가 된다. 증조의 휘는 회(淮)로 현감을 지내고 병조 참의에 증직되었다. 조부의 휘는 효로(孝盧)로 성균관 생원이고 이조 참판에 증직되었는데, 처음으로 예안(禮安) 오천리(烏川里)에 거처를 정하였다. 일찍이 탁월한 행실로 조정에

제(宓不齊)의 군자다운 덕을 칭송하며 한 말로서, 복부제가 노나라에 살면서 현인을 높이 섬기고 좋은 벗과 교제한 덕분에 훌륭한 덕을 이룰 수 있었고 노나라에 군자가 많다는 것을 나타낸다.《論語集註 公冶長》

19 한강(寒岡) 정 선생(鄭先生) : 정구(鄭逑, 1543~1620)로, 본관은 청주(淸州), 자는 도가(道可), 호는 한강, 시호는 문목(文穆)이며 이황과 조식(曺植)의 문인이다.

20 오천(烏川) : 김부륜이 살던 경상도 안동부(安東府) 예안현(禮安縣) 오천리(烏川里)를 가리킨다. 김부륜의 조부이자 광산 김씨(光山金氏) 예안파(禮安派)의 시조인 김효로(金孝盧)가 들어와서 터전을 잡은 후에 광산 김씨의 집성촌이 되었는데, 이곳 출신인 김부륜, 김부필, 김부의 등 7명이 모두 학문과 덕망이 뛰어나 군자리(君子里)로 불렸다.《安東의 地名由來, 安東民俗博物館, 2002, 281~285쪽》

천거되어[21] 현달한 위치에 오르려 하였으나 마침 기묘년(1519)의 화[22]가 일어나 결국 그렇게 되지 못하였고, 사림들이 사당을 세워 제사를 지내 주었다. 선고(先考)의 휘는 수(綏)로 성균관 생원이고 호조 참판에 증직되었으며 호는 탁청(濯淸)이다. 퇴도가 2대(代)의 묘명(墓銘)을 지었다.[23] 모친은 순천 김씨(順天金氏)로, 판서에 증직된 김수홍(金粹洪)의 따님이며 정부인(貞夫人)에 증직되었다.

공의 선취(先娶)는 밀양 박씨(密陽朴氏)로, 감찰 박순(朴純)의 따님인데 자식을 길러 내지 못하였다. 계취(繼娶)는 평산 신씨(平山申氏)로, 부호군 신수민(申壽民)의 따님이며 1남 3녀를 두었다.

아들은 령(坽)으로 문과에 급제하여 사간(司諫)을 지냈는데, 절의(節義)를 가지고 세속에 따르지 않고 홀로 행동하여 백이(伯夷)의 풍도가 있었다.[24] 숙종(肅宗)의 명으로 승정원 도승지에 증직되었다. 딸

21 일찍이……천거되어 : 1518년 3월 당시 경상도 관찰사로 있던 김안국(金安國)으로부터 향천(鄕薦)을 받은 것을 가리킨다. 《中宗實錄 13年 3月 26日》

22 기묘년의 화 : 1519년 조광조(趙光祖), 김정(金淨) 등 신진 사류들이 중종의 신임을 받던 남곤(南袞) 등 훈구 재상들로부터 무함을 받아 유배되거나 사사(賜死)된 일을 가리키는데, 기묘사화(己卯士禍)라고 부른다. 《退溪集 卷46 成均生員金公墓碣銘》

23 퇴도가……지었다 : 이황이 김부륜의 조부 김효로와 부친 김수의 묘명을 지은 것을 말한다. 《퇴계집》 권46에 각각 〈성균생원김공묘갈명(成均生員金公墓碣銘)〉과 〈성균생원김공묘지명(成均生員金公墓誌銘)〉이란 제명으로 실려 있다.

24 절의(節義)를……있었다 : 김부륜의 아들 김령(金坽)은 고결한 절개를 지녀, 인조반정 이후 향리에 묻혀 살면서 여러 차례 조정의 소환 명령을 받았으나 전부 사양하고 끝까지 관직에 복귀하지 않았는데, 이러한 태도가 혁명을 이룬 주(周)나라에 끝까지 출사하지 않고 절개를 지키다 죽은 백이와 유사하다는 평가를 낳았다. 한편 번암은 김령의 전(傳)을 따로 시어 역시 그가 지닌 백이의 충절을 강조하는 방향으로 서술한 바 있다. 《訥隱集 卷12 溪巖金先生墓碣銘》《樊巖集 卷55 溪巖金先生傳》

은 최민수(崔民秀), 김경업(金景業), 익위(翊衛)를 지낸 이찬(李燦)에게 출가하였다.

령은 4남을 두었는데, 요형(耀亨)과 요립(耀立)은 모두 재주와 훌륭한 품행이 있었으나 요절하였고, 휘두(輝斗)는 진사로서 고상한 행실을 지녔다. 휘세(輝世)는 유일(遺逸)로서 등급을 뛰어넘어 공조 좌랑에 제수되고 좌승지에 증직되었다.

요형은 석창(碩昌)을 후사로 삼았다. 요립은 1남을 두었는데 선창(善昌)이고, 휘두는 2남을 두었는데 시창(是昌)과 용(鏞)이다. 휘세는 3남을 두었는데, 석창(碩昌), 참판에 증직된 후창(厚昌), 집(鏶)이다. 현손 이하는 다 기록하지 못한다. 지금 명(銘)을 부탁한 자는 7세손 시찬(是瓚)이다.

공이 일찍이 냇가에 정자를 지어 학문하는 장소로 삼았을 때 퇴도가 손수 '설월당(雪月堂)'이란 3자를 써 주었는데, 그것을 자호(自號)로 삼았다고 한다. 명은 다음과 같다.

퇴도를 스승으로 삼고	以退陶爲師
계암[25]을 자식으로 두니	以溪巖爲兒
위대하다 공의 도여	偉哉公之道
위부터 계승하고 아래로 전했다 뉘 아니 말하랴	孰不曰上承而下貽

25 계암(溪巖) : 김부륜의 아들 김령으로, 계암은 그의 호이다.

예문관 검열 증 홍문관 수찬 근시재 김공 묘갈명

藝文館檢閱贈弘文館修撰近始齋金公墓碣銘

근시재(近始齋) 김공(金公)의 휘는 해(垓), 자는 달원(達遠)으로 그 선대는 광주(光州) 사람이다. 고려 태조(太祖)를 도와 사공(司空)의 지위에 오른 분은 길(吉)로, 그 후로 마침내 가문이 크게 현달하였다. 휘 광존(光存)이란 분이 있는데 지문하성사(知門下省事)를 지냈고, 휘 진(稹)은 예문관 대제학을 지냈으며 시호는 장영(章榮)인데 공에게 8대조가 된다. 성조(聖朝)에 들어와 휘 천리(天利)는 밀직사 부사(密直司副使)를 지냈고, 그로부터 3대를 내려와 현감을 지내고 참의에 증직된 분의 휘는 회(淮)로서 이분이 공의 고조이다. 증조의 휘는 효로(孝盧)로 생원이며 참판에 증직되었다. 조부의 휘는 연(緣)으로 강원도 관찰사를 지냈다. 김씨가 예안(禮安)으로 옮겨 와 살면서 자손이 예안 사람이 되도록 한 것은 참판공(參判公)으로부터 비롯되었다. 관찰공(觀察公)은 2남을 두었는데, 장남은 부필(富弼)로 호가 후조당(後凋堂)이고 국자감 생원이며, 차남은 부의(富儀)로 호가 읍청정(挹淸亭)이며 역시 국자감 생원이다. 두 사람 모두 퇴도(退陶) 선생을 스승으로 모시면서 누차 조정의 부름을 받고도 출사하지 않았으며 향상(向上)의 학문[26]에 독실하다고 이름이 알려졌다.

26 향상(向上)의 학문 : 의리지학(義理之學)을 가리키는 것으로, 성리학에서 추구하는 형이상학적 공부를 말한다. 송(宋)나라 학사 정호(程顥)의 "성현의 천 마디 만 마디 말씀은 다만 사람들로 하여금 이미 잃어버린 마음을 가져다가 단속하여, 돌이켜 몸에

공은 읍청공의 아들이다. 선비(先妣)는 안동 권씨(安東權氏)로, 정랑 권습(權習)의 따님이다. 공이 태어난 지 7일 만에 부인이 세상을 떠나자 후조공이 매우 극진하게 돌보고 보살펴 주었다. 겨우 5, 6세가 되었을 무렵 병을 앓게 되었는데, 그때 유모가 공을 안고 오줌을 누이자 화를 내며 "사당을 향하여 어찌 이렇게 할 수 있단 말인가."라고 꾸짖으니, 그 비범한 기질이 이와 같았다. 장성한 뒤에는 책을 읽고 심신을 닦으면서 오직 고례(古禮)를 받들어 행하였다.

정축년(1577, 선조10)에 후조공의 심제(心制)를 지켰는데, 3년 내내 해이한 모습을 보이지 않았다.[27]

임오년(1582)에 부친상을 당하여 슬픔으로 인해 몸이 몹시 상하였는데, 사람들이 그 효성에 감동하지 않는 이가 없었다.

정해년(1587)에 천거한 자가 있어 광릉 참봉(光陵參奉)에 제수되었으나 부임하지 않았다.

이듬해 다시 사직서 참봉에 제수되었는데 곧이어 사마시(司馬試)에 입격하여 사직서를 올리고 체직되었다. 또 그 이듬해 다시 연은전 참봉(延恩殿參奉)에 제수되었는데, 곧이어 별시(別試)에 급제하였다. 이에

들어오게 하고자 한 것이니, 이렇게 하면 자연히 위를 찾아가서 아래로 배우면서 위로 통달할 수 있을 것이다.〔聖賢千言萬語, 只是欲人將已放之心約之, 使反復入身來, 自能尋向上去, 下學而上達.〕"라고 하는 말에서 그 의미를 엿볼 수 있다. 여기서 '위', 즉 향상(向上)은 바로 성리학적 도리(道理)를 가리킨다.《近思錄 卷4 存養》《宋子大全 卷121 答或人》

27 후조공의……않았다 : 김해(金垓)가 자신을 친자식처럼 양육해 준 백부 김부필의 상에, 양자로 나간 사람이 자신의 친부모에 대하여 부장기복(不杖期服)을 입고 심상 3년을 하는 예법을 적용한 것이다.《近始齋集 卷2 與南義仲論禮書》

앞서 공은 품행과 도의로 명성을 떨쳐 산남(山南)의 촉망받는 인물로 우뚝하게 자리 잡고 있었으나 정작 등용은 지지부진한 상태였는데, 과거 급제자 명단이 발표되자 온 신료들이 조정에서 축하해 주었다. 괴원(槐院)에 선발되어 배속되었다가 곧이어 추천으로 예문관에 들어가 한림(翰林)이 되었다. 얼마 되지 않아 동료가 사초(史草)를 불태운 일[28]로 인해 죄에 연루되어 파직되었는데, 공은 실상 그 일에 관여한 적이 없었다. 이때 역모를 벌인 자가 터무니없는 말로 공을 끌어들여[29] 의금부의 병졸들이 별안간 고향 집까지 들이닥쳤는데, 그때 집안사람들은 아연실색하며 두려움에 떨었던 반면 공은 낯빛 하나 바꾸지 않았다. 이후 옥사(獄事)에 나간 뒤 실체가 없는 것으로 드러나 삭직 처분만 받고 고향으로 돌아왔다.

그로부터 4년 뒤인 만력(萬曆) 임진년(1592)에 흉역한 왜구가 마구 날뛰어 상이 몽진(蒙塵)하는 상황이 벌어졌다. 공은 이때 고향 마을에 있으면서 눈물을 뿌리며 하늘에 맹서(盟誓)를 한 뒤, 소매를 떨치고 일어나 앞장서 의병을 통솔하였다. 이에 모든 무리가 공을 대장으로

28 동료가……일 : 1589년 11월에 정여립(鄭汝立)의 역모 사건과 관련하여 예문관 대교 유대정(兪大禎)이, 정여립의 생질인 이진길(李震吉)이 사관으로 있으면서 작성한 사초를 준허(準許)도 받지 않고 임의로 불태운 일을 가리킨다. 이때 김해도 장무관(掌務官)을 맡고 있던 터라 책임을 면치 못하고 나국(拿鞫)되었다. 《宣祖實錄 22年 11月 25日》《惺齋集 卷2 答趙士敬》

29 역모를……끌어들여 : 《선조실록》 23년 1월 19일 기사에, 역적 이진길의 추천을 받았다는 이유로 예문관의 직임에서 이미 파직한 김해를 다시 서용하는 것은 부당하다는 사헌부의 계사가 등장하는 것으로 보아, 정여립의 역모 사건을 조사하는 과정에서 김해가 정여립의 생질인 이진길로부터 추천을 받았나는 진술을 누군가가 한 것으로 보인다.

추대하자 공이 여러 동지를 부대별로 나누어 이공 정백(李公庭柏)[30]과 배공 용길(裵公龍吉)[31]을 좌우의 부장(副將)으로 임명하니, 의롭다는 명성이 크게 진동하였다. 그리하여 마침내 초유사(招諭使) 학봉(鶴峯) 김 선생(金先生 김성일(金誠一))에게 편지를 보내어 군사를 일으키게 된 상황에 대해 매우 상세히 언급하였는데,[32] 그 문장의 뜻이 강개하고 비장하여 읽는 자마다 모두 눈물을 흘렸다. 이후 안동(安東)에 진을 치고서 예천(醴泉)에 주둔한 적들을 쳐부수는 한편, 이윽고 또 적의 우두머리를 생포하여 관찰사의 병영에 바쳤다. 그러고는 무리를 마주하여 문득 눈물을 흘리며 말하기를 "내 기왕에 의병을 일으켜 추악한 왜노를 섬멸하겠노라고 작정한 이상, 성패 여부를 미리 알 수 없지만 오직 한번 죽어 나라에 보답할 뿐이다."라고 하였다.

계사년(1593) 섣달 그믐밤에 시를 짓기를,

외로운 등불 켜진 여관에 갑옷이 찬데　　孤燈旅舍鐵衣寒
사람들 오늘 밤 한 해 이미 저물었다 하네　　人道今宵歲已闌

30 이공 정백(李公庭柏) : 이정백(1553~1600)의 자는 여직(汝直), 호는 낙금헌(樂琴軒)이며 이황(李滉)의 문인이다. 벼슬에 뜻을 버리고 향리에 묻혀 살다가, 1592년 임진왜란이 일어나자 의병 대장으로 추대되었다. 이후 김해에게 의병 대장을 양보하고 배용길과 함께 부장으로서 용궁(龍宮), 밀양(密陽) 등지에서 왜적을 물리쳤다. 《新野集 卷9 樂琴軒李公行狀》

31 배공 용길(裵公龍吉) : 배용길(1556~1609)의 자는 명서(明瑞), 호는 금역당(琴易堂)이다. 1592년 임진왜란이 일어나자 김해를 대장으로 추대하고 그의 부장으로 활약하였다. 《鶴沙集 卷7 贈左承旨行忠淸都事裵公墓碣銘》

32 초유사(招諭使)……언급하였는데 : 임진왜란이 일어난 1592년, 영남 지역의 의병 대장으로 추대된 김해가 당시 경상우도 초유사로 있던 김성일에게 보낸 이 편지는 《근시재집(近始齋集)》 권3 〈복김학봉(復金鶴峯)〉에 실려 있다.

하루의 시간은 두 귀밑머리에 흰빛 보탤 수 있겠으나　　一日能添雙鬢白

백 년의 시간[33]엔 오직 단심만 있으리라　　百年惟有寸心丹

하고는, 마침내 밀양(密陽)으로 군진을 옮겼다. 그런데 그때 단인(端人) 이씨(李氏)[34]가 죽었는데 상도 치르지 못하고 있다는 소식이 들려왔다. 이에 잠시 말을 내달려 고향으로 돌아가서 하룻밤을 묵고 바로 서둘러 말을 타고 돌아왔는데, 군진에 도착하기도 전에 병이 발작하여 경주(慶州)에 있는 여관에서 세상을 떠났다. 이때는 6월 19일로, 공이 태어난 가정 을묘년(1555, 명종10)으로부터 39년을 산 것이다. 이에 온 군문(軍門)이 우레처럼 울부짖으며 곡을 하였고, 이 소식을 들은 원근의 사람들은 마치 친척을 잃은 것처럼 비통해하였다. 아아, 신하된 몸으로 나라를 위해 목숨을 바치는 것은 물론 천지간의 숭고한 행위이므로 그보다 더 대단한 일이 있을 수 없다. 그러나 실로 모든 일이 이치에 합당하지 않다면 죽을 만한 상황에서 죽더라도 고인(古人)은 그것을 '일절(一節)'이라고 불렀다. 그런데 공은 거기에다 평소 학문에 독실했던 조행(操行)을 조화시켰으니, 그 죽음이 어찌 아무런 근본 없이 이루어진 것이겠는가.

공은 소싯적부터 개연히 성현(聖賢)의 학문에 뜻을 두어 가학을 익히고 퇴도(退陶)를 사숙하였다. 그리하여 순수하고 훌륭한 자질에다

33 백 년의 시간 : 사람의 한평생을 가리킨다.

34 단인(端人) 이씨(李氏) : 김해의 아내인 진성 이씨(眞城李氏)를 말한다. 이황의 종손녀이다. 단인은 문무관의 아내에게 봉해 주는 외명부(外命婦) 8품의 봉자(封爵)이다.

박약(博約)의 공부[35]를 더하여 서실에 조용히 앉아 독서와 사색을 거듭하면서 무언가 깨달으면 얼른 기록하고 이해하지 못하면 월천(月川), 학봉(鶴峯), 서애(西厓) 등 여러 선생을 찾아가 질문하였다. 특히 예서(禮書)를 즐겨 읽어서 매번 비지(賁趾) 남치리(南致利)[36] 선생과 예문(禮文)의 같고 다른 점에 대해 변론하고 그를 통해 역대 치란의 궤적까지 언급하면서 그 무엇 하나 이해하지 못하고 꿰뚫지 못하는 것이 없었다. 또 천문(天文), 지지(地誌), 병모(兵謀), 의복(醫卜) 등에 관한 서적을 두루 통달하여 날마다 일삼으니, 사람들이 그 수준의 끝을 가늠할 수 없었다. 이로써 안으로 간직하고 있던 것을 밖으로 발휘하여 적용을 한 것은, 지극한 효성으로 어버이를 모셨으며 지극한 정성으로 선조를 받드는 것이었다. 또 친족을 돈독하게 대할 때는 친족들의 사랑을 받고 마을 사람들을 가르칠 때는 마을 사람들의 모범이 되었다. 혼례에서는 반드시 친영(親迎)의 의례를 실천하고 곤궁한 이에게는 베풀어 주는 재물을 아까워하지 않음으로써 애쓰지 않아도 사람들이 절로 복종하고 추구하지 않아도 명예가 절로 찾아왔으니, 이상은 모두 대개 진정으로 알고 실제로 옮기는 공부를 미루어 행한 것이다. 이를 통해 보건대 공이 위기를 보고 목숨을 내놓아 제때 맞게 죽은 것은

35 박약(博約)의 공부 : 문헌을 통해 지식을 넓히고 예법을 통해 행동을 단속하는 공부를 뜻한다. 공자의 제자 안회(顔回)가 공자의 높은 학문적 경지를 칭송하면서 "선생님께서는 차근차근 사람을 잘 이끌어 주시면서, 학문으로 나의 지식을 넓혀 주시고 예법으로써 나의 행동을 단속하게 해 주셨다.〔夫子循循然善誘人, 博我以文, 約我以禮.〕"라고 한 데서 나온 말이다.《論語 子罕》

36 남치리(南致利) : 1543～1580. 자는 의중(義仲), 호는 비지이며 김해와 마찬가지로 이황의 문인이다.

애당초 그 체(體)가 온전하고 용(用)이 완비된 결과임이 분명하다. 그러나 좋지 못한 때를 만나 끝내 대업을 완수하지 못하였으니, 하늘은 무슨 까닭으로 이렇게 하였는가.

을미년(1595)에 선조가 특별히 공에게 홍문관 수찬을 추증하니, 충(忠)을 기리기 위한 것이었다.

공의 묘는 모두 세 번 옮겨졌는데, 최종적으로는 안동 금학산(金鶴山) 임좌(壬坐)의 언덕에 묻혔다.

공이 지은 시와 산문은 전아하고 명쾌하여 형식과 바탕이 온전하게 갖추어져 있는데, 그 가운데 사칠변(四七辨)[37]은 퇴도가 주장한 이발기발(理發氣發)[38]의 의미를 분명하게 밝히는 한편, 후대 학자들의 합쳐 보기만 좋아하고 떨어뜨려 보는 것을 싫어하는 병통[39]을 깊이 비판하

37 사칠변(四七辨) : 사단(四端)과 칠정(七情)에 관한 변론이란 뜻으로, 《근시재집》 권3 〈이기설(理氣說)〉을 말한다.

38 이발기발(理發氣發) : "이도 발하고 기도 발한다.〔理氣互發〕"라는 뜻으로, 이황이 제창한 학설이다. 이황이 정지운(鄭之雲)이 지은 《천명도설(天命圖說)》의 내용 가운데 "사단은 이에서 발하고, 칠정은 기에서 발한다.〔四端發於理, 七情發於氣.〕"라는 구절을 "사단은 이의 발이고, 칠정은 기의 발이다.〔四端理之發, 七情氣之發.〕"라고 수정하였다가, 기대승(奇大升)과 토론한 끝에 "사단은 이가 발하여 기가 따르는 것이고, 칠정은 기가 발하여 이가 타는 것이다.〔四端理發而氣隨之, 七情氣發而理乘之.〕"라고 논쟁을 마무리 지은 바가 있다.

39 합쳐……병통 : 성리학에서 우주의 존재를 설명하는 핵심적인 두 개념인 이와 기에 대해 '서로 떨어져 있지 않다'는 불상리(不相離)의 관점에서만 보고 '서로 섞이지 않는다'는 불상잡(不相雜)의 관점에서는 보지 못하는 병통을 가리킨다. 이는 주로 불상잡의 관점을 강조하는 영남학파에서 불상리의 관점을 강조하는 기호학파를 비판하는 논리였다. 성리학의 체계를 완성한 주희는 이와 기에 대해 논리적으로는 결단코 '다른 두 존재〔二物〕'라 하겠으나 현상의 개체에서는 '나눌 수 없어 저마다 한 곳에 있다〔不可分開各

니, 이를 통해 백세가 지난 뒤에도 의혹이 들지 않을 수 있게 되었다.

배위(配位)는 진성 이씨(眞城李氏)로, 이재(李宰)의 따님이자 이의(李漪)의 손녀이며 퇴도 선생에게는 종손녀가 된다. 행실이 바르고 얌전하며 유순하여 시댁의 친족들이 모두 탄복하였다. 공보다 1개월 먼저 생애를 마치니 향년 42세이고 공과 같은 무덤에 묻혔다.

모두 4남 3녀를 출산하였는데, 아들 가운데 첫째는 광계(光繼)로 동몽교관(童蒙教官)을 지내고 집의에 추증되었으며, 둘째는 광실(光實)이고, 셋째는 광보(光輔)로 성균관 생원이고, 넷째는 광악(光岳)이다. 세 사위는 도사(都事) 박회무(朴檜茂), 참봉 유암(柳嵒), 참봉 이시명(李時明)이다.

광계에게는 아들이 없어 광실의 아들 렴(磏)을 아들로 삼았다. 렴은 학문과 행실이 뛰어났고 좌승지에 추증되었다. 광실은 5남 3녀를 두었는데, 아들은 초(礎), 려(礪), 렴(磏), 선(硃), 빙(砯)이고, 사위는 모두 사인(士人)이다. 광보는 3남 6녀를 두었는데, 아들은 진사인 면(愐), 이(怡), 근(慬)이고, 사위는 모두 사인이다. 광악은 3남 3녀를 두었는데, 아들은 장(碾), 영(碤), 성(醎)이고, 사위는 모두 사인이다. 박회무는 1남을 두었는데 문과에 급제한 료(炓)이다. 유암에게는 아들이 없다. 이시명은 1남을 두었는데 참봉을 지낸 상일(尙逸)이다. 내외

在一處]'고 하면서 두 개념에 대한 불상리와 불상잡의 이중 구조를 주장하였는데, 이는 존재의 보편성과 특수성을 모두 한 논리 속에 확보하려는 의도였다. 이후 성리학이 우리나라로 넘어오면서 불상리와 불상잡 중 어느 것을 강조하는지에 따라 학파가 갈리게 되어, 이이(李珥)를 중심으로 하는 기호학파는 전자를, 이황을 중심으로 하는 영남학파는 후자를 택하게 된다. 《晦庵集 卷46 答劉叔文》《한국사상사연구회, 조선유학의 개념들, 예문서원, 2002, 51~59쪽》

의 증손과 현손은 남녀 모두 90여 명으로 다 기재하지 못한다. 명(銘)은 다음과 같다.

공이 남쪽 서실에 있을 때엔	公在南齋
좌우에 온통 도서를 둘렀으니	左圖右書
예악에 유유자적하는 집이었고	從容禮樂之廬
공이 궁궐에 있을 때엔	公在禁省
붓을 꼽고 향을 머금었으니[40]	珥筆含香
고결한 한림의 낭관이었네	蕭灑翰林之郎
한번 나서서 의를 드높이자	一出抗義
갑옷이 서릿발처럼 번뜩이니	鐵衣耀霜
어쩜 그렇게 충직한 마음 펼쳐 냈나	何其忠膽之張
커다란 나무 갑자기 부러져[41]	大樹遽折
말가죽에 싸인 채 고향으로 돌아오니[42]	馬革還鄉

40 붓을……머금었으니 : 사관(史官)과 시신(侍臣)이 되었다는 말로, 여기서는 각각 김해가 1589년 예문관 검열과 승문원 정자가 된 것을 가리킨다.

41 커다란……부러져 : 김해의 죽음을 가리킨다. '커다란 나무'는 자신의 전공을 자랑하지 않는 장군을 비유하는 말이다. 후한(後漢)의 개국 공신 풍이(馮異)가 광무제(光武帝)를 섬기면서 가장 많은 전공을 세웠으나 사람됨이 겸손하여 남들이 전공을 논할 때마다 언제나 아무 말 않고 큰 나무 아래에서 한가로이 쉬고 있었으므로, 군중에서 그를 대수장군(大樹將軍)이라고 불렀다는 고사에서 온 말이다. 《後漢書 馮異列傳》

42 말가죽에……돌아오니 : 나라를 위한 충정으로 싸우다 장렬히 전사한 뒤 말가죽에 싸인 채 고향에 돌아와 묻혔다는 뜻이다. 후한 복파장군(伏波將軍) 마원(馬援)이 "남아는 의당 변방의 전쟁터에서 죽음을 바쳐 말가죽에 시체가 싸여 돌아와 묻혀야 하니, 어찌 침상 위에 누워 아녀자의 손안에서 죽겠는가."라고 한 데서 유래했다. 《後漢書 馬援列傳》

천도의 뜻 이해하지 못하겠네	天道之不可詳
학문 아니면 어떻게 충성하였겠으며	匪學曷忠
충성 아니면 어떻게 순절하였겠는가	匪忠曷殉
슬프구나 중도에 운명하고 만 것이	嗟哉中途之殞
내 명을 짓고 바위에 새겨	我銘以刻
많은 사람에게 고하노니	俾詔千億
진정 나약한 자 뜻을 세우리라[43]	允矣懦夫之立

43 진정……세우리라 : 《맹자》〈만장 하(萬章下)〉의 "백이의 풍모를 들으면 완악한 자가 청렴해지고 나약한 자가 뜻을 세우게 된다.〔聞伯夷之風者, 頑夫廉, 懦夫有立志.〕"라는 구절을 원용한 것이다.

건원릉 참봉 김공 묘갈명

健元陵參奉金公墓碣銘

공의 휘는 경온(景溫), 자는 광보(光甫), 성은 김씨(金氏)로서, 그의 가문은 대대로 높은 벼슬을 지낸 집안이고 그가 종사한 일은 독서하며 자신을 수양하는 것이었다. 공은 일찍이 가솔을 이끌고 단사협(丹砂峽)으로 들어가 은거하여 자기가 뜻한 바를 추구하면서 남은 세월이 얼마 되지 않는다는 사실도 모른 채 살아가고 있었다. 그런데 그때 한 어사(御史)의 추천에 의해 능서랑(陵署郎 능참봉)으로 조정의 부름을 받았는데, 사은숙배를 마치자마자 곧장 벼슬을 버리고 돌아가 43세의 나이로 생애를 마쳤다. 이에 군자들은 한탄하기를,

"재주 있는 이를 쓰느냐 쓰지 않느냐는 사람의 소관인바, 그것은 물론 되는대로 내버려 둘 일이다. 그러나 안타까운 점은 하늘이 그에게 세월을 더 허락해 주지 않아 대업을 완수할 수 없도록 한 것이니, 역시 천도가 인사를 이길 수 없는 것인가."

하였다.

공은 어려서부터 총명하여 15세가 되기도 전에 벌써 화려한 명성을 드러내었다. 14, 5세에 권하당(權荷塘), 권창설(權蒼雪)[44] 두 공에게 인사드리러 갔는데, 두 공이 막 《자양강목(紫陽綱目)》[45]에 관해 논하

44 권하당(權荷塘), 권창설(權蒼雪) : 하당(荷塘) 권두인(權斗寅, 1643~1719)과 창설재(蒼雪齋) 권두경(權斗經, 1654~1725) 형제를 가리킨다. 권두인의 자는 춘경(春卿)이고 권두경의 자는 천장(天章)이다.

다가 기억해 내지 못하는 부분이 생기자 공이 곁에서 마치 자기 말을 하는 양 그에 대한 대답을 내놓았다. 이에 두 공이 놀라며 "기재(奇才)로다."라고 하고는 공을 머무르게 하고 함께 묵으면서 강론과 토론을 수일에 걸쳐 하고서야 그 모임을 파하였다. 약관의 나이에 향시(鄕試)에서 장원을 차지하였고, 이후 회시(會試)가 열렸을 때에는 높은 등수를 차지하여 과장(科場)에서 휘장(揮場)되던 시권이 있었는데 바로 공이 작성한 것인지라 친척과 벗 들이 다들 축하해 주었다. 그런데 나중에 합격자 명단에 게시된 것은 정작 다른 사람의 이름이었고, 이에 축하해 주던 사람들이 하나같이 모두 분해하였으나 공은 웃기만 할 뿐 그 일을 따져 묻지 않았다. 이후 동당 회시(東堂會試)의 응시를 앞두고 어떤 사람이 사표(私標)를 들고 찾아오자 그것을 물리쳤고, 회시를 보러 시험장에 들어갔을 때 한 늙은 선비가 공이 지은 책문(策文)을 부러워하며 "그것을 가지고 싶은데, 그대는 이름을 고쳐서 내줄 수 없겠는가?"라고 하자 공은 즉시 그것을 줘 버렸다. 또 일찍이 성시(省試 복시(覆試))에서 장원을 차지하고도 얼마 뒤 합격자 명단에서 제외된 적도 있었는데, 이는 공이 작성한 대책문(對策文)의 많은 부분이 몹시도 솔직했던 나머지 시휘(時諱)를 저촉하였기 때문이다. 그리하여 35세에 국자감 진사에 입격한 것에 그치고 말았다.

공은 집안에서의 행실이 순박하고 돈독하였다. 모친상을 당해서는 예제(禮制)를 매우 엄격하게 지켰고, 일찍 부친을 여읜 것을 애달파한 나머지 백씨(伯氏)를 마치 부친 모시듯 하여 7, 8년의 세월을 하루같이

45 자양강목(紫陽綱目) : 송(宋)나라 학자 주희(朱熹)가 지은 《자치통감강목(資治通鑑綱目)》을 말한다. 자양은 주희의 별호이다.

밤에 잠도 안 자고 끼니도 제때 못 하면서 고질병을 간호하였다. 이에 백씨가 비록 병든 와중에도 공을 염려하여 매번 물러가도록 하였으나 그때마다 공은 서성이면서 차마 자리를 떠나지 못하였으며, 백씨의 상을 당하여서는 너무 심하게 애통해한 까닭에 병이 들기도 하였다. 한편 일찍이 꿈에 한 신인(神人)이 나타나 높이 솟은 바위 옆에 있는 차디찬 우물을 가리키며 "이것이 그대가 머물 곳이다."라고 말해 준 일이 있었다. 백씨의 상이 끝나자 집안일을 고아가 된 조카에게 맡긴 뒤 이공 수연(李公守淵)[46]을 데리고 이른바 단사협을 거처로 정해 살았는데, 푸른 절벽이 두르고 맑은 물이 흐르는 것이 꼭 신인이 알려 준 바로 그 광경이었다. 그곳에서 날마다 경전과 사서에 침잠하였는데 특히나 《심경(心經)》을 즐겨 읽어서 손에서 놓은 적이 없었고, 의심나는 것을 질문해 오는 자가 있으면 흔쾌히 알려 주면서 피곤한 줄 몰랐다. 또 한가한 날에는 이공(李公)과 함께 작은 배를 타고 물길을 오르내리면서 시 읊고 노래하며 배가 떠가는 대로 몸을 맡긴 채 날이 저물지 않는 한 돌아오는 법이 없었다. 단사협은 고향 마을과 먼 까닭에 하루 종일 가야만 도착할 수 있는 곳인데도, 선조의 기일에 달려가지 않은 적이 없었고 제부(諸父)의 생신날이 되면 술과 안주를 마련하여 찾아가 축수하지 않은 적이 없었다. 조그마한 전장(田莊)에 수확물이 생기면 가난한 형제에게 보내 주고 이웃에 사는 천례(賤隷)가 가난으로 모친을 염하지 못하면 그를 위하여 재물을 공급해 주면서도, 정작 자신의 집은 도리어 거친 밥조차 잇지 못하였다. 성품이 강직하여 남을

46 이공 수연(李公守淵) : 이수연(1693~1748)의 자는 희안(希顏), 호는 청벽(靑壁)으로 이황의 6세손이다.

용인하지 못하는 것에 대해 늘 걱정하면서 그러한 자신의 결점을 통렬히 고치고 바로잡았는데, 그 결과 일 처리는 간결하면서도 사리에 마땅하게 되고 남을 대할 때는 온화하면서도 돈독하게 되었다. 이에 사촌동생 경필(景泌)[47]이 늘 말하기를 "우리 형이 기질을 변화시킨 것은 고인(古人)한테 부끄러울 것이 없다."[48]라고 하였다.

김씨는 본래 의성(義城) 사람이다. 고려 때 태자첨사(太子詹事)를 지낸 분이 있었으니 용비(龍庇)란 분이고, 우리 태조(太祖)를 보좌하여 호남도 병마사(湖南道兵馬使)를 지낸 분은 용초(用超)이다. 그로부터 6대를 지나 희삼(希參)에 이르러서는 중종(中宗), 인종(仁宗), 명종(明宗) 세 조정에서 도를 드날렸으나 권간(權奸)의 뜻에 거슬려 크게 쓰이지 못하고 대총재(大冢宰)로 추증되었으니, 학자들이 칠봉(七峯) 선생이라고 칭하고 향현사(鄕賢祠)를 세워 제향해 주었다. 이분은 호가 개암(開巖)인 우굉(宇宏)과 호가 동강(東岡)인 우옹(宇顒) 형제

47 경필(景泌) : 김경필(金景泌, 1701~1748)의 본관은 의성, 자는 원중(源仲), 호는 학음(鶴陰)이다.

48 우리……없다 : 고인은 송나라 학자 여조겸(呂祖謙)으로, 김경온(金景溫)이 자신의 나쁜 기질을 좋게 변화시킨 노력과 성과가 여조겸의 경우에 비추어 봐도 손색이 없다는 말이다. 여조겸은 젊은 시절 음식이 성에 안 차면 언짢은 마음으로 그릇을 깨부수기까지 하는 등 거칠고 포악한 성품의 소유자였는데, 후일 오랫동안 병을 앓다가 《논어》 〈위령공(衛靈公)〉의 "자신은 엄격하게 책망하고 남은 가볍게 책망한다면 다른 사람의 원망이 멀어질 것이다."라는 구절을 읽고는 문득 평소 가졌던 분노의 성미가 눈 녹듯 사라졌다고 한다. 이를 두고 주희는 "학문을 백공(伯恭)처럼 해야만 비로소 기질을 변화시킬 수 있다."라고 칭송하였고, 그 결과 여조겸의 이 일화는 조선의 사대부에게 학문과 수양을 통해 나쁜 기질을 좋게 변화시켰던 대표적 선례로 자리 잡았다. 《宋史 儒林列傳 呂祖謙》《心經 卷1 懲忿窒慾章》 백공은 여조겸의 자이다.

를 낳았다. 이 두 분은 남명(南冥)과 퇴도(退陶)의 문하에서 공부하여 우뚝하게 명현(名賢)이 되었는데, 그중 개암은 홍문관 부제학을 지냈으며 공에게는 6대조가 된다. 증조는 추길(秋吉)로, 국자감 생원인데 아들의 신분이 귀해짐에 따라 추은(推恩)되어 가선대부로 품계가 오르고 이조 참판으로 추증되었다. 조부는 성구(聲久)로 강원도 관찰사를 지냈고 호는 팔오헌(八吾軒)이며 마을의 사당에서 제향한다. 선고는 여건(汝鍵)으로 홍문관 수찬을 지냈다. 선비는 광주 이씨(廣州李氏)로, 석담(石潭) 이윤우(李潤雨)의 현손이자 이휴명(李休命)의 따님이다.

공은 숙종 17년 임신년(1692, 숙종18)에 태어나 영종(英宗) 갑인년(1734, 영조10) 12월 7일에 세상을 떠났다. 장지(葬地)는 예안(禮安) 노은곡(老隱谷) 병향(丙向)의 언덕에 있다. 배위는 진성 이씨(眞城李氏)로 퇴도 선생의 6세손인 현령 이수겸(李守謙)의 따님이다. 시어머니를 지극정성으로 모시고 남편을 손님인 양 공경하여 동서와 시댁의 일족이 모두 현숙하다고 말하였고, 늙고 병들었을 때에도 도리어 누운 채로 길쌈하고 제수 음식을 차릴 때에도 반드시 직접 나서서 정결함을 다하였다. 또 젊은 부녀자들이 언서(諺書)를 외고 익히는 것을 보고는 "언문이란 그저 사람의 뜻을 전달하는 것일 뿐이거늘, 어찌 부녀자의 일을 버려두고 그것에 힘쓸 수 있겠는가."라고 질책하였다. 현령공(縣令公)은 늘 말하기를 "내 일전에 고을을 다스리던 때 내 딸이 물건 하나라도 청하는 것을 보지 못하였다."라고 하였다. 미망인이 된 뒤로 현령공과 숙인(淑人)이 잇달아 세상을 떠나자 전후로 도합 7년 동안이나 초목의 자미(滋味)[49]를 입에 가까이하지 않았다. 아들들이 일찍 아

49 초목의 자미(滋味) : 《예기(禮記)》 〈단궁 상(檀弓上)〉에 "증자가 말하기를 '상중

버지를 잃었기 때문에 어떠한 일에든 몹시도 절실하게 경계하고 질책하였는데, 아들 진동(鎭東)이 양자로 나가 족부(族父)의 후사가 되자 "너의 양어머니를 잘 모셔야 한다. 늙은 나로 인해 조금도 해이해져서는 안 된다."라고 늘 경계하였다. 을해년(1755) 3월 24일에 생애를 마치니, 향년 65세였다. 사향(巳向)의 언덕에 장사 지냈는데, 바로 공의 묘 아래이다.

3남 4녀를 낳았는데, 아들은 익동(翼東), 진동, 두동(斗東)이고 사위는 남필용(南必容), 진사 유도원(柳道源), 이동은(李東殷), 김일련(金一鍊)이다.

익동은 3남 3녀를 두었는데, 생원 희설(熙卨), 희열(熙說), 희발(熙發)이며 사위는 유경휴(柳敬休), 이태운(李泰運), 권사눌(權思訥)이다. 진동은 2남 4녀를 두었는데, 아들은 희분(熙奮), 희질(熙質)이며 사위는 이사심(李師心), 이유원(李有源), 권사규(權思奎), 장시하(張時夏)이다. 두동은 2남 3녀를 두었는데, 아들은 희민(熙民), 희락(熙洛)이며 사위는 이광욱(李光頊), 권정(權鼎), 계미행(季未行)이다. 남필용은 2남 6녀를 두었는데, 아들은 한조(漢朝), 한종(漢宗)이며 사위는 모두 사인(士人)이다. 유도원은 3남 4녀를 두었는데, 아들은 생원 범휴(範休), 낙휴(洛休), 현휴(玄休)이며 사위는 모두 사인이다. 이동은은 1남을 두었는데 건운(健運)이다. 김일련은 2녀를 두었는데, 사위

에 병이 있으면 고기를 먹고 술을 마시되, 반드시 초목의 자미가 있어야 한다.'라고 하였으니, 생강과 계피를 말한 것이다."라고 한 데서 유래한 말로, 그 자체로 상중에 입맛을 돋우기 위해 먹는 생강과 계피 등을 말하기도 하나, 여기서는 고기와 술 일체를 포함한 뜻으로 쓰였다.

는 모두 사인이다. 증손은 다 기록하지 못한다. 명(銘)은 다음과 같다.

단사(丹砂)의 골짜기에 고운 노을 모여든 곳[50]은	砂之峽雲霞攸積
석인[51]의 집이며	維碩人之宅
단사의 방에 있는 만 축의 도서는	砂之室圖書萬軸
석인의 즐거움이라네	維碩人所樂
바라건대 벼슬 내리는 글이여	願言除書
우리 담쟁이덩굴을 뚫지 말며	毋穿我蘿蔦
우리 물고기와 새를 놀래지 말라[52]	毋駭我魚鳥
43년의 세월을 짧은 기간이라 하지 말라	四十三歲毋曰短局
다른 이의 86세에 필적할 만한 것을	可敵人八十有六
맑은 풍모가 아득히 멀어지매	淸風緬邈
선비들은 본받을 분을 잃었으니	士失儀式
내 영남을 위하여 서글퍼하노라	吾爲嶺南而愴惜

50 고운……곳 : 속세를 벗어난 곳을 비유한 말이다. 《남제서(南齊書)》〈고일열전(高逸列傳) 고환(顧歡)〉에 "신은 그윽하고 깊은 데 뜻을 다하여 영화와 권세에 물들지 않고 고운 노을 내려앉은 곳에 만족하여 녹봉으로 봉양하는 것은 필요하지 않습니다. 〔臣志盡幽深, 無與榮勢, 自足雲霞, 不須祿養.〕"라고 하였다.

51 석인(碩人) : 속세를 떠나 은거한 현인(賢人)을 뜻하며, 김경온을 가리킨다. 《시경》〈위풍(衛風) 고반(考槃)〉에 "시냇가에 안식처를 마련하니, 석인의 넉넉한 마음이로다. 혼자 자고 깨고 혼자 말하여도, 길이 잊지 않기로 맹서하도다.〔考槃在澗, 碩人之寬. 獨寐寤言, 永矢弗諼.〕"라고 하였다.

52 바라건대……말라 : 전원에 묻혀 한가롭게 사는 김경온에게 조정의 임명장이 오지 말기를 바란 것이다.

증 이조 참판 행 통정대부 수 강원도 관찰사 경연당 이공 묘갈명

贈吏曹參判行通政大夫守江原道觀察使景淵堂李公墓碣銘

공의 휘는 현조(玄祚), 자는 계상(啓商), 호는 경연당(景淵堂)이며, 우리 태종(太宗)의 별자(別子)로서 시호가 제간공(齊簡公)이고 휘가 비(裶)인 경녕군(敬寧君)의 8세손이다. 경녕군이 봉작을 받은 뒤로 4대를 지나 고조인 휘 희검(希儉)에 이르러 왕실의 족보에서 빠지게 되자 비로소 과거를 통해 출사하여 병조 판서를 지내니, 호를 국재(菊齋)라 하였다. 이분이 휘 수광(睟光)을 낳았는데, 이조 판서를 지냈고 호는 지봉(芝峯), 시호는 문간공(文簡公)이며 도학과 문장으로 사림의 숭앙을 받았다. 이분이 휘 성구(聖求)를 낳았는데, 상상(上相)의 지위에 올랐고 호는 분사(分沙), 시호는 정숙공(貞肅公)이며, 부인 권씨(權氏)는 강도(江都)의 난리 때 순절하였다. 이상은 공의 증조, 조고(祖考), 조비(祖妣)가 된다. 선고의 휘는 석규(碩揆)로, 호조 좌랑을 지내고 이조 참판에 증직되었다. 선비(先妣)는 여흥 민씨(驪興閔氏)로 정부인(貞夫人)에 증직되었으며 좌랑 민성복(閔聖復)의 따님이다.

공은 일찍 부모를 여의었으나 능히 스스로 학문에 힘써 문장으로 한 시대를 울렸다.

숙종 신유년(1681, 숙종7)에 상상(上庠)에 올랐다.[53]

53 상상(上庠)에 올랐다 : 사마시에 입격하여 성균관에 입학하였다는 말이다.

임술년(1682)에 과거에 급제하였다. 이듬해 승문원에 배속되었는데 하루도 안 되어 추천에 의해 예문관에 들어가 한림이 되었고, 이후 차서에 따라 대교로 승진하였다. 당시 정직한 이들을 못마땅하게 보던 자들이 허 문정(許文正)의 직첩을 회복시키려던 조치를 저지하자 공이 소장을 올려 그것이 무고임을 밝히다가[54] 삭출되었다. 1년이 지난 뒤 비로소 서용(敍用)되어 봉교를 거쳐 전적(典籍)에 올랐고, 낭서(郎署)와 도사(都事)를 역임하였다. 강진 현감(康津縣監)에 제수되었으나 부임하지 않았고 사헌부 지평에 제수되었다.

무진년(1688)에 명을 받들고 호서(湖西)의 의옥(疑獄)을 안찰하였다. 돌아온 뒤에는 사간원 정언에 제수되고 지제교에 선발되었다.

기사년(1689) 봄에 옥서(玉署)에 들어가 수찬에 제수되었고, 얼마 지나지 않아 상이 원자(元子) 정호(定號)를 저지하는 조정의 신하들을 척출(斥黜)함으로써 조정의 국면이 일신되자[55] 헌납에 제수되었다. 얼마 뒤 교리로 천직하고 이조 좌랑과 북평사(北評事)로 개차(改差)되었다가, 얼마 후 또 호당(湖堂 독서당(讀書堂))으로의 휴가를 하사받았다.

54 당시……밝히다가 : 1684년 1월 25일 이굉(李宏)을 비롯한 사헌부 관리들이 허목(許穆)의 삭탈된 관작을 회복시키려는 숙종의 조치에 반대하면서 그 명분으로 효종의 정치가 문란하였다고 한 허목의 발언 등을 문제 삼았다. 그러자 다음 날 이현조(李玄祚)가 상소하여 허목이 설사 과한 말을 하였다고 해도 그것은 산야(山野)의 성품에서 비롯된 결과에 불과하다는 말로 허목을 두둔하였다.《肅宗實錄 6年 5月 15日, 8年 4月 27日・5月 2日, 10年 1月 25日・2月 18日》《記言 年譜 卷2 眉叟許先生年譜》

55 상이……일신되자 : 1689년 서인들이 희빈(禧嬪) 장씨(張氏)의 소생인 왕자 이윤(李昀)의 원자 책봉을 반대하자, 이에 분노한 숙종이 당시 집권 세력인 서인들을 축출하고 경신대출척(庚申大黜陟)으로 실각한 남인들을 다시 등용하여 집권 세력의 일대 변화가 일어난 것을 말한다. 이를 기사환국(己巳換局)이라고 한다.

이상은 모두가 더할 나위 없이 가장 훌륭한 선발이었다.

공은 사람됨이 따뜻하고 인자하며 마음 씀씀이는 공평하였다. 이에 입장이 같고 다름에 따라 어느 한쪽에 치우치지 않았고 개인적 이해에 따라 지조를 빼앗기는 법이 없어 늘 "마음속에 물아(物我)의 구분을 두어서는 안 되니, 물아의 구분이 명확한 자는 사심이 무거워진다."라고 말하고는 하였다. 그런데 이때가 되자 상으로부터 온 나라의 전권을 위임받은 자들 모두 공의 친척이나 오랜 벗들이어서 좋은 직함과 높은 벼슬자리가 일제히 공에게 내려졌는데, 막상 공은 오히려 세도를 걱정하면서 홀로 청의(淸議)를 견지하여 위엄 있는 모습으로 가히 범접할 수 없는 부분이 있었다. 곤전(坤殿)이 손위(遜位)하게 되자[56] 천관 원외랑(天官員外郎)으로서 제조(諸曹)의 낭관(郎官)들에게 급히 편지를 보내어 함께 항장(抗章)하자고 요청하였다가, 대신(大臣)들이 백관을 거느리고 대궐 뜰에서 호소한다는 소식[57]을 듣고 말하기를 "의리상 진실로 마땅한 일이다. 내 어찌 낭관으로서 소장을 올리겠는가."라고 하고 마침내 그 대열에 참여하였다. 그런데 3일 반나절 만에 대신들이 엄명을 받아 대죄(待罪)함에 따라 대궐 뜰에서 하던 호소를 그만두자 곤전은 마침내 보여(步輿)를 타고 대궐을 나가게 되었고, 이에 공은 조방(朝房)에서 뛰쳐나가 대궐 뜰에서 거적을 깔고 곡을 하며 곤전을 전송하였다. 정재(定齋) 박공(朴公)이 절개를 굽히지 않아 형을 받게

56 곤전(坤殿)이 손위(遜位)하게 되자 : 곤전은 중전(中殿)을 지칭하는데, 1689년에 인현왕후(仁顯王后)가 폐출되고 희빈 장씨가 중전에 오른 일을 말한다.

57 대신(大臣)들이……소식 : 1689년 4월 숙종이 인현왕후의 폐위를 결정하자 그에 반대하여 좌의정 목내선(睦來善)과 우의정 김덕원(金德遠) 등이 백관을 이끌고 정청(庭請)한 일을 말한다. 《肅宗實錄 15年 4月 25日》

되었을 때에는,[58] 권귀(權貴)를 면전에 두고 "어찌 힘써 간쟁하지 않는가."라고 꾸짖으면서 비분강개하여 눈물을 흘리기까지 하였고, 박공이 옥에서 나온 뒤 형독(刑毒)이 발병하여 천금이 드는 양약(良藥)이 필요한데 마련할 방법이 없자 가산(家產)을 출연하여 도움을 주기도 하였다. 또 대궐 뜰에서 호소하였던 초반에 권신 민종도(閔宗道)[59]가 상서성(尙書省)에 앉아 거만한 태도를 보이며 말하기를,

"오늘날의 이 일을 두고 사람들은 더러 의리상 마땅히 죽어야 한다고 말하지만, 의리가 어찌 그렇겠는가."

하자, 공이 격분하며 말하기를,

"임금과 신하는 아버지와 자식 같은 것이다. 아버지가 허물이 있는데 자식이 간쟁하지 않고 어머니가 자리를 불안히 여기는데 자식이 격정하지 않으면서 묵묵히 방관만 하니, 나는 의리가 그렇단 말을 들어본 적이 없다."

하였다. 이후 상이 신하들과 조회할 때 폐궁(廢宮)을 언급하면서 조금의 염려나 안타까움도 내보이지 않는 한편, 이에 연석(筵席)의 신하들

58 정재(定齋)……때에는 : 정재는 박태보(朴泰輔, 1654~1689)의 호이다. 1689년 4월 25일 박태보가 오두인(吳斗寅), 이세화(李世華) 등 86명과 함께 인현왕후의 폐위를 반대하는 상소문을 올렸다가 상소문의 집필자로 지목당하여 모진 형신(刑訊)을 당한 일을 말한다.《肅宗實錄 15年 4月 25日, 26日》 박태보의 본관은 반남(潘南), 자는 사원(士元), 시호는 문열(文烈)로, 서계(西溪) 박세당(朴世堂)의 아들이다.

59 민종도(閔宗道) : 1633~? 본관은 여흥(驪興), 자는 여증(汝曾)으로, 민암(閔黯)의 조카이다. 당대 사림으로부터 음험하고 흉악한 인물이라는 평가를 받았으며 희빈 장씨의 오빠인 장희재(張希載)와 결탁하여 음모를 꾸미고 인현왕후의 폐위를 조장하였다는 비판을 받았다. 인현왕후 폐위를 반대하는 정쟁이 이루어질 무렵 민종도는 예조판서였다.《肅宗實錄 15年 4月 9日·23日, 19年 1月 13日》

이 황공해하면서 역시 훌륭한 말 한마디 올리지 못하자, 공은 "신하는 감히 이렇게 해서는 안 되며, 아무리 상이라고 해도 이렇게 해서는 부당합니다."라고 소리 높여 말하였다. 그 뒤 길을 가다 폐저(廢邸)를 지날 때면 반드시 말에서 내려 종종걸음으로 지나가 혹이라도 나태한 모습을 보이지 않으니, 그 광경을 보는 자들이 모두 감복하였다.

북평사의 직임을 마치고 돌아왔을 적에는 차자(箚子)를 올려 말하기를 "요즈음 대각에서 무사(武士)를 논핵할 때 걸핏하면 '김석주(金錫胄)와 이사명(李師命)[60]의 문하에 출입하였다.'라고 말합니다. 두 사람이 병조 판서로 있던 기간이 오래였고, 일찍이 그 문하에 출입하였다는 이유를 가지고 무사들에게 죄를 씌운다면, 이 어찌 관대한 정사라 하겠습니까."라고 하니, 상이 훌륭하다고 칭찬하고 이어 북로(北路)에 관한 일을 물은 뒤 공의 의견을 많이 채택해 시행하였다. 이로부터 서학(西學), 중학(中學), 한학(漢學)의 교수로 누차 천직하고 교서관 교리를 겸직하였으며, 이조 정랑을 제수받고 시강원 문학을 겸직하였다. 또 승진하여 사인(舍人), 부응교, 사간에 제수되고 보덕(輔德)을 겸직하였다.

이 당시 상이 오정창(吳挺昌)에게 사제(賜祭)하자[61] 공이 사간으로

60 김석주(金錫胄)와 이사명(李師命) : 김석주(1634~1684)의 본관은 청풍(淸風), 자는 사백(斯百), 호는 식암(息庵)이다. 이사명(1647~1689)의 본관은 전주(全州), 자는 백길(伯吉), 호는 포암(蒲菴)이다. 이 두 사람은 인척 관계이자 당색은 서인으로, 남인을 몰아내는 데 주도적인 역할을 하였다.《瑞石集 卷15 奮忠效義炳幾協謨保社功臣……淸城府院君金公諡狀》《淵泉集 卷33 兵曹判書李公諡狀》

61 상이 오정창(吳挺昌)에게 사제(賜祭)하자 : 1690년 1월 숙종이 경신환국으로 남인이 몰락할 때 삼복(三福)의 역모 사건에 연루되어 사사된 오정창에게 제사를 내려

서 그 명을 거두어 주기를 청하였다. 그런데 동료 대관(臺官) 중에 그 행동을 비난하는 자가 있자, 이에 공은 인피(引避)하면서 아뢰기를,

"오정창이 무고로 인해 사형을 당한 것은 나라 사람들이 공통적으로 안타까워하고 슬퍼하는 일이지만, 이남(李柟)[62]이 악역(惡逆)의 이름에서 벗어나지 못한 상황에서 오정창이 그 사실을 알고서도 능히 끊어 내지 못하였은즉, 그에 대해 죄가 하나도 없다고 하는 것이 괜찮은 일인지 신은 모르겠습니다."

하였다. 얼마 뒤 부묘 도청(祔廟都廳)으로 수고한 공로로 자급이 통정대부에 올라 호조 참의와 병조 참지에 제수되었다. 내성(內省)에 입직하였을 때 도헌(都憲) 목공 창명(睦公昌明)이 "지금 조사석(趙師錫)과 남용익(南龍翼)을 논핵하고자 한다."[63]라고 하자 공이 안 된다고 하였

준 것을 말한다. 오정창은 숙종 초기 남인의 중심 세력으로서 인평대군(麟坪大君) 이요(李㴭)의 처남이자, 복창군(福昌君) 이정(李楨), 복선군(福善君) 이남, 복평군(福平君) 이연(李㮒) 등 이른바 '삼복'의 외숙인데, 1689년 기사환국으로 다시 남인이 정권을 잡자 복관(復官)되었다가 이듬해 부호군 김원섭(金元燮)의 상소에 따라 숙종이 제사를 내린 것이다.《肅宗實錄 6年 閏8月 4日, 16年 1月 15日·9月 21日》 이현조는 숙종의 이 조치에 반대하다 시의에 거슬려 외직으로 나가게 된다.《拙隱遺稿 卷6 先考守江原道觀察使府君行錄年紀》

62 이남(李柟) : 인조의 손자이자 인평대군의 둘째 아들인 복선군을 말한다. 형 복창군 이정, 아우 복평군 이연과 함께 '삼복'으로 불리며 남인 인사들과 가깝게 지내다가 1680년에 남인의 영수(領袖) 허적(許積)의 서자인 허견(許堅) 등의 추대를 받고 역모를 꾀하였다는 서인 측의 고변으로 두 형제와 함께 사사(賜死)되었다.《燃藜室記述 卷34 庚申大黜陟許堅之獄》

63 지금……한다 : 조사석은 1690년 왕세자 책봉 의례에 참석하지 않았다는 이유로, 남용익은 1689년 희빈 장씨의 아들 이윤의 원자 정호를 반대하고 동시에 원자 정호 이후 지은 반교문(頒敎文)에서 희빈 장씨를 모욕하는 부적절한 고사를 인용하였다는

는데, 이에 목공(睦公)이 말하기를,

"조(趙)는 상이 죄주려는 자이고, 남(南)은 현재의 논자들이 논핵하려는 자이다. 게다가 굳이 대놓고 말할 일은 아니나 용서하기 어려운 일이 있다."

하니, 공이 대번에 말하기를,

"상이 죄주려고 할 때 그에 따라 죄주고, 현재의 논자들이 논핵하려고 할 때 그에 따라 논핵한다면 대각(臺閣)을 장차 어디에 쓰겠습니까. 또 어떤 사람에게 따질 만한 점이 있다면 곧바로 그 점을 따져야 하는 것이지, 어찌 음해하듯 해당 일을 숨기고 일부러 다른 일에 빙자하여 말을 만들 수 있겠습니까."

하였다. 이에 목공이 누차 칭찬하고 탄복하였다. 이후 동부승지로 천직하고 차서대로 우부승지로 승진하였다. 곧 외직으로 나가 회양 부사(淮陽府使)가 되었는데, 이는 주장한 의론이 시의(時議)에 거슬려 외직으로 보내진 것이다.[64] 1년을 있다 사직하고 귀향하였다.

계유년(1693)에 대사간에 제수되었다. 부정(副正) 장만춘(張萬春)이 권세가에게 몸을 의탁하여 그 집안의 명성을 실추하였다고 논핵하였는데,[65] 이때의 권세가란 장희재(張希載)를 가리킨다. 이 일로 장희

이유로 논핵하고자 한 것이다. 이 일로 결국 두 사람 모두 유배되어 배소(配所)에서 사망하였다. 《肅宗實錄 15年 1月 17日, 17年 閏7月 17日·10月 6日·20日》《壺谷集 卷13 元子定號後頒敎文》

64 이는……것이다 : 사간으로서 오정창의 사제(賜祭)에 반대 의견을 낸 것을 말한다. 235쪽 주61 참조.

65 그……논핵하였는데 : 장만춘이 17세기 영남 남인을 대표하는 학자인 여헌(旅軒) 장현광(張顯光)의 증손이기 때문에 이렇게 말한 것이다. 1680년 경신환국 때 역모에

재의 원한과 분노가 이르지 않는 데가 없었는데, 우상(右相) 민암(閔黯)[66]이 개인적으로 공에게 말하기를,

"어찌 조금 더 고려해 보지 않았는가."

하자, 공이 말하기를,

"장희재는 무뢰배로서 왕실의 지친(至親)이거늘, 장만춘이 현인(賢人)의 자손으로서 아첨과 아부로 그를 섬겨 족보의 서열로 말하고 다니니, 전혀 부끄러워할 줄 모릅니다. '간(諫)'이란 이름으로 벼슬한다면 논해야 할 것은 논해야 하니, 아무리 고려해 본다 한들 어찌 멈출 수 있겠습니까."

하였다. 또 외직으로 나가 강원 감사가 되었는데, 시의에 의해 재차 외직으로 내보내진 것이다.

갑술년(1694)에 김춘택(金春澤)과 한중혁(韓重爀)의 은옥(銀獄)[67]

가담한 죄로 사형이 내려졌으나, 역모가 일어나기 전에 역모 사실을 미리 알린 공로로 형벌이 감해져 전라남도 보성(寶城)에 유배되었다가 유배지에서 생을 마감하였다.《肅宗實錄 17年 11月 13日, 20年 7月 4日・5日》

66 민암(閔黯) : 1636~1694. 자는 장유(長孺), 호는 차호(叉湖)이다. 당색은 남인으로 1693년 당시 그는 우의정을 맡고 있었는데, 이듬해 갑술환국에 연루되어 제주도 대정(大靜)에 위리안치(圍籬安置)되었다가 사사되었다.

67 김춘택(金春澤)과 한중혁(韓重爀)의 은옥(銀獄) : 1694년 김진귀(金鎭龜)의 장자 김춘택이 한중혁을 비롯한 서인 자제들과 함께 은화(銀貨)를 모아 궁중에 내통하여 폐위된 인현왕후의 복위를 도모하였다고 하여 일어난 옥사(獄事)를 말한다. 당시 우의정으로 있던 민암이 이 사건의 국문을 담당하면서 서인을 일망타진하려고 하였는데, 희빈 장씨의 방자한 행동에 불만이 커져 가던 숙종은 오히려 민암의 처사를 문제 삼아 남인을 대거 정계에서 축출하고 서인을 다시 등용하게 된다. 이를 갑술환국이라고 한다.《燃藜室記述 卷34 庚申大黜陟許堅之獄》

이 일어나 조정의 국면이 또다시 변하자 공은 소장을 통해 자신의 죄상(罪狀)을 진술하였는데, 소장을 4차례나 제출하고 나서야 해면을 허락받았다. 이에 임천(林川)에 있는 전장(田莊)으로 아무런 미련 없이 돌아가 그곳에서 노년을 마칠 계획을 하였다. 이로부터 안동 부사(安東府使), 해주 목사(海州牧使), 영광 군수(靈光郡守), 여주 목사(驪州牧使), 안변 부사(安邊府使)로 누차 제수되었는데, 해주와 여주는 사양하였고, 나머지는 모두 마지못해 억지로 부임하였다. 공은 당초 회양(淮陽)에 재임하던 때 상소를 통해 궁방(宮房)과 아문(衙門)의 절수(折受)에 따른 폐단을 아뢰어 허락하는 비답을 받은 적이 있었다.[68] 그러다 이때에 이르러 안동에서는 큰 흉년이 닥친 와중에 진휼을 펼쳐 수많은 이들의 목숨을 살려 내었고, 안변에서는 고을의 폐단을 논한 것이 조정에 보고되어 10년간 고을의 세금이 면제됨에 따라 계획을 수립하고 운영하여 장기적인 대비책으로 삼은 결과 백성들이 비로소 소생할 수 있었다.

경인년(1710)에 통진 부사(通津府使)가 되었다. 헌관(獻官)의 자격으로 제릉(齊陵)에서 제사를 지냈는데, 당시는 동지(冬至)라서 날씨가 몹시도 추웠던 상황이라, 목욕 도구를 가지고 오라고 명하였으나 수복(守僕)은 없다고 하였다. 그러자 공은 그를 질책한 뒤 정결하게 목욕을 하고 제사를 지냈는데, 이로 인하여 병에 걸려 11월 29일에 졸하니,

68 공은……있었다 : 이현조가 회양 부사로 있던 1691년 윤7월 25일 강원도 회양 수입면(水入面)이 수진궁(壽進宮)에 절수(折受)되어 생긴 폐단을 아뢰자 숙종이 혁파하라고 명한 것을 말한다. 《肅宗實錄 17年 閏7月 25日》 해당 상소는 《경연당집(景淵堂集)》 권5 〈신미칠월회양부사시읍폐소(辛未七月淮陽府使時邑弊疏)〉에 실려 있다.

향년 57세였다. 부음이 알려지자 상이 관원을 보내어 예법대로 제사를 지내 주었다.

공은 집에서 기거할 때 친애하는 이들을 돈독히 대하고 행검(行檢)을 숭상하였다. 그리하여 누군가 잘못된 행동을 하면 올바른 말로 꾸짖다가 허물을 고치면 기뻐하고, 누군가 위급한 일이 생기면 걱정하면서 진심을 다해 방편을 마련해 주고야 말았다. 또 조정에 있을 때에는 명예와 절조를 갈고닦았다. 이에 시장(試場)을 관장해서는 경쟁에 급급해하는 습속을 싫어하여 일체의 일을 공정하게 처리하였고, 한학(漢學)을 관장해서는 개인적으로 뵙기 위해 역관들이 보내오는 명함을 물리치고서 오직 공적인 자리에서만 그들을 접견하였으며, 병영(兵營)에서 보내오는 물품은 먹을 것이 아닌 경우에는 비록 가죽신과 같은 작은 물건일지라도 받지 않았다. 그런데 이상의 일들이 분명 혼탁한 세상 속의 탁월한 행위이기는 하나, 공에게는 그저 작은 일에 불과하다. 아아, 공의 평소 논의는 모두 의리(義理)로써 재단하고 제어한 것이라, 강하면서도 과격하지 않고 곧으면서도 명예를 추구하지 않았으니, 거대한 물길 속에서 의지할 만한 한 척의 배이자 비바람 속에서 쉼 없이 울어 대는 한 마리의 닭[69]이라 할 것이다. 훗날 시대를 거슬러 올라가 고인에 대해 논하는 자가 공의 당대를 논하면서 공이 어떠한 사람인지 알게 된다면, 아마도 그러한 사실을 알 수 있을 것이다. 공은

69 비바람……닭 : 비바람은 곧 난세(亂世)를 비유하는 것으로, 난세에도 법도를 변치 않는 이현조의 군자다운 면모를 가리킨 말이다. 《시경》 〈정풍(鄭風) 풍우(風雨)〉의 "비바람 몰아쳐 어둑한데도 닭은 쉼 없이 울어 대는구나. 이미 군자를 만났으니, 어찌 기쁘지 않으리오."라고 한 구절에서 유래하였다.

문집을 남겨 집안에서 소장하고 있었는데, 불행히도 불타 버린 탓에 여기저기서 주워 모아 사람들에게 전해지는 것이 겨우 3권밖에 되지 않으니 안타까운 일이다.

배위(配位)는 정부인 안동 김씨(安東金氏)로, 승지 김귀만(金龜萬)의 따님이다. 당초 공의 외조모 고씨(高氏)가 연로한 나이에도 자손이 없던 까닭에 공은 모친이 세상을 떠난 뒤 고씨를 모친처럼 모시고 있었다. 그러다 부인이 시집와서는 돌아가신 시어머니를 모시는 마음으로 고씨를 섬겨 생전과 사후 모두 온 심력을 다하니, 이를 두고 감복하지 않는 이가 없었고, 고씨가 죽자 부인은 집안 재산을 모두 그의 서자(庶子)에게 주었다. 공보다 15년이 늦은 을사년(1725, 영조1) 4월 9일에 졸하니, 향년 71세이다. 공은 처음에는 통진(通津)에 묻혔다가 춘천(春川)의 인풍(仁風) 정회동(亭檜洞)으로 개장되었고 부인도 그곳에 함께 묻혔다.

공은 후사가 없어 사촌 형제의 아들 한보(漢輔)를 아들로 삼았다. 만년에 측실한테서 아들을 두었는데, 이름은 한척(漢陟)이다.

한보는 3남 2녀를 낳았는데, 아들은 덕주(德胄), 혜주(惠胄), 헌주(憲胄)로 모두 문장으로 가문의 대를 이었으며 덕주는 특히 고아하다는 명성이 있었다. 사위는 정희좌(鄭熙佐), 권경언(權景彦)으로 모두 진사이다.

반(磐)과 이동저(李東著)의 처는 덕주의 소생이고, 추(硾)는 혜주의 소생이고, 폄(砭)과 강(矼)과 광(硄)과 김상지(金相贄)의 처는 헌주의 소생이다. 폄은 10여 세에 효행으로 쌀을 하사받았으나 끝내 상기를 마치지 못하고 요절하였다. 반의 아들은 정하(正夏)로, 두 딸을 두어 시집보냈다. 추의 아들은 윤하(潤夏), 인하(寅夏)이다. 윤하는 정숙공(貞肅公)의 종손인 극성(克誠)의 후사가 되었고, 두 딸을 두어 하나를 시집보냈다. 강의 아들은 조하(肇夏), 계하(啓夏)이며 딸 하나를 두어 시집보냈다. 광의 아들은 진하(震夏)이고 나머지 넷은 아직 어리다. 한척은 4녀를 두었다. 명(銘)은 다음과 같다.

등림에서 나는 건 모두가 견목이요	鄧產皆楨
곤산에서 나는 건 어김없이 대벽이니[70]	崑苗必珙
지봉의 가문은	芝峯之門
문학을 종자로 삼았네	文學爲種
경연이 그것을 계승하여	景淵承之
우뚝하게 맑은 풍모를 보이니	卓爾淸裁
옥서와 금규에서	玉署金閨
법도에 맞게 나아가고 물러났네	規進矩退
싸움터를 내려다보니	俯視爭場
흙탕물이 넘실거리는지라	濁潦汪濊
발을 구르며 소리쳐 불렀으나	頓足招招
빠져 있는 자들은 웃기만 할 뿐	溺者褎如

70 등림(鄧林)에서……대벽(大璧)이니 : 훌륭한 가문에는 어김없이 그에 걸맞은 자손이 이어진다는 비유이다. 등림은 신선이 사는 곳이자 좋은 재목이 가득하다고 하는 전설상의 숲이며, 곤산(崑山)은 곤륜산(崑崙山)이라고도 하는데 역시 신선이 사는 산이자 좋은 옥이 생산된다고 하는 곳이다. 당(唐)나라 문인 유종원(柳宗元)은 〈제최군민문(祭崔君敏文)〉의 첫머리에 "곤륜산에서 나는 것은 좋은 옥이 되기 어렵고 등림에서 심어진 것은 좋은 나무가 되기 어렵다."라고 하면서, 훌륭한 가문 출신은 오히려 그 때문에 두각을 나타내기 어렵다고 한 바 있다. 《山海經 卷8 海外北經》《柳河東集 卷40》

구름과 달 휘영청 밝으니	皎皎雲月
나에게 숲속의 집이 있네	我有林廬
혼자 선하게 되길 어찌 바라겠는가마는	獨善豈欲
취한 채 사는[71] 너희들 안타깝도다	唉爾醉生
그 글이 책 상자에 있으니	其書在篋
광채가 더욱 장구하리라	耿光彌長
그 덕을 상고하려 할진댄	有欲攷德
이 묘명을 살펴보라	視此銘章

71 취한 채 사는 : 요망한 독선과 아집에 매여 마치 취중에 있는 듯이 허망하게 사는 것을 가리킨다. 송(宋)나라 학자 정호(程顥)의 "도가 어두워진 뒤로부터 허탄하고 요망한 말들이 다투어 일어나서 백성의 귀와 눈을 가리고, 천하를 더럽고 혼탁한 데에 빠뜨리니, 비록 높은 재주와 밝은 지혜라도 견문에 빠져 취한 채 살고 꿈속에 죽어서 스스로 깨닫지 못한다.〔自道之不明也, 邪誕妖異之說競起, 塗生民之耳目, 溺天下於汚濁, 雖高才明智, 膠於見聞, 醉生夢死, 不自覺也.〕"라고 하였다. 《近思錄 卷14 觀聖賢》

대군사부 쌍봉 정공 묘갈명
大君師傅雙峯鄭公墓碣銘

월성(月城)은 고도(古都)로서, 문학적 재능을 품은 선비들이 찬란하게 이어져 온 곳이다. 그 가운데 양현(兩賢)[72]의 문하에서 직접 수학하여 학문적 도통을 확보하는 한편, 조정의 부름을 받는 영광을 바라지 않고 도를 즐기다 생애를 마침으로써, 세상을 떠난 지가 거의 백여 년이 지난 시점에도 사림들이 그 남겨진 향기에 젖고 이름난 선비가 그 행적을 서술하면서 오직 가려진 그 덕이 드러나지 못할까 염려하는 사람이 있으니, 쌍봉(雙峯) 정공(鄭公) 휘 극후(克後), 자 효익(孝翼)이 바로 그분이다.

공은 원만하고 중후하며 침착하고 무게가 있어, 평상시 말을 빨리하거나 얼굴빛을 갑자기 바꾸는 등의 모습을 보이지 않았다. 향상(向上)의 공부[73]에 특히나 깊은 노력을 가하여, 동이 트면 일어나 가묘(家廟)를 배알하고, 물러나서는 관복을 입고 자리에 앉아 밤이 되도록 책 읽기를 멈추지 않았다. 저술을 통해 드러난 것으로 말하자면, 《문묘향사지(文廟享祀志)》는 속유(俗儒)들이 제사 지내는 일을 강습하지 않

72 양현(兩賢) : 정구(鄭逑, 1543~1620)와 장현광(張顯光, 1554~1637) 두 현인을 말한다. 정구는 자가 도가(道可), 호는 한강(寒岡)이다. 장현광은 자가 덕회(德晦), 호는 여헌(旅軒)이며 정구에게 수학하였다. 두 사람 모두 뛰어난 학문으로 인하여 남인의 영수로 추앙받은 인물인데, 정극후(鄭克後)는 형인 정사물(鄭四勿)과 함께 그들에게서 수학하였다.

73 향상(向上)의 공부 : 214쪽 주26 참조.

기 때문에 지은 것이고, 《역년통고(歷年通攷)》는 동국(東國)의 선비들이 신라와 고려의 일을 알지 못하는 것을 안타깝게 여겨 지은 것이며, 《서악지(西岳志)》는 설총(薛聰), 김대문(金大問), 최치원(崔致遠) 등 삼현(三賢)이 남긴 업적이 민멸되는 것을 우려하여 지은 것이다. 또 일족을 돈독히 대한 것으로 말하자면 제각기 자기 일신만을 이롭게 하는 행동을 경계하였고, 후학을 진취하도록 한 것으로 말하자면 결연한 태도로 자기의 임무를 가르치고 이끄는 일에 두고서 기필코 그들로 하여금 성현이 한 말의 의미에 진실한 노력을 쏟아 대인군자(大人君子)의 경지에 도달하기를 추구하게 하였다. 아아, 이러한 것이 어떻게 아무런 학문적 계승 없이 이루어질 수 있겠는가.

공은 14세 때부터 이미 위기(爲己)와 위인(爲人)의 차이[74]를 알아, 종일토록 단정한 자세로 앉아 경전과 사서를 외고 익혔다. 이 당시 한강(寒岡)과 여헌(旅軒) 두 선생이 영남에서 도학을 창도하자 사방의 학자들이 두 분을 종주로 높였고, 이에 공은 두 분을 찾아가 학문을 배웠다. 그러자 여헌은 신묘할 정도로 잘 깨닫는 그 능력을 가상히

74 위기(爲己)와 위인(爲人)의 차이 : 위기지학(爲己之學)과 위인지학(爲人之學)의 차이로서, 오직 자신의 학문적 진보를 위해 한 글자도 허투루 보지 않는 깊고 정밀한 공부와 남에 대한 지식 자랑과 경쟁을 목적으로 암기와 박학에 힘쓰는 공부의 차이를 말한다. 북송(北宋) 때의 학자 사양좌(謝良佐)는 박람강기(博覽强記)를 학문이라고 여겨 자신의 박식함을 자랑하였던 한편, 그의 스승인 정호(程顥)는 역사서를 볼 때 한 줄 한 글자도 놓치는 것이 없을 정도로 학문적 정밀함을 추구하여 사양좌의 학문 태도를 '완물상지(玩物喪志)'라고 비판하였다. 그런데 이 상이한 학문 태도를 두고 남송(南宋) 때의 학자 주희(朱熹)는 "상채(上蔡)가 기억하여 암송한 것과 명도(明道)가 역사서를 본 것, 이것이 바로 위기와 위인의 차이이다."라고 하였다. 상채와 명도는 각각 사양좌와 정호의 호이다. 《近思錄 卷2 爲學》

여겨 특별한 예우를 하는 한편, 편지로 서로 절차탁마하는 가운데 도의(道義)와 관련한 것이 아니면 그 어떤 언급도 하지 않았고, 한강 역시 "월성에 인물이 있다."라며 감탄하였다. 공이 말과 행실을 갈고닦아 자기완성의 경지까지 이른 것은 누구도 속일 수 없는 분명한 학문적 연원 덕분이었다.

숭정(崇禎) 갑술년(1634, 인조12)에 조정에서 유행(儒行)으로 천거하여 동몽교관(童蒙教官)을 제수하였으나 나아가지 않았다.

병자년(1636)에 선릉 참봉(宣陵參奉)에 제수되자 소장을 올려 향례(享禮)에 관해 논하였다. 이듬해 금정도 찰방(金井道察訪)에 제수되었으나 부임하지 않았다. 그로부터 7년 뒤에 대군사부(大君師傅)에 제수되었는데, 유림으로서 선발된 것이었다. 이때 재이(災異)의 발생을 계기로 또 소장을 올려 임금의 덕에 관해 상세하게 말한 것이 수천 수백 글자에 달하였고, 얼마 후 다시 소장을 통해 원손(元孫)을 보양하는 방법에 관하여 논하였다. 그렇게 몇 개월의 시간이 흐른 뒤 늙고 병들었다는 이유로 사직을 하고서 흐뭇한 마음을 안은 채 고향 마을에 돌아왔다. 그러고는 관아 북쪽의 곤계산(昆季山) 아래에 집을 지은 뒤 형 곤봉공(昆峯公)[75]과 함께 책상을 잇대 놓고 강론하며 잠시도 서로 떨어지지 않았다. 아침마다 반드시 《중용》과 《대학》을 한 차례 암송하는 것을 과업으로 삼았고, 몹시 가난한 형편인데도 마치 때를 놓칠까 급급한 듯한 모습으로 남의 시급한 어려움을 도와주었다.

효종 무술년(1658, 효종9)에 공은 82세가 되었다. 병이 들자 시종이

75 곤봉공(昆峯公) : 정사물로, 그의 호가 곤봉(昆峯)이기 때문에 이렇게 칭한 것이다. 정사물은 자가 역안(亦顔)이며, 정극후와 마찬가지로 정구와 장현광의 문인이다.

죽을 권하였는데 “죽고 사는 것은 천리(天理)이니 그대로 따를 뿐이다.”라고 웃으며 말하고는, 조상을 받들고 일족을 중히 여기라는 뜻을 손수 글로 써서 후손들을 권면하였고, 임종할 때에는 손을 저어 부녀자들을 곁에 있지 못하게 한 뒤 편안한 모습으로 세상을 떠났다. 3월 14일의 일이다. 경주(慶州) 서쪽 주사성(朱砂城)의 유봉(酉峯) 사산(巳山)의 언덕에 장사 지냈다. 공이 세상을 떠나고 몇 해가 지나 조정에서 《동문선(東文選)》을 수찬하면서 공의 유집(遺集)을 확보하고자 하였는데, 이는 공의 문장이 기세가 성대하고 원활하여 세상으로부터 오래도록 추앙을 받고 있었기 때문이다.

정씨(鄭氏)는 본래 오천(烏川) 사람이다. 고려의 명신 형양공(滎陽公) 습명(襲明)이 그의 비조이다. 증조는 세홍(世弘)으로 승의랑(承議郎)이고, 조부는 유(瑜)로 통정대부이다. 부친은 삼외(三畏)로 군자감주부(軍資監主簿)를 지내고 호조 참판에 추증되었는데, 이는 임진란 때 명(明)나라 군병에게 군량을 제공한 공로가 있었기 때문이다. 모친은 증(贈) 정부인(貞夫人) 수원 김씨(水原金氏)로 참봉공(參奉公) 김필(金弼)의 따님인데, 공을 낳은 지 5년 만에 세상을 떠났다. 종조부(從祖父) 윤금(胤金)이 대를 이을 자식이 없어 공을 거두어 기른 후 마침내 후사로 삼았다. 윤금이 죽자 공은 의복(義服)을 입고 시묘살이를 하였는데, 이때의 행실에 남보다 월등한 부분이 있었다.

공은 월성 이씨(月城李氏)에게 장가들었는데, 찰방 이홍각(李弘慤)의 따님이다. 공과 더불어 80세를 살아 중뢰례(重牢禮 회혼례)를 행하고 자손이 매우 번성하니, 사람들이 말하기를 “이는 선한 이에게 복이 내린다는 증거이다.”라고 하였다. 89세에 세상을 떠나 공과 함께 부장되었다. 아들과 딸을 각각 셋씩 두었다. 장남은 호(虠)로 진사이고,

차남은 취(埾)로 참봉이고, 막내는 야(埜)이다. 사위는 서강례(徐强禮), 손정(孫侹), 임적(任勣)이다. 측실에게서 둔 아들은 장(庄)이다. 호는 아들이 없어 족질(族姪) 시전(時佺)을 아들로 삼았고, 하나 있는 사위는 사인(士人)이다. 취는 1남을 두었는데 시석(時錫)이고, 여섯 사위는 모두 사인이다. 측실에게서 낳은 아들은 시감(時鑑)이다. 야는 1남을 두었는데 시함(時鏀)이고, 하나 있는 사위는 사인이다. 측실에게서 둔 아들은 시명(時銘)과 시협(時鋏)이다. 내외의 증손과 현손은 도합 90여 명이니, 다 기록하지 못한다.

6세손 상사생(上舍生) 동필(東弼)이 그의 형 충필(忠弼)이 쓴 편지를 가지고 천 리 길을 와서 명(銘)을 청하였는데, 그들은 모두 문학적 자질이 뛰어나 이름난 조상의 자손이 되기에 부끄럽지 않으므로 기록할 만하다. 명은 다음과 같다.

일찍 한강과 여헌을 스승 삼으니	早師寒旅
도를 들은 것 가장 참되었네	聞道最眞
준읍 너머로 간모가 이르렀으나[76]	浚郊干旄
내 마음은 그것에 있지 않았네	匪我思存
자사와 증자 전하는 책 있으니[77]	思曾有傳

76 준읍(浚邑)……이르렀으나 : 정극후가 살던 곳에 정극후를 초빙하기 위해 임금의 사신이 왔음을 말한 것이다. 준읍은 춘추 시대 위(衛)나라 고을이고 간모(干旄)는 깃대 머리를 물소 꼬리털로 장식하여 수레 뒤에 꽂는 깃발인데, 《시경》 〈용풍(鄘風) 간모〉의 "펄럭이는 간모여, 준읍의 교외에 있구나.〔孑孑干旄, 在浚之郊.〕"라는 대목에서 유래한 표현이다. 주희의 해석에 의하면 이 시는 위나라 대부가 수레에 물소 꼬리털 깃발을 꽂고서 준읍으로 현자를 만나러 간 것을 노래한 것이다. 《詩經集傳 鄘風 干旄》

늙어 머리가 하얗게 되는 줄도 몰랐네 忘此白紛
살아서는 내 천명을 기꺼이 따르고 生吾樂天
임종 시엔 내 예법을 지켰네[78] 歿吾以禮
힘쓸지어다 추로[79]여 勖哉鄒魯
백세 뒤를 흥기시키네 興起百世

77 자사와……있으니 : 《중용》과 《대학》을 말하는 것으로, 정극후가 말년에 고향으로 물러나 아침마다 반드시 《중용》과 《대학》을 한 차례 암송하였다고 한다.

78 살아서는……지켰네 : 정극후가 와병 중 죽을 권하는 시종에게 "죽고 사는 것은 천리(天理)이니 그대로 따를 뿐이다."라고 하고, 임종을 앞두고 부녀자들을 모두 물러나게 했다고 한다. 《예기(禮記)》 〈상대기(喪大記)〉에 "남자는 부인의 손에서 죽지 않고, 부인은 남자의 손에서 죽지 않는다."라는 구절이 있다.

79 추로(鄒魯) : 추(鄒)는 맹자의 출생지이고, 노(魯)는 공자의 출생지로 곧 유학(儒學) 또는 문교(文敎)가 흥성한 곳을 뜻하는데, 여기서는 정극후가 살던 영남 지방을 가리킨다.

증 이조 참판 행 통정대부 병조 참의 지제교 정공 묘갈명
贈吏曹參判行通政大夫兵曹參議知製敎丁公墓碣銘

공의 휘는 시윤(時潤), 자는 자우(子雨), 성은 정씨(丁氏), 본관은 나주(羅州)이다. 시조는 윤종(允宗)으로, 고려에 벼슬하여 대장군(大將軍)이 되었고 자손들이 매우 현달하였다. 우리나라의 벼슬하는 집안들은 홍문관에 선발되는 것을 지극한 영광으로 여기는데, 그것을 마치 집에서 전수되는 물건처럼 8대를 연이어 온 것은 공의 경우가 유일하다. 교리 자급(子伋)이 참판 수강(壽岡)을 낳고, 참판은 판서를 지내고 시호가 공안(恭安)인 옥형(玉亨)을 낳았다. 판서는 좌찬성을 지내고 시호가 충정(忠靖)인 응두(應斗)를 낳았는데, 이분이 공의 고조이다. 증조부는 윤복(胤福)으로 대사헌을 지냈고, 조부는 호선(好善)으로 관찰사를 지냈다. 부친은 언벽(彦璧)으로 교리를 지냈다. 모친은 목호옹 낙선(睦壺翁樂善)의 따님으로, 인조 병술년(1646, 인조24)에 공을 낳았다.

공은 태어난 지 7년 만에 부모가 세상을 떠나는 바람에 의지할 데 없는 외롭고 고단한 처지가 되어 제대로 성장하고 자립할 수 없을 것 같았으나, 능히 스스로 분발하여 16세에 육촌 형인 우담(愚潭) 선생[80]과 시랑(侍郎) 임유후(任有後)[81]를 따라 공부함으로써 명성을 크게 드

80 우담(愚潭) 선생 : 정시한(丁時翰, 1625～1707)으로, 본관은 나주(羅州), 자는 군익(君翊), 호는 우담이다.

81 임유후(任有後) : 1601～1673. 본관은 풍천(豐川), 자는 효백(孝伯), 호는 만휴(萬休), 시호는 정희(貞僖)이다.

날렸다.

기유년(1669, 현종10)에 진사가 되었다.

병진년(1676, 숙종2)에 음보(蔭補)로 금정 찰방(金井察訪)이 되어 굶주림에 시달리는 이졸(吏卒)을 살리고 강포한 세력을 억눌렀다. 그러자 이졸들이 "놓칠 수 없는 분이다."라고 하면서 임기가 다하였을 때 임기를 늘려 달라고 청원하였고, 이에 조정에서는 특별히 계속 직무를 이어 가도록 해 주었다. 얼마 지나지 않아 감찰에 올랐다.

숙종 경오년(1690)에 영춘 현감(永春縣監)을 거쳐 문과에 급제하였다. 사헌부 지평으로 조정의 부름을 받자 부로(父老)들이 길을 에워싸고 수레를 부여잡으며 못 가게 만류하였으며 철로 비석을 만들어 떠난 사람을 향한 그리운 마음을 담았다. 이로부터 병조에서는 낭관(郎官)을, 춘방(春坊)에서는 사서(司書)를, 간원(諫院)에서는 정언과 헌납을 지냈고, 홍문관의 선발에 들고 나서는 수찬, 교리, 서학 교수(西學教授)를 지냈다. 천조랑(天曹郎)의 경우 의망(擬望)은 되었으나 임명되지 못하였고 지제교(知製教)는 늘 겸대(兼帶)하였다. 왕명으로 지방에 나갈 경우는 호남에서 전답을 점검하고 관서(關西)에서 어사직(御史職)을 수행하였다. 그 사이 문신 정시(文臣庭試)에 급제하자 상이 고비(皐比)를 하사함으로써 은총을 내렸다.

갑술년(1694)에 문사랑(問事郎)으로서 김춘택(金春澤)의 은옥(銀獄)[82]을 조사하였는데, 하룻밤 사이에 조정의 판도가 일변하여 국문을 담당하던 신하들이 모두 축출되었고, 이때 공 역시 축출된 인물에 포함되었다. 이로부터 3년이 지난 뒤에 비로소 서용되어 마전 군수(麻田郡

82 김춘택(金春澤)의 은옥(銀獄) : 238쪽 주67 참조.

守)에 제수되었으나 부임하지 않았다. 이는 대개 당로자가 공이 일전에 천조(天曹)에 의망되었던 것을 꺼린 나머지 일부러 4품의 직급으로 올려 줌으로써 저해한 것이다.

무인년(1698)에 필선(弼善)에 제수되었다. 이 당시는 나라에 큰 기근이 들어 장물죄를 범하는 자들이 계속해서 이어졌으나 정작 이에 대한 문책은 이루어지지 않았다. 이러한 때에 조정에서 의론을 거쳐 청(淸)나라에 쌀을 요청하려 하자 공이 감개한 심정으로 소장을 올려 말하기를,

"중외의 유사(有司)들이 백성들이 죽어 가는 상황에 대해 언급하는 것을 꺼리고 있는데, 이것은 바로 '윗사람이 태만해서 아랫사람에게 해를 입힌다.'[83]라는 경우입니다. 이러고도 만 리 밖의 나라에 동정을 구걸한다면 또한 통탄할 일이 아니겠습니까. 장물죄를 범한 아전의 경우 건네준 자이든 건네받은 자이든 법으로 볼 때 마땅히 같은 죄과를 적용해야 할 것인데, 준 자는 죄받고 받은 자는 아무 일 없이 편안하게 있습니다. 법은 하나일 뿐인데 어째서 약한 자에게는 시행되고 귀하고 강한 자에게는 굴복하는 것입니까."

하였다. 그러자 조정의 권귀(權貴)들은 대단히 불쾌해하면서 상 앞에서 다투어 그의 잘못을 지적하였고, 이에 상은 삭출(削黜)을 명하였다. 얼마 뒤에 대신(臺臣)들이 찬축(竄逐)을 청하였으나 상은 허락하지 않았는데, 이는 대개 공의 충정을 헤아린 결과였다. 공은 성품이 중후

83 윗사람이……입힌다 : 《맹자》 〈양혜왕 하(梁惠王下)〉에 나오는 맹자의 말이다. 흉년이 되어 백성들이 죽고 이산(離散)하는 와중에도 남낭 관리인 유사들은 아무도 그 사실을 아뢰지 않는 현실을 두고 한 말이다.

하고 너그러우며 타고난 참된 성품 그대로 행동하여 겉치레를 일삼지 않았다. 언행으로 보면 남과 대립하는 것을 좋아하지 않아 공을 모르는 자들은 혹 공의 성품이 유순한 데 가깝다고 여겼으나, 이와 같이 특정 사안을 만났을 때는 과감하게 말함으로써 그 확고한 신념을 무너뜨릴 수 없었다.

신사년(1701)에 순천 부사(順天府使)에 제수되었다.

병술년(1706)에 장악원 정(掌樂院正)에 제수되었다.

정해년(1707)에 통정대부에 올라 길주 목사(吉州牧使)에 제수되었다. 공은 전후로 백성들을 다스릴 때 오직 오교(五敎)[84]의 시행을 급선무로 여겨 무지하고 어리석은 자들로 하여금 모두 다 효제충신(孝弟忠信)의 의리와 윗사람을 친애하고 어른을 섬기는 의리를 알도록 하는 한편, 호협한 행동을 하면서 특히나 불량한 자들은 법으로 다스려 용서하지 않으니, 백성들이 기뻐하며 순종하였다.

이듬해 모종의 일로 인해 파면되었다.

또 그 이듬해 병조 참의에 제수되었고, 외직으로 나가 영월 부사(寧越府使)가 되었다가 3년 만에 벼슬을 버리고 귀향하여 두호정사(斗湖亭舍)에서 소요하며 한가롭게 지냈다.

계사년(1713)에 병을 얻어 서울로 돌아와 6월 8일에 졸하니 향년 68세였다. 그해 8월에 안산군(安山郡) 내양등대(內楊等代) 해좌(亥坐)

84 오교(五敎) : 부자유친(父子有親), 군신유의(君臣有義), 부부유별(夫婦有別), 장유유서(長幼有序), 붕우유신(朋友有信)의 오륜을 말한다. 순(舜) 임금이 신하인 설(契)에게 "백성이 서로 친하지 않고 오품(五品)이 서로 손순(遜順)하지 않을 것이므로, 그대를 사도(司徒)의 관직에 임명하노니, 그대는 오교를 공경히 시행하되 관대한 방향으로 펼치도록 하라."라고 한 데서 유래하였다. 《書經 舜典》

의 언덕에 장사 지내니, 그곳은 공의 선영(先塋)이다.

공은 성품이 효성스러웠다. 평소 부모 얼굴을 모르는 것이 가슴에 통한으로 맺혀 새벽이면 반드시 사당을 배알하였고, 부모의 기일이 되면 그 곡하는 소리를 듣고 눈물을 흘리지 않는 사람이 없었던 한편, 그달에는 반드시 초하룻날부터 재계하고 소식(素食)하여 그믐날을 다 보내고서야 중지하였다. 또 마을에서 수양가(收養家)를 만날 양이면 매우 도타운 성의를 보이면서 제사에 제수를 보내 주고 묘에 표석을 세워 주니, 이는 바로 부모를 향한 그리운 마음을 미루어 행한 것이다. 조정에 올라서는 청렴결백함을 자랑하려 하지 않았고, 벼슬에서 물러나 본가에 머무를 때에는 거친 밥조차 늘 잇지 못하는 형편이나 한 번도 권귀의 문전을 기웃거리지 않았다. 이러한 까닭으로 직위가 덕에 걸맞지 못하게 되었으나, 세상이 상전벽해처럼 변하는 동안 끝까지 깨끗하다는 명성으로 온전할 수 있었던 것 역시 이런 이유 때문이 아니겠는가.

숙부인(淑夫人) 이씨(李氏)는 시직(侍直) 이정원(李正源)의 따님이자 찬성(贊成) 이덕형(李德泂)의 손녀이다. 시직공(侍直公)이 일찍이 말하기를 "너를 남자로 태어나게 하지 못한 것이 한스럽구나."라고 하였다. 공에게 시집와서는 제사에 정성을 다하고 하인에게 인자하였으며, 집이 비록 가난하나 의리에 맞지 않으면 단 하나도 취하는 법이 없으니, 종인(宗人)들이 다 본보기로 삼았다. 향년 80세로 신축년(1721, 경종1) 6월 16일에 졸하여 공의 묘에 부장하였다.

3남 2녀를 낳았는데, 아들 가운데 첫째는 도태(道泰), 둘째는 문과에 급제하고 승지를 지낸 도복(道復), 셋째는 도제(道濟)이다. 두 사위는 이광(李洸)과 문과에 급제하고 정랑(正郎)을 지낸 이수대(李遂大)이다. 측실에게서 둔 아들은 도길(道吉)로 동지중추부사를 지냈고, 두 사위는 이사근(李思謹), 이기겸(李基謙)이다.

도태는 2남 3녀를 두었는데, 아들은 진사 항신(恒愼), 필신(必愼)이며 세 사위는 김정광(金鼎光), 문과에 급제하고 참판을 지낸 이제화(李齊華), 최인유(崔仁裕)이다. 도복은 1남 5녀를 두었는데, 아들은 생원 가신(可愼)이고, 다섯 사위는 생원 이유인(李裕仁), 이윤기(李允基), 권형징(權泂澂), 진사 신정악(申挺岳), 홍유(洪睬)[85]이다. 도제는 4남을 두었는데 생원 의신(宜愼), 윤신(允愼), 보신(普愼), 근신(近愼)이며, 측실에게서 둔 아들은 무신(懋愼)이다. 이광은 4녀를 낳았는데 모두 출가하였다. 이수대는 3남 1녀를 두었는데 아들은 민헌(民獻), 민준(民儁), 민현(民顯)이고 딸은 출가하였다.

증손과 현손 이하는 많아서 다 적지 못한다. 단 항신의 아들 지해(志諧)에게는 재원(載遠)이란 아들이 있는데 그는 전임 군수로서 공의 제사를 모시면서 명(銘)을 부탁한 자이고, 그의 아우 재운(載運)은 현재 침랑(寢郎)이며, 가신의 아들 지덕(志德)은 현재 현감을 맡고 있다. 이상은 증손과 현손으로서 조정에 벼슬한 자들이다.

이제화의 아들 헌경(獻慶)은 문과에 급제한 전임 승지이고, 한경(漢慶)은 정언을 지냈으며, 최인유의 아들 경(炅)은 현재 군수를 맡고 있고 경의 아들 현중(顯重)은 문과에 급제하였다. 이상은 외증손과 외현손으로서 알려진 자들이다.

85 홍유(洪睬) : 《식산집(息山集)》 권6 〈병조참의정공묘지명(兵曹參議丁公墓誌銘)〉에는 '洪晅'으로 되어 있다. 한편 《유회당집(有懷堂集)》 권9 〈승지정공묘지명(承旨丁公墓誌銘)〉에는 역시 '洪睬'로 되어 있다.

도길은 2남 3녀를 두었는데 아들은 수신(守愼), 우신(友愼)이고, 세 사위는 박곤수(朴崑秀), 이원채(李元采), 이서만(李瑞晩)이다. 이사근은 1남을 두었는데 영화(永和)이고 이기겸은 3남을 두었는데 사량(思良), 사좌(思佐), 사온(思溫)이다. 명은 다음과 같다.

때가 되면 나가고	時則行
때가 아니면 숨으니	不時則藏
나는 예전 그대로건만	我則如故
도에는 성쇠의 차이가 있네	道有消長
맑은 덕과 완전한 명절은	淸德完名
조맹이 주고 뺏을 바 아니니[86]	非趙孟與奪
행적을 추려 명을 새기매 모두 지나치지 않네	銘以最蹟儘匪溢

86 조맹(趙孟)이……아니니 : 본래부터 갖추고 있는 덕성이어서 관직처럼 유력자가 좌지우지할 수 없다는 말이다. 조맹은 춘추 시대 진(晉)나라 권신(權臣)인 조돈(趙盾)과 그 직계 후손들을 이르는데, 당시에 권력이 막강하여 작록(爵祿)을 자기 마음대로 주고 뺏고 하였다. 이에 맹자가 말하기를 "남이 귀하게 해 준 것은 양귀(良貴)가 아니니, 조맹이 귀하게 해 준 것을 조맹이 능히 천하게 할 수 있다."라고 하였다. 《孟子 告子上》

오한 손공 묘갈명

聱漢孫公墓碣銘

밀양(密陽) 다산(茶山)의 남쪽에 위치한 산을 '엄광(嚴光)'이라 부르고 시내를 '칠리(七里)'라고 하는데, 이곳은 바로 오한(聱漢) 손공(孫公)이 낚시하며 노닐던 곳이다. 공은 광해(光海) 4년(1612)에 창원부(昌原府)를 다스리고 있다가 소인들이 떼로 설치는 바람에 나랏일이 가망없이 막막하게 되었다는 소식이 들려오자 벼슬을 버리고 산 아래로 돌아가 충의에 의한 분한 마음과 강개한 심정을 풀 길이 없으면 이따금 가시(歌詩)에 드러내어 풍자하고는 했다. 사람들이 혹 그러한 행동을 걱정하기라도 하면 그때마다 "과연 이 시가 흘러 흘러 전해진 끝에 조정에까지 알려져 보탬이 된다면 다행이니, 무엇을 두려워하겠는가." 라고 하였다. 영창대군(永昌大君)이 죽자 시를 짓기를 "어찌 중화가 노여운 뜻을 품었겠는가마는, 문모의 자애로운 마음을 상하게 할까 두렵구나.〔豈有重華藏怒意 恐傷文母止慈心〕"[87] 하였고, 그 뒤 헌부(憲

87 어찌……두렵구나 : 《오한집(聱漢集)》 권2 〈유감(有感)〉에 실려 있는 칠언 율시의 함련이다. 중화(重華)는 원래 순(舜) 임금의 미칭으로 여기서는 광해군을 가리키고, 문모(文母)는 원래 문왕(文王)의 어머니인 태사(太姒)를 부르는 말이자 문덕(文德)이 있는 후비(后妃)의 미칭인데, 여기서는 인목대비(仁穆大妃)를 가리킨다. 《맹자》 〈만장 상(萬章上)〉에 따르면, 순 임금의 이복동생인 상(象)이 아버지 고수(瞽瞍)와 함께 순을 죽이려고 여러 차례 시도하였지만, 순 임금은 천자가 된 뒤에 상을 미워하지도 죽이지도 않고 오히려 유비(有庳)에 제후로 봉하고 부귀하게 해 주었는데, 이에 대해 맹자는 "어진 사람은 아우에 대하여 노여움을 품지 않으며, 원한을 묵혀 두지 않고 그를 친애할 뿐이다."라고 해석하였다. 즉 이 대목은 순 임금이 동생 상에게 노여움을

府)와 간원(諫院)에 제수하는 교지가 내려졌으나 모두 나아가지 않았고 또 시를 짓기를 "우습구나 당시에 양가죽 입던 이가, 끝내 인간 세상의 간의 벼슬을 띠었네.〔當年却笑羊裘子 終帶人間諫議官〕"[88] 하였다. 얼마 뒤 또 통정대부에 올라 상주 목사(尙州牧使)에 제수되었으나 끝내 나아가지 않고, 자손들에게 유언을 남겨 죽은 뒤 축문(祝文)에 관함(官銜)을 쓰지 못하도록 하였다.[89] 당시 정인홍(鄭仁弘)이 가야산(伽倻山) 아래에 머물면서 배타적인 당론을 강력히 내세워 흉악한 논의가 심히 번져 가자[90] 공은 그것을 마치 자기 몸을 더럽힐 것처럼 여기며 사절하였고, 처가 쪽 사람 중 현달한 자가 공을 끌어들이려고 하자 또 편지를 보내어 절교를 선언하고 마침내 자호(自號)를 '오한(聱漢)'이라 하였다. 오(聱)는 말이 귀에 들어오지 않는다는 뜻이다. 그렇게 날마다 도롱이를 입고 낚시질하면서 훌훌 저 멀리 세상을 뜨려는

품지 않은 것처럼 광해군도 영창대군에게 노여움을 갖지 않았을 테지만, 영창대군이 죽음을 당함으로써 인목대비의 자식 사랑하는 마음을 상하게 할 것이 두렵다는 뜻이다.

88 우습구나……띠었네 : 《오한집》 권2에 〈철조(輟釣)〉란 제명으로 실려 있는 4수의 칠언 절구 중 제1수의 3구와 4구이다. '양가죽 입던 이'는 원래 동한(東漢) 때의 은사 엄광(嚴光)을 가리킨다. 엄광은 어릴 때 광무제(光武帝)의 친구였는데, 광무제가 즉위한 뒤 그를 찾아 간의대부(諫議大夫)에 제수하였으나 나오지 않은 채 부춘산(富春山)에 은거하여 농사를 짓고 살면서 양가죽으로 만든 옷을 입고 낚시질하는 생활을 하였다고 한다. 《後漢書 逸民列傳 嚴光》

89 죽은……하였다 : 《오한집》 〈오한선생연보(聱漢先生年譜)〉에 따르면 영창대군이 화(禍)를 당한 1612년 이후의 관함을 축문의 명호로 쓰지 말도록 한 것이다.

90 당시……가자 : 1613년에 정인홍이 대북파(大北派)의 영수로서 정국을 전횡하면서 영창대군의 역모를 구실 삼아 반대파인 소북파의 영수 유영경(柳永慶)과 인목대비의 아버지 김제남(金悌男)을 사사(賜死)하고 인목대비를 폐위해야 한다고 강하게 주장한 것을 말한다. 《聱漢集 聱漢先生年譜》《燃藜室記述 卷20 朴應犀之獄》

뜻을 품다가, 59세의 나이로 광해 정사년(1617)에 졸하니, 곧 1월 11일의 일이었다. 밀양부 동쪽 국화산(菊花山)에 장사 지냈다.

대개 공은 비록 과거를 통해 벼슬에 나아가기는 하였으나 그것이 본심은 아니었다. 젊어서부터 여러 종류의 책을 광범위하게 읽었고, 조금 장성해서는 특히 《논어》와 《주역》을 즐겨 읽고 염락(濂洛)[91]의 여러 책으로까지 나아갔는데, 그때마다 정력을 다하지 않은 순간이 없어 비록 사방을 돌아다니며 벼슬살이할 때도 잠깐이나마 그렇게 하지 않은 적이 없었다. 정우복(鄭愚伏),[92] 조지산(曺芝山),[93] 이창석(李蒼石)[94] 등 여러 현인과 그 외 산남(山南)에서 덕이 높았던 십수 명의 공[95]은 모두 평소 이택(麗澤)[96]의 교유를 맺은 분들인데, 특히 한강(寒岡) 정

91 염락(濂洛) : 북송(北宋) 성리학의 선구자인 주돈이(周敦頤)가 살던 염계(濂溪)와 그 제자인 정호(程顥)와 정이(程頤)가 살던 낙양(洛陽)의 병칭으로 곧 송대의 성리학을 뜻한다.

92 정우복(鄭愚伏) : 정경세(鄭經世, 1563～1633)로, 본관은 진주(晉州), 자는 경임(景任), 호는 우복이다.

93 조지산(曺芝山) : 조호익(曺好益, 1545～1609)으로, 본관은 창녕(昌寧), 자는 사우(士友), 호는 지산이며, 이황(李滉)의 문인이다.

94 이창석(李蒼石) : 이준(李埈, 1560～1635)으로, 본관은 흥양(興陽), 자는 숙평(叔平), 호는 창석, 시호는 문간(文簡)이다.

95 산남(山南)에서……공 : 《성호전집(星湖全集)》 권66 〈창원부사오한손공행장(昌原府使聱漢孫公行狀)〉에 의하면 이들은 석담(石潭) 이윤우(李潤雨), 월간(月澗) 이전(李㙉), 부용(芙蓉) 성안의(成安義), 오봉(梧峯) 신지제(申之悌), 완정(浣亭) 이언영(李彦英), 감호(鑑湖) 여대로(呂大老), 검간(黔磵) 조정(趙靖), 낙재(樂齋) 서사원(徐思遠), 외재(畏齋) 이후경(李厚慶), 모당(慕堂) 손처눌(孫處訥) 등이다.

96 이택(麗澤) : 서로 붙어 있는 두 개의 연못이라는 뜻으로, 붕우 간에 서로 도움을 주며 학문을 토론하고 덕을 닦아 나아가는 것을 말한다. 《주역》 〈태괘(兌卦) 상(象)〉에

선생(鄭先生)과는 도의(道義)로써 긴밀하게 의기투합하였다. 공이 행의(行誼)를 갈고닦아 끝내 위태로운 곳에 몸을 들이지 않고 우뚝하게 설 수 있었던 것은, 대체로 유문(儒門)의 연원이 있었기 때문이다.

공은 을유년(1585, 선조18)에 성균관에 들어갔다.

무자년(1588)에 과거에 급제하여 성균관 학유(成均館學諭)에 보임되었고, 이듬해 성주 향교(星州鄕校)의 교수(敎授)로 천직되었다.

임진년(1592)에 성현 찰방(省峴察訪)에 제수되었다.

을미년(1595)에 신녕 현감(新寧縣監)으로 승진하였다. 당시는 왜적과 우리가 전쟁을 치른 지 4년이 흐른 시점이라 온 나라가 만신창이인 상황이었다. 성현에 재임할 적에는 역졸(驛卒)들을 모으고 역마를 마련하는 등 방편을 넉넉하게 마련하였는데, 신녕현에 부임해 와서는 고통으로 신음하는 백성들을 따뜻하게 감싸 주었다. 이에 백성들은 도망치려는 생각을 잊게 되었고, 이후 공이 돌아가자 살아남은 자들이 모두 나서서 비석을 새겨 그 은혜를 송축하였다.

신축년(1601)에 중학 교수(中學敎授)를 거친 뒤 외직으로 나가 경주 제독(慶州提督)이 되었다. 경주는 고도(古都)인데 전란의 여파로 문물이 훼손된 상황이었다. 이에 공은 감개한 심정으로 단(壇)을 쌓고 그 주변에 소나무를 심은 뒤 고을 안의 자제들과 날마다 글을 강송(講誦)하기를 게을리하지 않으니, 후대인들이 그 나무를 가리키면서 애모하는 마음을 부쳤다. 그렇게 1년을 있다가 울주 판관(蔚州判官)에 천직되었는데, 체찰사(體察使) 한음(漢陰) 이 상공(李相公)이 그 재주를 소

"붙어 있는 연못이 태이니, 군자가 이것을 보고서 붕우들과 강습한다.〔麗澤兌, 君子以朋友講習.〕"라고 한 데서 유래한 표현이다.

중히 여겨 "재능은 문무(文武)를 겸비하였고 정사는 백성 다스리기를 잘한다."라는 말로 조정에 천거하였고, 이에 조정에서는 마침내 공을 영천 군수(永川郡守)로 개수(改授)하였다. 영천에는 매년 중춘(仲春 2월)마다 신을 맞이하고 보내면서 남녀가 물결처럼 모여드는 풍속이 있었는데, 이는 '무풍(巫風)'이란 것이다. 이에 공이 설(說)[97]을 지어 깨우쳐 그들로 하여금 부끄러운 줄 알도록 하였다. 체직되어 고향으로 돌아오자 들판이 모두 쑥대밭이 되어 있었다. 이에 어떤 사람이 주인 없는 비옥한 전답을 수시로 개간하여 뒷날의 계책으로 삼을 것을 권하자 공이 말하기를 "사람이 남의 죽음을 이용하여 자기의 소유로 삼는 짓을 해서야 되겠는가."라고 하였다.

계묘년(1603) 이후로 부친상과 모친상을 연이어 당하였는데, 고을 사람들이 몹시도 상하고 야윈 그 모습을 보고는 다 "효성스럽다."라고 하였다. 복제를 마치고는 다산 아래 집을 짓고서 노년을 마무리할 계획을 하였다.

경술년(1610, 광해군2)에 창원 부사(昌原府使)에 제수되었다. 공은 성품이 너그러워 누구도 원망하지 않았으나 시비를 가릴 때에는 엄격하여 아무도 그 소신을 꺾을 수 없었다. 김점필(金佔畢)[98] 선생을 헐뜯는 자가 있자 변무문(辨誣文)[99]을 지어 사설(邪說)을 종식시켰고, 부용

97 설(說) : 〈풍신설(風神說)〉이다. 영천에 만연해 있던 음사(淫祀)를 타파하기 위하여 그 폐해를 논하는 글이다. 《鼇漢集 卷4》

98 김점필(金佔畢) : 김종직(金宗直, 1431~1492)으로, 본관은 선산(善山), 자는 계온(季昷), 호는 점필재(佔畢齋), 시호는 문충(文忠)이다.

99 변무문(辨誣文) : 〈점필재김선생변무문(佔畢齋金先生辨誣文)〉이다. 《鼇漢集 卷4》

당(芙蓉堂) 성공 안의(成公安義)가 흉악한 무리들의 모함에 빠져 예측할 수 없는 화가 닥치자 홀로 나서 증언을 함으로써 화를 일으킨 자들을 처형받게 만들었다. 또 안오휴 신(安五休玑)과 장경암 문익(蔣耕庵文益)은 공의 문하에서 가르침을 입어 마침내 성재(成材)가 되었고, 무인(武人) 박주(朴疇)는 일찍이 공의 강의를 들은 자로서 정묘년(1627, 인조5)의 난리 때에 순절하였다. 그 정교(正敎)를 부지하고 후진을 깨우친 것이 이와 같았다.

공이 지은 저서는 화재로 산실되어 남아 있는 것은 겨우 몇 권밖에 되지 않으나, 그 또한 족히 문단의 모범이 될 만하다.

공의 휘는 기양(起陽), 자는 경징(景徵)이다. 손씨(孫氏)는 본래 밀양 사람으로 고려 때 긍훈(兢訓)이란 분이 공로로 광리군(廣理君)에 봉해졌고, 빈(贇)이란 분은 밀성군(密城君)에 봉해졌다. 성조(聖朝)에 들어와서는 승길(承吉)이란 분이 문과에 급제하여 승지를 지냈고, 이순(以恂)이란 분은 연일진 병마사(延日鎭兵馬使)를 지냈는데 이분이 공의 5대조이다. 조부는 응(凝)으로 군자감 정을 지냈고, 부친은 겸제(兼濟)로 국자감 생원이다. 모친은 영산 신씨(靈山辛氏)로 신취(辛鷲)의 따님이다. 공은 모두 두 번 장가들었는데, 전배(前配)는 야로 송씨(冶爐宋氏)로 처사(處士) 송근(宋瑾)의 따님이고, 계배(繼配)는 우계 이씨(羽溪李氏)로 첨지중추부사 이효린(李孝麟)의 따님이다. 1남 2녀를 낳았는데, 아들은 선교랑(宣教郞) 습(緝)이고, 두 사위는 사인(士人) 권도(權燾)와 찰방 이돈(李墩)이다. 명(銘)은 다음과 같다.

엄산은 수려하고	嚴山奇秀
칠뢰는 맑으니	七瀨淸泠

이는 선생의 전형이며	是惟先生之典刑
백년의 송백과	百年松柏
숙연한 청풍은	肅然淸風
바로 선생의 유궁이네	是惟先生之幽宮

증 지평 대은 권공 묘갈명

贈持平臺隱權公墓碣銘

영남의 영해부(寧海府)에 행실을 삼가고 효성이 독실한 은군자(隱君子)가 있었으니, 생전에 조정에 천거된 적이 있으나 등용되지 못하였다가 죽은 지 39년 만에 조정에서 비로소 추증을 내려 주고 그 뒤에 또 사림들이 그 사당에 제사를 지내 주었다. 이는 공에게 비록 경중을 따질 필요조차 없는 사소한 일이겠으나, 선비들은 이를 통해 힘쓸 바가 무엇인지를 알 수 있을 것이다.

공의 성은 권(權), 휘는 경(璟), 자는 경옥(景玉)이다. 자호(自號)는 대은(臺隱)인데, 이는 관어대(觀魚臺) 곁에 집을 짓고 살았기 때문이다. 품성이 지극히 효성스러워서 부모를 섬길 적에 언제나 온화한 표정으로 받들고 순종하여 부모를 기쁘게 해 드렸고, 모부인(母夫人)이 세상을 떠났을 때에는 매일 죽만 마시면서 상복을 잠시도 벗지 않았다. 또 오래도록 장지(葬地)를 정하지 못하여 울부짖는 소리가 그치지 않던 중, 꿈에 한 신인(神人)이 나타나 일곱 글자를 내려 주었는데 그것은 바로 "관어대 아래가 군이 장사 지낼 곳이다.〔觀魚臺下是君葬〕"라는 글이었다. 공이 꿈에서 깨고는 그것을 기이하게 여겨 길한 묘지를 정해 장사 지내니, 사람들이 이를 효성에 감응하여 일어난 일이라고 하였다. 부친의 병을 간호할 적에는 잠자거나 밥 먹을 겨를도 두지 않고 병상을 지키면서 반년이 지나도록 게을리하지 않았고, 요강을 씻고 대변을 맛볼 때에 정성이 지극하지 않은 바가 없었다. 상을 치를 적에는 혼절하였다가 깨어난 것이 여러 번이었으며 빈렴(殯殮)

을 해서는 피죽만 마셨고 장례를 치르고서는 쓴 나물을 먹고 음식에 기름과 장을 넣지 못하게 하였다. 날마다 성묘하여 울부짖으며 곡을 하면서 비바람이 친다는 이유로 그만두는 법이 없었고, 3년을 마치도록 이를 드러내 보이지 않았다. 이에 고을 사람들 모두 "효성스럽구나, 이 사람이여."라고 하였다. 공은 외조모인 김 부인(金夫人)이 일찍 과부가 되어 대를 이을 자식이 없는 것을 안타깝게 여긴 나머지 마치 어머니를 봉양하듯 김 부인을 봉양하였다. 그러다 김 부인이 세상을 떠나자 기년(朞年) 동안 심상(心喪)을 입었고 상기를 마친 뒤에도 여전히 즐기며 노는 자리에 참여하지 않았으며, 선조의 제사를 받들 때는 목욕재계로 정결함을 다하면서 털끝만큼도 마음에 부족하게 여기는 부분이 없게 하였다. 이에 고을 사람들 모두 "어질구나, 이 사람이여."라고 하였다. 공은 친족들을 도탑게 대하였고, 남의 위급한 상황을 보면 반드시 도와주었으며, 남을 가르칠 때 행실을 우선으로 하고 기예(技藝)는 나중으로 삼았다. 비록 조그만 장점이 있더라도 반드시 그를 위하여 칭찬하고 추켜올려 주면서 성취해 가는 모습을 기쁜 마음으로 지켜보았다. 이에 고을 사람들이 모두 "인자하구나, 이 사람이여."라고 하였다.

이상의 일들을 통해 훌륭한 명성과 드넓은 명예가 날로 환히 드러나게 되었다. 이조 참판 최혜길(崔惠吉)이 좌천되어 영해부를 다스리고 있을 당시 소장을 통해 공과 이존재 휘일(李存齋徽逸)[100]을 천거하자 효종이 가상하게 여겨 예를 갖추어 불러들이도록 명하였다. 그러나

100 이존재 휘일(李存齋徽逸) : 이휘일(1619~1672)의 본관은 재령(載寧), 자는 익문(翼文), 호는 존재이다.

예부에서는 속백(束帛)에다 벽옥(璧玉)을 추가하는 일[101]은 국조에 전례가 없다고 하면서 묘당에서 그에 관한 제도를 마련해 줄 것을 청하였고, 이에 대신(大臣)들이 그 일을 불편하게 여겨 결국 일이 중단되고 말았다. 얼마 뒤에 또 고을의 부로들이 한목소리로 공을 천거하였으나 역시 비답이 내려지지 않았다.

63세의 나이로 병오년(1666, 현종7) 3월 25일에 졸하였다. 그 뒤 숙종의 시대가 되자 사헌부 지평을 추증하라는 명이 내려졌는데, 이는 대개 효종이 일찍이 공에게 임명하려던 직책을 임명한 것이다.

공은 젊은 무렵 하담(荷潭) 김공 시양(金公時讓)[102]을 스승으로 삼았다. 김공은 공의 덕행과 기량이 날로 성취되어 가는 것을 보고 기뻐하며 "사위 삼을 만하다."라고 하면서 마침내 형의 딸을 시집보냈는데, 바로 현감을 지내고 참판에 추증된 김시열(金時說)의 따님이다.

권씨(權氏)은 본래 안동(安東) 사람으로, 고려에서 태사(太師)를 지낸 행(幸)의 후손이다. 우리 왕조에서 벼슬을 한 분으로는 한성 윤(漢城尹) 백종(伯宗)이 있고, 그의 아들은 촌(忖)으로 현감을 지냈다. 손자는 자홍(自弘)으로 승지를 지냈는데 공에게는 7대조가 된다. 단종이 손위(遜位)하자 사촌 형 자신(自愼)이 국구(國舅) 전(專)의 아들로서 육신(六臣)들과 함께 구주(舊主)의 복위를 꾀하다가 일이 발각되어

101 속백(束帛)에다……일 : 군왕이 예폐(禮幣)를 갖추어 현자를 초빙하는 것을 말한다. 속백은 한 묶음으로 만든 5필(匹)의 비단으로, 속백과 벽옥은 모두 현자를 초빙할 때 쓰는 귀한 예물이다. 《예기(禮記)》 〈예기(禮器)〉에 "속백에다 벽옥을 추가한 것은 덕을 높이는 것이다."라고 한 데서 유래한 표현이다.

102 김공 시양(金公時讓) : 김시양(1581~1643)의 본관은 안동, 자는 자중(子仲), 호는 하담이며, 초명은 시언(時言)이다.

극형을 당하였는데, 이때 승지의 아들 책(策)도 죄에 연좌되어 영해(寧海)로 편관(編管)[103]이 되었고 이에 후손들이 계속해서 그곳에 살게 되었다. 이로부터 비록 조정에 출사하지 않았으나 공의 조계(祖系)는 모두 은덕(隱德)이 있어서 향리로부터 존경을 받았다. 증조의 휘는 희언(希彦)이고 조부의 휘는 응상(應商)이다. 선고의 휘는 의협(宜悏)으로 자호는 취옹정(醉翁亭)이다. 선비(先妣)는 영덕 김씨(盈德金氏)로 처사 김단(金鍛)의 따님이다.

공은 목릉(穆陵) 갑진년(1604, 선조37)에 태어났다. 배위(配位)는 김씨(金氏)이다. 공이 학문에 뜻이 독실한 까닭에 한 번도 쓸데없는 이야기를 고하지 않았고 부지런함과 검소함을 가지고 집안을 일으켰다. 이에 취옹공(醉翁公)은 '효부(孝婦)'라 칭찬하였고 시댁의 친족들 사이에서는 '현덕(賢德)'이라는 칭송을 받았다. 만력(萬曆) 정유년(1597)에 태어나 신해년(1671, 현종12)에 졸하여 공과는 같은 언덕의 다른 무덤에 묻혔다.

아들 가운데 첫째는 덕여(德輿)이며, 둘째는 득여(得輿)로 경릉 참봉(敬陵參奉)을 지냈고 검약하고 고서를 좋아하였으며 장자(長者)의 명성이 있었다. 셋째는 복여(復輿)이다. 세 사위는 박징(朴澂), 박초(朴滍), 손건(孫鍵)이다.

덕여는 3남 1녀를 낳았는데, 대익(大益), 대겸(大謙), 대이(大頤)이고 사위는 손시재(孫是榟)이다. 측실에게서 둔 아들은 대근(大謹)이다. 득여는 7남 5녀를 낳았는데, 세 아들이 문과에 급제하였다. 첫째는

103 편관(編管) : 죄인을 변방에 귀양 보내어 해당 지방의 호적에 편입시킴으로써 해당 지방관의 통제를 받게 하는 것이다.

대림(大臨)으로 병조 좌랑을 지냈고, 둘째는 대유(大有), 셋째는 함경도사(咸鏡都事)를 지낸 대항(大恒), 넷째는 사헌부 감찰을 지낸 대규(大規), 그다음은 대구(大矩), 대진(大晉), 대성(大成)이다. 사위는 신천핵(申天翮), 남금상(南金相), 박숙(朴潚), 이백윤(李伯胤), 정중주(鄭重周)이다. 복여는 6남 1녀를 낳았다. 첫째는 대관(大觀)으로 생원이고, 그다음은 대모(大模), 대해(大楷), 대시(大時), 대수(大受), 대방(大方)이다. 사위는 손시벌(孫是橃)이다. 박징은 2남을 두었는데 기봉(岐鳳)과 조봉(朝鳳)이다. 박초는 2남 1녀를 두었는데, 아들은 하상(夏相)과 인상(寅相)이고 사위는 신망규(申望奎)이다. 손건은 1남 2녀를 두었다. 아들은 덕승(德升)으로 문과에 급제하여 사헌부 지평을 지냈고 사위는 주남정(朱南正)과 이덕령(李德齡)이다. 내외(內外)의 증손과 현손은 남녀 모두 300여 명이다. 공의 장지는 영해부 남쪽 석을산(石乙山) 경좌(庚坐)의 언덕에 있다.

5세손 상사생(上舍生) 창유(昌愈)가 공의 묘소에 대한 의절이 오랫동안 마련되지 못하고 있는 까닭으로 천 리 먼 곳에서부터 서울로 와 나에게 명(銘)을 부탁하였는데, 수차례에 걸쳐 청하며 그칠 줄 몰랐다. 덕을 높이는 것은 사람의 타고난 천성이므로 내 어찌 감히 사양하겠는가. 명은 다음과 같다.

집집마다 거문고 타고 글 읽으니	戶絃家誦
군자의 고을이며	君子之鄕
산처럼 드높고 바다처럼 광대하니	嶺巇海豐
군자의 이름이로다	君子之名
살아서는 산림에 묻혔으니	生而林壑

군자의 운수 막힌 것이나	君子之運否
죽어서는 제향되니	死而俎豆
군자의 도 빛나도다	君子之道賁

충신 증 훈련원 정 손공 묘갈명

忠臣贈訓鍊院正孫公墓碣銘

금상 7년(1783, 정조7) 가을에 상사생(上舍生) 경주(慶州) 손정구(孫鼎九)가 상이 거둥하는 길가에 엎드리고 말하기를,

"신의 5대조 종로(宗老)는 인조 병자년(1636, 인조14)에 전임 현감의 신분으로서 북적(北翟)이 남한산성(南漢山城)에 들이닥쳤다는 소식을 듣자 천 리 먼 곳에서 검을 들고 쌍령진(雙嶺陣)으로 나아가 북적과 전투를 벌이다 전사하였고, 노비 하나도 그때 따라 죽었습니다. 이에 조정에서는 그 의(義)를 높이 사 벼슬을 추증해 주었으나 선비들의 공론은 '국가가 절의(節義)에 보답하는 일에 도리어 미진한 점이 있다.'라고 합니다. 이상 감히 아뢰옵니다."

하자, 상이 이르기를,

"그렇구나. 참으로 고경(杲卿) 앞에서도 부끄러울 것이 없구나.[104]"

하며 감탄하고는 영남 관찰사한테 명하여 정확한 사실을 조사해 아뢰도록 하였다. 이후 관찰사가 급히 장계(狀啓)하여 "손정구의 말이 사실입니다."라고 하자 마침내 예부에서 그의 정려문을 세워 줌과 동시에 노비도 그와 마찬가지로 해 달라고 청하였고, 이에 상이 "가(可)하다."

104 고경(杲卿)……없구나 : 고경은 당(唐)나라의 충신 안고경(顔杲卿)이다. 안녹산(安祿山)의 난리 때 상산 태수(常山太守)의 신분으로 의병을 일으켜 안녹산의 군사에 용감히 대항하는 한편, 악전고투 끝에 포로로 붙잡혀 갖은 악형을 받으면서도 끝까지 굴복하지 않고서 혀가 끊어질 때까지 준열하게 꾸짖다가 죽음을 당한 인물이다. 《新唐書 忠義列傳 顔杲卿》

라고 하였다.

공의 자는 고경(考卿)이다. 손씨(孫氏)는 본래 신라 대수부(大樹部)의 후손인데, 우리 왕조에 들어와 적개 공신(敵愾功臣)으로서 계천군(鷄川君)에 봉해지고 시호를 양민(襄敏)이라 한 분은 소(昭)이고, 대총재(大冢宰)를 지내고 월성군(月城君)을 습봉하였으며 시호를 경절(景節)이라 한 분은 중돈(仲暾)이다. 이분들은 각각 공의 5대조와 4대조이다. 증조는 경(暾), 조부는 광서(光曙)이다. 선고(先考)는 시(時)로, 판관을 지내고 효성스럽다고 이름났다. 모친은 영월 신씨(寧越辛氏)로, 참봉 신덕봉(辛德鳳)의 따님이다.

공은 젊어서부터 문사(文事)를 과업으로 삼았는데, 조금 장성했을 때 북로(北虜)가 호시탐탐 변방 지역을 엿보아 사방이 두려움에 떨고 있다는 소식을 듣고는 분연히 말하기를 "대장부는 마땅히 말가죽으로 시신을 쌀 뿐이다.[105] 케케묵은 선비는 될 수 없다."라고 하였다.

21세가 된 무오년(1618, 광해군10)에 무과에 급제하였다. 그런데 이때 광해가 모후(母后)를 서궁(西宮)에 유폐해 버리자[106] 탄식을 내뱉으며 "떠나야겠다."라고 하고는 농사일에 힘쓰면서 모친을 봉양하여 세상에 나아가 무엇을 이루려는 생각을 일절 하지 않았다.

인조 신미년(1631, 인조9)에 선전관에 제수되었다. 그로부터 3년이 지나 주부(主簿)로서 남포 현감(藍浦縣監)이 되었는데 얼마 지나지

105 대장부는……뿐이다 : 남아로서 죽음을 각오한 채 전쟁터에서 용감히 싸워, 결국 말가죽에 싸인 시신이 되어 돌아오겠다는 말이다. 222쪽 주42 참조.

106 광해가……버리자 : 모후는 선조(宣祖)의 계비(繼妃)인 인목대비(仁穆大妃)를 가리킨다. 1618년 광해군이 대북파(大北派)의 주장에 따라 인목대비를 폐위하여 서인(庶人)으로 만들고 서궁에 유폐한 일을 말한다.

않아 사직하고 귀향하였다.

병자년(1636) 12월 오랑캐의 침입이 다급해지자 상이 남한산성으로 들어갔다. 공은 그 소식을 듣고 눈물을 흘리며 "신하도 의리상 마땅히 죽어야 하는데, 하물며 집안 대대로 충훈(忠勳)을 세워 임금의 녹을 먹고 있는 자는 어떠해야 하겠는가."라고 말하면서 즉시 활과 칼을 행장에 꾸리고는 어머니에게 하직을 고하였다. 그러자 어머니는 "너는 진정 네 조상의 자손이로구나."라고 하면서 명주솜으로 만든 반비(半臂)를 꺼내 입혀 주었고, 이에 공은 집안사람들을 돌아보며 말하기를 "어머니를 잘 봉양해 다오. 그리고 훗날 나의 시신을 찾아다오. 왼쪽 어깨에 있는 까만 반점과 그것을 감싸고 있는 명주솜 옷이 나임을 충분히 증명해 줄 것이다."라고 하였다.

이후 두 노비와 고향 사람 신상뢰(辛商賚), 박홍원(朴弘遠)을 데리고 길을 나섰는데, 도중에 신상뢰가 죽령(竹嶺)을 경유하는 길을 택하여 원주진(原州鎭)으로 가자고 하는 의견을 내놓았으나 공은 "남한산성에서 급사할지언정, 우회로를 선택하여 살아남을 수는 없다."라고 하였다. 이천(利川)의 경계에 다다랐을 무렵 북적이 남한산성을 열겹으로 포위하고 있어 진입할 수 없었다. 그때 영남의 좌우 절도사가 근왕병(勤王兵)을 통솔하여 쌍령(雙嶺)에서 진을 치고 있던 터라, 공은 마지못해 경상좌도 절도사 허완(許完)[107]의 군영에 투신하였고, 이에 적을 향해 활을 쏘는 족족 반드시 맞혀 쓰러뜨렸다. 그러고는 눈물을 흘리며 장수와 군사에게 "포위된 성이 저기 있으니, 나는 그대들과

107 허완(許完) : 1569~1637. 본관은 양천(陽川), 자는 자고(子固), 시호는 충장(忠莊)이다.

함께 죽어야 할 곳에서 죽겠다."라고 하니, 장수와 군사 역시 눈물을 흘렸다. 얼마 뒤 화약 상자에 불이 나 군사들이 우왕좌왕하는 틈을 타 북적이 철갑 입은 기병을 출동시켜 좌영(左營)을 공격해 들어오자, 박홍원이 공의 소매를 잡아당기며 말하기를,

"책루(柵壘)를 뛰어넘어 가서 후일을 도모하는 게 어떻겠소?"

하였다. 그러나 공은 말하기를,

"임금을 위기에서 구하려는데 그 위기 앞에서 죽지 않는 것은 나의 뜻이 아니다."

하고, 노비 하나를 돌아보며,

"너는 집으로 돌아가 보고하라."

하였다. 그러고는 다른 한 노비와 함께 그대로 선 채로 꿈쩍도 하지 않아 둘 모두 해를 당하였다.

정축년(1637) 1월 3일에 노비와 박홍원이 집으로 돌아가 공이 죽을 당시의 상황을 매우 소상하게 말하자 아들 수(鐩)와 조카 집(鏶)이 폐허가 된 쌍령으로 쏜살같이 달려가 공의 시신을 수색하였다. 그런데 시신이 여전히 쌓여 있는 와중에 명주솜 옷이란 대부분 생김새가 서로 비슷하고 반점 역시 판별하기가 불가능했기에, 화살로 초혼(招魂)하고[108] 남은 의관을 거두어 경주부(慶州府) 북쪽 검단리(檢丹里) 사향(巳向)의 언덕에 장사 지냈다. 전란이 끝난 뒤 왕명에 의해 훈련원

108 화살로 초혼(招魂)하고 : 전쟁 중에 대량의 전사자가 발생할 경우 옷 대신 화살을 내저으며 초혼을 하였던 고대 중국의 전통에서 비롯된 행위이다. 《예기(禮記)》 〈단궁상(檀弓上)〉에 "주루(邾婁)에서 화살로 초혼하는 것은 대체로 승형(升陘)의 전투에서 비롯된 것이다."라는 말이 있다.

정(訓鍊院正)으로 추증되었는데, 이는 그 절개를 기린 것이다.

아아, 남한산성에서 있었던 일을 차마 말할 수 있겠는가. 임금이 탄 수레가 도성 너머로 파천하여 종묘와 사직이 위기일발의 상황에 처하였는데, 관직을 맡은 자들은 달아나 숨어 버리는 한편 지혜롭고 용맹한 자들은 주눅 들고 위축되어 버린 결과, 북쪽을 향해 죽음을 무릅쓰고 적과 싸운 자가 있다는 소식은 들리지 않았다. 그러나 공은 관직을 맡은 처지도 아니고 사는 곳도 대관령의 바깥에 있었는데 나라가 있는 줄만 알고 자기 집이 있는 줄은 모른 나머지, 눈물을 뿌리며 모친과 하직하고서 소매를 떨쳐 북쪽을 향해 분연히 달려갔으니, 충의(忠義)가 평소부터 온축되어 있지 않았다면 이렇게 할 수 있었겠는가. 박홍원과 노비가 탈출하여 샛길로 달아난 것으로 유추해 볼 때, 북적의 기병이 유린해 올 그 당시에 공이 만약 살기를 도모했다면 살 수 있었을 테지만, 목숨보다 의(義)를 소중하게 여겼기에 싸우고 물러서지 않았으니, 한번 죽어 국가에 보답하려 한 것이 아니라면 이렇게 할 수 있었겠는가. 공이 세상을 떠난 지 200년 뒤 성상의 말씀으로 절의가 고경에 필적한다고 분명하게 선언되었으니, 추증된 관직이 높은지 낮은지와 정려문의 설립이 늦은지 빠른지가 어찌 공에게 경중을 따질 만한 문제이겠는가.

공이 죽을 당시의 나이는 40세였다. 공과 함께 죽은 노비는 이름이 억부(億夫)라고 한다. 배위는 숙인(淑人) 한양 조씨(漢陽趙氏)로, 진사 조단(趙端)의 따님이자 회재(晦齋) 이 선생(李先生)의 외증손이다. 공보다 20년 늦게 졸하여 공의 장지에 합장되었다. 아들은 첫째가 수(鐩)이고, 둘째는 현감 흠(欽)이다. 두 사위는 최국범(崔國範), 서중후(徐重厚)이다. 수는 3남을 두었는데 여발(汝發), 여적(汝積), 여필(汝

弼)이다. 흠은 2남을 두었는데 영장(營將)을 지낸 여의(汝義), 여지(汝智)이다. 증손과 현손은 다 기록하지 못한다. 명(銘)은 다음과 같다.

신하는 임금을 위해 죽고 臣死君
노비는 주인을 위해 죽었네 奴死主
그 의리 똑같으니 其義則一
천고에 우뚝하리라 卓絶千古

영릉 참봉 만와 김공 묘갈명
英陵參奉晩窩金公墓碣銘

공의 휘는 유수(裕壽), 자는 수백(綏伯), 성은 김씨(金氏)이다. 시조 기(起)가 고려를 섬겨 화의(和義)를 채읍(采邑)으로 받으면서 그 자손들은 마침내 선산(善山) 사람이 되었다. 우리 조종(朝宗)의 성세에 이른바 "김씨에게 조(祖), 자(子), 손(孫) 3대의 연원이 있다."라고 하는 말이 있는데, 구암(久庵) 취문(就文), 찰방 종무(宗武), 욕담(浴潭) 공(玒)이 바로 그분들이다. 구암은 부제학을 지냈는데 형인 진락당(眞樂堂) 취성(就成)과 함께 덕과 학문으로 명성이 있었다. 찰방은 만력(萬曆) 임진년(1592, 선조25)에 위용을 세웠다.[109] 욕담은 어린 나이에 겸암(謙菴)과 서애(西厓)[110] 두 외삼촌 밑에서 자랐고, 장성해서는 여헌(旅軒) 장 선생(張先生)을 모셨는데[111] 식견 있는 이들이 독행군자(篤行君子)라고 칭하였다. 욕담은 휘 언(漹)을 낳았는데, 이분은 공에

109 찰방은……세웠다 : 김종무(金宗武)는 임진왜란이 일어나자 상주(尙州)로 가서 상주 판관(尙州判官) 권길(權吉)과 함께 왜군에 맞서다 전사하였다. 《臨汝齋集 卷6 贈吏曹參議行沙斤道察訪善山金公墓碣銘》

110 겸암(謙菴)과 서애(西厓) : 겸암은 유운룡(柳雲龍, 1539~1601)의 호로 자는 응현(應見)이다. 서애는 유성룡(柳成龍, 1542~1607)의 호로 자는 이현(而見)이다. 두 사람은 형제간으로 모두 이황의 문인인데, 김공(金玒)의 어머니인 풍산 유씨(豐山柳氏)가 바로 유운룡과 유성룡의 여동생이다. 《定齋集 卷27 浴潭處士金公墓碣銘》

111 장성해서는……모셨는데 : 장 선생은 장현광(張顯光, 1554~1637)으로, 본관은 인동(仁同), 자는 덕회(德晦), 호는 여헌이다. 김공은 14세에 소백산에 있던 장현광을 만나 배우기를 청하였다. 《定齋集 卷27 浴潭處士金公墓碣銘》

게 증조부가 된다. 조부의 휘는 상주(相胄)이다. 부친의 휘는 형섭(亨燮)으로, 야로 송씨(冶爐宋氏)에게 장가들었는데 송유징(宋有徵)의 따님이다. 을해년(1695, 숙종21) 1월에 공을 낳았다.

공은 집안의 가르침을 익혔다. 성품이 온화하고 우아하여 비루하거나 도리에 어긋나는 말을 하지 않으며 으스대거나 방자한 행동을 하려 하지 않았다. 좋아하는 것은 오직 고인이 남긴 책뿐이었다.

을미년(1715)과 경자년(1720)에 부친상과 모친상을 당하였는데, 초종(初終)과 장례(葬禮), 제례(祭禮)에 필요한 물품을 스스로 마련하여 두 형을 번거롭게 만들지 않았고, 장례를 마친 뒤에는 날마다 성묘하며 슬피 울부짖었다. 그리고 틈만 나면 주자의 편지 가운데 요긴한 문장을 뽑아 스스로 반성하는 자료로 대비해 두면서 그 말미에 "나는 이 책을 읽은 뒤로 거친 마음과 들뜬 기질이 모조리 떨어져 나가 없어지려는 듯하다."라고 쓰니, 체인(體認)의 독실한 공부가 이와 같았다.

영종 정미년(1727, 영조3)에 사마시(司馬試)에 입격하였다. 이때부터 서울에 한 번도 발을 들이지 않고 금오산(金烏山) 아래 선영이 있는 백운곡(白雲谷)으로 가서 정사(精舍)를 짓고는 '만산와(晩山窩)'라는 편액을 걸었다. 그리고 자호(自號)를 '만와(晩窩)'라고 하고는 날마다 그곳에서 독서하면서 비록 거친 밥조차 잇지 못하는 형편인데도 개의치 않았다.

신사년(1761)에 전부(銓部)에서 공의 행의(行誼)를 듣고 영릉 참봉(英陵參奉)에 제수하였으나 병으로 부임하지 않았다. 이해 8월 13일에 침소에서 생애를 마치니 향년 67세였다.

공은 성품이 부모에게 효성스럽고 형제를 우애롭게 대하였으며 선조를 추모하는 마음이 특히 깊었다. 구암과 욕담의 시문을 담은 원고가 많은 부분 산실되었던 까닭에 수년 동안 모으고 수집하여 책으로 완성하고 나서야 그 일을 마무리 지었다. 중형(仲兄)이 죽었을 때 그 아들이 어리고 가난하였으므로 자신의 전답을 떼어서 장례를 치러 주었다. 백형(伯兄)이 늙은 나이에 자식의 상을 당하자 딱하게 여겨 그를 집으로 모시고 와서 아버지를 모시듯 시봉(侍奉)하였고, 백형이 죽었을 때에는 빈렴(殯殮)과 매장을 반드시 직접 도맡아 하였다. 자질(子姪)들을 가르칠 때에는 오직 효제충신(孝悌忠信)에 힘쓰도록 하고, 일족들을 보살펴 주고 고을 사람들을 돈독히 대하니, 어느 누구 하나 좋아하지 않는 사람이 없었다. 일찍이 마을 서당의 젊은이들과 규약을 정해 매달 초하루마다 반드시 강(講)을 치르는 한편, 학문을 권장하는 글[112]을 지어 매우 극진하게 지도하였다. 고을에서 인망이 있어 읍지(邑誌)를 찬술하게 되었는데 사실에 의거하고 사견을 넣지 않아 젊은이들이 모두 감복하고 고을 사람들 역시 아무도 흠잡는 이가 없었다. 평소 글 짓는 일을 좋아하지 않으나 누군가 충효(忠孝)와 절행(節行)이 있다는 말을 들으면 그를 위해 그 행적을 서술하였고, 좋은 날과 아름다운 계절에 벗과 함께 술병을 차고 노닐 때면 흔연히 그날의 일을 기록해 두었다. 지금 집안에 《만와집(晩窩集)》 2권이 소장되어 있는데, 그 문장은 이치로 보면 참되고 사정(事情)으로 보면 막힘이 없으며 자태로 보면 곡절이 있어 사랑스럽다.

배위(配位)는 한산 이씨(韓山李氏)로, 처사(處士) 이석망(李碩望)의 따님이며 현감 이홍조(李弘祚)의 증손녀이다. 시댁의 일족들이 다

112 학문을 권장하는 글 : 〈동숙강석유제생문(洞塾講席諭諸生文)〉이나. 《晩窩遺稿 卷2》

'숙덕(淑德)'이라고 일컬었다. 공보다 6년 먼저 졸하여 공과 같은 언덕에 묻혔는데, 바로 모산(茅山) 손향(巽向)의 언덕이다. 자제는 3남을 두었는데, 첫째는 몽의(夢儀)로 진사이고, 둘째는 몽화(夢華)로 문과에 급제하여 한림을 지냈고 현재 대각(臺閣)을 출입하고 있다. 셋째는 몽채(夢彩)로 진사이다. 몽의는 3남을 두었는데, 빈구(彬久), 징구(徵久), 응구(應久)이다. 두 딸은 박민수(朴敏秀), 이귀흥(李龜興)에게 출가하였다. 몽화는 1남을 두었는데 성구(星久)이고 딸은 이병순(李秉淳)에게 출가하였다. 몽채는 족자(族子) 안구(安久)를 후사로 삼았고 하나 있는 딸은 아직 어리다.

아아, 과거제가 설립된 뒤로 삼대(三代) 빈흥(賓興)의 제도[113]가 폐해진 까닭에, 공과 같이 명성과 영달을 추구하지 않은 자는 늙도록 산림에 묻혀 죽었어도 이상할 것이 없다. 늘그막에야 일명(一命)의 벼슬[114]을 내려 준 것이 어찌 족히 조정에서 공을 알아준 처사라 하겠는가. 그러나 권공 상일(權公相一)[115]은 자신이 좋아하는 사람한테 아부

113 삼대(三代) 빈흥(賓興)의 제도 : 삼대는 하(夏), 은(殷), 주(周) 세 왕조를 가리킨다. 빈흥은 주(周)나라 때 어진 인재를 지방에서 추천해 올리던 제도로, 지방의 소학(小學)에서 덕행과 학예(學藝)가 뛰어난 학생을 뽑아서 대학(大學)으로 올려보내는 것이다. 《주례(周禮)》〈지관사도 상(地官司徒上)〉에 "향학(鄕學)의 세 가지 교법을 가지고 만민을 교화하되, 인재가 있으면 빈객의 예로 우대하여 천거한다.〔以鄕三物敎萬民而賓興之〕"라고 하였다.

114 일명(一命)의 벼슬 : 최하위 품계인 종9품의 관직으로, 여기에서는 1761년 김유수(金裕壽)에게 내려진 영릉 참봉을 가리킨다. 주나라 관제(官制)에서 일명에서 구명(九命)까지 관계(官階)를 구분해 놓은 것에서 비롯되었다. 《周禮 春官宗伯 大宗伯》

115 권공 상일(權公相一) : 권상일(1679~1759)의 본관은 안동, 자는 태중(台仲), 호는 청대(淸臺)이다.

하는 사람이 아닌데도, 일찍이 "모(某)와 같은 이는 가히 강우(江右)에서 제일가는 사람이라고 할 만하다."라고 하였다. 상서(尙書) 김상성(金尙星)[116]은 공의 글을 얻어 읽어 보고는 "세상에 이와 견줄 만한 것은 드물다."라고 감탄하였다. 이로써 말해 보자면 공이 살던 당세에 역시 공을 알아준 사람이 없었다고 할 수 없기에 곧 명(銘)을 지을 만한 것이다. 명은 다음과 같다.

쉼 없이 이어진 김씨 가문에	亹亹金門
삼대의 연원이 있었네	三世淵源
누군들 조상 없으며	人孰無祖
누군들 후손 되지 않으랴마는	孰非爲孫
능히 그 업적을 계승하여야	克繩厥武
후손이라 말할 수 있네	乃曰後昆
공은 저문 산에 있으면서	公在晩山
경술과 행실을 닦았고	經行之修
공이 둔 많은 자식들은	公有多子
문채와 바탕이 넉넉하네	文質之優
연원이 있으면 반드시 넓어지는 법	有源必洪
어찌 삼대에서 그치고 말 뿐이겠는가	奚直三世
내 명을 남기노니	我銘以貽
계속해서 힘쓸지어다	勖哉繼繼

116 김상성(金尙星) : 1703~1755. 본관은 강릉(江陵), 자는 사정(士精), 호는 도계(陶溪)·손곡(損谷)이다. 이조 판서를 지냈다.

통훈대부 행 공조 좌랑 이공 묘갈명

通訓大夫行工曹佐郞李公墓碣銘

공의 휘는 온(薀), 자는 여휘(汝輝), 본관은 한산(韓山)으로, 목은(牧隱) 이색(李穡) 선생의 후손이다. 목은은 종학(種學)을 낳았는데, 호는 인재(麟齋)이다. 고려의 국운이 끝나자 새 왕조의 신하가 되지 않겠다고 가슴속으로 맹세하였다. 숙야(叔野)라는 분은 음관으로 집의를 지냈고, 축(蓄)이라는 분은 음관으로 이조 참판을 지냈고, 훈(塤)이라는 분 역시 음관으로 좌참찬을 지내고 한성군(韓城君)에 봉해졌다. 대개 인재는 3대 동안 과거에 응시하지 말라는 경계를 하였는바, 조(祖), 자(子), 손(孫)이 음직을 통해 진출한 것은 그러한 연유 때문이다. 유청(惟淸)에 와서는 좌의정을 지냈고, 언호(彦浩)는 전라도 관찰사를 지냈으며, 그로부터 3대를 내려와 충숙공(忠肅公) 덕형(德泂)은 호가 죽천(竹泉)이고, 작(焯)은 인조 연간의 명신으로 공의 증조부이다. 조부는 행원(行源)으로 홍문관 수찬을 지냈고, 선고는 만경(萬慶)으로 의금부 도사를 지냈다. 선비는 덕수 이씨(德水李氏)로, 승지 이래(李秾)의 따님이다.

공은 태어나면서부터 명민하고 총명하였다. 6세에 《자양강목(紫陽綱目)》[117]을 읽어 신동이라 불렸는데, 갑작스레 병이 들어 학업이 중단되었다. 병이 쾌유되었을 때에는 나이가 이미 16, 7세였지만 타고난

117 자양강목(紫陽綱目) : 송(宋)나라 학자 주희(朱熹)가 쓴 역사서인 《자치통감강목(資治通鑑綱目)》을 말한다. 자양(紫陽)은 주희의 별호이다.

자질이 매우 뛰어나서 문장이 절로 능히 광채를 발휘하였다. 24세에 사마시에 입격하였다.

숙종 무오년(1678, 숙종4)에 미수(眉叟) 허 선생(許先生)[118]이 집정(執政)의 잘잘못을 논하다가 발언이 채택되지 못하고 도가 실현되지 못한 까닭에 지체 없이 도성을 떠나 버렸는데, 이에 군자들에게는 믿고 의지할 사람이 없게 되었다. 이러한 상황에서 공은 앞장서서 선비들을 이끌고 소장을 올려 현인을 붙잡아 그와 함께 나라를 다스릴 것을 청하였는바, 그 말이 매우 간절하고 솔직하여 상이 가상하게 여겼다. 당시 조정에서 재주 있는 선비를 선발하였는데 공이 시무를 잘 안다는 명목으로 천거에 이름을 올렸다.

기미년(1679)에 능서랑(陵署郎)에 제수되었다.

경신년(1680)에 벼슬을 버리고 출사하지 않았다.

경오년(1690)에 또 능서랑에 제수되었으나 부임하지 않았다. 이듬해 익위사 세마(翊衛司洗馬)에 제수되었고, 시직(侍直)과 부솔(副率)로 전직하였다.

계유년(1693)에 의금부 도사와 공조 좌랑으로 누차 전직하였다. 또 외직으로 나가 함창현(咸昌縣)을 맡아 다스렸는데, 정사가 공평하고 벌이는 일이 간소하여 인근 고을에서 소송하던 이들이 모두 찾아와 질정하였다. 고을에서 가르침을 따르지 않는 자들이 심히 횡포를 부려 백성들의 전답을 빼앗고 백성들의 생업을 무너뜨리자, 법대로 엄히 제재하여 그 백성들을 바로잡고 그 물건을 돌려주었다. 순무사(巡撫

118 미수(眉叟) 허 선생(許先生) : 허목(許穆, 1595~1682)으로, 본관은 양천(陽川), 자는 문보(文甫), 호는 미수이다.

使) 김진귀(金鎭龜)가 불량한 자의 말을 받아들여 조정에 계사를 올려 공을 파직시키자 백성들이 가슴 아파한 나머지 절벽 바위에 글자를 새겨 칭송하였는데, 함창현에 기적비(紀績碑)가 세워진 것은 공으로부터 시작된 것이다.

공은 집에 있으면서 효행과 우애를 타고난 본성대로 실천하였다. 거상할 때에는 예법을 극진히 하고, 막냇누이가 6세에 어머니 상을 당한 것을 가슴 아프게 여겨 어머니가 살아 계실 때와 똑같이 그를 보살피고 길러 주었으며, 과부로 있는 누이가 병에 걸린 것을 딱하게 여겨 반드시 몸소 부축을 해 주고, 아버지가 없는 생질(甥姪)을 마치 자기 자식처럼 여기며 돌보아 주었다. 자제들을 가르칠 때에는 반드시 새벽에 침소를 문안하도록 하였는데, 혹 일이 있어 그렇게 하지 못하는 경우에는 종일토록 그와 말 한마디 나누지 않았다. 이에 자제들은 공경하고 삼가서 감히 몸가짐을 태만히 하지 못하였다. 선조를 받들 때에는 오직 정성과 공경에 힘써 매양 자손들에게 경계하기를,

"《주역》에 '두 개의 제기(祭器)만으로도 제사를 드릴 수 있다.'라는 말[119]이 있다. 힘써야 할 것은 정성에 있으니, 구차스럽게 풍성하게 하려 들면 안 된다. 구차하면 마음이 편안하지 못하고, 마음이 편안하지 못하면 정성이 전일해지지 못하니, 이는 선조를 제향하는 방법이 아니다."

하였다. 비록 가난한 살림이나 집안사람에게 재물과 이익을 입에 올리지 못하도록 훈계하였고, 비록 친족이라 할지라도 요직에 있는 자라면

119 주역에……말 : 《주역》 〈손괘(損卦) 단(彖)〉에 나오는 말로, 정성과 공경이 극진하다면 가난으로 제수를 박하게 차릴지라도 신(神)에게 제사할 수 있다는 뜻이다.

일절 내왕하지 못하게 하였다. 공의 행적 가운데 무너진 풍속에 본보기가 됨 직한 것이 이와 같으니, 밖에서 이르는 것[120]이 어찌 족히 공에게 보탬이나 손해가 될 법한 문제이겠는가.

정유년(1717) 8월 22일에 침소에서 생애를 마치니 공이 태어난 숭정(崇禎) 기묘년(1639, 인조17)으로부터 79년을 산 것이다. 배위(配位)는 원주 김씨(原州金氏)로, 파강(巴江) 김두남(金斗南)의 증손녀이자 동지중추부사 김경문(金敬文)의 따님이다. 현숙하여 부녀자로서의 덕이 있었다. 60세인 기묘년(1699, 숙종25) 3월 25일에 졸하여 김포(金浦) 백석산(白石山) 아래 간좌(艮坐)의 언덕에 합장되었다.

아들 가운데 첫째는 숭년(嵩年)으로 국자감 진사이고, 둘째는 태년(泰年)이다. 하나 있는 사위는 조태정(趙泰貞)이다. 숭년은 2남 2녀를 두었는데, 아들은 재직(載稷)과 재복(載福)이고, 서정일(徐精一)과 목서경(睦敍敬)은 사위이다. 서자(庶子)로 재록(載祿)이 있고, 서녀(庶女)는 이선좌(李善佐)에게 출가하였다. 재직은 1남 2녀를 두었는데, 아들은 지화(至和)이며 서행우(徐行遇)와 박사원(朴思遠)은 사위이다. 지화는 3남 2녀를 두었는데 아들은 명귀(命龜), 전(前) 별검(別檢) 성귀(聖龜), 석귀(錫龜)이고, 문과에 급제하여 정랑을 지낸 목조수(睦祖洙)와 한사혁(韓思赫)은 사위이다. 재복은 1남 3녀를 두었는데 아들

120 밖에서 이르는 것 : 벼슬과 부귀 등을 이른다. 《논어》 〈위령공(衛靈公)〉에 "군자는 도를 도모하지, 먹을 것을 도모하지 않는다. 밭을 갈면 굶주림이 그 가운데 있고 학문을 하면 봉록이 그 가운데 있으니, 군자는 도를 근심하지 가난을 근심하지 않는다."라고 하였는데, 송나라 학자 윤돈(尹焞)이 주석을 달면서 "군자는 근본을 다스리고 그 지엽은 걱정하지 않으니, 어찌 밖에서 이르는 것을 가지고 근심하고 즐거워하겠는가."라고 하였다. 《論語集註 衛靈公》

은 정화(鼎和)이고 김정룡(金廷龍), 이용(李溶), 한덕천(韓德天)은 사위이다. 정화는 1남을 두니 문귀(文龜)이다. 명(銘)은 다음과 같다.

북궐에서 깃발 드니[121]	擧幡北闕
현자의 무리이고	寔賢者徒
벼슬을 버리고 자기를 수양하니	罷官修己
군자다운 선비로다[122]	爲君子儒
남들이 외물에 분주할 때 나는 고요하니	人騖我靜
영락한 처지 무엇이 나쁘랴	潦倒何傷
명을 지어 드러내니	銘以著之
덕의 광채로다	于德之光

121 북궐에서 깃발 드니 : 1678년 윤3월 허목이 정사의 득실을 논하다가 뜻대로 되지 않아 사직하고 도성 밖으로 나가자 이온(李蒕)이 앞장서서 선비들을 이끌고 소장을 올려 허목과 함께 정사를 하게 해 달라고 청한 일을 가리킨다. 한(漢)나라 애제(哀帝) 때 강직하기로 유명했던 사례(司隷) 포선(鮑宣)이 간언을 하다가 부당하게 하옥되자 박사 제자(博士弟子) 왕함(王咸)이 태학 아래서 깃발을 들고 "포 사례(鮑司隷)를 구하려는 자는 이 밑에 모이라."라고 외쳤는데, 이에 제생(諸生) 1000여 명이 모여서 대궐 문을 지키고 상소하여 결국 포선의 죄가 경감되었던 고사에서 유래하였다. 《漢書 鮑宣傳》《記言 年譜 卷2 眉叟先生年譜》

122 군자다운 선비로다 : 남이 알아주기를 바라면서 공부하는 '위인지학(爲人之學)'을 하는 선비가 아니라 자신의 덕성을 닦기 위하여 공부하는 '위기지학(爲己之學)'을 하는 선비라는 말이다. 《논어》 〈옹야(雍也)〉에 "너는 군자다운 유자가 될 것이요, 소인과 같은 유자는 되지 말지어다.〔女爲君子儒, 無爲小人儒.〕"라는 대목이 나오는데, 송나라 학자 정이(程頤)의 주석에 "군자다운 선비는 자신을 위하는 것이요, 소인 같은 선비는 남을 위하는 것이다.〔君子儒, 爲己; 小人儒, 爲人.〕"라고 하였다. 《論語集註 雍也》

증 참판 양공 묘갈명
贈參判梁公墓碣銘

송경(松京)은 옛 도읍이다. 내 일전에 외람되이 이곳을 다스리라는 명을 받았을 때,[123] 탁월한 재능과 큰 덕을 지녔으나 몸을 숨겨 세상 밖으로 나오지 않는 선비가 있으리라는 생각이 들어 여항을 탐문하였다. 그러자 모두들 "예전엔 그러한 사람이 있었으나 지금은 없습니다."라고 하기에, 그 사람이 누구냐고 물어보니 "양(梁)이 성이고 지강(枝剛)이 이름입니다. 양지강이 죽은 뒤로 송경에는 추위에 떠는 자가 옷을 입지 못하고 굶주림에 허덕이는 자가 음식을 먹지 못하게 되었으므로 그가 죽은 지 50년이 다 되어 가는 지금까지 사람들은 그를 잊지 못하고 있습니다."라고 하였다. 이에 나는 군과 같은 사람을 얻음으로써 더 이상 부박한 풍속을 돈후하게 바꾸지 못하게 된 것을 참으로 아쉽게 생각하였다. 그러다 금년 봄 양생 정맹(梁生廷孟)이 송경으로부터 찾아와 소매에서 가장(家狀) 한 통을 꺼내어 나에게 명(銘)을 지어 달라고 청하였다. 그 가장을 보니 바로 이전에 들은 양공(梁公)의 행적인바 그 가장에는 다음과 같은 내용이 실려 있었다.

"공은 일찍이 과거를 통해 벼슬하는 것을 단념하여 약관의 나이부터 집안일을 다스렸다. 형제 및 자질과 한마을에 같이 살면서 직접 재산을 마련하되 분배를 오로지 공평하게 하였고, 혼례와 장례에 필요한 물품을 미리 준비하여 창고에 따로 저장해 두었다가 빈궁한 자가

123 내……때 : 번암은 1764년(영조40) 7월 개성 유수(開城留守)에 세수되었나. 《海左集 卷24 領議政諡文肅蔡公神道碑銘》《英祖實錄 40年 7月 3日》

마련할 수 없다고 하면 그때마다 그것을 내주었다. 또 밥을 지을 때는 반드시 밥을 남겨 두고 상자에는 반드시 옷을 남겨 둠으로써 굶주리고 추위에 떠는 자의 요구에 대비하였고, 친구 중 누군가 위급한 일이 생기면 제때 해 주지 못할 듯이 비용을 대 주었고 일가 중에 누군가 빚을 지면 제 일처럼 상환해 주었다. 부모를 모실 때는 특히 지성을 다하여 실로 부모가 원하는 것이라면 빚을 내어 거저 주는 일조차 하나도 아깝게 생각하지 않았다. 백형(伯兄)이 호방한 행동으로 세속에 얽매이지 않는 부분이 많았는데, 갖옷과 말, 술과 안주 등을 오직 백형의 뜻을 따라 대 주면서 감히 어기는 법이 없었다. 부모가 세상을 떠난 뒤로부터는 집안일을 아들들과 두 아우에게 맡겨 두고서 매일 백형과 마주 앉고 날마다 술자리를 마련하여 늙은 벗들을 모아 서로 즐기며 살았다. 그러다 60세인 병자년(1696, 숙종 22) 9월 9일에 졸하여 부소산(扶蘇山) 해좌(亥坐)의 언덕에 장사 지냈는데, 그곳이 선영이기 때문이다.

공은 일찍이 '일하고 쉬며 밭 갈고 우물 파면서 내 좋아하는 대로 살아간다.〔作息耕鑿從吾所好〕'[124]라는 8자를 써서 앉는 자리의 오른편에 붙여 두었는데, 이는 대개 내면에 힘쓰려는 것이었다. 부모상을 당하여서는 상례와 제례를 한결같이 예법대로 치렀고, 분묘 곁에 초옥(草屋)을 특별히 정교하게 지어 놓고 날마다 성묘를 하였다.

124 일하고……살아간다 : 아무런 걱정과 근심이 없이 태평한 삶을 사는 것을 말한다. 요(堯) 임금의 치세에 시골의 노인이 격양가(擊壤歌)를 부르며 "해가 뜨면 나가서 일하고 해가 지면 들어와 쉰다. 우물 파서 물 마시고 밭 갈아 곡식 먹으니 제왕의 힘이 나에게 무슨 상관 있겠는가.〔日出而作, 日入而息. 鑿井而飮, 耕田而食, 帝力於我何有哉?〕"라고 한 데서 유래하였다. 《列子 仲尼》

자제 교육을 엄격히 하여 날마다 사치와 검소 및 득과 실의 기미를 반복하여 설명해 주었다. 일찍이 냇가에 좁게 난 길에서 금 한 자루를 발견하고는 그 자리에 지키고 앉아 있었는데, 얼마 뒤에 금을 잃어버린 자가 나타나자 즉시 금이 든 자루를 온전한 상태로 돌려주었다. 상서(尙書) 이정제(李廷濟)[125]는 공을 한번 보고 그가 당대에 쓰이지 못한 것을 탄식하였다."

아아, 이상 가장의 내용은 내가 들은 것과 차이가 없으니, 공은 진정 큰 덕을 지닌 사람이다. 송경 사람들이 지금까지 그를 잊지 못하는 것은 그럴 만한 이유가 있기 때문이다.

공의 자는 유겸(柔兼)이다. 양씨(梁氏)의 가계(家系)는 탐라(耽羅)의 양을나(良乙那)로부터 시작하는데, 계림(鷄林)에 이르러 '양(良)'을 '양(梁)'으로 바꾸고 남원(南原)으로 관적(貫籍)을 하사받았다. 먼 조상인 주운(朱雲)이 고려에 출사하여 용성군(龍城君)에 봉해지고 찬화 공신(贊化功臣)이 되었다. 본조에 이르러서는 휘 효선(孝善)이란 분이 있는데 참봉을 지냈고, 3대를 지나 휘 만회(萬會)와 휘 득린(得麟)은 공의 고조와 증조이다. 조부의 휘는 부신(敷信)으로 사복시 정(司僕寺正)에 추증되었고, 선고의 휘는 의섬(義暹)으로 좌승지에 추증되었으며, 공 역시 호조 참판에 증직되었는데, 넷째 아들 제수(濟洙)로 인해 영화가 미친 것이다. 원배(元配)는 부안 김씨(扶安金氏)이며 계배(繼配)는 동래 정씨(東萊鄭氏)인데 모두 정부인(貞夫人)에 추증되었다. 원배는 김징(金澄)의 따님이며, 계배는 참판 내성군(萊城君) 정

125 이정제(李廷濟) : 1670~1737. 본관은 부평(富平), 자는 중협(仲協), 호는 죽호(竹湖)이다.

기원(鄭期遠)의 현손인 정두인(鄭斗寅)의 따님인데, 모두 공의 묘에 합장되었다.

6남 5녀를 두었는데 장남은 제하(濟河)로 진사인데 백형의 후사가 되었고, 제해(濟海)는 무과에 급제하여 절제사(節制使)를 지냈고, 제호(濟浩)는 진사이고, 딸은 장진한(張震翰), 김경채(金景彩), 임국주(林國柱), 문과에 급제하고 병조 좌랑을 지낸 김종수(金宗洙)에게 출가하였다. 이상은 원배 소생이다.

제수는 무과에 급제하여 동지중추부사를 지냈고, 제흡(濟潝)과 제여(濟汝)는 요절하였고, 딸은 생원 이윤겸(李允謙)에게 출가하였는데, 이상은 계배의 소생이다.

제하의 아들은 현맹(顯孟)과 치맹(致孟)인데, 제해가 치맹을 자신의 아들로 삼았으나, 그가 요절한 까닭에 다시 제수의 아들인 정맹(廷孟)을 아들로 삼았다. 제호의 아들은 익맹(翊孟), 보맹(輔孟), 채맹(綵孟), 안맹(安孟)이다. 제수의 아들은 정맹과 하맹(廈孟)인데 정맹은 후사로 나간 자이다. 딸은 생원 이성교(李聖喬)와 마사강(馬思疆)에게 출가하였고, 제흡은 2녀를 두었고, 제하의 계자(繼子)는 성맹(聖孟)이다. 증손과 외손은 다 기록하지 못한다. 명(銘)은 다음과 같다.

천도는 어진 자를 도우니 天道佑仁
덕을 베푼 자 흥하기 마련이네 種德者昌
그대 믿지 못하겠거든 爾如不信
공의 무덤 살펴보게나 視公之藏
세시와 명절마다 歲時名節
자손이 가득한 것을 子孫穰穰

만취당 김공 묘갈명

晩翠堂金公墓碣銘

공의 휘는 사원(士元)이며, 처음 자는 경방(景龎)이었는데 뒤에 경인(景仁)으로 고쳤다. 김씨(金氏)는 본래 안동(安東) 상락(上洛)을 본관으로 삼았는데, 고려 충렬공(忠烈公) 방경(方慶)의 후손이다. 5대를 내려와 휘 자첨(子瞻)에 이르러 우리 공정왕(恭定王)이 전조(前朝) 명신(名臣)의 후예라는 이유로 관직을 내렸으나, 처자를 거느리고 문소(聞韶)의 사촌(沙村)에 집을 짓고 살았다. 이에 자손들이 계속 그곳에서 살게 되었다. 그의 손자는 극해(克諧)로 북평사(北評事)를 지냈으며 청렴한 명성과 곧은 절개로 세상의 칭송을 받았다. 국자감 진사 광수(光粹)에 이르러서는 태학에서 공부하다가 연산군의 무도함을 보고는 소매를 떨치고 향리로 돌아가 은거하면서 자신의 소신을 지켜나가니, 세상에서 '송은(松隱) 선생'이라고 칭하였으며 사림들이 사당을 세워 제향하였는데, 이분이 증조부이다. 조부는 당(溏)으로 참봉을 지냈고, 부친은 세우(世佑)로 인의(引儀)를 지냈고, 선비(先妣)는 의성 김씨(義城金氏)로, 김만겸(金萬謙)의 따님이다.

공은 가정(嘉靖) 기해년(1539, 중종34)에 출생하고 만력 신축년(1601, 선조34)에 졸하여 63세를 살았다. 당초 공이 22살이 되던 해에 퇴도(退陶) 노선생을 뵙고 수업을 청하였는데, 선생이 〈무이정사잡영(武夷精舍雜詠)〉의 〈관선재(觀善齋)〉[126]를 써 주면서 "군은 나의 이 뜻

126 무이정사잡영(武夷精舍雜詠)의 관선재(觀善齋) : 송(宋)나라 학자 주희(朱熹)

을 알겠는가?"라고 하였다. 일찍이 문하의 여러 공과 함께 선생을 따라 청량산(淸涼山)의 연대사(蓮臺寺)에 놀러 가서 시를 수창하였다. 이로부터 4, 5년 동안 만월암(滿月庵)에 머물고 또 연대사에 머물다가, 얼마 뒤에 또 월란암(月瀾庵)에 머물렀는데, 책을 읽을 때마다 첨지(籤紙)를 붙여 두었다가 질문하고, 깨닫는 것이 있으면 서둘러 그 내용을 기록해 두었다. 대개 이때 함께 강학한 벗은 간재(艮齋) 이공 덕홍(李公德弘)[127]과 조공 기백(趙公起伯)[128]이다. 간재가 일찍이 금공 난수(琴公蘭秀)[129]와 의논하여 도산(陶山)에 학사(學舍)를 지어 공부하러 찾아오는 이들을 수용하려고 하면서 편지로 공을 초청하자 공이 즉시 비용과 인력을 마련하고서 찾아갔는데, 선생이 "그럴 필요 없다. 나는 번거롭게 일 벌이는 것을 원치 않노라."라고 한 까닭에 일이 마침내 중단되었다.

공은 성품이 자애롭고 인자하였다. 어린 시절 아이들과 놀다가 까마귀와 솔개가 시끄럽게 우는 것을 발견하고 가서 보니, 동사(凍死)한 자가 길가에 나뒹굴고 있으므로 그 즉시 옷을 벗어 덮어 주었고, 빈궁한 사람을 보면 반드시 부모에게 청하여 도와주도록 하였다. 송은공

의 12수 연작시 〈무이정사잡영〉 가운데 6번째 작품인 〈관선재〉를 말한다. 《晦庵集 卷9》

127 이공 덕홍(李公德弘) : 이덕홍(1541~1596)의 본관은 영천(永川), 자는 굉중(宏仲), 호는 간재이다.

128 조공 기백(趙公起伯) : 조진(趙振, 1535~?)으로, 본관은 양주(楊州), 자는 기백, 호는 농은(聾隱)이다.

129 금공 난수(琴公蘭秀) : 금난수(1539~1604)의 본관은 봉화(奉化), 자는 문원(聞遠), 호는 성재(惺齋) · 고산주인(孤山主人)이다.

(松隱公)의 의롭고 방정한 가르침을 따라 부모를 모실 적에 효를 다하는 한편 친척과 마을 사람을 공경과 겸양으로 대하니, 아끼고 탄복하지 않는 사람이 없었다. 노선생을 모시게 되자 마침내 과거 공부를 중단하고 정력을 집중하여 학문에 독실하게 힘썼다. 음양오행(陰陽五行)의 원리를 깊이 탐구하여 문목(問目)을 갖추어 선생에게 질의하자 선생이 조목을 갖추어 답장을 보내고 이어 말하기를 "고심하여 깊이 탐구하는 것은 도리어 학자의 병통이 되니, 경계할 일이다."라고 하였다. 일찍이 산에 들어가 각고의 노력으로 공부하다 병이 심하게 들자 선생이 몸소 약방문을 점검해 보여 주고는 또 경계하기를 "고인이 학문을 부지런히 해야 한다고 하였으나 어찌 병이 나서 부모를 근심하게 하는 정도에까지 이르겠는가."라고 하였다. 선생이 세상을 떠났을 때 문인들이 무슨 복(服)을 입어야 할지 결정을 못 하였는데, 공이 "고례(古禮)에 스승을 위하여 복을 입지 않았으니,[130] 의기(義起)[131]하는 것은 불가하다."라고 하고는 마침내 흑립(黑笠)에 백의(白衣), 백대(白帶)를 하고서 상사를 치르고 3년 동안 잔치하고 즐기는 자리에 참여하지 않았다.

130 고례(古禮)에……않았으니 : 《예기(禮記)》 〈단궁 상(檀弓上)〉에 "공자의 상에 문인들이 무슨 복을 입어야 할지 결정을 못 하였는데, 자공(子貢)이 말하기를 '옛날 부자께서 안연(顔淵)의 상을 당하였을 때 마치 아들의 상을 당한 것처럼 하였으나 복은 없었으며 자로(子路)의 상을 당하였을 때에도 그러하였다. 청컨대 부자의 상을 당한 지금 아버지의 상을 당한 것처럼 하되 복은 입지 말자.'라고 하였다." 하였다.

131 의기(義起) : 《예기》 〈예운(禮運)〉에 "예라는 것은 의의 실질이니, 의에 맞추어서 맞으면 예는 비록 선왕 때에 없었더라도 의로써 새로 만들 수 있다.〔禮也者, 義之實也. 協諸義而協, 則禮雖先王未之有, 可以義起.〕"라고 한 데서 온 말로서, 예문(禮文)에 없더라도 이치를 참작하여 새로운 예를 만드는 것을 가리킨다.

경진년(1580)과 임오년(1582)에 연거푸 부모상을 당하여 두 아우와 함께 시묘살이 3년을 마쳤다.

임진년(1592)에 섬나라 오랑캐가 일으킨 난리로 영남 지역의 의병장들이 의병을 일으켜 왜적을 토벌할 적에, 김공 해(金公垓)[132]를 추대하여 대장으로 삼고 공은 의성 정제장(義城整齊將)[133]으로 삼았는데, 출동하여 가는 도중 마침 대장이 군진(軍陣)에서 죽자 결국 해산하고 돌아왔다. 이때 칼에 찔린 사람, 화살을 맞은 사람, 굶주림으로 초췌해진 사람 등이 공이 위급한 사람을 도와주는 의리의 소유자라는 말을 듣고서 계속해서 공을 찾았는데, 공은 피로한 기색 없이 이들을 받아주었고, 부녀자가 찾아오면 집사람을 불러 대접하도록 하면서 죽을 주기도 하고 곡식을 주기도 하니, 이로써 목숨을 보전한 사람이 매우 많았다. 어떤 사람이 토지와 노비를 주면서 사례하려고 하자 공이 웃으며 물리치고는 "내 어찌 보답을 바란 것이겠소."라고 말하였다. 이에 앞서 공은 집에 머무르면서 수양과 독서를 행하고 남은 힘을 이용해 농사일을 독려하여, 흉년이 되었을 때 약간의 남는 곡식을 먹고 살기 힘든 자들에게 빌려주는 한편, 가난하여 빌린 것을 갚지 못하는 자가 있으면 빌려줄 때 작성한 문서를 태워 버리니, 사람들이 이를 일컬어 김씨 의창(金氏義倉)이라고 하였다. 집 서쪽에 만년송(萬年松)이 있었는데, 송은공(松隱公)이 호를 취한 나무이다. 공 역시 거처하는 방의

132 김공 해(金公垓) : 김해(1555~1593)의 자는 달원(達遠), 호는 근시재(近始齋)이다.

133 의성 정제장(義城整齊將) : 대본에는 '義城齊整將'으로 되어 있다. 《대산집(大山集)》 권49 〈만취당김공행장(晩翠堂金公行狀)〉에 근거하여 '齊整'을 '整齊'로 바로잡아 번역하였다.

편액을 '만취(晩翠)'라고 하였다. 《여씨향약(呂氏鄕約)》[134]을 가감하여 동규(洞規)를 만들었는데, 그것을 실천한 지 수십 년 만에 마을 풍속이 돈독하게 되었다.

초취(初娶)는 영양 남씨(英陽南氏)로 전적(典籍)을 지낸 남숭(南崧)의 따님이며, 1남 4녀를 두었다. 아들은 준(濬)으로 직장(直長)을 지냈고, 사위는 전적 권극명(權克明), 사인(士人) 김지선(金之善), 권득선(權得善), 안창(安昌)이다. 재취(再娶)는 일직 임씨(一直任氏)로, 1녀를 낳았다. 딸은 이집가(李執可)에게 출가하였다. 삼취(三娶)는 안동 권씨(安東權氏)로 역시 1녀를 두었다. 딸은 조강(趙綱)에게 출가하였다.

직장은 5남 2녀를 두었다. 아들은 호군(護軍)을 지낸 상원(尙瑗), 상기(尙琦), 상각(尙珏), 상빈(尙玭), 상린(尙璘)이다. 사위는 문박(文博)과 이조명(李朝鳴)인데 모두 진사이다. 증손과 현손 및 외손은 번창하여 다 기록하지 못한다. 현재 곤손(昆孫)인 상사(上舍) 종덕(宗德)[135]이 학행(學行)으로 인하여 사림의 칭송을 받고 있으며, 세 아우[136]

134 여씨향약(呂氏鄕約) : 남전 여씨(藍田呂氏)의 향약(鄕約)을 가리킨다. 송(宋)나라 때 섬서성(陝西省)의 남전(藍田)에 살던 여대충(呂大忠), 여대방(呂大防), 여대균(呂大鈞), 여대림(呂大臨) 4형제가 그 고을 사람들과 자치 규범을 정하여 서로 지키기로 약속하였는데, 그 규범은 덕업(德業)을 서로 권하고, 과실(過失)을 서로 규계하고, 예속(禮俗)으로 서로 사귀고, 환난(患難)을 서로 구제한다는 등 네 조항이다. 《小學 善行》

135 곤손(昆孫)인 상사(上舍) 종덕(宗德) : 김사원(金士元)의 6대손인 김종덕(金宗德, 1724~1797)으로, 자는 도언(道彦), 호는 천사(川沙)이다. 상사는 생원을 이른다.

136 세 아우 : 김종덕의 세 아우인 김종경(金宗敬), 김종발(金宗發), 김종섭(金宗燮)을 가리킨다.

는 시종(侍從)하는 반열에 출입하기도 하고 성균관에 오르기도 하니, 그 모두 이름난 조상의 자손이 되는 데에 부끄럽지 않다.

아아, 공이 세상을 떠난 지 200년이 되어 서적이 망실된 나머지, 저술하였던《대학질의(大學質疑)》,《어록해(語錄解)》 등 여러 책까지도 모두 전해지지 않으니, 이는 후학들이 공히 한탄하며 애석히 여기는 것이다. 그러나 공은 일찍이 말하기를,

"선비는 세상을 살면서 의(義)가 아니면 녹(祿)을 구해서는 안 된다. 오직 본분에 진력하기만 한다면 거의 허물을 줄일 수 있을 것이다. 하물며 '언행을 삼가고〔愼言行〕', '독서를 부지런히 하고〔勤讀書〕', '농상에 힘쓰는〔務農桑〕' 세 가지 일은 스승의 가르침에 있는 것이니 감히 힘쓰지 않을 수 있겠는가. 대개 스승의 문하에서 전수된 비결은 요약되고 평실(平實)하여 사람들이 모두 힘써 행할 만한 것이라, 성인(聖人)이 되고 현인(賢人)이 되는 기초가 반드시 이것에 바탕을 두었다."

하였는바, 공이 평소 가슴에 새기면서 몸소 실천한 것은 요컨대 여기에서 벗어나지 않았다. 후학들이 이것으로 공을 이해하고 또한 이것으로 스스로 힘쓴다면, 비록 배우지 않았다 할지라도 나는 믿지 않겠다. 공의 장지는 마산(馬山) 감좌(坎坐)의 언덕에 있으니, 바로 의성현(義城縣)의 북쪽이다. 명(銘)은 다음과 같다.

송은공 빼닮은 자손이며	松隱肖孫
퇴도 문하의 제자일세	退陶門徒
서재에서 학문에 힘쓰니	有齋藏修
노송의 곁이로세	古松之隅

날 알아주는 이 드무니	知我者稀
거두어 감춘들 뭐가 대수랴	卷懷何傷
훌륭한 후손에게 전해지니	貽厥令裔
명성이 환하게 빛나도다	有斐聲光

통정대부 사간원 대사간 유공 묘갈명
通政大夫司諫院大司諫柳公墓碣銘

영조(英祖)께서 늘그막에 이르렀을 무렵, 유신(儒臣)이 행하는 경전의 강설을 통해 위 무공(衛武公)의 억계(抑戒)[137]를 대신하고자 하면서 대신(大臣) 및 제신(諸臣)에게 "누가 이 책임을 맡을 적임자인가?"라고 물었다. 그러자 일제히 "유정원(柳正源)이 경학에 조예가 깊어 성현이 남긴 책을 마치 자기 말처럼 암송함과 동시에, 제가(諸家)의 주석에 대해서도 꿰뚫지 않는 것이 없습니다."라고 하였다. 이 당시 나는 제신의 말석에 자리하고 있던 터라 또한 "현재 경연에서 필요한 인물 가운데, 그 사람을 넘어설 이는 아마도 없을 듯합니다."라고 하였다. 며칠 뒤에 상이 또 "내 당대의 숙유(宿儒)를 선발하여 춘궁(春宮)에게 경전을 강의하도록 하되, 그 임무를 오랫동안 유지시켜 성과를 이루어 낼 책임을 지우고자 한다. 누가 좋겠는가?"라고 묻자, 수상(首相)이 다섯 사람을 들어 대답하였는데, 유공(柳公)이 그중 한 사람이었다. 얼마 뒤에 공은 춘방관(春坊官)으로서 소명(召命)에 따라 입시(入侍)하여 대조(大朝)[138]의 자문(諮問)을 받들었는데, 그때 경전의 뜻에 근거한

137 위 무공(衛武公)의 억계(抑戒) : 《시경》에 실려 있는 위 무공의 시 〈억(抑)〉을 가리킨다. 춘추 시대 위 무공은 95세의 고령에도 불구하고 오히려 사람들에게 "경(卿) 이하로부터 사장(師長)과 사(士)에 이르기까지, 만일 조정에 있는 자들이면 내가 늙었다고 하여 나를 버리지 말고, 반드시 조정에서 삼가고 공손히 하여 서로 나를 경계하라." 라고 하고는, 마침내 〈억〉을 지어 스스로를 경계하였다. 《詩經集傳 大雅 抑》

138 대조(大朝) : 왕세자가 섭정하고 있을 때의 임금을 이르는 말로, 영조를 가리킨

대답으로 임금으로부터 몹시 극진한 칭찬을 받았고, 그 자리에서 물러나 춘궁을 모시고 강석(講席)에서 경전 강론을 하면서 의리(義理)에 대해 해설하니 왕세자의 관심이 날로 깊어져 갔다. 나는 이로써 "공이 추로(鄒魯)의 고장[139]에서 왔으니 '어려서 공부하는 것은 장성하여 그것을 실행하고자 해서이다.'라는 말을 진정 저버리지 않았구나."라며 개인적으로 기뻐하는 한편, 또 입 밖으로 말을 낸 뒤 성명(聖明)을 속이는 죄에서 벗어날 수 있게 된 것을 스스로 다행으로 여겼다. 아아, 만약 공이 세상에 오래 살아서, 신하를 잘 알아보는 명철한 영조께서 공을 등용하셨다면, 그 이후의 결과를 어찌 가늠할 수 있겠는가. 그러나 공이 갑자기 세상을 떠나 버려 지위로는 비옥(緋玉)에 그치고 나이로는 59세에 그치고 말았으니, 이는 우리 도의 액운인 것인가, 세운(世運)의 쇠퇴인 것인가?

그 후로 20년 남짓한 세월이 흘렀을 무렵, 공의 손자 종문(宗文)이 공의 행장을 들고 와서 내게 명(銘)을 지어 줄 것을 청하였다. 그 행장을 보니, 영조와 변론하고 논란을 벌인 내용 가운데 절반은 내가 지난날 임금 앞에서 함께 논의하던 것이었다. 나는 영조를 모셨던 노신(老臣)인지라 눈물이 줄줄 흘러 종이를 적시는 와중에 울적하고 먹먹한 심정으로 다음과 같이 쓴다.

공의 자는 순백(淳伯)으로, 어려서부터 타고난 재능이 몹시 명민하

다. 유정원이 시강원 필선(侍講院弼善)으로 제수된 1754년(영조30) 당시는 영조가 일선에서 물러나고 장헌세자(莊獻世子)가 대리청정을 하고 있던 때이므로, 영조를 대조, 장헌세자를 소조(小朝)로 구분하였다.

139 추로(鄒魯)의 고장 : 여기서는 유정원이 살았던 안동(安東)을 가리킨다. 249쪽 주79 참조.

였다. 13세에 《상서(尙書)》를 공부하다가 기삼백(朞三百)의 주석[140] 부분에 이르자 "사흘의 시간을 더 주시기를 원합니다."라고 말하고는 사흘 동안 공부한 뒤에 계산을 막힘없이 해내었다. 이에 부친이 기특하게 여기고 마침내 《주역》을 가르쳐 주었는데, 공이 온 정력을 다해 연구한 나머지 잠자고 밥 먹는 것조차 잊을 정도에까지 이르렀다. 이때부터 제가(諸家)의 학술을 광범위하게 터득하는 데에 힘써, 천문(天文), 지지(地志), 음양(陰陽), 복서(卜筮), 주수(籌數)에서부터 병률(兵律)과 도가(道家) 같은 부류에 이르기까지 손을 대지 않은 분야가 없었다. 뒤에 가서야 삼경(三經)과 사서(四書)로 분야를 한정하면서 "유가(儒家)의 사업(事業)이 여기에 있다."라고 하고는 마침내 힘써 탐구하고 깊이 사색하였다. 이는 대개 남들은 미처 알지 못해도 스스로 즐거움으로 삼는 것이 있었기 때문이다.

기유년(1729, 영조5)에 생원시에 입격하였다.

을묘년(1735)에 과거에 급제하였다.

정사년(1737)에 부친상을 당하였다. 상복을 벗은 뒤로 10년 동안 조용(調用)되지 못하였으나, 공은 개의치 않고 오직 문을 닫아걸고 진도를 정해 독서만 하였다.

기사년(1749)에 전적(典籍)에 올랐다가 얼마 지나지 않아 자인 현감(慈仁縣監)에 제수되었다. 부임지에 도착해서는 화전(火田)에 부과되

140 기삼백(朞三百)의 주석 : 《서경》 〈요전(堯典)〉에 "아, 너희 희씨(羲氏)와 화씨(和氏)야. 기는 366일이니, 윤달을 사용하여야 사시를 정하여 해를 이루어 진실로 백관을 다스려서 모든 공적이 다 넓혀질 것이다.〔汝羲暨和. 朞, 三百有六旬有六日, 以閏月, 定四時成歲, 允釐百工, 庶績咸熙.〕"라고 한 부분에 대해, 송나라 주희의 문인 채침(蔡沈)이 주희의 주석을 바탕으로 단 주석을 가리킨다. 《書經集傳 堯典》

는 세금을 감면해 주고 군액(軍額)을 줄여 주는 한편, 가산(架山)에서 환곡 받는 것을 면제해 주고[141] 관찰사가 징수하는 가죽[142]의 수효를 줄여 주었는데, 관찰사가 혹 오랜 전례라는 이유로 버티고 허락해 주지 않을 때면, 공은 거취를 걸고 다투어 허락을 받고야 말았다. 숙질간에 송사를 벌인 백성이 있자, 공이 숙연한 표정으로 "너희들이라고 어찌 타고난 선심(善心)이 없겠느냐. 다만 물욕에 가려졌기 때문에 이런 지경에 이르렀을 뿐이다."라고 하고는 관청 뜰 구석에 있게 하였는데, 그렇게 제법 한참 있다가 두 사람이 깊이 스스로 부끄러워하여 머리를 조아리고는 마침내 다투던 것을 양보하였다. 그 뒤 한 사촌 형제는 물을 두고 싸움을 벌이다가 뉘우치며 "우리 수령께서 들으시지 않겠는가."라고 하였다. 격서(檄書)를 받들고 동래(東萊)에 가서 왜인들을 접대하였는데, 왜인들이 역관(譯官)에게 묻고 나서 말하기를 "귀국에 인물이 많은 것을 알겠습니다. 이토록 훌륭한 관리가 작은 고을에 있다니 말이요."라고 하였다.

임신년(1752)에 사헌부 지평으로 옮겨 배수되었다가 곧 체직되었

141 가산(架山)에서……주고 : 가산은 칠곡(漆谷)의 옛 이름으로, 멀리 대구(大丘)의 남창(南倉)과 칠곡의 산성창(山城倉)에서 환곡을 받아야 했던 자인 백성들의 고통을 해결하기 위해, 유정원이 자신의 거취를 걸고 순찰사와 논쟁하였다. 마침내 순찰사가 장계를 올려 기존의 지역에서 환곡을 받는 것을 면제해 주고 좀 더 가까운 경주(慶州)에서 환곡을 받도록 하였다. 《大山集 卷52 通政大夫司諫院大司諫三山柳公行狀》

142 관찰사가 징수하는 가죽 : 관찰사가 교체될 때 해당 고을에서 징수하는 말가죽을 가리킨다. 유정원이 자인 현감으로 있던 1749년 당시 관찰사의 신구관(新舊官)이 교대할 때 해당 고을에서 말가죽 300장을 바치게 되어 있었는데, 유정원이 그만한 수효를 확보하기 어렵다고 아뢰어 40장으로 줄였다. 《大山集 卷52 通政大夫司諫院大司諫三山柳公行狀》

다. 이에 앞서 공이 홍문관의 선발에 든 적이 있었는데, 당시는 아직 대직(臺職)을 거치지 않았던 때였으나 상신(相臣) 정우량(鄭羽良)이 공이 큰 선비임을 알아보고 공정하게 천거하였다. 그런데도 공을 시기하는 어떤 자가 탄핵을 하였다.[143] 이때에 이르러 대신(臺臣) 정희신(丁喜愼)이 공의 경학(經學)과 훌륭한 명망에 대해 소리 높여 말하면서 고쳐 바로잡으라는 영(令)을 거두어 달라고 청하자, 가하다는 영지(令旨)가 내려졌다. 이로부터 홍문관 수찬에 제수된 것이 세 차례였는데, 모두 사양하고 출사하지 않았다.

갑술년(1754)에 시강원 필선으로 천직되었다. 막 조정에 나갔을 적에 상이 즉시 소견(召見)하여 이르기를 "듣기로, 그대가 책을 많이 읽었다고 하니, 의당 최선을 다해 춘궁에게 권강(勸講)하라."라고 하였다. 공은 춘방에 입직하던 40여 일 동안 용모는 엄숙하고 공손하였고 강설은 상세하고 분명하였다. 그리하여 사안에 따라 법도가 될 만한 말을 아뢰면서 기어코 우리 동궁을 요순(堯舜)처럼 만들고자 하였는데, 동궁은 마음을 기울이며 그 말을 가납하였고 동료들 역시 "진정한 강관(講官)이다."라며 감탄하였다. 일찍이 밤중에 동궁을 따라 대조에 입시할 적에 상이 묻기를,

"오늘 연신(筵臣)이 '공명(孔明)이 못생긴 여자를 선택하여 장가들었다.'[144]라는 말을 하였는데, 이것을 어떻게 생각하는가?"

143 공을……하였다 : 1750년 9월 유정원이 홍문록(弘文錄)에 뽑히자 당시 사헌부 지평으로 있던 서해조(徐海朝)가 상소하여 "유정원은 대직을 거치지 않고 갑자기 도당록을 더럽혔다."라고 하며 탄핵한 것을 가리킨다.《英祖實錄 27年 2月 13日》

144 공명(孔明)이……장가들었다 : 삼국 시대 촉한(蜀漢)의 제갈량(諸葛亮)이 늦도록 장가가지 않자 면남(沔南) 지방의 명사인 황승언(黃承彦)이 자신의 딸을 시집보내

하니, 이에 공이 대답하기를,

"공명은 못생긴 외모를 구한 것이 아니라 바로 어진 성품을 구한 것이니, 만약 '못생긴 외모를 구하는 데에 뜻을 두었다.'라고 한다면 너무 과한 추론이 아닐까 합니다. 그런데 주자(朱子)는 '공명이 아내를 선택할 때 정히 못생긴 여자를 얻었지만, 욕심을 줄이고 마음을 수양하는 것이 더불어 도움이 되었다.'[145]라고 하였으니, 이것은 임금으로서 특히나 힘써야 할 부분이고, 정자(程子)는 태후(太后)에게 글을 올리면서 '궁인(宮人) 가운데 덕성이 순후한 자를 선택하여 어린 임금을 돕게 하십시오.'[146]라고 하였으니 그 뜻이 깊습니다."

하니, 상이 훌륭하다고 칭찬하였다.

이에 앞서 학사(學士)들이 상을 모시고 《역경(易經)》에 대해 논하였을 때 누구는 복희(伏羲)는 단지 팔괘(八卦)만 그렸을 뿐이라고 하는 한편 누구는 중괘(重卦)도 복희가 그린 것이라고 하고,[147] 〈관저(關

고자 하였는데, 그 딸은 머리털이 노랗고 얼굴이 검은 추한 용모를 지녔으나 자질만큼은 배필을 삼을 만하였고, 이에 제갈량이 자신의 아내로 받아들였다. 《諸葛忠武書 卷9》

145 공명이……되었다 : 송나라 학자 주희가 벗인 유공(劉珙)에게 여색을 경계하면서 한 말을 축약한 것으로, 《회암집(晦庵集)》 별집(別集) 권2 〈유공보(劉共甫)〉에 실려 있다.

146 궁인(宮人)……하십시오 : 송 철종(宋哲宗)이 즉위한 원년에, 송나라 학자 정이(程頤)가 수렴청정을 하던 철종의 조모 선인태후(宣仁太后)에게 올린 글의 일부이다. 《伊川先生文集 卷2 上太皇太后書》

147 복희(伏羲)는……하고 : 팔괘(八卦)는 역학(易學)에서 음양을 근본으로 만들어진 여덟 가지 기호 체계인 이(離), 간(艮), 태(兌), 건(乾), 곤(坤), 감(坎), 진(震), 손(巽)을 말하며, 중괘(重卦)는 그 팔괘를 위아래로 포개어 만든 육십사괘(六十四卦)를 말한다. 팔괘는 복희가 황하에서 나온 용마(龍馬)의 등에 그려진 〈하도(河圖)〉를

雎)〉에 대해 논하면서 누구는 '이리저리 뒤척였다〔轉輾〕'라는 것과 '친하게 하고 즐겁게 하였다〔友樂〕'라는 것이 궁인이 스스로 한 말이라고 하는 한편 누구는 그것이 궁인이 문왕(文王)의 일을 두고 말한 것이라고 하고,[148] 꿈속의 지각(知覺)에 대해 논하면서 누구는 그것이 있다고 하는 한편 누구는 그것이 없다고 하고, 또 누구는 지각은 체(體)와 용(用)으로 나누어진다고 주장한 일이 있었다. 이때에 이르러 상이 하나하나 해당 문제들을 거론하면서 그에 대한 견해를 물어보자, 공은

보고 만들었다는 것이 정설로 굳어졌으나 중괘는 그 작자가 뚜렷하게 밝혀진 바가 없고 송나라의 주희도 일관되지 않은 입장을 보였기에 이러한 혼란이 일어난 것이다. 중괘, 즉 육십사괘에 대하여 주희는 처음에 "문왕과 주공(周公)이 나누어 육십사괘를 만들었다."라고 주장하다가 나중에 번복하였는데, 그에 대한 내용이 《주자어류(朱子語類)》 권67 〈역(易) 3 강령 하(綱領下)〉에 나온다. 금역당(琴易堂) 배용길(裵龍吉)은 《주자어류》의 해당 대목을 잘못된 기록 혹은 주희의 초기 이론일 것이라 추론하였다. 《琴易堂集 卷4 語類考義》

148 관저(關雎)에……하고 : 〈관저〉는 《시경》의 첫 번째 편명으로 주 문왕(周文王)과 그 후비(后妃)의 성덕(盛德)을 읊은 시이다. 이리저리 뒤척였다는 것은 〈관저〉의 "요조숙녀를 자나 깨나 찾도다. 구하여도 얻지 못하니 자나 깨나 그리워하여 길이 잊지 못하는지라 이리저리 뒤척이노라.〔窈窕淑女, 寤寐求之. 求之不得, 寤寐思服, 悠哉悠哉, 輾轉反側.〕"를 말한 것이고, 친하게 하고 즐겁게 하였다는 것은 〈관저〉의 "요조숙녀를 거문고와 비파로 친애하도다.……요조숙녀를 종과 북으로 즐겁게 하도다.〔窈窕淑女, 琴瑟友之.……窈窕淑女, 鍾鼓樂之.〕"를 말한 것이다. 송나라 주희는 《시경집전(詩經集傳)》에서 "궁중에 있는 사람이 태사(太姒)가 처음 시집올 때에 얌전하고 정숙한 덕이 있음을 보았기 때문에 이 시를 지었다."라고 하고 《주자어류》에서는 "〈관저〉를 읽어 보니 이것은 바로 첩과 잉첩(媵妾)이 지은 것이다. 이 때문에 오매반측(寤寐反側)한 일을 잘 형용할 수 있었으니, 외부의 사람은 이처럼 짓지 못한다."라고 하면서, 〈관저〉의 해당 내용이 궁인이 태사를 향하여 부른 노래라고 해석하였다. 《詩經集傳 周南 關雎》 《朱子語類 卷81》

그때마다 번번이 주자의 학설을 인용하고 자신의 견해를 섞어 가며 대답하였다. 이에 상은 웃으며 "모(某)는 이겼고, 모는 졌구나."라고 하면서 마치 공을 송사 사건의 내용을 듣고 판결을 내리는 사람처럼 대하니 이토록 중하게 대우를 받았다. 상이 또 "너는 어찌하여 옥당(玉堂)에 제수하는 명을 받들지 않느냐. 근자에 내가 늙어 잠들지 못하므로, 유신(儒臣)들에게 문의(文義)를 강설하게 하여 듣고자 하노라."라고 하였는데, 얼마 안 있어 수찬과 사간에 배수되었다가 또 특별히 교리에 제수되었다.

이때 상은 패초(牌招)를 어긴 신하들에 대해 모두 파직 처분을 내렸으나 유독 공만큼은 파직하지 않는다는 명을 내리고 날마다 나오도록 재촉하였다. 이에 공은 대궐 밖에 나아가 부복(俯伏)하였는데, 하루에 패초를 어긴 횟수가 도합 11번이었다. 2경(更)에 이른 밤 상이 사관에게 명하여 전지(傳旨)하기를 "여든을 바라보는 늙은 임금이 추운 밤에 선 채로 기다리고 있으니, 그 굳은 절조는 비록 펼 수 있다 하겠으나 명분에 따른 의리는 어디에 있는가."라고 하였으나 공은 의리상 나갈 수 없다고 스스로 생각하여 움직이지 않았다. 4경이 되자 통천 군수(通川郡守)에 외보(外補)한다는 명이 내려졌다. 이 일이 있은 후, 상은 시신(侍臣)들에게 "유정원은 의를 내세우는 면이 과하기는 하나 지키는 바가 확고하니, 또한 높이 살 만하다."라고 하였다.

당시 을해년(1755)은 큰 흉년이 든 때였다. 공은 부임지에 도착한 뒤 계획을 수립하여 수천 곡(斛)의 곡식을 마련하는 한편, 매양 진휼곡(賑恤穀)을 분배하고 죽을 쑤어 먹일 때마다 각 마을로 하여금 저마다 깃발을 든 채로 나아오고 물러가도록 함으로써 누구 하나 종일토록 떠들거나 대오를 벗어나는 자가 없게 하였다. 암행 어사가 미복(微服)

차림으로 이 광경을 몰래 보고는 찬탄을 하고 떠나갔다. 하루는 큰 눈이 와서 길이 막히자 배에 미곡을 싣고 해안을 따라 운행하며 마을을 살폈고, 왕왕 자리에 누워 일어나지 못하는 백성이 있으면 예고 없이 문을 두드려 불러서 쌀을 주니, 감격으로 눈물 흘리지 않는 이가 없었다.

병자년(1756)에 응교 원인손(元仁孫)[149]과 내가 공을 경술(經術)로 추천하여 내직으로 의망하라는 명이 내려졌고, 마침내 부교리에 제수되었다. 그러자 백성들이 노소를 막론하고 말 머리를 부여잡으며 울부짖는 한편 구리로 비(碑)를 세워 그 덕을 기렸다. 얼마 뒤에 상의 특명으로 자급이 올랐고, 이어 동부승지에 제수되었으나 힘써 사양하여 체직되었다.

무인년(1758)에 춘천 부사(春川府使)에 제수되었다. 하직 인사를 할 때 상이 소견하여 말하기를 "내가 홍문관과 승정원의 직책으로 임명하고자 하였는데, 지금 외직으로 나가게 되니 애석하다. 그러나 한(漢)나라 때에는 사람을 쓰면서 반드시 백성을 다스리는 경험을 쌓게 하였으니, 노력을 다하라."라고 하였다. 공은 엄격히 법을 지키고 은혜롭게 정사를 베풀어 진공(進供)하는 인삼의 양을 덜고 요역을 줄여 주니, 이에 백성과 아전이 집집마다 노래를 불렀다.

이듬해 봄에 사직하고 귀향하였다.

경진년(1760)에 형조 참의에 제수되자 글을 올려 사양하였으나 허락받지 못하였다.

신사년(1761)에 비로소 명을 받들었다. 얼마 뒤에 동부승지로 천직되었다. 이때 상이 "오랫동안 보지 못하였구나. 제수한 뜻은 우연이

149 원인손(元仁孫) : 1721~1774. 자는 자정(子靜), 시호는 문민(文敏)이다.

아니므로, 갑자기 돌아가는 일은 없어야 할 것이다."라고 유시(諭示)하였다. 우부승지로 옮겨졌다가 다시 판결사(判決事)로 옮겨 제수되었다. 휴가를 받고 돌아간 뒤에 대사간과 호조 참의에 연이어 제수되었는데, 공은 병이 심해져 의원을 찾아 안교(安郊)[150]에 있는 딸의 집으로 갔다. 하루는 방을 깨끗이 청소할 것을 명하고는 침석에 기대고 누웠는데, 이때 화제가 국사(國事)에 미치자 한참 동안 걱정과 한탄을 이어가다가 "나는 털끝만큼도 성은에 보답하지 못하였다."라고 하고는 그로 인해 흐느끼며 눈물을 흘렸다. 얼마 뒤 세상을 떠나니 9월 30일이었다. 졸한 다음 날 병조 참지에 제수한다는 명이 내려졌다. 염(斂)이 끝나고 입관(入棺)한 채로 고향에 돌아와, 이듬해 1월 도장동(道藏洞) 축좌(丑坐)의 언덕에 묻혔다.

유씨(柳氏)는 본래 문화(文化) 사람인데, 중세(中世)에 장령 벼슬을 지낸 습(濕)이라는 분이 전주(全州)로 옮겨 와 그곳을 관향으로 삼았다. 그 뒤 의손(義孫)에 이르러서는 우리 세종을 섬겨 집현전에 뽑혀 들어가고 문장과 학문으로 이름나며 벼슬은 대총재(大冢宰)에 이르렀다. 5대를 내려와 복기(復起)에 이르러서는 외숙인 김학봉(金鶴峯)[151] 선생에게 배우고 호는 기봉(岐峯)이며 좌승지에 추증되었는데, 이분이 공의 6대조이다. 증조부의 휘는 익휘(益輝)이고 조부의 휘는 상시(相時)이며 부친의 휘는 석귀(錫龜)인데, 모두 문장과 행실로 고을에서 중하게 대우를 받았다. 모친은 연안 이씨(延安李氏)로, 이천린(李天

150 안교(安郊) : 경북 안동시 풍산읍(豐山邑) 안교리(安郊里)이다.

151 김학봉(金鶴峯) : 김성일(金誠一, 1538~1593)로, 본관은 의성(義城), 자는 사순(士純), 호는 학봉이다.

麟)의 따님이다.

공은 어린 나이에 어머니를 여읜 것을 몹시 가슴 아파하였는데, 그 뒤 고을의 수령으로 나갔을 때 역시 부친의 살아생전 마지막 모습을 뵙지 못하여 매양 성묘할 때마다 슬픔을 가누지 못하였다. 손위 누이와 손아래 누이를 우애 있게 대하고 소모(小母)[152]를 섬김에 사랑과 공경이 모두 지극하여 집안에 온화한 기운이 늘 넘쳐흘렀다. 재물에 대해서는 무덤덤하였다. 어떤 부유한 종이 속량(贖良)을 청하자 공은 단지 100금(金)만 받고서 말하기를 "이 종이 몹시 가난하다가 스스로 1만금을 이루었으니 이는 그의 복이다. 내 어찌 남의 복을 뺏을 수 있겠는가."라고 하였다. 종이 그에 감동하여 죽을 때 자기 아들더러 좋은 토지 몇 경(頃)을 바치도록 하였으나 물리치고 받지 않았다. 어떤 사람이 논에 몰래 들어와 벼 이삭을 뽑자 집안의 젊은이들이 그를 붙잡아 공 앞으로 데려왔다. 그런데 공은 "너의 죄가 아니다. 흉년 때문이다. 이미 뽑은 것은 가지고 가서 배고픔을 면하도록 하고 이후로 다시는 이런 짓을 하지 말라."라고 하고는, 젊은이들을 돌아보며 이르기를 "못 하도록 하면 될 뿐이지, 굳이 동네 사람들이 알게 할 것은 없다."라고 하였다.

고을을 다스릴 때에는 공정하고 명확하고 어질고 관대하여, 백성들에게 작은 잘못이 있으면 대부분 너그럽게 용서하였다. 이에 사람들이 혹 그 은택이 너무 지나친 것이 아닌지 의아해하자, 공은 "수령은 백성을 기르는 자이다. 그런즉 제 자식처럼 사랑하더라도 오히려 제대로 하지 못할까 걱정인데, 더구나 위엄과 분노로 저들을 대한다면 저들이 장차 누구를 의지할 것인가."라고 하였다. 그러나 특히나 불량하여 백

152 소모(小母) : 측실(側室)인 어머니를 가리키는 말로, 첩모(妾母)라고도 한다.

성들에게 해가 되는 자에 대해서는 끝까지 조사하고 엄하게 다스리고야 마니, 백성들이 시간이 오래될수록 더욱 공을 잊지 못하였다. 자인(慈仁)을 다스리던 때, 고을 전체의 전결(田結)을 기록한 문서를 받아 벼룻집 속에 두었는데 갑자기 분실한 적이 있었다. 공은 아전들이 훔쳐간 줄 알고는, 중초(中草)한 문서가 담긴 상자를 다시 꺼내어 계리(計吏) 예닐곱 명으로 하여금 소리 내어 맞추어 보며 산가지를 놓게 하는 한편, 자신은 문을 닫고 자리에 앉아 산가지 두 개로 책상 위에서 이리저리 계산하였다. 아전들이 계산을 마치고 공에게 전결의 합계를 아뢰자 공은 "합계는 응당 얼마가 되어야 하는데, 80여 결이 모자라니 어떻게 된 것이냐?"라고 하고 다시 산가지를 놓게 하였는데, 과연 공이 말한 대로였다. 아전들이 속일 수 없다는 것을 알고 훔친 것을 상자 속에 도로 넣고 가니, 이와 같이 매우 총명하였다.

공은 역학(易學)에 조예가 깊었는데, 학자들의 《주역》에 대한 학설을 모아 비교하여 고증하고 자신의 의견을 붙여 《역해참고(易解參考)》 10권을 만들고, 또 한씨(韓氏)[153]의 《역학계몽의견(易學啓蒙意見)》에 있는 그림들에 여전히 미비한 점이 있다고 생각하여, 《하락지요(河洛指要)》 1편을 지었다. 배우기를 청하는 자가 있으면 번번이 "이것은 학자의 급선무가 아니다. 《논어》와 《맹자》 등의 평이한 글을 숙독한 다음에 《주역》을 공부하여도 늦지 않다."라고 하였다. 평생 저술하기를 좋아하지 않았지만 간간이 저서를 남겼는데, 이눌옹 광정(李訥翁光庭)[154]이 자주 칭찬하면서 당대에 필적할 이가 드물다고 하였다.

153 한씨(韓氏) : 명(明)나라 학자 한방기(韓邦奇)로, 자는 여설(汝節), 호는 원락(苑洛)이다.

공의 배위(配位)는 증(贈) 숙부인(淑夫人) 선성 이씨(宣城李氏)로 이희(李曦)의 따님이며 3남 1녀를 낳았다. 아들은 진휴(震休), 명휴(明休), 일휴(日休)이며, 사위는 이한우(李漢佑)이다. 계배(繼配)는 숙부인 무안 박씨(務安朴氏)로 박정환(朴廷煥)의 따님이며 역시 3남 2녀를 두었다. 아들은 경휴(敬休), 만휴(萬休), 필휴(弼休)이고, 사위는 김여원(金汝源)과 이상선(李象先)이다.

진휴의 아들은 종문(宗文), 성문(星文), 호문(灝文)이며, 명휴의 아들은 홍문(鴻文), 의문(懿文)인데, 의문은 양자로 나갔다. 딸은 진사 이종주(李宗周), 김낙운(金洛運), 이광한(李光翰)에게 출가하였다. 일휴의 아들은 도문(道文)이고, 경휴의 아들은 모두 어리다. 딸은 권사계(權思啓)와 김희린(金希鱗)에게 출가하였다. 만휴의 아들은 모두 어리고 딸은 권사주(權思周)에게 출가하였다. 필휴는 호문을 후사로 삼았다. 명(銘)은 다음과 같다.

공이 수기를 남기니	公有手錄
강의 일 편[155]이라	講義一編
엮은 것은 무엇인가	編之維何
한 당 안의 군신이네	一堂君臣

154 이눌옹 광정(李訥翁光庭) : 이광정(1674~1756)의 본관은 원주(原州), 자는 천상(天祥), 호는 눌은(訥隱)이다.

155 강의(講義) 일 편 : 유정원이 1754년 10월 14일과 11월 20일 숭문당(崇文堂)에서 열린 경연에 시강원 필선으로 참여하여 영조와 주고받은 문답을 기록한 글을 가리킨다. 〈숙흥야매잠(夙興夜寐箴)〉, 꿈속의 지각(知覺), 《주역》의 육십사괘, 《시경》〈관저〉 등 여러 주제에 대해 영조가 질문하고 유정원이 답변하였다. 《三山集 卷2 經筵講義》

영조는 성신한 분이라	英考聖神
논란을 제기한 적 몹시 많았는데	發難孔多
공은 절하고 사리를 분석하기를	公拜析理
가려운 곳을 긁어 주듯 하였네	如癢得爬
일 겁이 지난 듯 아득한 시간 흐른 지금	過劫茫茫
사람들은 그때를 성세였다 말하네	人說盛時
혼자 이 세상에 남아	獨留斯世
내 머리 백발이 다 되었네	我髮爲絲
눈물로 공의 행적 간추리자니	泣最公蹟
영조가 그리워지네	英考之思

번암집

제53권

묘갈명 墓碣銘

현감 남계 이공 묘갈명

縣監南溪李公墓碣銘

공의 휘는 보(輔), 자는 경임(景任)이다. 연안 이씨(延安李氏)는 당(唐)나라 중랑장(中郎將) 무(茂)의 후손으로, 이에 대한 사적이 족보에 기재되어 있다. 고려부터 성조(聖朝)까지 후손들이 몹시도 현달하고 존귀한 위치에 올랐는바, 사대부가에서 나라의 명망 있는 집안을 열거할 때 연안 이씨를 사실상 첫손가락으로 꼽는다. 증(贈) 좌찬성 연성부원군(延城府院君) 말정(末丁)은 공의 5대조이며, 그로부터 2대를 내려와 증 참의 형례(亨禮)가 군위(軍威)에 처음 터를 잡고 살면서 자손들은 마침내 영남 사람이 되었는데, 퇴도(退陶) 이 선생(李先生)이 그의 묘명(墓銘)[1]을 지었다. 참의는 국량(國樑)을 낳았는데 성균관 진사이다. 진사는 정손(貞孫)을 낳았는데 길주 교수(吉州教授)이다. 이분이 두 아들을 낳았는데, 첫째는 진(軫)으로 호가 송오(松塢)이며 공은 그의 아우이다. 선비(先妣)는 숙인(淑人) 양성 이씨(陽城李氏)로, 참판 이공(李拱)의 손녀이자 사직 이원수(李元守)의 따님이다.

공은 16세에 부친이 세상을 떠나자 무덤 곁에 여막을 짓고 목 놓아 통곡하기를 송오공(松塢公)이 하는 대로 오로지 따라 행하였고, 그 후로 10년이 지나 모친이 역병으로 죽자 빈소 곁에서 한 발짝도 떨어지

1 묘명(墓銘) : 〈증통정대부이조참의행갑산교수이공묘갈명(贈通政大夫吏曹參議行甲山教授李公墓碣銘)〉이다. 《退溪集 卷47》

지 않으며 집상(執喪)의 예를 더욱 엄격하게 지켰다. 얼마 뒤 송오공이 역병에 전염되어 거듭 위중한 상태에 빠지게 되자 공은 잠시도 쉬지 않은 채 보살피고 간호하면서 그 대변을 맛보아 병의 차도를 알아보기도 하였다. 당초 공은 나이 어린 자식이란 이유로 교수공(教授公)에게서 사랑과 보살핌을 받은 까닭에 공부하라는 채근을 그리 심하게 받지 않았는데, 교수공이 세상을 등진 뒤 형이 눈물을 흘리며 “가문이 쇠해졌으니, 어찌 독서하지 않을 수 있겠는가.”라고 말하자, 공 역시 눈물을 흘리고 마침내 배우기를 청하여 몹시도 부지런히 애를 썼다. 그 뒤 서애(西厓) 유 선생(柳先生)의 문하로 들어가 공부하면서 경전 및 성리학과 관련한 서적들을 배웠는데, 공은 선생한테 나이로는 세 살이 어리고 인척 관계로는 재종형제 간인데도[2] 도를 터득한 이에게 나아가 질정하면서 자신을 낮추고 부단하게 노력하였던바, 배우기를 좋아한 것이 이와 같았다. 당시 조정에서 《여씨향약(呂氏鄕約)》을 반포해 시행하자[3] 유후 몽정(柳侯夢井)이 어진 선비라고 하여 공을 천거해 직월(直月)의 직임을 맡겼다.[4] 이에 선행을 권면하고 잘못을 규찰하여 교화

2 서애(西厓)……간인데도 : 서애 유성룡(柳成龍)의 조모가 바로 이보(李輔)의 증조인 이형례(李亨禮)의 딸로서, 이보와 유성룡은 고종 육촌 관계가 된다. 이보는 1573년(선조6) 안동(安東)의 금계(金溪)에서 시묘살이를 하고 있던 유성룡을 스승으로 모시고 매일 종유하면서 《서전(書傳)》, 《춘추(春秋)》, 《심경(心經)》, 《근사록(近思錄)》 등을 수학하였다. 《南溪先生實紀 年譜》

3 당시……시행하자 : 1573년 8월 선조가 대간 및 좌의정 박순(朴淳), 우의정 노수신(盧守愼) 등의 요청을 받아들여 《여씨향약》을 중외(中外)에 배포하여 시행하도록 한 것을 말한다. 《宣祖實錄 6年 8月 10日, 17日, 22日》

4 유후……맡겼다 : 유후 몽정은 당시 군위 현감(軍威縣監)으로 있던 유몽정(柳夢鼎, 1527~1593)으로, 본관은 문화(文化), 자는 경임(景任), 호는 학암(鶴巖)이다. 1573년

가 크게 실현되었고, 이에 마침내 현(縣)에서 공의 효성스럽고 우애로운 행실을 관찰사에 보고하자 관찰사가 그 사실을 상에게 아뢰었다.

경인년(1590, 선조23)에 사마시에 입격하였고, 이듬해 영릉 참봉(英陵參奉)에 제수되었다.

임진년(1592)에 왜구가 대대적으로 침략해 들어오자, 공은 강개한 심정으로 의병(義兵)의 진중(陣中)[5]으로 투신하여 작전과 계획을 매우 치밀하게 수립하였다. 이 당시 인동(仁同)은 전란으로 할퀴어진 탓에 전답과 들판이 텅텅 비어 남은 사람이 아무도 없었는데, 관찰사가 그 고을에 대한 혁파를 논계하면서 공을 임시 수령으로 차임하고 모속관(募粟官)으로도 아울러 차임하도록 하였다. 이에 공은 손과 발을 부지런히 놀려 무던히 애를 썼는데, 그 결과 가을이 되자 둔전(屯田)에서 수확한 곡식이 수천여 섬이나 되며 모집한 군량 또한 수백 곡(斛)에 이르렀다. 좌상(左相) 김공 응남(金公應南)과 서천군(西川君) 정공 곤수(鄭公崑壽)가 조정에 공을 천거하였다.

병신년(1596)에 당진 현감(唐津縣監)에 제수되었는데, 인동 사람들은 차마 공을 떠나보낼 수 없었다. 이에 관찰사가 계청(啓請)하여 고을의 호칭을 회복하도록 하고 이어 공을 인동 현감(仁同縣監)으로 삼도

《여씨향약》이 중외에 반포되자 평소 이보의 현명함을 알고 있던 유몽정은 그 이듬해 이보를 직월로 차임하였다. 《南溪先生實紀 年譜》

5 의병(義兵)의 진중(陣中) : 1593년 김해(金垓)를 대장(大將)으로 하여 일어난 안동 지역 의병의 진중을 말한다. 이때 이보는 군위의 모의사(募義師)로 활약하였다. 《최효식, 임진왜란기 영남의병연구, 국학자료원, 2003, 241~242쪽》 한편, 《남계선생실기(南溪先生實紀)》 〈연보(年譜)〉에는 이보가 이때 군위 정제장(軍威整齊將)을 맡았다고 되어 있다.

록 하였다. 그러자 공은 성심을 다 바쳐 백성들을 위로하고 오게 하였고, 그 결과 도망쳤던 이들은 되돌아오고 황폐하던 곳은 개간되었다. 또 천자의 장수를 응접하면서 제공하는 물자와 군수품을 모두 넉넉하게 마련하였다. 체찰사(體察使) 이공 원익(李公元翼)이 천생산성(天生山城)을 축조할 적에 공에게 일을 전담하도록 하자 수개월 만에 공사가 끝났다. 체부(體府)에서 그 사실을 조정에 급히 장계(狀啓)해 아뢰어 마침내 군자감 판관(軍資監判官)에 오르는 한편, 겸하여 이전과 같이 인동 현감이 되었다. 임기가 다 되자 1년의 시간을 더 유임해 주었는데, 이는 조정에서 백성들의 소원을 들어준 것이다.

신축년(1601) 겨울에 비로소 체직되어 향리로 돌아갔다. 임시 수령을 맡은 때로부터 현감의 직임을 수행하기까지 인동에서 정사를 펼친 기간이 도합 8년인데, 백성들이 부모처럼 사랑하고 떠받들어 바위에 글을 새겨 송축을 해 주었다.[6]

임인년(1602)에 거창 현감(居昌縣監)에 제수되었다. 그로부터 3년이 지난 뒤 권귀(權貴)를 옆에 낀 어떤 자가 틈만 나면 소송을 일삼아[7] 공이 그를 좋게 보지 않았는데, 믿는 구석이 있어 끝까지 죄를 저지르는 그를 극형으로 처벌하려 할 즈음[8] 대관(臺官)이 권귀의 뜻을 받들어

6 바위에……주었다 : 이 비문은 《남계선생실기》 〈인동거사송덕비명(仁同去思頌德碑銘)〉에 실려 있으며 작자는 고응척(高應陟)이다.

7 권귀(權貴)를……일삼아 : 1605년 거창 지방에서 세거하던 한 토호가 불법으로 양민을 노비로 삼아 거듭 관아에 소송을 벌인 것을 말한다. 이른바 압량위천(壓良爲賤)의 한 사례이다. 《南溪先生實紀 年譜》

8 믿는……즈음 : 이러한 처분은 《서경》 〈순전(舜典)〉에 나오는 "실수나 재난 때문에 어쩔 수 없이 죄를 지은 자는 용서하고 믿는 구석이 있어 재차 죄를 범한 자는 사형을

공을 공박해 체직해 버렸다. 그런데 이러한 상황에도 공은 태연하게 집에 돌아왔다. 그리하여 송오공과 함께 밤낮으로 상을 마주하면서 즐거운 시간을 보내었다. 늘 남계(南溪)의 산수를 좋아하여 청룡담(靑龍潭) 기슭에 집을 짓고 자호(自號)를 '남계옹(南溪翁)'이라고 하였다. 그러고서는 문하의 제생들과 함께 의리를 강마하면서 늙어 가는지도 모른 채 지내다가 무신년(1608) 2월 20일에 졸하였다. 그가 태어난 가정(嘉靖) 을사년(1545, 명종 즉위년)으로부터 64세를 산 것이다. 처음에는 송현(松峴)에 있는 교수공의 무덤 뒤편에 묻혔다가 이후 참의공(參議公)의 무덤 아래로 개장되었다.

배위(配位)는 숙인(淑人) 전주 최씨(全州崔氏)로 사인(士人) 최형두(崔迥斗)의 따님이다. 4남 1녀를 낳았다. 아들은 군자감 판관 적가(適可), 증(贈) 전설사 별좌(典設司別坐) 입가(立可), 사재감 첨정(司宰監僉正) 집가(執可), 택가(擇可)이며, 사위는 박이경(朴履慶)이다. 적가는 3남을 두었는데, 윤미(允美), 인미(仁美), 연미(延美)이다. 입가는 3남을 두었는데 한미(漢美), 태미(泰美), 경미(慶美)이다. 집가는 5남을 두었는데 순미(純美), 수미(粹美), 문미(文美), 전미(全美), 시미(時美)이다. 택가는 2남을 두었는데 세미(世美), 장미(長美)이다. 손녀는 4명으로, 채지강(蔡之江), 유용도(柳用棹), 신명령(申命齡), 신광욱(申光旭)이 그 사위이다. 내외의 증손과 현손은 도합 수백 명이니, 성대하도다.

아아, 군자가 과거의 인물을 평가할 때에는 필히 사우(師友)의 연원

내리시되, 항상 삼가고 삼가서 오직 형벌을 신중히 하셨다."라는 대목에 의거하여 행해진 것이다.

을 따지고는 한다. 그런데 공은 이미 애옹(厓翁 유성룡)을 스승으로 삼은 데다 남계에서 도를 강론하던 당시에 종유한 분들은 여헌(旅軒)과 우복(愚伏)[9]을 비롯한 여러 선생이었다. 또 오봉(五峯) 선생[10]으로 말하자면 공의 종숙부(從叔父)로서, 한곳에 모여 있을 적에는 더불어 학문을 강론하였고 서로 떨어져 있을 적에는 편지를 주고받으며 그리워하였으며, 공이 별세한 뒤에는 언제나 슬픔으로 눈물지으며 "앞으로 남쪽으로 돌아가면 누구와 함께 도를 강론하겠는가."라고 하였다. 대개 공의 효성스럽고 우애로운 성품은 물론 하늘로부터 타고난 것일 터이다. 그러나 자신을 단속하여 집안을 다스린 것과 정사를 행하여 백성을 교화시킨 것들로 말하자면 그 무엇인들 강학(講學)한 것을 미루어 행한 결과가 아니겠는가. 그 연원에 유래가 있다는 사실은 백대(百代)가 지난 뒤라도 또렷하게 확인해 볼 수 있으니, 이를 통해 충분히 공이 어떤 사람인지 알 수 있다.

공의 5대손 하량(廈樑)이 천 리 먼 곳으로부터 서울에 들어와 명(銘)을 짓는 일을 나에게 부탁하였다. 삼가 생각해 보건대, 나의 6대조 응교공(應敎公)[11]이 일찍이 군위를 다스릴 때 남계를 왕래하면서 공을

9 남계에서……우복(愚伏) : 여헌은 장현광(張顯光, 1554~1637)으로, 본관은 인동(仁同), 자는 덕회(德晦), 호는 여헌이다. 우복은 정경세(鄭經世, 1563~1633)로, 자는 경임(景任), 호는 우복, 시호는 문장(文莊)이다. 장현광과 정경세 모두 17세기 대표적인 남인 학자이자 유성룡과도 각별한 관계였기 때문에 자연스레 이보와도 교분을 쌓아 사우 관계를 맺었으며, 특히 이보와 정경세는 유성룡의 문하에서 동문수학한 사이이다. 《南溪先生實紀 年譜》《西厓集 年譜 卷2》

10 오봉(五峯) 선생 : 이호민(李好閔, 1553~1634)으로, 본관은 연안(延安), 자는 효언(孝彥), 호는 오봉이다. 이호민은 이보의 당숙으로서 1570년(선조3)과 1584년 이보와 군위에서 학문을 강론하였다. 《東州集 卷6 延陵府院君李公謚狀》《南溪先生實紀 年譜》

유달리도 지극히 경애하였던바, 내가 공의 묘에 명을 짓는 일을 어찌 사양할 수 있겠는가. 명은 다음과 같다.

아버지와 형에겐 성심을 다할 뿐이니	父與兄盡誠而已
내 어찌 차이를 두고 볼 수 있겠으며	吾何可差殊看
도를 간직한 분에겐 스승으로 섬길 뿐이니	道所存師之而已
내 어찌 그 나이를 따질 수 있겠는가	吾何可較其年
가시밭길로 나가 다스리며	出莅荊棘
거듭 고을을 결집시켰고	再凝民社
일이 끝나자 예전의 나로 돌아왔네[12]	事已而我則如故
남계의 못에 폭포 맑게 쏟아지니 드러나지 않겠는가	南溪之潭瀑淸瀉不顯

11 응교공(應敎公) : 채경선(蔡慶先, 1559~1610)으로, 본관은 평강(平康), 자는 자장(子長), 호는 죽촌(竹村)이다. 1601년에 군위 현감으로 재직하면서 갓 인동 현감을 사직하고 돌아온 이보의 가난한 살림을 보고 쌀을 지원해 주기도 하였고, 이듬해에는 함께 술자리를 벌이면서 유람을 즐기기도 하였다. 《南溪先生實紀 年譜》《湖洲集 卷6 先祖考弘文館應敎府君碑陰記》

12 일이……돌아왔네 : 자신에게 주어진 외부적, 정치적, 사회적 사명과 실천이 끝난 뒤 그전처럼 변함없이 맑은 마음을 유지하면서 심신을 수양한다는 말로, 여기서는 1604년 7월 이보가 사헌부의 건의로 거창 현감에서 체차되자 미련 없이 향리로 돌아가 이전대로 심신 수양에 전념한 일을 가리킨다. 《宣祖實錄 37年 7月 29日》 송(宋)나라 진백(陳柏)의 〈숙흥야매잠(夙興夜寐箴)〉에 "일을 당해서 응수할 때에는, 바로 하는 그 일에서 징험을 하며, 밝은 명이 성대히 빛나도록, 항상 눈 안에 두어야 한다. 그리고 응수하는 일이 일단 끝나면, 나는 그전처럼 변함없이 방촌을 맑은 물처럼 유지하면서, 정신을 모으고 생각을 쉰다.〔事至斯應, 則驗于爲, 明命赫然, 常目在之. 事應旣已, 我則如故, 方寸湛然, 凝神息慮.〕"라고 한 데서 유래하였다.

향촌을 부지하여 모범이 되었네	鄕黨是維儀式刑
내 그분을 존경하기에	我敬其人
내 이 명을 짓노라	我作斯銘

세마 권공 묘갈명

洗馬權公墓碣銘

공의 휘는 강(杠), 자는 공거(公擧)로, 본관은 안동(安東)이다. 젊어서부터 서애(西厓) 유 선생(柳先生)을 모시며 학문하는 비결을 들었다.

23세에 진사가 되었다. 부모가 별세하자 결국 과거 공부를 그만두고서 문을 닫아건 채로 독서에 전념하였는데, 어느 책이든 통달하지 않은 것이 없었다. 《맹자》에 특히나 깊은 공력을 들여 그 의미를 해석하여 《취정록(就正錄)》[13]이란 이름을 붙였고, 집안에서 지켜야 할 규범과 관련해서는 제례(祭禮)와 관련한 여러 편(篇)[14]을 만들었으며, 그 지식을 지극히 해서는 역도(易圖) 및 윤여(閏餘)에 관한 설[15]을 서술하였

13 취정록(就正錄) : 《맹자》와 주희의 《맹자집주(孟子集註)》, 그리고 《맹자집주대전(孟子集註大全)》의 의심나는 구절 81항목을 선정하여 해석과 의문점을 부기한 글이다. 권강(權杠)이 직접 쓴 서문인 〈맹자서취정록서(孟子書就正錄序)〉에 의하면, 권강이 젊은 시절 《맹자》를 읽다가 의문 나는 점이 있으면 적어 두고 그 책 이름을 《취정록》이라고 하였는데, 전쟁 중 소실되어 잊고 지내다 이후 자제와 조카에게 《맹자》를 가르치던 중 다시 옛 의문점이 생각나서 그 의문에 대한 견해를 정리해 놓았다고 하였다. 《方潭先生文集 卷2 孟子書就正錄序, 孟子書就正錄》

14 제례(祭禮)와……편(篇) : 《방담선생문집(方潭先生文集)》 권3에 수록된 〈제례의식(祭禮儀式)〉, 〈시제홀기(時祭笏記)〉, 〈기일홀기(忌日笏記)〉, 〈묘제홀기(墓祭笏記)〉 등을 가리킨다. 각종 제례 절차 등을 도표를 곁들어 해설한 것이다.

15 역도(易圖)……설 : 하도낙서(河圖洛書)를 비롯한 《주역》의 태극(太極), 양의(兩儀), 사상(四象), 팔괘(八卦) 등의 개념을 도표화하고 해설을 덧붙인 〈역도설(易圖說)〉과 천체(天體)의 도수(度數)를 일목요연하게 정리한 〈역상(曆象)〉을 가리킨다. 이 글은 모두 《방담선생문집》 권3에 실려 있다.

다. 만년에는 방담(方潭)의 한 골짜기에 집터를 정하여 아무런 욕심 없이 고기 잡고 나무하면서 유유자적 즐기는 삶을 살았다. 조정에서 유일(遺逸)로 익위사 세마(翊衛司洗馬)에 제수하였으나 끝내 출사하지 않다가, 60세에 집에서 삶을 마감하였다. 학자들이 '방담(方潭) 선생'이라 불렀다.

안동 권씨(安東權氏)는 고려의 태사(太師) 행(幸)을 시조로 한다. 우리 왕조에 들어와 한성 판윤(漢城判尹)을 지낸 분은 백종(伯宗)으로, 효행으로 정려문이 세워졌다. 판윤의 아들은 둘인데, 그중 첫째는 전(專)으로 현덕왕후(顯德王后)를 낳았고 시호는 경혜(景惠)이며, 둘째는 촌(忖)으로 진보 현감(眞寶縣監)이며 공은 이분의 6세손이다. 증조부는 국자감 생원(國子監生員) 시언(時彦)이고 조부는 영춘 훈도(永春訓導) 도(度)이다. 부친은 김산 훈도(金山訓導) 우신(遇臣)이고, 모친은 일직 손씨(一直孫氏)로 손붕(孫鵬)의 따님이다.

훈도공(訓導公)이 일찍 생애를 마치자 공은 효성스럽게 모친을 섬겼다. 생전에 봉양할 때에는 직접 물고기를 잡아 바쳐 올렸고 돌아가신 뒤에는 상주의 몸으로 슬픔 속에서 죽을 마시며 예법을 극진히 하였다. 복상(服喪)을 마친 뒤에 과거를 보러 갔는데, 말을 타고 마을을 나설 무렵 마을 어귀의 문을 돌아보고는 일찍이 대문에 기대어 배웅해 주던 모부인(母夫人)의 모습이 떠올라 얼굴을 가리고 울면서 되돌아와서는 더 이상 과장(科場)에 발을 들이지 않았다. 아우들에게 깊은 우애를 베풀었으며, 선조가 승하하였을 때에는 3년이 다하도록 소찬(素饌)을 먹으며 외침(外寢)에 머물렀다.[16] 외조모 송 부인(宋夫人)이 한창 병을

16 선조가……머물렀다 : 권강이 아버지의 상과 같은 예(禮)로써 임금의 상을 치른다

앓고 있을 때 수박을 먹고 싶어 하였으나 제철이 아니라 먹지 못한 까닭으로 훈도공이 그 뒤 수박을 먹지 않았는데, 이에 공도 마찬가지로 죽을 때까지 차마 수박을 먹지 못하였다. 세마(洗馬)가 되었을 적에 고을 수령[17]이 직접 직임에 나아갈 것을 권유하자 공은 동파(東坡)의 "사슴이 강의 모래섬에 노닌다.〔麋鹿遊江洲〕"라는 시구[18]를 인용하여 대답하였는데, 이에 수령이 강권할 수 없음을 깨닫고는 탄식을 내뱉으며 자리를 떠났다.

배위(配位)는 청주 정씨(淸州鄭氏)로 참봉 정언심(鄭彦心)의 따님이다. 집안이 꽤 넉넉하였는데, 정언심이 공의 가난한 살림을 딱하게 여겨 토지와 집을 떼어 주었으나 사양하고 받지 않았다. 공보다 32년 뒤에 졸하니 향년 84세이다. 공의 묘 뒤편에 부장(祔葬)되었다. 아들이 없어 형 정(楨)의 아들인 용중(用中)을 후사로 삼았다. 용중은 은덕(隱德)을 한결같이 공으로부터 이어받아 국상(國喪)이 있을 때 공과 마찬가지로 소찬을 3년 동안 행하자, 이에 고을 사람들이 모두 "선대의 훌륭함을 계승하였다."라고 하였다. 1남 2녀를 낳았는데, 아들은 의(誼)이

는 이른바 '방상(方喪)의 예법'을 지켰다는 말이다. 《예기》 〈단궁 상(檀弓上)〉에 "신하가 임금을 섬김에……방상 3년을 입는다."라고 하고, 《의례》 〈상복(喪服)〉에 "연제(練祭)를 지내고 나서는 외침에 머문다. 비로소 채소와 과일을 먹고 소찬을 먹으며, 일정한 때가 없이 곡을 한다."라고 하였다.

17 고을 수령 : 당시 안동 부사(安東府使)를 맡고 있던 송상인(宋象仁, 1569~1631)으로, 자는 성구(聖求), 호는 서곽(西郭)이다.

18 동파(東坡)의……시구 : 동파는 송(宋)나라 문장가인 소식(蘇軾)의 호로, 그가 지은 〈화채준낭중견요유서호(和蔡準郎中見邀遊西湖)〉의 두 번째 시에 나오는 구절이다. 자연에 은거하고자 하는 의지가 담긴 표현이다. 《蘇東坡詩集 卷7》

고 사위는 김정후(金鼎厚)와 장한호(張漢豪)이다. 의는 3남 2녀를 두었는데, 세석(世錫), 봉석(鳳錫), 윤석(胤錫)이고 사위는 이성만(李成晩), 정태동(鄭泰東)이다. 현종이 생사를 불문하고 충심과 효성을 갖춘 초야의 숨은 선비를 찾으라는 명을 내렸는데, 이에 공을 사헌부 지평에 추증하고 정려문을 하사하였다. 공은 융경(隆慶) 정묘년(1567, 명종22)에 태어나서 천계(天啓) 병인년(1626, 인조4) 4월 27일에 졸하였다. 장지(葬地)는 살던 곳의 동쪽 기슭에 있는데, 바로 사좌(巳坐)의 언덕이다.

공의 6세손 상사(上舍) 형복(馨復)이 공의 묘지명을 지을 요량으로 몹시도 간절히 나에게 글을 부탁하였다. 나는 삼가 생각건대, 공이 세상을 떠난 지가 거의 200년에 근접하므로 세상에 전해지는 행적이 비록 백에 한둘도 남지 않은 형편이지마는, 믿을 만하여 증명할 수 있는 것들로 말해 볼 때 그 효성과 우애는 학문에 뿌리를 두고 그 학문은 어진 사우들에게 뿌리를 둔바, 그 모두가 후학의 모범이 될 만하기에 명(銘)을 짓는다. 명은 다음과 같다.

옛 마을 현송 소리 그치지 않던 것[19]은	古里之絃誦不輟
군자가 본받을 바이고	君子是刑

19 옛……것 : 공자의 제자 자유(子遊)가 무성(武城)의 읍재(邑宰)로 있으면서 예악으로 교화시킨 것을 가리킨다. 《論語 陽貨》 현송(絃誦)은 현송(弦誦)과 같으며, 수업을 전수하고 송독하는 것을 말한다. 현악기에 맞추어 노래하는 것을 현가(弦歌), 음악 없이 낭독하는 것을 송(誦)이라고 한다. 《예기》 〈문왕세자(文王世子)〉에 "봄에는 금슬(琴瑟) 없이 시의 악장을 읊조리고, 여름에는 현악기에 맞추어 시를 노래한다.〔春誦夏弦〕"라는 내용이 보인다.

무덤가 소나무와 잣나무 휘지 말지니	佳城之松柏勿拜
군자가 편히 쉬는 곳이라네	君子攸寧

통훈대부 행 온양 군수 이공 묘갈명

通訓大夫行溫陽郡守李公墓碣銘

공의 휘는 범중(範中), 자는 이경(彝卿), 관향은 여강(驪江)으로 향공진사(鄕貢進士) 세정(世貞)의 후손이자 문원공(文元公) 회재(晦齋) 선생 휘 언적(彦迪)의 6대손이다. 대대로 경주(慶州)의 양좌촌(良佐村)에서 거주하였다. 고조의 휘는 의잠(宜潛)으로 현감을 지내고 사복시 정(司僕寺正)에 증직되었으며, 증조의 휘는 엽(曄)으로 좌승지에 증직되었고, 조부의 휘는 효(摮)로 호조 참판에 증직되었다. 선고(先考)의 휘는 덕기(德祺)이고 선비(先妣)는 오천 정씨(烏川鄭氏)이다. 후비(後妣)는 재령 이씨(載寧李氏)로, 처사(處士) 이도(李櫂)의 따님이다.

공은 숙종 무자년(1708, 숙종34)에 태어나 양자로 나가 계부(季父)인 동추공(同樞公) 휘 덕지(德祉)[20]의 후사가 되었다. 누대에 걸쳐 선대의 추증이 이루어진 것은, 동추공이 수질(壽秩)[21]에 올랐기 때문이다.

공은 젊은 시절부터 독서를 좋아하였다. 그리하여 집이 몹시 가난해 때때로 하루걸러 밥을 지어 먹는 형편에도 책 읽는 소리는 더욱 굳세고

20 동추공(同樞公) 휘 덕지(德祉) : 이덕지(李德祉, 1683~1771)로, 본관은 여주(驪州), 자는 성지(成之)이다. 동추공이라고 칭한 것은 그가 1763년(영조39) 수직(壽職)으로 첨지중추부사에 올랐기 때문이다. 《한국학자료센터 영남권역센터 http://yn.ugyo.net 검색일 : 2021. 3. 17.》

21 수질(壽秩) : 매년 1월에 80세 이상인 관원과 90세 이상인 서민(庶民)에게 은전(恩典)으로 내리던 벼슬을 이르는 것으로, 수직이라고도 한다.

낭랑하였다. 집안사람이 그 주린 것을 걱정하여 조금 절제하기를 청하면, 그때마다 "배가 주릴 때가 바로 독서하기 좋은 때이다. 몸 안이 텅 비면 소리가 더욱 통창해지니, 이로써 고량진미를 실컷 먹은 이가 글 읽기 싫어하는 이유를 알겠다."라고 하였다.

신유년(1741, 영조17)에 상상(上庠)에 올랐다.

병인년(1746)에 장릉 참봉(莊陵參奉)에 제수되었다. 임기를 다 채운 뒤에 제용감 봉사(濟用監奉事)로 천직하고 상서원 직장(尙瑞院直長)으로 전직하였다.

경오년(1750)에 품계가 올라 장원서 별제(掌苑署別提)가 되었고, 곧 한성부 주부(漢城府主簿)로 자리를 옮겼다. 이듬해 외직으로 나가 신창 현감(新昌縣監)이 되었다.

계유년(1753)에 양모(養母) 정부인(貞夫人) 박씨(朴氏)의 상을 당하였다. 이때부터 고향으로 돌아가 누차 끼니를 거르는 것을 제 본분(本分)의 일처럼 여기면서, 무덤덤한 태도로 세상일을 담당할 뜻을 가지지 않았다.

기묘년(1759)에 별시(別試)의 향시(鄕試)에 응시하였는데, 이는 부모의 명이었다. 당시 주시관(主試官)이 마침 공과 함께 공부하여 오랜 친분이 있었는지라, 시험 당일 아침에 공의 집을 들르려 할 때 사람을 시켜 우선 문안을 하도록 하였는데, 공은 서둘러 말을 몰고 출발하여 끝내 그와 만나 주지 않았다. 또 백형(伯兄)인 처사공(處士公)은 주시관과 한 관사에서 같이 잠을 자면서도 끝내 한마디 말조차 꺼내지 않았다. 이에 주시관은 몹시 훌륭하다는 생각에 조정에 돌아온 뒤로 매양 관리들이 있는 가운데서 그 일을 거론하고는 하였는데, 그때마다 듣는 자들이 대단하게 여겼다.

임오년(1762)에 동부 도사(東部都事)에 제수되었다가 한성 판관(漢城判官)으로 옮겼다. 그곳에서 1년을 있다가 온양 군수(溫陽郡守)가 되었다. 공은 일찍이 "백성을 다스릴 때에는 구태여 새로운 규례를 창안할 필요가 없고, 또 굳이 예전의 법을 폐기할 필요도 없다. 새로운 규례를 창안하면 백성을 성가시게 만들게 되고 예전의 법을 폐기하면 백성들이 혹 그에 따른 폐해를 입게 된다."라고 말하였다. 이때에 이르러 마음을 맑게 가지고 일을 줄이니,[22] 이는 백성들로 하여금 관청이 있는지조차 모르도록 하기 위해서였다. 이에 공이 임기를 마치고 떠나갈 때까지 온 경내의 사람들은 즐겁고 화평하게 지내며 공을 칭송하였다.

무자년(1768)에 임기가 다 되어 고향으로 돌아갔다.

갑오년(1774)에 맏아들 헌유(憲儒)[23]가 용궁현(龍宮縣)의 현감이 되고 병신년(1776)에는 자급이 올라 옥천 군수(沃川郡守)가 되었다. 공이 고을 수령으로 있던 아들로부터 봉양을 받은 기간은 거의 7, 8년이었는데, 이 사이 관청의 크고 작은 모든 업무에 대해 일절 간섭하지 않아, 물어보는 일이 있으면 "조정에서 이미 너를 관리로 명하였으므

22 마음을……줄이니 : 관직을 맡아 백성을 다스릴 때 과도한 의욕과 욕심을 제거하고 무심한 마음을 유지한 채 꼭 필요한 최소한의 업무만 수행하는 것을 말한다. 송(宋)나라 때의 학자 여본중(呂本中)이 〈관잠(官箴)〉에서 "관직을 맡은 사람은 모든 특이한 사람과 접촉하지 말아야 하니, 여자 무당과 남자 무당, 여승과 중매쟁이 따위를 더욱 멀리하여 끊어야 한다. 모름지기 마음을 맑게 하고 일을 생략함으로써 근본을 삼아야 한다."라고 하였다. 주희가 이 말을 《소학》에 선입(選入)한 이래, 전근대 동아시아 목민관들의 이상적 행동 규범으로 받아들여졌다.

23 헌유(憲儒) : 이헌유(李憲儒, 1733~1804)의 자는 경진(景眞), 호는 순와(順窩)이다.

로 고을 일이 잘되고 못되는 것은 오직 너에게 달려 있는 것이다. 굳이 서로 알릴 것도 없고 또 굳이 서로 물어볼 것도 없다."라고 하면서, 손자를 공부시키고 한가한 가운데 수양하는 일로 유유자적할 뿐이었다. 그렇게 얼마간 지내다가 하체가 저리고 마비되는 병을 앓아 남의 부축이 없으면 몸을 뒤척이는 일조차 못 한 채 오랜 세월을 보내게 되었다. 그러는 와중에 실로 일반 사람으로서는 그 고통을 감당할 수 없는 부분이 있었으나, 정작 공은 이치를 통해 평정심을 유지하여 단 한 번도 간호하는 사람에게 화내지 않았고, 오로지 주자(朱子)의 저술에 정신을 집중하고 깊이 완미하면서 "이 속에 무한한 재미가 있으니, 젊은 날에 끝까지 탐구하지 못한 것이 한스럽다."라고 탄식하였다. 이후 아들이 관직에서 물러나 고향으로 돌아왔을 무렵 오산(烏山)의 북쪽에 새 거처를 마련하여 도합 7년 동안 병을 조리하다가, 계묘년(1783, 정조7) 12월 9일에 침소에서 천수를 다하였다. 향년 76세로, 인동부(仁同府) 남쪽 중지촌(中旨村) 갑좌(甲坐)의 언덕에 장사 지냈다.

배위(配位)는 평산 신씨(平山申氏)로 처사(處士) 신전(申㙉)의 따님이자 관북 절도사(關北節度使) 신익념(申益恬)의 손녀이다. 시부모를 모시고 고을 사람들을 대하는 태도가 조심스러우며 부드러웠고, 집안 살림을 꾸리고 집안의 여러 일을 처리할 적에는 세세한 부분까지 다 모범을 보여 주었다. 공보다 1년 뒤에 태어나 공보다 1년 먼저 졸하였다. 처음에는 선산(善山) 형곡(荊谷)의 언덕에 장사 지냈다가, 공을 장사 지낼 때 천장하여 공과 같은 무덤에 묻혔다.

2남 2녀를 낳았는데, 아들 가운데 첫째는 헌유로 바로 앞서 옥천(沃川)을 맡아 다스렸던 자이다. 지금은 담양 부사(潭陽府使)로 있다. 둘째는 헌우(憲愚)로 진사이다. 딸 가운데 첫째는 문과에 급제하고 홍문관 교리를 지낸 이완(李垸)[24]에게 출가하였고, 둘째는 김광일(金光馹)에게 출가하였다.

부사는 3남 2녀를 두었는데, 아들 가운데 첫째는 정최(鼎最)로 재주와 덕행이 있었으나 요절하였으며, 둘째는 정회(鼎會)이고, 셋째는 어리다. 딸은 김종수(金宗壽)와 최용우(崔龍羽)에게 출가하였다. 진사는 3남 1녀를 낳았는데, 아들 가운데 첫째는 정섬(鼎暹)이고, 둘째는 정황(鼎晃)이고 나머지는 어리다. 정최는 아들 하나를 두었는데 아직 어리다. 이완은 3남 2녀를 낳았는데, 아들 가운데 첫째는 이영운(李永運)으로 진사이고 둘째는 이영진(李永進)이며, 딸 가운데 첫째는 진사 유회문(柳晦文)에게 출가하였고 나머지는 아직 어리다. 김광일은 2녀를 두었는데, 첫째가 유혁조(柳赫祚)에게 출가하였다.

공의 사람됨은 천진하고 본바탕을 중시하였으며, 법도와 무게를 갖춘 한편 원만하고 실다웠다. 그리하여 평소 남들과 그다지 다르게 행동하지 않으면서도 일의 대체는 절로 규범의 한계를 넘지 않았다. 양친을 모시면서는 말없이 자식 된 직분을 몸소 실천하면서 정성이 깊고 두터웠다. 자제들에게 훈계하면서는 일찍이 "독서할 때에는 응당 사자(四子)와 낙건(洛建)[25]을 위주로 해야 할 것이니, 패가(稗家)[26]의 잡스러

24 이완(李垸) : 1740~1808. 본관은 한산(韓山), 자는 치도(致道), 호는 간암(艮巖)이다.

25 사자(四子)와 낙건(洛建) : 사자는 유가(儒家)의 네 성현인 공자(孔子), 증자(曾子), 자사(子思), 맹자(孟子)의 통칭인바, 네 사람의 언행을 기록한 《논어》, 《대학》, 《중용》, 《맹자》를 가리킨다. 낙건은 북송의 정호(程顥), 정이(程頤) 형제와 남송의 주희의 병칭이다. 정호와 정이는 낙양(洛陽)에서, 주희는 복건(福建)에서 살며 강학하

운 이야기는 사람의 올바른 지견(知見)을 쉬이 무너뜨린다."라고 하였다. 집안사람들을 신칙할 때에도 오로지 "사치스럽고 화려한 것들로 인해 집안이 결딴나지 않는 경우는 드물다."라고 하였다. 빛나는 장식으로 치장한 사람을 보면 즉시 통렬하게 끊어 내는 한편, 광달(曠達)한 사람으로 자임하며 예법을 탐탁지 않게 여기는 자에 대해서도 깊이 싫어하지 않은 적이 없었다.

총기(聰氣)는 노년이 되어도 줄지 않았다. 일찍이 14, 5세 무렵 인재(訒齋) 최공(崔公)의 〈제손참봉문(祭孫參奉文)〉[27]을 딱 한 번 본 적이 있었는데, 그 뒤 60여 년 지나 최공의 문집이 출간될 적에 그 글이 빠져 수록되지 못하자 자제들에게 붓을 잡게 한 뒤 시험 삼아 부르는 대로 받아 적게 하였는바, 수백 글자 중에 빠뜨리거나 틀린 부분이 단 하나도 없어 사람들이 모두 경이롭게 여겼다. 평생 저술하기를 좋아하지 않았는데, 간혹 비문이나 행장 같은 글을 지을 때면 다만 평이하게 서술하고 넉넉하게 짓기만 하는 한편, 원고는 남겨 두지 못하게 하면서 말하기를 "세상에 글로써 후대에 보이고자 하는 자들은 다만 번잡한 짓을 하는 것일 뿐이다."라고 하였다.

중년 이전에는 갖은 궁액을 두루 겪다가 만년에서야 비로소 자손들

였으므로 이렇게 부른 것인데, 곧 그 세 사람의 학문과 저서를 가리키는 말이 된다.

26 패가(稗家) : 고대 중국에서 민간의 풍속이나 정치의 득실을 살피기 위하여 가담항설(街談巷說)을 모아 기록하던 낮은 직위의 벼슬아치의 명칭인 패관(稗官)에서 온 말로, 가담항설을 모으거나 짓는 사람을 의미한다. 《漢書 藝文志》

27 인재(訒齋) 최공(崔公)의 제손참봉문(祭孫參奉文) : 최현(崔晛, 1563~1640)이 지은 손엽(孫曄)의 제문이다. 인재는 최현의 호이며, 이 글은 최현의 문집인 《인재집(訒齋集)》에 실려 있지 않다. 《艮巖遺稿 卷8 通訓大夫行溫陽郡守驪江李公行狀》

이 번성하여 숙인(淑人)과 함께 관록(官祿)을 누리게 됨으로써[28] 세상 사람들이 완전한 복을 받았다고 추중해 주었는데, 불행히도 질병을 앓으면서 평온하고 안락했던 즐거움이 고통의 신음 소리에 의해 사라져 버리게 되었다. 그러나 이 와중에도 공은 닥친 현실을 순순히 받아들여 어느 상황에서고 유유자적하였으며, 그 결과 획득과 상실, 기쁨과 슬픔 그 어느 것도 모두 그 마음을 얽어매지 못하였다. 타고난 기질이 후하고 지키는 것이 확고하지 않았다면 어찌 이렇게 할 수 있었겠는가.

공이 객지인 서울로 떠나와 벼슬 생활을 하고 있을 무렵, 내가 한번 보고 마음으로 도취하여 아주 돈독한 교분을 맺었는데, 그로부터 십수 년의 시간이 흘러 망연히 만남과 이별, 산 자와 죽은 자의 비감이 일어나게 되었다.[29] 지금 부사군(府使君)[30]이 공의 묘도에 새길 글을 천 리 먼 곳에서 부탁하니, 청을 들어주지 않으면 그만두지 않을 것이며, 또 돌아보건대 예전 일을 서글피 떠올리자니 어찌 눈이 흐리고 귀가 먹었다는 이유로 사양할 수 있겠는가. 공이 평소 실제의 문장에 힘썼던 것을 잘 알고 있으니, 또한 화려하지 않게 하는 데 힘을 기울인다면

28 만년에서야……됨으로써 : 숙인은 당하관 정3품과 종3품인 문무관의 아내에게 주던 봉작으로, 이범중(李範中)의 아내인 평산 신씨를 가리키는바, 만년에 자손들이 과거에 합격하여 관리가 됨으로써 이범중이 아내와 함께 자식들의 녹봉으로 봉양받게 되었다는 말이다.

29 만남과……되었다 : 이범중의 죽음을 완곡하게 표현한 것이다. 이범중은 죽고 없는데 자신은 여전히 살아 있는 현 상황이 슬픈 감정으로 다가온다는 말이다.

30 부사군(府使君) : 이범중의 장남인 이헌유로, 이범중의 묘도문자를 부탁한 1784년(정조8) 당시 이헌유가 담양 부사를 지내고 있었기 때문에 이렇게 지칭한 것이다.《所菴集 卷19 通訓大夫潭陽府使順窩李公行狀》

아마도 유명 간에 서로 저버리는 일은 되지 않을 것이다. 명(銘)은 다음과 같다.

곤궁할 땐 하지 않는 것을 살펴볼지니	窮視不爲
입으론 가난을 말하지 않았고	口絶言貧
평상시엔 친한 이를 살펴볼지니	居視所親
대산과 깊은 교분을 맺었네[31]	密契大山
곤궁함과 형통함을 하나로 보았으니	一視窮亨
세상을 떠난들 무엇이 슬프리오	乘化奚慽
명으로 후대에 고하노니	銘以詔後
뒤에 죽을 사람의 슬픔이로다	後死之戚

31 대산(大山)과……맺었네 : 대산은 이상정(李象靖, 1711~1781)으로, 본관은 한산(韓山), 자는 경문(景文), 호는 대산, 시호는 문경(文敬)이다. 이범중의 장녀가 대산의 아들 이완(李埦)과 혼인함으로써, 이범중과 이상정은 사돈 관계이자 친우(親友)로서 교분을 맺었다. 이상정이 이범중에게 보낸 편지 5통이 《대산집(大山集)》에 전한다. 《大山集 卷13》《樊巖集 卷51 通政大夫禮曹參議大山李公墓碣銘》

통훈대부 행 사간원 정언 홍공 묘갈명

通訓大夫行司諫院正言洪公墓碣銘

내가 일전에 약봉(藥峯) 아래에 살 때[32]의 일이다. 어느 날 저녁 종이 아직 울리지 않았을 무렵 뜰에는 희미한 달빛이 비치고 있었는데, 그때 홀연 창밖에서 벗의 기침 소리가 들려와 문을 열어 보니 간원(諫院)의 홍용경(洪龍卿)이 뜰에 서 있었다. 이에 내가 나가 그를 맞이하면서 말하기를,

"군은 좋은 밤의 담소를 나누고 싶은 것인가?"

하자, 군은 말하기를,

"아니네."

하고는, 내 손을 잡고 담장 아래의 어둡고 구석진 곳으로 자리를 옮겨 은밀한 목소리로,

"잠시 뒤면 명에 따라 한 통의 어서(御書)를 받들고 외방(外方)에 나갈 것이니, 책임이 무겁네. 혹 작별의 선물로 좋은 말을 해 줄 수 있겠는가?"

32 내가……때 : 1763년(영조39)의 어느 무렵이다. 약봉은 지금의 서울 중림동에 위치한, 만리동 입구에서 충정로 3가로 넘어가는 곳에 있던 봉우리의 이름으로 약현(藥峴) 혹은 약전현(藥田峴)이라고도 하였는데, 번암은 39세가 되던 해인 1758년 가을부터 그곳에서 살았다.《英祖實錄 39年 3月 3日》《서울지명사전, 서울특별시사편찬위원회, 2009》《海左集 卷24 領議政諡文肅蔡公神道碑銘》《백승호, 번암(樊巖) 채제공(蔡濟恭)의 삶과 시세계, 한국한시작가연구 17권, 한국한시학회, 2013, 248~249쪽》

하였다. 이는 대개 군이 늙은 말이 길을 안다고 생각해서 한 말일 것[33]이다. 한참 동안 이야기를 나눈 뒤 작별하고 떠나가자, 나는 내심 '상께서 아직 군에게 사명(使命)을 맡긴 적이 없는데 벌써 이렇게나 무거운 임무를 능히 내리셨으니, 사람을 잘 알아보는 명철한 지혜를 우리 임금께서 가지고 계신 것일 터이다.'라고 생각하였다. 그런데 얼마 뒤 호남 어사가 염찰의 임무를 완수하기도 전에 노령(蘆嶺) 밖의 한 객점(客店)에서 죽었다는 소식이 들려왔다. 이에 나는 놀라 소리치며 눈물을 흘렸으나 더 이상 소용없는 일이었다. 이후 나는 매양 달빛이 비치는 뜰 언저리를 거닐며 지난 일을 묵묵히 떠올릴 때마다 그로 인해 서글픈 마음에 휩싸이고는 하였는데, 그러한 감정이 30년 동안 단 한 번도 누그러진 적이 없었다. 지금 군의 맏아들 지현군(知縣君) 낙교(樂敎)[34]

33 늙은……것 : 늙은 말이 길을 잘 알듯 어떤 일에 경험이 풍부한 사람이 그 일을 잘 지도하고 선도해 줄 수 있다고 생각했다는 말이다. 이 표현은 춘추 시대 제(齊)나라의 관중(管仲)과 습붕(隰朋)이 일찍이 환공(桓公)을 수행하여 고죽국(孤竹國)을 정벌했는데, 봄에 갔다가 겨울에야 돌아오면서 옛길을 잃어버리고 헤매게 되자, 관중이 "늙은 말의 지혜가 쓸 만하다."라고 하면서 늙은 말이 가는 대로 따라가 마침내 옛길을 찾게 되었다는 고사에서 유래한 것이다. 《韓非子 說林》 홍양한(洪亮漢)이 호남 어사가 된 시기는 1763년 3월로, 번암은 이보다 10년을 앞선 1753년에 이미 호서 어사가 되어 외방을 염찰한 바 있다. 《英祖實錄 29年 2月 26日》

34 지현군(知縣君) 낙교(樂敎) : 홍양한의 맏아들 홍낙교(洪樂敎, 1740~?)를 가리키며, 지현군이라 한 것은 당시 홍낙교가 현감을 지내고 있었기 때문이다. 그는 1793년(정조17) 12월부터 1797년 6월까지 5년간 경상도 삼가현(三嘉縣)의 현감으로 재직한 바 있다. 한편 홍낙교는 1763년(영조39) 부친 홍양한이 호남 어사의 임무를 수행하다 노령의 한 객점에서 의문의 죽음을 맞이하자, 재차 격쟁(擊錚)하여 부친의 억울한 죽음을 풀어 달라고 청하였다. 《承政院日記 正祖 17年 12月 27日, 21年 6月 15日》 《英祖實錄 39年 12月 17日》

는 영남의 임지에 있는 처지라 직접 찾아올 수 없는 까닭에, 아우 전(前) 정언(正言) □□[35]을 시켜 공의 행장을 가지고 나에게 명(銘)을 지어 달라고 부탁하게 하였다. 나는 지상에 살아남아 있는 몸인지라 어찌 차마 명을 지을 수 있겠는가마는, 그렇다고 어찌 또 차마 명을 짓지 않을 수 있겠는가. 이에 눈물을 삼키며 다음과 같이 쓰는 바이다.

용경(龍卿)은 군의 자이고 성은 홍씨(洪氏)이며 휘는 양한(亮漢)으로 본관은 풍산(豐山)이다. 시조 휘 지경(之慶)은 고려 때 문과에 장원으로 급제하여 국학 직학(國學直學)을 지냈다. 이분은 휘 간(侃)을 낳았는데 호는 홍애(洪厓)이며 도첨의사인(都僉議舍人)을 지냈다. 이분이 휘 유(侑)를 낳았는데 삼관(三館)의 대제학(大提學)을 지냈고, 이분이 휘 연(演)을 낳았는데 보문각 대제학(寶文閣大提學)을 지냈다. 이분이 휘 귀(龜)를 낳았다. 그는 생원에 입격하고 음보(蔭補)로 낭장(郎將)을 지냈는데, 고려 말에 벼슬을 버리고 영남으로 돌아가던 길에 고양(高陽)을 경유하게 되자 마침내 그곳을 터전으로 삼았다. 그로부터 4대를 내려와 휘 이상(履祥)은 호가 모당(慕堂)인데 경술과 품행으로 선조조(宣祖朝)에서 크게 드러났다. 대사헌을 지내고 영의정에 증직되었으며 문경(文敬)이란 시호를 받았는데, 사림들이 제향해 주었으며, 군에게는 6대조가 된다. 5대조는 방(雱)으로, 호는 지계(芝溪)이다. 학문에 독실하고 예(禮)를 좋아하였으며 대사헌을 지냈다. 고조

35 □□ : 《성호전집(星湖全集)》 권64 〈학생홍공묘지명(學生洪公墓誌銘)〉에 근거할 때 '낙민(樂敏)'이다. 신유옥사 관련자이므로 공란으로 처리한 것이다. 이하 본 묘갈명 내의 '□□'도 동일하다. 홍낙민(洪樂敏, 1751～1801)의 자는 성눌(聖訥)이다. 1801년(순조1) 천주교도 박해 사건 때 이승훈(李承薰), 정약종(丁若鍾) 등과 함께 서소문 밖 형장에서 순교하였다. 《純祖實錄 1年 12月 26日》

의 휘는 주일(柱一), 호는 현당(玄塘)으로, 문과에 급제하여 삼사(三司)에서 벼슬하고 통정대부(通政大夫)로서 목사(牧使)를 지냈다. 증조의 휘는 만시(萬始)이고, 조부의 휘는 중서(重敍)이고, 선고의 휘는 국보(國輔)이다. 선비(先妣) 이씨(李氏)는 관향이 경주(慶州)로 이세희(李世熺)의 따님이다.

군은 숙종 기해년(1719, 숙종45)에 출생하였다. 약관의 나이에 성균관에서 유학하였는데, 그때 문명(文名)을 크게 떨쳤다.

갑자년(1744, 영조20)에 국자 진사(國子進士)가 되었다.

기사년(1749)에 반시(泮試)에서 장원을 차지하여 전시(殿試)에 곧바로 응시할 자격을 하사받았다. 이후 신규 급제자로서 대궐에 들어가 상을 알현할 때 올린 대답이 상세하고도 분명하였던 터라 상의 주목을 받았는데, 군이 물러 나간 뒤에 상이 근신(近臣)에게 이르기를 "저 사람은 후일에 어찌 크게 되지 않겠는가."라고 하였다. 군은 대족(大族)인지라, 당시 또 권력을 잡고 있던 자들이 자주 군을 불러 한목소리로 설득하기를,

"군의 지체가 어찌 우리만 못하겠는가. 단지 주장하는 의견이 다를 뿐이네. 지금 기왕 벼슬길에 나왔으니, 오랜 틀을 벗어 버리고 오직 우리 의견을 따라 주기만 한다면, 앞길은 헤아릴 수 없을 정도로 크게 펼쳐질 걸세."

하였는데, 군은 말하기를,

"색목(色目)이란 사대부의 좋은 일이 물론 아니지마는, 뜻을 굽히고 실리를 추구하는 것은 제가 탐탁지 않게 여기는 일입니다."

하며 사양하였다.

경오년(1750)에 괴원(槐院)에 선발되어 한림 권점(翰林圈點)에 들

었다.

신미년(1751)에 휘릉 별검(徽陵別檢)에 제수되었다.

계유년(1753)에 규례에 따라 6품에 올라 병조 좌랑으로 천직하였다. 상이 모화관(慕華館)에 거둥하였을 때 금훤 낭청(禁喧郎廳)의 자격으로 배종하였는데, 상이 박 영성 문수(朴靈城文秀)[36]를 돌아보며 말하기를 "홍양한(洪亮漢)은 참으로 근면한 사람이다."라고 하였다.

갑술년(1754)에 부모의 연로함을 이유로 외직을 청하여 보령현(保寧縣)을 맡아 다스리게 되었다. 보령현은 작은 고을이라서 봉급이 넉넉하지 못하였는데, 친척과 친구 대다수가 궁핍하여 문 앞에 찾아와 도움을 요청하는 이들이 날마다 이어졌다. 이런 와중에도 군은 한결같이 그들을 성심껏 대우하여 단 한마디 말도 물리치는 법이 없었으며, 큰 흉년이 닥쳤을 때에는 다방면으로 경제적 지원을 해 줌으로써 모두가 죽음의 구렁텅이에서 벗어날 수 있었다. 백성들이 이에 크게 기뻐하여 공이 돌아간 뒤에도 시간이 지날수록 공을 더욱 잊지 못하였는데, 이를 통해 사람들의 마음속에 공의 은덕이 깊게 새겨져 있었다는 사실을 알 수 있다.

병자년(1756)에 부친상을 당하여 현(縣)의 북쪽에 있는 우수치(牛首峙)에 장지를 정한 뒤, 산 아래에 작은 여막을 지어 놓고 매달 초하룻날과 보름날에 산소에 올라가 숨이 끊어질 듯이 울부짖으며 곡을 하였

36 박 영성 문수(朴靈城文秀) : 박문수(1691~1756)의 본관은 고령(高靈), 자는 성보(成甫), 호는 기은(耆隱)이다. 영성이라 칭한 것은 1728년에 일어난 이인좌(李麟佐)의 난 당시 전공을 세워 분무 공신(奮武功臣) 2등으로 영성군(靈城君)에 봉해졌기 때문이다.

는데, 곁에 있던 사람들은 그로 인해 눈물을 흘렸다. 한편 온 산에 손수 심은 소나무가 모두 울창한 모습을 드러냈는데, 지나는 자들이 손으로 가리키며 지극한 정성이 불러온 결과라고 하였다. 상기(喪期)를 마친 뒤 사간원 정언에 제수되고, 곧이어 이조 좌랑에 제수되었다. 모부인(母夫人)의 상을 당하여 우치(牛峙) 아래에서 여막을 지켰다.

임오년(1762)에 대직(臺職)에 제수되었으나 부임하지 않았다. 여름에 나라에 변고[37]가 발생하였다는 소식을 듣자 북쪽을 바라보며 진종일 곡을 하고는 한층 더 세상을 담당할 마음을 두지 않게 되었다.

계미년(1763)에 상이 국권을 잡고 있던 신하에게 "나는 홍양한을 옥서(玉署)의 직임에 제수하고 싶다."라고 유시(諭示)하자, 국권을 잡고 있던 신하가 "재차 시험해 본 뒤에 등용하는 것이 더 낫겠습니다."라고 하였다. 이에 앞서 군이 대각(臺閣)으로서 채수(債帥)를 논핵한 일이 있었는데,[38] 국권을 잡고 있던 신하가 그것을 불쾌해하고 있던 나머지 등용을 막고자 한 것이다. 그리하여 결국 특명으로 호남 어사에 선발되었다. 군은 명을 받고서 남다른 대우에 감격하여 장기(瘴氣)가 서린 안개를 뒤집어쓰면서 일신의 걱정 따위는 하지 않아, 수령 가운데

37 변고 : 1762년 5월 사도세자(思悼世子)가 부왕인 영조에 의해 뒤주에 갇혀 사망한 사건인 임오화변(壬午禍變)을 말한다.

38 군이……있었는데 : 홍양한이 사헌부 지평에 제수된 지 닷새 만인 1763년 2월 8일 당시 경상좌도 병마절도사로 있던 김범로(金範魯)를 비위(非違) 혐의로 논핵한 일을 말한다. 그 내용은 김범로가 앞서 충청도 수군절도사로 근무할 당시 사사로이 배를 많이 만들어 군량(軍糧)을 섬에 사는 부민(富民)들에게 몰래 팔아서 사리사욕을 채웠다는 것이다. 채수는 빚을 내서라도 뇌물을 바쳐 장수가 된 뒤 백성의 고혈을 짜내어 상환하는 부패한 무장(武將)을 가리키는 말로, 김범로에 대한 멸칭이다. 《承政院日記 英祖 39年 2月 3日, 8日》

특히 불량한 자들에 대해서는 반드시 그 경내를 십수 번 주선한 뒤에야 비로소 논핵하여 파직하였다. 그러다 걸어서 노령(蘆嶺)을 넘어 태인(泰仁)의 읍점(邑店)에 묵었는데, 새벽이 되어 종인(從人)이 문후하러 들어가니 병세가 악화되어 이미 손쓸 수 없는 상태가 되어 있었다. 이때가 바로 4월 6일이다. 상이 이 소식을 듣고는 몹시 놀라고 슬퍼하여 호서와 호남의 도신(道臣)으로 하여금 관의 비용으로 상례와 장례를 치르도록 하는 한편, 따로 쌀 100섬과 베 30단(端)을 부의(賻儀)로 하사하였다. 홍주(洪州) 화성면(化城面) 백뉴리(白杻里) 신좌(辛坐)의 언덕에 장사 지냈다.

군은 왕명(王命)을 수행하던 사람으로서 하룻밤 사이에 객점에서 죽음을 맞이하였는데 그 사실을 종인조차 미처 알지 못하였으니, 아아, 이는 무슨 일이란 말인가. 고자(孤子) 낙교가 울부짖으며 동분서주하면서 직접 사건의 진상을 정탐한 기간이 여러 달이었고, 거듭 격쟁(擊錚)을 하여 억울함을 풀어 달라고 호소하였는데도, 단서는 끝내 밝히지 못하였다. 이에 상은 "일을 이렇게만 끝낼 수 없으니, 데리고 갔던 아전을 벌하고 유배를 보냄으로써 효자의 마음을 위로하도록 하라."라고 하였다.

군은 어릴 적부터 지극한 품성을 지녔다. 양친이 모두 원인 모를 병에 걸려 오랜 기간 침석에 누워 지내자 보살피고 간호하며 그 곁을 떠나지 않았다. 강가에 한 의원이 살고 있었는데, 그는 자신의 의술을 믿고서 몹시도 오만하게 굴어 경상(卿相)의 지위에 있는 자조차 대뜸 그를 불러오기 어려웠다. 이런 상황에서 군은 부모의 병을 치료하기 위해 그를 찾아가 만나고는 한마디 말을 꺼낼 때마다 한 줄기 눈물을 쏟아 내자, 의원은 그러한 정성에 감격하여 왕진을 즉시 허락하였다.

이로부터 의원은 직접 말을 타고 매일 한 번씩 군의 집에 찾아가니, 사람들이 신기한 일이라고 하였다.

병인년(1746, 영조22)에 모부인이 앓던 열병이 몹시 심해지자 군이 의원을 찾기 위해 출타하였는데, 이후 돌아와 보니 이미 모부인의 숨이 끊긴 것이 확인되어 애도 의식이 거행되고 있었다. 이에 군은 서둘러 손가락에서 피를 내어 모부인의 입 안으로 흘려 넣고 한참 동안 부둥켜 안고서 몸을 주물렀고, 그 덕분에 모부인은 다행히 깨어날 수 있었다. 이 일이 있은 후로 모부인은 14년을 더 살면서 수령으로 있는 아들의 봉양을 누리니, 효성이 신명을 감동시킨 것이 이와 같았다. 군이 세상을 떠나자 사림이 논의하여 정려문을 청원하는 글을 발송하려고 하였다. 그런데 군은 평소 말하기를,

"효란 사람의 본분이니, 세상에서 효를 이유로 정려(旌閭)를 요구하는 것은 자손으로서 과시하고자 하는 것에 불과하다. 이 때문에 우리 부모님께서 탁월한 행실을 갖추고 계시지만 나는 감히 그 일을 하지 못하는 것이다."

하였던바, 군의 자식들이 그와 같은 평소 아언(雅言)이 있었다는 이유로 힘써 만류하였고, 마침내 그 일이 중단되었다.

군은 사람을 알아보는 식견이 있어 남과 함부로 사귀지 않았다. 일찍이 한 저명한 관리가 군과 사돈을 맺고자 하여, 하루에 두 번씩이나 찾아가 대면한 자리에서 혼약을 아주 강하게 요청하였으나, 군은 공손한 말로 그 청을 거절하였다. 이에 곁에 있어 이 상황에 대해 알던 친척과 벗 들이 모두 나무라기를,

"저자의 집안은 부귀하고도 현달한데, 어찌하여 거절하였는가."

하자, 군은 말하기를,

"저자가 어찌 선량한 사람이겠는가."
하였는데, 이후 몇 년이 지나지 않아 그 집안은 과연 망해 버렸다. 대개 군이 불온하다고 지목한 사람이 몇 명이 되는데, 그들은 훗날 모두 패가망신하였다. 사람들은 그 선견지명에 탄복하였다.

군은 벼슬하지 않고 한가하게 거처할 적에 자질(子姪)을 몹시 엄하게 교육하고 집안의 친족들에게는 은의를 극진하게 베풀었다. 재종손(再從孫)이 일찍 아버지를 여의자 그를 호중(湖中)에 있는 집에 데려다 놓고 성심으로 가르치고 양육하여 능히 자립할 수 있게 해 주었으며, 의지할 데 없는 생질과 인척을 모두 제 자식처럼 여기며 데려다 길렀다. 선대(先代)의 기일을 만나면 반드시 목욕재계하여 예법을 철저히 지켜 행하였다. 아래로 노복과 이웃을 대할 때는 제각기 마땅하게 처신하였는데, 공의 부음이 들려오자 그들은 마치 친척을 잃은 듯 슬퍼하였다. 이상의 일들을 통해서 군이 가슴속에 지녔던 것이 어떠한지를 알 수 있을 것이다. 군은 춘추가 45세로, 자호를 미남(嵋南)이라 하고 만년에는 또 오서(烏西)라고 칭하였다. 문집 두 권이 집안에 소장되어 있다.

배위(配位)는 여흥 이씨(驪興李氏)로 이종환(李宗煥)의 따님이자 익헌공(翼獻公) 이상의(李尙毅)의 후손이다. 2남을 두었는바, 첫째는 낙교(樂教)로 현재 삼가 현감(三嘉縣監)이고 둘째는 □□이다. 낙교의 아들은 갑영(甲榮)이며, 2녀 중 첫째는 이명하(李明夏)에게 출가하고 둘째는 이택규(李宅逵)에게 출가하였다. 이상은 초배(初配) 남원 윤씨(南原尹氏)의 소생이다. 또 1녀를 두었는데 아직 어리며 계배(繼配) 합천 이씨(陜川李氏)의 소생이다. □□의 딸 가운데 첫째는 이원홍(李元弘)에게 출가하였고, 아들은 백영(柏榮), 역영(櫟榮), 재영(梓榮)이다. 차녀는 아직 출가하지 않았다. 갑영은 1녀를 두었고, 이원홍은 2녀를 두었는데 모두 어리다. 명(銘)은 다음과 같다.

우리 도가 잘못된 것인가 吾道非耶
군은 어찌하여 여기서 끝나고 말았는가 君何爲乎止斯
임금 명을 받들고 임금 일로 죽으니 承王命而死王事
아마도 마땅한 죽음을 얻은 것이리라 亦庶幾得死之宜歟
뜰을 비추는 달빛 예전 그대로이니 庭除之月色如舊
그 벗이 명을 지음이여 늙은 자의 눈물 두 뺨을 적시노라
其友作銘兮老淚交頤

죽봉 권공 묘갈명

竹峯權公墓碣銘

경포(鏡浦)[39]는 천하의 명승지이다. 경포 남쪽에 '환선(喚仙)'이란 이름의 누정이 있는데 바로 죽봉(竹峯) 권공(權公)의 별서(別墅)이다. 공이 관작(官爵)을 헌신짝처럼 벗어 버린 뒤 이곳에서 살고 이곳에서 시를 읊자 고을 사람들이 신선처럼 우러러보았고, 마침내 또 이곳에 묻히게 되자 지나는 자들이 손으로 가리키고 탄식하면서 공의 풍모에 대해 이야기하기를 백 년을 하루처럼 변함없이 하였다.

공의 휘는 수경(守經), 자는 숙변(叔變)이며 죽봉은 호이다. 관향은 안동(安東)으로 고려 태사(太師) 행(幸)의 후예이다. 증조부의 휘는 사균(士勻)으로 호조 참의에 증직되었고, 조부의 휘는 개(槩)로 호조 참판에 증직되었고, 부친의 휘는 신(愼)으로 동지중추부사이다. 선비(先妣)는 정부인(貞夫人) 가산 이씨(嘉山李氏)로 감찰공(監察公) 이집(李楫)의 따님이며, 가정(嘉靖) 경신년(1560, 명종15)에 공을 낳았다.

공은 한 고을의 대족(大族)으로서 집안에서의 행실이 매우 완벽하였다. 제사를 경건하게 받드는 일이며 친족과의 화목을 중시하는 일에 오로지 선조들이 마련해 둔 예법을 준행하였다. 그리하여 친족들은 무슨 사안이 생길 때마다 공에게 찾아가 자문하지 않는 이가 없었다.

39 경포(鏡浦) : 현재 강원도 강릉시 저동(苧洞)에 위치한 석호(潟湖) 이름으로, 관동팔경 가운데 하나인 경포대(鏡浦臺)가 있던 곳이다. 강릉대도호부(江陵大都護府) 동북쪽 10리에 있었다. 《新增東國輿地勝覽 卷44 江陵大都護府》

우복(愚伏) 정경세(鄭經世) 선생이 일찍이 강릉 부사(江陵府使)로 있을 때[40] 공무가 없는 날이면 언제나 찾아와서 오랜 시간 이야기를 나누었는바, 사류(士流)들로부터 이토록 소중히 대우를 받았다.

신축년(1601, 선조34)에 사마시에 선발되었다. 조정에서 재주와 덕행이 있다고 하여 희릉 참봉(禧陵參奉)에 제수되었다가, 집경전 참봉(集慶殿參奉)에 전직되고, 군기시 주부(軍器寺主簿)에 올랐다. 하루는 객지의 집에서 "세태가 때에 따라 변하니, 인심은 날로 같지 않네.〔世態隨時變 人心日不同〕"라고 시를 읊고는 결국 관직을 버리고 경호(鏡湖)로 돌아가 환선정(喚仙亭)에서 노년을 마무리하면서 더 이상 벼슬에 나아가지 않았다. 생애를 마감한 때는 천계(天啓) 계해년(1623, 인조1)으로, 춘추는 64세이다. 처음에는 신리(新里) 속초동(束草洞)에 묻혔다가 나중에 환선정의 을좌(乙坐) 언덕에 이장되었는데, 영인(令人) 심씨(沈氏)도 그곳에 부장되었다. 심씨는 직장(直長) 심첨주(沈添籌)의 따님이다. 1남 1녀를 낳았는데, 아들 칭(稱)은 문과에 급제하여 도사(都事)를 지냈고, 딸은 사인(士人) 정기평(鄭基平)에게 출가하였다. 도사는 5남 3녀를 낳았는데, 아들 중 첫째는 흥문(興門)으로 재주가 있었으나 요절하였고, 둘째는 흥진(興震)으로 진사이고, 셋째는 흥익(興益)으로 문과에 급제하여 좌랑(佐郎)을 지냈고, 넷째는 흥정(興鼎)이고, 다섯째는 흥태(興泰)로 진사이다. 딸 중 첫째는 진사 이기안

40 우복(愚伏)……때 : 정경세가 강릉 부사에 제수되어 임소에 도착한 1613년(광해군5) 4월부터 심경(沈憬)의 옥사(獄事)에 연루되어 나명(拿命)을 받아 서울로 올라간 1615년 9월 이전까지의 기간을 가리킨다. 그는 강릉 부사를 맡은 이듬해인 1614년 봄 권수경(權守經)의 별서였던 환선정에 가 유숙하면서 〈숙환선정(宿喚仙亭)〉이란 칠언절구를 남기기도 하였다.《愚伏集 別集 卷4 年譜, 卷5 年譜》

(李基安)에게 출가하였고, 둘째는 현감 정기강(鄭基岡)에게 출가하였고, 셋째는 이대뢰(李大賚)에게 출가하였다. 외손과 증손 및 현손 이하는 많으므로 다 적지 못한다. 명(銘)은 다음과 같다.

넘실거리는 경호의 물결	鏡湖溶漾
네 신선이 노닐던 곳이라	四仙攸翔
선단 굽던 아궁이에 그 흔적이 남아 있다[41]는	丹竈有跡
그 말이 황당무계하니	其說荒唐
어찌 권공이	曷若權公
치켜 쓴 두건[42]으로 소요하던 것만 같으랴	岸幘徜徉
평생을 바둑과 술동이로 보내다	百年棋樽
한 언덕에 옷과 신과 더불어 묻혔네	一丘衣履
우습구나 조그만 관직이	笑哉微官
어찌 얽맬 수 있으랴	安用縻爾
넘실거리는 경호의 물결	鏡湖溶漾
공의 이름과 영원히 함께하리라	名與終始

41 네……있다 : 네 신선은 신라 효소왕(孝昭王) 때의 화랑인 영랑(永郞), 술랑(述郞), 남석랑(南石郞), 안상랑(安祥郞)을 말한다. 권수경이 살던 경포대 한송정(寒松亭)에 네 신선이 노닐었다고 하는 전설이 전하는데 '선단을 굽던 아궁이〔丹竈〕'와 '선단을 만들기 위해 물을 길던 우물〔丹井〕' 등이 남아 있었다고 한다. 고종 때 윤종의(尹宗儀)가 강릉 부사로 부임하여 '한송정신라선인영랑연단석구(寒松亭新羅仙人永郞鍊丹石臼)'라는 글자를 돌에 새기기도 하였다. 《新增東國輿地勝覽 卷44 江陵大都護府》《樂全堂集 卷7 遊金剛小記》

42 치켜 쓴 두건 : 예법에 구속받지 않는 자유롭고 소탈한 모습을 형용하는 말이다.

퇴곡 권공 묘갈명
退谷權公墓碣銘

공의 휘는 칭(稱), 자는 정평(正平), 성은 권씨(權氏)이다. 시조는 고려 태사(太師) 행(幸)으로, 중세(中世)에 안동(安東)에서 관동(關東)의 강릉(江陵)으로 이주하여 현재 강릉 사람이 되었다. 증조의 휘는 개(槩)로 호조 참판에 증직되었고, 조부의 휘는 신(愼)으로 동지중추부사를 지냈다. 선고의 휘는 수경(守經)이며 능침랑(陵寢郎)으로서 주부(主簿)에 올랐다가 관직을 버리고 경호(鏡湖) 곁에서 노년을 보내면서 온 고을 사람들의 모범이 되었다.

공은 젊었을 때부터 차분하고 조용하여 말하고 웃는 일이 드물었고, 집안의 가르침을 경건히 지켜서 혹여 실추하지는 않을까 두려워하였으며, 조상을 받드는 일과 친족과 화목하게 지내는 일에는 제각기 그 법도를 지극히 실천하여 향리와 친족이 모두 흠모하였다.

천계(天啓) 정묘년(1627, 인조5)에 국자감 사마시에 입격하였다.

숭정(崇禎) 기사년(1629)에 문과에 급제하였다. 이듬해 전적(典籍)에 오르고 호조 좌랑으로 전직하였다. 얼마 뒤 경상도 도사(慶尙道都事)로 옮겼는데, 이로부터 모두 다섯 차례 형조의 낭관(郎官)을 역임하고 두 차례 겸춘추(兼春秋)가 되었으며, 또 직강(直講)과 사예(司藝)로 개차되었다. 공은 기국(器局)과 식견으로 말하자면 일찍부터 이미 범속한 경지를 뛰어넘었고, 문예로 말하자면 세상에 쓰일 만할 정도로 뛰어났으나, 권세를 쥐고 있던 자가 시기한 탓에 낮은 지위에만 머물러 있으면서 근신의 반열에 오를 길이 막히게 되었다. 그러나 정작 공은 태연자약하면서 그것을 개의치 않았다. 향리로 물러나 있을 때에는 경호의 이름난 정자에서 마음대로 소요하며 마치 이 세상에 명예와 이익이란 것이 있는 줄 모르는 사람처럼 지냈고, 세상으로 나와 벼슬할 적에는 김잠곡 육(金潛谷堉),[43] 강월당 석기(姜月塘碩期),[44] 김죽소 광욱(金竹所光煜)[45] 등 명공(名公)들과 함께 계사(禊事)[46]를 행하면서 좋은 날과 아름다운 경치 속에서 술 마시고 시 읊으며 흡사 즐거움 속에 늙어 가는 것도 잊어버린 듯이 지냈다. 자호를 '퇴곡(退谷)'이라 하였으니, 흐르는 강물처럼 미련 없이 고향의 전답으로 돌아가고자 하는 뜻을 담은 것이다. 마침내 계미년(1643) 5월 14일에 서울에 있던 관사에서 졸하니 향년 64세이다. 강릉 속초동(束草洞)에 반장(返葬)되었다가 이후 환선정(喚仙亭)에 있던 선영 부근으로 이장되었다.

공은 다섯 아들을 두었는데 자신이 직접 가르쳤다. 새벽마다 가묘

43 김잠곡 육(金潛谷堉) : 김육(1580~1658)의 본관은 청풍(淸風), 자는 백후(伯厚), 호는 잠곡, 시호는 문정(文貞)이다.

44 강월당 석기(姜月塘碩期) : 강석기(1580~1643)의 본관은 금천(衿川), 자는 복이(復而), 호는 월당, 시호는 문정이다.

45 김죽소 광욱(金竹所光煜) : 김광욱(1580~1656)의 본관은 안동, 자는 회이(晦而), 호는 죽소, 시호는 문정이다.

46 계사(禊事) : 음력 3월 3일에 물가에서 목욕하며 액운을 떨어 버리는 제사를 지내는 일이다. 이 모임은 1580년생 모임이란 뜻의 경진계(庚辰契)라 하여 권칭(權稱), 김육, 김광욱, 강석기뿐 아니라 협소(愜素) 한회일(韓會一), 입암(笠巖) 이성신(李省身) 등 총 12명으로 이루어진 수계회(修禊會)였던 것으로 보이며, 결성 시기는 권칭이 문과에 급제한 1629년 전후로 추측된다. 강석기는 1641년 〈차경진계첩운(次庚辰契帖韻)〉을 지었는데, 그 발문에서 그는 당초 12명으로 출발한 이 모임이 일기(一紀) 즉 12년도 안 되어 일부는 세상을 떠나고 나머지는 경향 각지로 흩어진 탓에 현재 모임에 참여한 사람은 5인밖에 없다며 안타까워하였다. 《月塘集 卷1》

(家廟)를 배알한 뒤 대청으로 물러나 앉으면, 아들과 며느리가 의복을 갖추어 입고 계단 아래에 죽 늘어서서 절을 하고 난 뒤 각자 돌아가 학업을 닦도록 하는 것을 상례(常禮)로 삼았다. 또 봄과 여름마다 뜰에 다섯 개의 평상을 설치해 놓고 다섯 아들들로 하여금 그 위에 나누어 있게 하여 독서에 힘쓰도록 하는 한편, 가을과 겨울이면 다 함께 한 당(堂)에 모여 쉼 없이 외고 익힘으로써 능히 성취하니, 그 가법(家法)의 엄정함과 내외(內外)의 정숙함이 모두 세상의 모범이 될 만하였다.

공이 관에 실린 채로 향리에 돌아갈 적에 호주(湖洲) 채공 유후(蔡公裕後)[47]가 만시(輓詩)를 지어 "일찍이 만사[48]의 말을 들으니, 공은 바로 옛날의 현량[49]이라.〔曾聞晩沙說 公是古賢良〕"라고 하였다. 만사와 호주는 바로 공과 때를 함께한 사람들인데 오직 '옛날의 현량'이라고 허여하였으니, 이를 통해 공이 가진 덕을 살펴볼 수 있다.

선비(先妣)는 삼척 심씨(三陟沈氏)로 직장(直長) 심첨주(沈添籌)의 따님이자 좌찬성 심언경(沈彦慶)의 증손녀이다. 어질고 덕이 있어 부녀자의 모범적 행실로 칭송이 자자하였다.

배위(配位)는 이씨(李氏)로 관찰사 이홍로(李弘老)의 따님이다. 성

47 채공 유후(蔡公裕後) : 채유후(1599~1660)의 본관은 평강(平康), 자는 백창(伯昌), 호는 호주, 시호는 문혜(文惠)이다.

48 만사(晩沙) : 이경의(李景義, 1590~1640)로, 본관은 연안(延安), 자는 자방(子方), 호는 만사이다.

49 옛날의 현량(賢良) : 한(漢)나라 때 전국 각 군(郡)에서 어질고 선량한 인재를 천거하여 이들에게 책문(策問) 시험을 보여 우수한 사람을 선용(選用)한 제도인 현량방정과(賢良方正科)에 뽑힐 만한 사람이란 뜻으로, 권칭이 그만큼 어질고 선량한 덕의 소유자라고 칭송한 것이다. 《漢書 文帝紀》

품이 온화하고 은혜로워 시댁의 친족들이 모두 그 어짊에 탄복하였다. 계미년(1583, 선조16)에 태어나 병술년(1646, 인조24)에 생애를 마쳤다. 향년 64세로, 공과 함께 합장되었다.

아들 가운데 홍문(興門)은 재주가 있었으나 요절하였고, 홍진(興震)은 진사이고, 홍익(興益)은 문과에 급제하여 좌랑을 지냈고, 그다음은 홍정(興鼎)이고, 홍태(興泰)는 진사이다. 3녀 중 첫째는 진사 이기안(李基安)에게 출가하였고, 둘째는 현감 정기강(鄭基岡)에게 출가하였으며, 셋째는 이대뢰(李大賚)에게 출가하였다.

홍문은 자식이 없어 셋째 아우 홍익의 아들인 시일(時一)을 후사로 삼았다. 홍진은 1남 2녀를 두었는데, 아들은 준(焌)이고 딸 가운데 첫째는 윤우민(尹友閔)에게 출가하였고, 둘째는 남궁질(南宮質)에게 출가하였다. 홍익은 3남 1녀를 두었는데, 아들 가운데 첫째 시일은 종사(宗事)를 이었고 그다음은 재일(載一)과 균일(均一)이다. 딸은 동지중추부사를 지내고 졸한 후에 이조 판서에 증직된 채시상(蔡時祥)에게 출가하였다. 홍정은 1남을 두었는데 부(覭)이다. 홍태는 후사가 없어 재일을 양자로 삼았다. 1녀는 이온(李蘊)에게 출가하였다. 이기안은 2남을 두었는데, 하(廈)와 은(殷)이고, 1녀는 최응화(崔應華)에게 출가하였다. 정기강은 1남을 두었는데 상(鏛)이고, 2녀를 두었는데 첫째는 이수빈(李壽賓)에게 출가하고 둘째는 이사현(李師賢)에게 출가하였다. 이대뢰는 1남을 두었는데 이제망(李齊望)이고, 2녀를 두었는데 첫째는 현감 유성오(柳星五)에게 출가하였고 둘째는 송도(宋道)에게 출가하였다. 증손과 현손 이하는 다 기록하지 못한다. 명(銘)은 다음과 같다.

오룡이 우뚝 솟아오르니	五龍矯矯
순숙보다 셋이 모자라네[50]	荀於遜三
평상으로 서숙을 대신하니	架以替塾
집안의 법도 몹시나 엄격했네	家範孔嚴
어질고 선한 이 옛날에는	賢良在古
천거로써 등용되었는데	擧以登庸
지금 어질고 선한 이 대신하여	今代賢良
만시로 곡하며 전송하노라[51]	輓以哭送
생전에 덕을 쌓으니	生而積德
일방의 모범 되기 마땅하고	宜一方式
사후에 돌아가 묻히니	歿而返葬
만인의 안타까움 되었구나	爲萬口惜

50 오룡(五龍)이……모자라네 : 오룡은 권칭의 다섯 아들인 권홍문(權興門), 권홍진(權興震), 권홍익(權興益), 권홍정(權興鼎), 권홍태(權興泰)를 가리킨다. 순숙(荀淑)은 후한(後漢)의 명사로서 그의 여덟 아들이 모두 재명(才名)이 높아 당시 사람들이 팔룡(八龍)이라고 일컬었다. 권칭의 아들은 그 수가 순숙의 아들보다 셋이 부족한 다섯이지만, 그 다섯 아들 모두 순숙의 아들처럼 걸출하고 훌륭하다는 말이다. 《後漢書 荀淑列傳》

51 지금……전송하노라 : 권칭이 1643년 세상을 떠나자 채유후가 만시를 지어 "일찍이 만사(晩沙)의 말을 들으니, 공은 바로 옛날의 현량이라."라고 한 것을 가리킨다.

사물재 권공 묘갈명

四勿齋權公墓碣銘

사물재(四勿齋) 권공(權公)의 휘는 흥익(興益)이고 자는 붕래(朋來)이다. 황고(皇考)인 퇴곡공(退谷公)[52]은 다섯 아들을 두었는데, 의방(義方)의 가르침[53]이 엄격하고도 올발랐다. 이에 봄과 여름에 뜰에 다섯 개의 평상을 설치해 놓고 그 위에 나누어 있게 하면서 학업을 익히도록 하였는데, 공은 그 가운데 셋째로서 특히나 독서를 좋아하여 잠시도 멈추지 않고 소리 내어 음송한 결과 집안의 노복들이 그 소리가 귀에 익어 이따금 그 내용을 전송(傳誦)하는 자가 있기도 하였다. 사람들이 이를 두고 정강성(鄭康成)의 집안에 비유하였다.[54]

인조 계유년(1633, 인조11)에 사마시에 입격하였다.

기묘년(1639)에 열린 별시(別試)에서 대정(大庭)에서의 대책문(對策文)으로 급제 명단에 이름을 올렸다. 이후 전적(典籍)을 거쳐 예조,

52 퇴곡공(退谷公) : 권홍익(權興益)의 부친인 권칭(權稱)을 가리키며, 퇴곡은 그의 호이다. 번암이 그의 묘갈명을 지었다. 《樊巖集 卷53 退谷權公墓碣銘》

53 의방(義方)의 가르침 : 자식에 대한 부모의 가르침을 말한다. 춘추 시대 위(衛)나라 장공(莊公)의 아들 주우(州吁)가 오만하고 방자하게 굴자, 석작(石碏)이 장공에게 "아들을 사랑하되 의방으로 가르쳐서 삿된 길로 들지 않게 해야 한다.〔愛子, 敎之以義方, 弗納於邪.〕"라고 충간한 말에서 유래한 표현이다. 《春秋左氏傳 隱公3年》

54 집안의……비유하였다 : 정강성은 후한(後漢) 때의 학자인 정현(鄭玄)으로, 강성(康成)은 그의 자이다. 그의 집안 노비들은 모두 글을 읽을 줄 알아, 한 여종은 《시경》의 한 대목을 인용하며 꾸짖는 성현을 향해, 역시 평소 외고 있던 《시경》 한 구절을 가지고 대답하였다고 한다. 《世說新語 文學》

호조, 공조의 좌랑을 역임하고, 춘추관 기주관을 겸직하였다.

기축년(1649)에 외직으로 나가 경상도 도사가 되었고, 이듬해 또 예조에 들어와 좌랑이 되었다.

신묘년(1651, 효종2)에 보령 현감(保寧縣監)에 제수되었고, 1년 뒤에 청주 판관(淸州判官)으로 옮겨 제수되었다. 이때 청렴하고 근실하며 욕심 없이 담박한 태도를 견지하는 한편, 몸시도 간소하게 자신을 단속하여 공무 외의 시간에는 단정히 앉아 독서만 하였는데, 그렇게 겨우 반년 만에 관찰사로부터 말미를 받은 뒤 결국 아무런 미련 없이 고향으로 훌훌 돌아갔다.

공은 초서(草書)를 잘 썼다. 관아에 있을 때 일찍이 붓을 휘둘러 벽의 좌우에 글씨를 남겼는데, 임기를 마치고 돌아간 뒤 청(淸)나라 사람들이 그 글씨를 흠모해 마지않아 벽에 붙어 있던 종이를 떼어 가져가서 병풍의 장식으로 삼고는 보배로 간직하였다고 한다.

을미년(1655) 3월 9일에 졸하니, 춘추는 48세이다.

공은 성품이 따뜻하고 전아하여 남의 옳고 그름을 말하지 않았다. 집안에서는 오직 부모에게 효도하고 형제들에게 우애를 베풀면서 두렵고 조심스러운 태도로 선조의 가르침을 지켜 나갔다. 젊은 시절부터 눈으로 보고 귀로 들은 모든 것들을 하나도 잊지 않았는데, 사람들은 모두 그에 대해 남달리 총명하다고 하면서 부러워하고 칭찬하였다. 하지만 이것은 단지 공의 외면으로 드러난 부분만을 아는 것에 불과하다. 용주(龍洲) 조공 경(趙公絅)[55]과 호주(湖洲) 채공 유후(蔡公

55 조공 경(趙公絅) : 조경(1586~1669)의 자는 일장(日章), 호는 용주, 시호는 문간(文簡)이다.

裕後)[56]는 언제나 입을 모아 공을 추천하고 총애하였으나, 당대의 논자들 가운데 공을 시기하던 자가 있어 결국 논사(論思)와 풍헌(風憲)의 자리[57]에서 명성을 드날리지 못하고 말았으니, 아아, 이 역시 심한 일이다. 후인이 《여지승람(輿地勝覽)》을 뒤에 보충하면서 "집에서는 효성스럽고 우애로웠으며, 관인이 되어서는 청렴하고 근실하였다.〔居家孝友 爲官淸勤〕" 8자를 가지고 공의 덕을 형용하였으니, 아아, 공론은 바로 여기에 있을 터이다.

처음에는 강릉(江陵)의 제민원(濟民院)에 묻혔다가 뒤에 강릉부의 북쪽에 위치한 장천(長川)의 자좌(子坐)의 언덕으로 이장되었다.

안동 권씨(安東權氏)는 고려 태사(太師) 행(幸)의 후예이다. 증조의 휘는 신(愼)으로 동지중추부사를 지냈고, 조부의 휘는 수경(守經)으로, 재주와 덕행으로 조정에서 능침랑(陵寢郞)을 제수하고 주부(主簿)에 올랐다가 관직을 버리고 더 이상 출사하지 않았다. 부친의 휘는 칭(稱)으로 호가 퇴곡(退谷)이고 문과에 급제하여 도사(都事)를 지냈다. 선비는 이씨(李氏)로 경기 관찰사 이홍로(李弘老)의 따님이다.

56 채공 유후(蔡公裕後) : 채유후(1599~1660)의 본관은 평강(平康), 자는 백창(伯昌), 호는 호주, 시호는 문혜(文惠)이다.

57 논사(論思)와 풍헌(風憲)의 자리 : 홍문관과 사헌부의 직임을 가리킨다. 논사는 전한(前漢) 반고(班固)의 〈양도부서(兩都賦序)〉에 "아침과 저녁으로 의논하고 사색하며 날과 달로 충언(忠言)을 올린다.〔朝夕論思, 日月獻納.〕"라고 한 데서 온 말로, 임금이 근신(近臣)들과 학문에 대해 의논하고 사색하는 것을 가리킨다. 풍헌은 풍교(風敎)와 헌장(憲章)이라는 뜻으로, 백관의 비리를 탄핵하고 풍속을 바로잡는 직책을 이른다.

공은 이공 원충(李公元忠)의 따님에게 장가들었다. 부녀자로서의 도리가 매우 올발랐는데 62세에 생애를 마치니, 병오년(1666, 현종7) 1월 28일의 일이다. 공의 묘에 부장되었다.

3남 1녀를 낳았는데, 아들 중 첫째는 시일(時一)로 종사(宗事)를 이었고, 둘째는 재일(載一)로 종부(從父)인 진사공(進士公) 홍태(興泰)의 후사가 되었다. 셋째는 균일(均一)이다. 딸은 동지중추부사를 지내고 졸한 후에 이조 판서에 증직된 채시상(蔡時祥)에게 출가하였다.

시일은 4남 1녀를 낳았는데, 첫째는 만통(萬通)이고 그다음은 만건(萬建), 만선(萬選), 만근(萬近)이다. 딸은 승지 정우주(鄭宇柱)에게 출가하였다. 재일은 3남 1녀를 낳았는데, 첫째는 만중(萬重)이고 그다음은 만운(萬運), 만상(萬常)이며 딸은 심세유(沈世維)에게 출가하였다. 균일은 3녀를 두었으나 아들은 없어 만선을 아들로 삼았다. 딸 중 첫째는 이제민(李齊閔)에게 출가하였고 둘째는 한성(韓渻), 셋째는 박정(朴淨)에게 출가하였다. 채 동추(蔡同樞)는 5남 1녀를 두었는데, 아들 중 첫째는 채명윤(蔡明胤)으로 홍문관 수찬을 지냈고 둘째는 채성윤(蔡成胤)으로 한림을 지내고 한성 좌윤(漢城左尹)으로 관직을 마쳤다. 셋째 채정윤(蔡禎胤)은 진사이고, 넷째 채팽윤(蔡彭胤)은 한림을 지내고 사가독서를 하였으며, 예문관 제학으로 관직을 마쳤다. 다섯째는 채굉윤(蔡宏胤)이다. 딸은 이우홍(李宇洪)에게 출가하였다.

증손과 현손 이하는 많아서 다 기록하지 못하는데, 그중 증손 세구(世矩)는 문과에 장원으로 급제하였으나 오래 살지 못하여 관직이 전적에 그쳤고, 세규(世規)는 문과에 급제하고 사헌부 장령을 지냈다. 지금 나에게 글을 청한 자는 현손인 필교(弼敎)이다. 나는 공의 따님의 증손자이다.[58] 삼가 생각건대 나의 증조모께서는 훌륭한 덕과 명철한 행실로써 규중에서 명성이 자자하였는데, 그런 분의 가르침이 세 아들들에게 베풀어져 성조(聖朝)의 명신이 되었고, 또 나에게 와서는 외람되게도 국상(國相)의 직임을 맡게 되었으니, 그렇게 된 연원을 거슬러 올라가 보면 모든 것이 공의 여경(餘慶)[59]이 미루어 넓혀진 결과이다. 아직도 기억나는바, 50년 전 한림의 자격으로 사서(史書)를 포쇄(曝曬)하는 일을 계기 삼아 강릉부에 들어간 적이 있는데,[60] 그때 공의 산소에 성묘하면서 우리 증조모의 지난날 천기(泉淇)의 그리움[61]을 조금이나마 달래었다. 지금 묘도의 비문을 새기매 감격스럽고 다행스러운 마음이 유달리 깊으니, 어찌 감히 글솜씨가 부족하다는 이유로 사양

58 나는……증손자이다 : 권홍익의 딸은 채시상에게 시집갔는데, 채시상은 바로 번암의 증조부이다.

59 여경(餘慶) : 《주역》 〈곤괘(坤卦) 문언(文言)〉에 "적선한 집안에는 반드시 남은 경사가 있다.〔積善之家, 必有餘慶.〕"라고 한 데서 온 말로, 덕을 많이 쌓은 조상이 후손에게 끼치는 은택을 뜻한다.

60 50년……있는데 : 번암이 1749년(영조25) 5월 사관(史官)으로서 오대산 사고(五臺山史庫)로 가 실록을 햇볕에 쬐어 말리는 포쇄의 임무를 수행한 것을 말한다. 《樊巖集 卷2 五月承命灑史五臺……感吟一絶以備翰苑故事》

61 천기(泉淇)의 그리움 : 친정집에 대한 그리움을 말한다. 천기는 위(衛)나라에 있는 강인 천원(泉源)과 기수(淇水)의 합칭으로, 《시경》 〈위풍(衛風) 죽간(竹竿)〉의 "천원은 왼쪽에 있고 기수는 오른쪽에 있네. 여자가 시집감이여 형제와 부모를 멀리하였도다.〔泉源在左, 淇水在右. 女子有行, 遠兄弟父母.〕"라는 말에서 유래하였다. 이 시는 다른 나라로 시집간 위나라의 한 여인이 친정을 그리워하는 내용이다. 이때 번암이 증조모를 그리워하며 남긴 한시가 《번암집》 권5에 〈보진당은 강릉부의 성 밖에 있는데,……감격스러운 마음을 시에 드러내다〔葆眞堂在江陵府城外……感見于詩〕〉라는 제명으로 실려 있다.

할 수 있겠는가. 명(銘)은 다음과 같다.

공이 성명한 조정에 있으면서	公在明廷
덕은 두터운데 지위는 미미했더니	德厚位細
신명이 경사로써 내린 보답이	神報以慶
또한 외손에게 이르렀네[62]	亦及外裔
세 개의 관청과 두 개의 고을이	三曹二縣
포부를 펼치기에 어찌 족하랴[63]	曷足展布
경호가 곁에 있으니	鏡湖在傍
높이 솟은 누각 예대로네[64]	飛閣如古
고가의 문헌을	故家文獻
아 너희 후손들은	咨爾曾玄
백세토록 폐기치 말고	百世無荒
우리 선조의 어짊을 계승하라	繼吾祖賢

62 신명이……이르렀네 : 외손은 이 글의 저자인 번암 자신을 가리키는바, 권홍익이 생전에 덕을 쌓은 결과 외손인 자신에게까지 신명의 보답이 미쳤다는 말이다.

63 세……족하랴 : 세 개의 관청은 권홍익이 좌랑을 역임했던 예조, 호조, 공조를 가리키고, 두 개의 고을은 권홍익이 1651년(효종2)과 1652년에 각각 현감과 판관으로 있었던 보령과 청주를 가리키는바, 이 정도의 관력으로는 권홍익이 가진 뛰어난 능력과 포부를 펼치기 부족하다는 말이다.

64 경호가……예대로네 : 권홍익이 관직을 버리고 고향인 강릉 경호 부근으로 돌아왔는데, 그곳에 예전에 머물며 지내던 누각이 옛 모습 그대로 변함없이 높이 솟아 있다고 한 것이다. 높이 솟은 누각이란 바로 권홍익의 조부인 죽봉(竹峯) 권수경(權守經)과 부친인 퇴곡 권칭이 별서로 삼았던 환선정(喚仙亭)을 가리킨다.《樊巖集 卷53 竹峯權公墓碣銘》

통훈대부 진주 목사 정공 묘갈명
通訓大夫晉州牧使丁公墓碣銘

내 일찍이 참소를 피해 명덕산(明德山)으로 숨어들어 가서 살 때[65] 오랜 벗들은 차츰차츰 내 곁을 떠나갔지만, 유독 정군 기백(丁君器伯)만큼은 수시로 찾아와 시냇물 소리 나고 산색 좋은 곳에서 담소를 나누면서 날이 저물지 않으면 자리에서 일어날 줄 몰랐다. 그런데 이를 두고 누구 하나 제 일신을 위한 계책을 할 줄 모른다고 비웃지 않는 이가 없었다. 그러다 내가 정승에 제수되고 또 혼사를 맺어 우호를 맺게 되자 군은 도리어 내 집을 드물게 찾았는데, 이를 두고서는 또 누구 하나 진취할 계책을 할 줄 모른다고 비웃지 않는 이가 없었다. 그러나 이상의 사례를 통해 군이 흠모하던 것은 고인의 도이며, 지금 속세의 사람들이 간여할 수 있는 바가 아니라는 사실을 더욱 알 수 있다.

군의 휘는 재원(載遠)이고 성은 정씨(丁氏)이며 기백(器伯)은 자이다. 정씨는 본관이 압해(押海)이고 나주(羅州)에 예속되어 있다. 고려 검교 대장군(檢校大將軍) 윤종(允宗)의 후예이다. 성조에 들어와 휘 자급(子伋)이란 분이 있는데, 문과에 급제하고 승문원 교리를 지냈다. 이로부터 8대가 연이어 옥당에 들어갔는데, 이는 나라에 드문 일이라

65 참소를……때 : 1780년(정조4) 홍국영(洪國榮)의 세도가 무너지고 소론계 공신인 서명선(徐命善)을 영의정으로 하는 정권이 들어서자 홍국영과의 친분, 사도세자(思悼世子)의 신원을 주장하여 선왕의 정책을 부정했다는 등의 명목으로 번암이 집중 공격을 받아 이후 8년간 서울 근교 명덕산에서 은거 생활을 할 때를 가리킨다.《海左集 卷24 領議政謚文肅蔡公神道碑銘》

서 벼슬하는 집안 사이에서 칭송의 대상이 되었다. 이상(貳相 좌찬성)을 지낸 분으로 응두(應斗)가 있으며, 관찰사를 지낸 분으로 호선(好善)이 있는데 혼조(昏朝)에서 명절(名節)을 드러내었다. 이상의 분들은 사람들로부터 특히나 혁혁한 칭송을 받았다. 고조의 휘는 시윤(時潤)으로 병조 참의를 지냈고, 증조의 휘는 도태(道泰)이고, 조부의 휘는 항신(恒愼)으로 국자감 진사이다. 선고의 휘는 지해(志諧)이다. 선비는 홍씨(洪氏)로 본관은 풍산(豐山)인데, 도사(都事) 홍길보(洪吉輔)의 따님이자 모당(慕堂) 홍이상(洪履祥)의 후손이다. 영종(英宗) 6년 경술년(1730)에 군을 낳았다.

군은 젊은 시절 집안이 몹시도 가난하였으나 제수품을 마련할 때 간결하게 함으로써 계속 이어 나갈 수 있도록 하는 데 힘을 쏟아 그러한 방침을 집안의 법도로 삼았다. 또한 문장과 학문에 힘을 쏟아 생계 때문에 뜻과 학업이 방해받지 않도록 하였다. 일찍이 남한산성의 세과(歲課)에 응시하였을 때 유수(留守) 이공 종성(李公宗城)이 그의 문장을 뽑아 한번 보고는 크게 기특해하며 말하기를 "군과 같은 이는 원대하게 될 그릇이다."라고 하였다.

영종 임오년(1762)에 사마 생원시에 입격하였다. 사은(謝恩)할 때 상이 입격한 생원 및 진사 전원을 차례로 접견하였는데, 군의 차례가 되자 묻기를,

"너는 네가 작성한 과제(科題)의 의미를 알 수 있겠는가?"

하였다. 이때의 과제는 바로 "숙연하게 그 거동 소리가 들리는 듯하다.〔肅然如有聞乎其容聲〕"[66]라는 것이었다. 군은 그에 대한 대답으로,

66 숙연하게……듯하다 : 《예기》 〈제의(祭義)〉의 "재계한 지 3일이 되면 마침내 고인

"신도(神道)란 어둡고 아득한 것이므로 의당 거동 소리가 없어야 할 것 같지만, 효자가 치재(致齋)하면서 그 거처를 생각하고 그 웃음소리를 생각하면 정성이 극진한 가운데 필시 들리는 것과 비슷한 경우가 있을 것입니다."

하였다. 이에 상이 묻기를,

"그 들리는 경우가 있다는 것을 단정해서 말할 수 있는가?"

하자, 대답하기를,

"보통 사람은 이러한 경지를 알 수 없고 오직 효자만이 그것을 단정해서 말할 수 있습니다. 그러나 사람들 모두는 '반드시 들리는 경우가 있다.'라는 마음가짐을 가진 뒤에 그 부모를 제사해야 합니다. 만약 그것을 이치 밖의 일이라고 여긴다면 제사를 안 지내느니만 못할 것입니다."

하였다. 이에 상이 칭찬해 마지않은 뒤 이어 이조에 명하여 등용하도록 하고, 또 하교하기를,

"고인이 이르기를 '임금이 국사(國士)로 대우해 주었으므로 신 또한 국사로 보답한다.'[67]라고 하였다. 내 이미 너를 이로써 대우하였으

의 모습이 눈앞에 떠오르게 된다. 이리하여 제삿날, 사당 안으로 들어가면 어렴풋하게 반드시 신위에 있는 조상을 보는 경우가 있으며, 주선한 뒤 사당 문을 나서면 숙연하게 반드시 그 거동 소리를 듣는 경우가 있으며, 문밖으로 나가 들으면 개연히 반드시 조상의 탄식 소리를 듣는 경우가 있다.〔齊三日, 乃見其所爲齊者. 祭之日, 入室, 僾然必有見乎其位, 周還出戶, 肅然必有聞乎其容聲, 出戶而聽, 愾然必有聞乎其歎息之聲.〕"에서 일부를 발췌한 것이다.

67 임금이……보답한다 : 전국 시대 조(趙)나라 지백(智伯)이 멸망한 뒤에 그의 신하 예양(豫讓)이 그를 위해 원수를 갚으려고 하면서 한 말인 "지백은 나를 국사로 대우해 주었으므로, 신 또한 국사로 그에게 보답하는 것이다."를 가리킨다.

니, 너 역시 이로써 보답하라."

하였다. 이후 자리에서 물러날 때가 되자 제생들은 하나같이 허둥지둥하며 체모를 잃었으나 군은 거조에 느긋함과 기품이 있어, 물러가는 그 모습을 상이 눈으로 전송하며 끝까지 바라보았다. 얼마 안 있어 만녕전 참봉(萬寧殿參奉)에 제수되었다가 곧 경기전 참봉(慶基殿參奉)으로 개차되었으며, 다시 희릉 참봉(禧陵參奉)으로 옮겨 제수되었다.

을유년(1765)에 내섬시 봉사(內贍寺奉事)를 거쳐 의금부 도사에 제수되었다. 이듬해 사재감 주부(司宰監主簿)와 형조 좌랑을 역임한 뒤 외직으로 나가 연천 현감(漣川縣監)이 되었다. 군은 사람됨이 단순하고 솔직하여 음험하게 남을 해치는 수단을 전혀 쓰지 않았으나, 일처리에 명확하고 악의 징벌에 엄격하여 특정 사안에 임해서는 오직 법률이 어떠한지만 따졌다. 연천을 다스릴 적에 관아에 있던 한 노비가 죽을죄를 지어 용서할 수 없었는데 관찰사가 억지로 그 죄를 경감하여 목숨을 보전하게 하였다. 그런데도 기어이 관아의 뜰에서 죽이고 말았다. 그리고 관찰사의 조상 묘가 고을 경내에 있었는데 그 묘지기가 자못 횡포를 부리자 가차 없이 그를 엄히 다스려 온 경내를 숙연하게 하였다. 이후 임기가 다 되어서는 관직을 버리고 고향 집으로 돌아가 자제들을 몹시 부지런히 교육하면서 두문불출하였다.

병신년(1776)에 호조 판서[68]의 자벽(自辟)을 받아 호조 좌랑이 되었다. 이어 원릉(元陵) 도감 낭청(都監郎廳)에 차임되고 인의(引儀)에

68 호조 판서 : 번암 자신을 가리킨다. 번암은 1776년 2월 호조 판서에 제수되어 이듬해 3월까지 그 직임을 수행한 바 있다. 《英祖實錄 52年 2月 19日》《正祖實錄 卽位年 3月 11日》

옮겨 제수되었으며, 제용감 판관(濟用監判官)에 올랐다.

정유년(1777, 정조1)에 화순 현감(和順縣監)에 제수되었다. 4년을 있다 예천 군수(醴泉郡守)로 승진하였는데 얼마 뒤 파직되어 귀향하였다.

정미년(1787)에 사도시 주부(司䆃寺主簿)에 제수되고 한성부 서윤(漢城府庶尹)에 옮겨 제수되었다.

기유년(1789)에 외직으로 나가 울산 부사(蔚山府使)가 되고 이듬해 진주 목사(晉州牧使)에 올랐다. 군은 처음 현감을 맡은 뒤로부터 차근차근 직위가 올라 다섯 번의 전직 끝에 주(州)를 다스리는 목사가 되었는데, 부임한 곳마다 모두 다스리는 데 모범을 보여 아전들은 두려워하고 백성들은 사랑하였다. 울산을 다스릴 적에는 포흠된 관적(官籍)을 완전하게 거두어들이고 군액(軍額)을 보충함으로써 족징(族徵)을 근절하도록 하였고, 농사의 재해 상황을 조사하게 되어 아전으로부터 재해 실태를 보고받을 때에는, 재해가 실제보다 부풀려진 것처럼 보이는 경우라도 따뜻한 말로 받아 주기도 하고 재해가 전지(田地)의 총수보다 적은 경우라도 도리어 엄정한 판별을 통해 퇴짜를 놓기도 하였다. 자제들이 그렇게 한 이유를 묻자 웃으며 "이는 신기한 일이 아니다. 일전에 비 내린 상황과 농사의 형편에 대해서 보고하였을 적에 어느 방(坊) 어느 이(里)의 농사가 잘되었고 못되었는지가 내 눈에 이미 훤히 들어왔으니, 아전이 어찌 감히 나를 속이겠는가."라고 하였는바, 그 후 조사해 보니 과연 그 말대로여서 아전들이 모두 절로 탄복하며 신통하다고 칭송하였다.

진주는 큰 고을이어서, 처음 부임하였을 때 소송 문서가 산더미처럼 쌓여 있었다. 이에 매양 서너 명의 아전들로 하여금 붓을 잡고 앞에 엎드려 있게 한 다음 이리저리 판결 내용을 불러 주었는데, 판결을 받아 적는 붓이 잠시도 쉴 틈이 없었다. 그러나 간악한 백성이 소송을 일삼으면서 몰래 무고하려는 의도를 품는 경우가 있으면 마치 숫자로 계산한 듯 번번이 그것을 판별해 내었고, 아전들 역시 너무 급히 베껴 적게 하는 것이 아닌가 하는 의심으로 물러난 뒤 문건을 열람해 보았으나 끝내 허점을 찾을 수 없었다. 그렇게 3년을 있은 뒤에 병으로 관아에서 생애를 마쳤는데 곧 임자년(1792) 4월 9일의 일이었다. 향년 63세이다.

군이 울산을 떠나 진주에 재임하고 있을 적에 울산을 맡게 된 후임 관리가 군을 우연히 만나고는 말하기를 "내가 서울에 있을 때 울산에 폐단이 많다는 말을 익히 들었는데, 상관께서 여러 일을 살핀 이후로 모든 것이 이미 바로잡혔으니, 어떻게 다스렸길래 이렇게 될 수 있었습니까?"라고 하였다. 진주에서 병석에 누워 있을 때에는 좌우에 의지할 만한 사람이 없었다. 이후 세 아들이 객지에서 부고를 듣고 급히 달려와 보니 공문서가 두서없이 어지럽게 뒤섞여 있었다. 마침 베갯머리의 작은 상자에서 종이 하나를 발견하였는데, 각 방(房)의 미납분과 잉여분을 하나하나 조목별로 나열하고 대조하여 각각 서로 보완하도록 한 것이었다. 이에 그대로 따라 시행하였더니 하나도 부족한 부분이 없었다. 심력이 끝까지 자세하고 정밀했던 것이 이와 같았다.

군은 집안에서 근엄하고 법도가 있었다. 같은 해에 몇 달 늦게 태어난 계부(季父)를 엄한 아버지처럼 섬겼고, 두 아우가 옆에서 모시고 있을 때 비록 몹시 피곤한 상태일지라도 감히 삐딱하게 기대거나 하지 않았다. 재계하는 날을 만나면 새벽부터 일어나 옷을 단정히 차려입고는 나태하거나 풀어진 모습을 보이지 않았다. 앞뒤로 고을을 다스릴 때 자제들에게 “부형을 따라서 관아에 머물고 있을 때에는 아전 및 향임(鄕任)과 교제해서는 안 된다.”라고 경계하는 한편, 관속들을 엄금하여 감히 자제가 거처하는 방을 드나들지 못하게 하였다. 벗들을 만날 때면 비록 기쁨으로 속에 있는 말을 다 쏟아 내기도 하였으나, 때로 우스갯소리가 장황하게 펼쳐지거나 남의 좋지 못한 부분을 평가하는 상황이 되면 도리어 안석에 몸을 기대고 멍하니 있으면서 마치 딴생각을 하는 사람처럼 행동하는 한편, 손님이 떠난 뒤에는 말한 내용이 무엇이었는지 더 이상 기억에 남겨 두지 않았다.

예천에서 군수로 있을 때 징사(徵士) 박손경(朴孫慶)[69]과 매우 잘 지냈다. 박 징사의 집에 도둑이 침입하여 솥을 훔쳐 가자 군이 관전(官錢)을 내어 새 솥을 사 보내 주고는 장난삼아 말하기를,

“옛날 호남의 한 처사(處士)가 친구의 집에서 묵자 도둑이 그 소리를 듣고 곧장 물러난 일이 있었는데, 이제는 도둑이 공의 집에 침입하니, 이는 덕을 통한 교화에 흠결이 있는 것이 아니겠는가.”

하였다. 이에 박 징사는 장난삼아 대답하기를,

“저는 집이 가난하여 깨진 솥으로 밥을 지어 먹고 있었습니다. 그런데 도둑은 군수께서 저를 아끼시기 때문에 솥을 잃어버리면 응당 새것을 얻게 되리라는 점을 알고 있었기에 그것을 훔쳐 간 것입니다. 그러하니 저의 경우가 더욱 나은 것이 아니겠습니까.”

하고, 이어 서로 바라보며 크게 웃었다.

69 징사(徵士) 박손경(朴孫慶) : 박손경(1713~1782)의 본관은 함양(咸陽), 자는 희유(希有), 호는 남야(南野)이다. 징사는 임금의 부름을 받고도 나아가 벼슬하지 않는, 학문과 덕행이 높은 은사(隱士)에 대한 칭호이다.

평소 교유 관계를 거절한 사람이 2명이고 혼인을 거절한 사람이 2명이며, 자식한테 함께 어울리지 말라고 주의를 준 사람이 3, 4명이었다. 그런데 훗날 그들 모두에게 재화(災禍)가 닥치고 어떤 이는 직접 패악한 짓을 행하니, 사람을 환히 알아보는 그 식견에 집안사람들이 탄복하였다. 서윤(庶尹)으로 있을 때 윤대(輪對)하는 일로 경연에 참석하였는데 그때 상이 좌우 신하에게 이르기를 "모(某)와 같은 이도 이렇게나 벼슬이 침체되어 있는데, 한쪽 사람들이 어찌 진작될 수 있겠는가."라고 하였다. 이때는 군이 과거 공부에 손을 놓은 지 거의 10년이 다 되어 가는 시점으로, 이에 어떤 이가 다시 출사할 것을 권하였으나 군은 "나는 늙었네. 지금 한때의 칭찬하는 말씀으로 마음이 동요되어 분에 넘치는 무언가를 바라는 것은 내 뜻이 아니네."라고 하고는 마침내 음직으로써 생애를 마감하였으니, 애석한 일이다.

묘는 충주(忠州) 가차산면(加次山面) 하담(荷潭)에 있는 선영의 간좌(艮坐) 언덕에 있으며, 전배(前配)인 남씨(南氏)가 왼편에 부장되어 있고 계배(繼配)인 윤씨(尹氏)가 오른편에 부장되어 있다.

남씨는 처사 남하덕(南夏德)의 따님이자 개국 공신 남재(南在)의 후손인데 기유년(1729, 영조5)에 태어나 임신년(1752)에 죽었다. 1남을 길렀는데 이름은 약현(若鉉)이며 진사이다.

윤씨는 윤덕렬(尹德烈)의 따님이자 고산(孤山) 선생 윤선도(尹善道)의 후손이다. 무신년(1728)에 태어나 경인년(1770)에 죽었다. 3남 1녀를 길렀는데, 아들 가운데 첫째는 약전(若銓)으로 문과에 급제하고 승문원 정자(承文院正字)를 지냈으며, 둘째는 □□[70]이고, 셋째는 약

70 □□ : 《여유당전서(與猶堂全書)》 1집 권16 〈자찬묘지명(自撰墓誌銘)〉에 근거할

용(若鏞)으로 문과에 급제하여 옥당을 지냈으며 현재 곡산 부사(谷山府使)이다. 딸은 전 현감 □□□[71]에게 출가하였다.

측실에게서 1남 2녀를 두었는데, 아들은 약금(若金)이고 딸 가운데 첫째는 채홍근(蔡弘謹)에게 출가하였고 둘째는 이중식(李重植)에게 출가하였다.

약현은 1남 6녀를 두었는데, 아들은 아직 어리고 딸 가운데 첫째는 진사 □□□[72]에게 출가하고 둘째는 홍영관(洪永觀)에게 출가하고 셋째는 홍재영(洪梓榮)에게 출가하였으며 나머지는 아직 어리다. 약전은 1남을 두었는데 아직 어리다. □□[73]은 2남 2녀를 두었는데, 아들은 철상(哲祥)이고 나머지는 아직 어리다. 약용은 3남 1녀를 두었는데, 아들 가운데 첫째는 후상(厚祥)이고 나머지는 아직 어리다. □□□[74]

때 '약종(若鍾)'이다. 을묘 실포 사건(乙卯失捕事件) 관련자이므로 공란으로 처리한 것이다. 정약종(丁若鍾)은 1801년(순조1) 주문모(周文謨) 입국 사건에 연루되어 대역죄로 참수를 당하였다. 《純祖實錄 1年 12月 26日》

71 □□□ : 《여유당전서》 1집 권16 〈자찬묘지명〉에 근거할 때 '이승훈(李承薰)'이다. 신유사옥 관련자이므로 공란으로 처리한 것이다. 이승훈(1756~1801)은 본관은 평창(平昌), 자는 자술(子述), 호는 만천(蔓川)으로, 우리나라 최초의 영세자이다. 1801년 정약종과 함께 대역죄로 참수되었다.

72 □□□ : 《여유당전서》 1집 권16 〈선백씨진사공묘지명(先伯氏進士公墓誌銘)〉 및 《숭정삼경술증광사마방목(崇禎三庚戌增廣司馬榜目)》에 근거할 때 '황사영(黃嗣永)'이다. 백서 사건(帛書事件) 주모자이므로 공란으로 처리한 것이다. 《여유당전서》에는 황시복(黃時福, 1775~1801)으로 되어 있는데 사영의 다른 이름으로, 자가 덕소(德紹)이다. 처숙인 정약종에게서 천주교 교리를 배웠고, 주문모 신부의 측근으로 활동하였다. 1801년 신유박해가 일어나자 조선 교회의 실상을 북경 주교에게 호소하는 장문의 편지를 보내려다 발각된 이른바 '백서 사건'으로 참수되었다.

73 □□ : 《여유당전서》 1집 권16 〈자찬묘지명〉에 근거할 때 '약종(若鍾)'이다.

은 3남 1녀를 두었는데, 아들 가운데 첫째는 이택규(李宅逵)이고 딸은 심동량(沈東亮)에게 출가하였고 나머지는 아직 어리다. 채홍근의 양자로 들어온 아들은 채주영(蔡柱永)이다.

군의 고자(孤子)가 직접 유사(遺事) 1편을 들고 와 나에게 명(銘)을 지어 달라고 부탁하였다. 나는 일찍이 군을 자벽하여 탁지랑(度支郎)을 하게 한 장본인이어서 군에 대해 모른 적이 없었지만 끝내 군이 이 정도에서 삶을 마치도록 만들었으니 인재로써 임금을 섬긴다는 것이 어디에 있겠는가.[75] 여전히 기억나는 것은, 군이 진주 관아에 있을 적에 내 서자(庶子) 채홍근이 요절하였다는 소식을 듣고 편지를 보내온 일인데 그 내용이 슬프고 절절하여 차마 읽지 못할 정도였다. 그에 대한 답서를 아직 부치지도 못하였는데 군은 이미 천고의 사람이 되어 버린 것이다. 지금에야 나의 붓으로 군의 행적에 대한 명을 짓노니 10년 동안의 인사(人事)가 참으로 족히 우울하고 안타깝다. 명은 다음과 같다.

가시나무 속 봉황 깃이 부러지고[76] 棘鸞鎩翮

74 □□□ : 《여유당전서》 1집 권16 〈자찬묘지명〉에 근거할 때 '이승훈(李承薰)'이다.

75 인재로써……있겠는가 : 정재원(丁載遠)과 같이 훌륭한 인재를 천거해야 할 대신(大臣)의 책무를 스스로 방기하였다는 자책이 담긴 말이다. 《서경》 〈주관(周官)〉의 "천거한 자가 관직을 잘 수행하면 이는 너희가 능한 것이며, 천거한 자가 훌륭한 사람이 아니면 이는 너희가 책임을 감당하지 못한 것이다."라는 구절에 대한 채침(蔡沈)의 주석인 "옛날에 대신이 인재로써 임금을 섬길 적에 그 책임이 이와 같았다."를 인용한 것이다. 《書經集傳 周官》

76 가시나무……부러지고 : 현자가 낮은 지위에만 머물러 있으면서 뜻을 펴지 못하는

마구간 속 준마[77] 눈썹을 내리까는 건	櫪驥摧眉
예로부터 늘 있어 왔던 일	從古以然
내 어찌 군만을 위해 슬퍼하리오	吾何獨爲君而悲
그 후손들 번창하니	其嗣也昌熾
하늘이 우릴 속이지 않는 것일 터	天庶幾不我欺哉

것을 말한다. 후한(後漢)의 고성 영(考城令) 왕환(王渙)이 구람(仇覽)을 주부(主簿)로 임명하려다가 그의 그릇이 매우 큼을 보고 “가시나무는 봉황이 깃들 곳이 아니다. 100리의 지역이 어찌 대현이 밟을 땅이리오.〔枳棘非鸞鳳所棲, 百里豈大賢之路?〕”라고 하였다. 《後漢書 循吏列傳 仇覽》 또 《문선(文選)》 권4 〈촉도부(蜀道賦)〉에 “새는 깃이 부러지고 들짐승은 발을 못 쓰게 되었네.〔鳥鎩翮, 獸廢足.〕”라고 하였다.

77 마구간 속 준마 : 유능한 인재가 뜻을 펼치지 못하는 것을 비유한다. 조조(曹操)의 〈보출하문행(步出夏門行)〉에 “늙은 준마가 마구간에 누웠어도 뜻은 천 리 밖에 있고, 열사가 비록 늙었어도 장한 마음은 변함없네.〔老驥伏櫪, 志在千里; 烈士暮年, 壯心不已.〕”라고 하였다.

가선대부 함경북도 병마수군절도사 우공 묘갈명
嘉善大夫咸鏡北道兵馬水軍節度使禹公墓碣銘

영종(英宗) 4년 무신년(1728)에 상이 남문루(南門樓)로 나아가 수괵례(受馘禮)를 행하였다.[78] 나는 그 당시 9세였는데, 나라의 경사를 구경하려 모인 사람들을 따라서 분주히 길을 가다가 가만히 올려다보니, 도순무사(都巡撫使)[79]가 군사를 이끌고 돌아와 개선가를 부르며 손수 적의 우두머리인 이웅보(李熊輔)와 정희량(鄭希亮) 등의 수급(首級)을 상에게 바치는 한편, 이윽고 그것을 장대에 매달아 연지(蓮池) 가에 높다랗게 세워 놓고 만민으로 하여금 바라보게 하였다. 나는 그때 비록 사리를 알 나이는 아니었으나 내심 '적을 참수한 사람은 누구인가? 참으로 장군이로구나.'라는 생각을 가졌다. 그때로부터 70년의 세월이 흐른 지금, 절도사 우공(禹公)의 행장을 얻어 그 위대한 업적을 찬술하게 되었으니, 어찌 늠연하게 머리카락이 곤두서서 관을 찌르지 않을 수 있겠는가.[80]

78 영종(英宗)……행하였다 : 1728년(영조4) 4월 19일 사도 도순무사(四道都巡撫使) 오명항(吳命恒)이 이끄는 군대가 이인좌(李麟佐)의 난을 평정하고 돌아와 숭례문 밖에 진을 치자 영조가 친히 숭례문의 문루로 나가 영접하는 한편, 난의 핵심 인물인 이웅보, 정희량, 나숭곤(羅崇坤)의 수급을 받는 수괵례를 행한 것을 가리킨다. 《英祖實錄 4年 4月 19日, 22日》

79 도순무사(都巡撫使) : 1728년 이인좌의 난이 일어나자 의금부판사 겸 사도도순무사로 임명된 오명항을 가리킨다. 본관은 해주(海州), 자는 사상(士常), 호는 모암(慕庵)·영모당(永慕堂)이다.

80 어찌……있겠는가 : 용맹한 무사의 비분강개한 모습을 보고 어찌 똑같이 비분강개하지 않을 수 있겠느냐는 말이다. 전국 시대 형가(荊軻)가 연(燕)나라 태자 단(丹)을 위해

공의 휘는 하형(夏亨), 자는 회숙(會叔), 본관은 단양(丹陽)으로 고려 향공 진사(鄕貢進士) 현(玄)의 후손이다. 7대를 내려와 휘 탁(倬)이란 분이 있는데 역학(易學)에 조예가 깊어 역동(易東) 선생이라 불렸고 성균관 좨주(成均館祭酒)를 지내 사림들이 유현(儒賢)으로 존경하였다. 그로부터 또 2대를 내려와 휘 현보(玄寶)란 분이 있는데 시중(侍中) 벼슬을 하고 단양백(丹陽伯)에 봉해졌으며 시호는 충정(忠貞)이다. 절의(節義)는 포은(圃隱)과 나란히 하였고 뒤에 송경(松京)의 숭양서원(崧陽書院)에 배향되었다. 휘 홍부(洪富)란 분은 우리 조정에 들어와 관직이 판서에 이르렀으며 예안군(禮安君)에 봉해졌는바, 이때부터 후손들이 대대로 고관을 지냈다. 증조의 휘는 숭문(崇文)으로 사복시 정(司僕寺正)에 증직되었고, 조부의 휘는 극명(克明)으로 좌승지에 증직되었으며, 황고(皇考)의 휘는 순필(舜弼)로 무과에 급제하여 군수를 지내고 병조 판서에 증직되었는데, 이상의 증직은 다 공의 신분이 귀해졌기 때문이다. 선비(先妣)는 증(贈) 정부인(貞夫人) 전주 이씨(全州李氏)로, 이응철(李應哲)의 따님이자 임영대군(臨瀛大君) 이구(李璆)의 후손이다.

공은 어려서부터 큰 뜻을 품어 겨우 약관의 나이에 붓을 던지고 서울로 들어갔다. 당시 무장 이삼(李森)[81]이 큰 명성을 지니고 있어 공이

진 시황을 암살하러 갈 때 역수(易水) 가에서 "바람은 소소히 부는데 역수는 차가우니, 장사가 한번 떠나가면 다시 돌아오지 못하리라.〔風蕭蕭兮易水寒, 壯士一去兮不復還.〕" 라고 노래했는데, 그 소리가 너무도 강개한 나머지 전송하던 선비들이 모두 눈을 부릅뜨고 머리카락이 곤두서서 관을 찔렀다는 고사에서 유래하였다. 《史記 刺客列傳 荊軻》

81 이삼(李森) : 1677~1735. 본관은 함평(咸平), 자는 원백(遠伯), 호는 백일헌(白日軒)이다.

찾아가 문후를 드렸는데, 이삼은 공을 시험해 보고자 마구간에 있는 말을 가리키면서 “이는 달종(韃種)[82] 가운데서도 씩씩하고 건장한 놈이며 성격 또한 사나운지라, 사람들이 그 말굽에 쇠 박는 일을 감당하지 못한다. 네가 그것을 능히 할 수 있겠는가?”라고 하였다. 그러자 공은 즉시 뜰 밖으로 끌고 나가 눕혀 놓은 뒤 그 네 다리를 마치 작은 발바리처럼 묶어 버렸는데, 때마침 소낙비가 내리자 손으로 집어 들고서 처마 아래에 두었다. 이에 이삼이 크게 놀라고 감탄하면서 “장하다. 훗날 위급한 일이 생겼을 때 장수를 시킬 만하도다.”라고 하였다.

숙종 경인년(1710, 숙종36)에 무과에 급제하였다.

신묘년(1711)에 선전관에 제수되었다.

계사년(1713)에 이 부인(李夫人)의 상을 당하였다. 복제(服制)를 마치고 6품에 올라 훈련원(訓鍊院)의 주부(主簿), 판관(判官), 첨정(僉正) 및 황해도 우후(黃海道虞候)를 역임하였다.

신축년(1721, 경종1)에 판서공(判書公)의 상을 당하였다. 공은 녹봉을 받으면서도 부모를 봉양할 수 없다는 사실에 슬퍼한 나머지 복제를 마친 뒤에도 권세가의 집에 발을 들이지 않았다.

영종 정미년(1727, 영조3)에 장련 현감(長連縣監)이 되었으나 부임하지 않다가, 얼마 뒤 외직으로 나가 곤양 군수(昆陽郡守)가 되었다. 그 이듬해인 무신년(1728) 봄에 역적 정희량 등이 호서(湖西) 지방의 적들과 호응하고는 영남에서 군사를 일으켜 10일도 안 되는 시간에 5개 읍을 함락해 버렸다. 허위 격서가 어지럽게 나도는 사이 수령들은

82 달종(韃種) : 몽고산 말을 가리킨다. 달(韃)은 몽고의 동부 지방에 거주하던 종족인 타타르의 음역 달단(韃丹)을 가리킨다.

도망가 숨지 않으면 태반이 사태를 관망할 뿐이었는데, 이런 와중에 공은 단기필마(單騎匹馬)로 진양 절도사(晉陽節度使)의 군영에 달려 들어가 수신(帥臣) 이시번(李時蕃)을 만나고는 급히 병사를 동원하여 토벌해야 한다는 계책을 내놓았다. 그러나 이시번은 두려움에 휩싸인 나머지,

"임금의 명을 가탁하는 일은 불가하지 않겠습니까."

하며 거짓으로 대답을 둘러대었다. 이에 공은 분노하며,

"적의 형세가 폭풍처럼 맹렬한 이때 만일 천 리 밖에 있는 조정의 지휘를 기다리기만 한다면, 이는 적을 임금에게 보내는 것[83]이니 어찌 차마 그 짓을 하겠습니까."

하고는, 즉시 관아로 돌아와 군사를 조발(調發)한 뒤 군복을 입고서 가묘(家廟)에 하직 인사를 올렸다.

북을 울리며 나아가 고을 경계를 나가서 진양성(晉陽城) 밖 죽림(竹林) 가운데 진을 친 뒤 두어 차례 화포를 쏘았는데, 성문은 굳게 닫힌 채로 끝까지 응하지 않았다. 이에 공이 성문에 다가가 문지기에게 "우리 군은 관군(官軍)이다. 나라를 위해 난을 구하러 달려왔는데, 너희들이 감히 이렇게 한단 말인가. 내 응당 문을 쳐부수고 나면 가장 먼저 너희들의 머리를 벨 것이다." 하며 크게 꾸짖자, 문지기가 비로소 두려워하면서 문을 열고 맞아들였다. 이리하여 결국 절도사가 마지못해

83 적을……것 : 적과 싸우지 않고 원군을 기다리는 것은 곧 적을 임금에게 보내는 행위와 같다는 말로, 후한(後漢)의 경엄(耿弇)이 원군을 기다리자는 진준(陳俊)에게 "승여가 곧 도착할 터이니, 신자로서는 응당 소를 잡고 술을 걸러서 백관을 기다려야 할 것인데, 거꾸로 적로를 군부에게 보낸단 말인가."라고 한 말에서 유래한 표현이다. 《後漢書 耿弇列傳》

출병하여 영장(營將) 이석복(李碩復)을 상장(上將)으로 삼고 공을 중군(中軍)으로 삼았다.

이에 공은 갑옷을 입고 말에 올라 7개 읍의 군사를 거느리고 전진하여 단성(丹城)의 백마산(白馬山) 아래에 당도하였다. 그러고는 그날 밤 희생을 잡아서 경건하게 기도를 올렸는데, 이는 대개 옛날에 한 명장이 이곳을 지날 때 백마를 죽여 하늘에 제를 올린 뒤 싸움에서 승리한 일이 있는바, 이 일로 인하여 산의 이름이 붙여졌기 때문이다. 제를 끝낸 뒤 수풀 속에 잠입해 있던 자객을 찾아내 참수하고 스스로 말하기를 "이자는 검술로 이름난 자이다. 적들은 곤양 군수를 가장 꺼리기 때문에 나를 죽이려 한 것인데, 군중이 밤이 다하도록 잠자지 않으므로 일을 성사시킬 수 없던 것이다." 하였다. 다음 날 안음(安陰)에 이르러 적의 정찰병 2명을 붙잡아 아군으로 받아들여 심복으로 삼고는, 격문을 지은 뒤 적진의 장졸에게 은밀히 전하여 충의(忠義)로 회유하고 이해(利害)로 깨우치게끔 하였다. 그런 이후 상장(上將)에게 "원컨대 선두에 서서 죽기를 맹세합니다."라고 하니, 군사들 대다수가 용기백배하여 따라가기를 원하였다.

적의 진영이 근처에 있다는 소식을 듣고 이틀 갈 거리를 하루 만에 주파하면서 70리 길을 이동하고는, 샛길을 통해 우회하여 적이 생각하지 못한 틈을 타 공격하고자 하였다. 그런데 그 길이 매우 험하여 깎아지른 듯한 벼랑 가운데에 길 하나가 좁게 나 있던 상황이었고, 이에 장좌(將佐)가 나와 말하기를,

"고립된 군대가 적진 깊숙이 들어가는 것은 병가(兵家)에서 기피하는 일일뿐더러, 또 듣자 하니 상장의 지원군을 보낸다 하는데 그 지원군이 다른 길을 경유하여 이곳에 오지 못하면 장차 어떻게 할

것입니까?"

하였다. 그러자 공은 큰 소리로 꾸짖기를,

"싸우다 이기면 충신(忠臣)이 되고 싸우다 지면 의귀(義鬼)가 되는 법이다. 이왕 이곳으로 들어온 이상, 어찌 유불리를 따질 수 있겠는가."

하고, 마침내 군령을 내리기를,

"명령을 따르지 않는 자는 목을 벨 것이며 함부로 말하는 자도 목을 베겠다."

하고는 즉시 말채찍을 휘두르며 길을 나섰다. 이에 군사들의 태도가 일신되어 엄숙하게 정돈되었고, 그로써 빠른 속도로 말을 내달려 성초리(省草里)에 도착하였다.

이에 앞서 이웅보와 정희량이 군사 주둔지에 모여 있다가, 관군이 갑자기 이르렀단 말을 듣고는 함성을 지르며 공격 태세를 갖추었는데, 마치 숲처럼 빽빽하게 모였다. 이런 상황에서 공은 군사들에게 북을 울리며 전진하도록 명하는 한편, 한 장교를 시켜 재빨리 달려 나가 크게 고함치게 하기를,

"너희들은 우리 임금의 적자(赤子)들이 아닌가. 처음에는 비록 위협에 못 이겨 따른 것이라 하더라도 지금 만약 수괴(首魁)를 포박하여 바친다면 너희의 죄는 용서하고 너희의 공로는 보상할 것이다. 그러나 그리하지 않는다면 나는 너희들의 처자식까지 남김없이 죽일 것이다."

하였다. 이에 적장 나숭곤(羅崇坤)이 나는 듯이 말을 타고 진문(陣門)을 나와 우리 군사와 대항하려 하자, 공이 곧바로 나서서 마치 아무도 없는 땅을 밟듯 거침없이 검을 휘두르며 돌진하였고, 이로써 군사들 역시 활활 용기가 불타오른 나머지 일당백을 해내지 않는 자가 없게

되어 적이 엄청난 혼란을 겪으며 저절로 궤멸하였다.

얼마 뒤 적의 장대에 종이가 매달린 채 바람에 나부끼며 펄럭이는 광경이 보였는데, 바로 지난날 안음에서 은밀하게 전한 격문이었다. 적의 군사들이 유막(油幕)[84]을 포위한 뒤 이웅보, 정희량, 나숭곤 등을 포박하여 바치자 공이 진문을 열고 자리에 앉고는 나라를 저버려 하늘을 뒤덮을 정도의 죄악을 지은 것을 따져 물었다. 그런데 적이 오히려 태도를 굽히지 않자 공은 치밀어 오르는 분노를 견디지 못하여 그 즉시 목을 베어 버렸고,[85] 이에 적군들이 모두 항복하여 영남이 평정되었다.

아아, 영남은 우리나라에서 추로(鄒魯)[86]의 풍속을 간직한 지역으로서 외고 익힌 것은 군신(君臣)과 부자(父子)의 윤리인데, 불행히도 흉한 논의에 잘못 연루되어 마침내 군사를 일으켜 반역을 저지르는 지경까지 이르고 말았다. 이 당시 나라를 위해 목숨을 바쳐 제 한 몸의 안위조차 잊어버린 공이 없었다면 영남이 없었을 것이고, 영남이 없었

84 유막(油幕) : 청유막(青油幕)과 같은 말로, 장수의 막사를 뜻한다.

85 공은……버렸고 : 이는 정사(正史)의 기록과 다르다. 《영조실록》 5년 3월 11일 기사에 의하면, 생포된 정희량과 이웅보가 부도한 말을 퍼붓자 우하형(禹夏亨)은 그를 직접 죽이려고 하였는데, 마침 정희량의 일당에게 죽음을 당한 이술원(李述源)의 아들 이지인(李至仁)이 뛰쳐나와 직접 부친에 대한 복수를 하고자 하므로 우하형이 그렇게 하도록 용인하였다. 이에 영조는 역적의 괴수를 잡았으면 우선 서울로 보내야 마땅한데 도리어 개인의 원수를 갚으려 하는 사람에게 내맡겼으니 순미(純美)하지 못한 일이라고 나무라는 한편, 우하형을 공훈의 대상에서 제외한 이유도 이 때문이라고 하였다.

86 추로(鄒魯) : 추(鄒)는 맹자의 출생지이고, 노(魯)는 공자의 출생지인 데서 연유하여, 유학(儒學)이나 문교(文敎)가 흥성한 곳을 뜻한다.

다면 사직이 없었을 것인즉, 이 일에 대한 공적을 따질 때 어느 누가 공과 같은 반열에 설 수 있겠는가. 사실이 이러한데도 있지도 않은 죄를 허위로 날조하는 자가 있을 때에는 웃으면서 내버려 두고, 그 수괵(首馘)을 부러워하는 자가 있을 때에는 양보해 준 결과, 마침내 공의 이름이 공신을 기록한 문권에 실리지 못하고 말았으니, 훗날의 충신과 지사가 어찌 이에 대해 개탄하지 않겠는가. 이해 여름 통정대부(通政大夫)로 자급이 올라 내금위장(內禁衛將)에 제수되고, 얼마 뒤에 하동 부사(河東府使)에 제수되었다.

기유년(1729) 경주 영장(慶州營將)으로서 자급이 올라 전라우도 수군절도사에 제수되었다. 대신(大臣)이 "영남의 적들 가운데 아직도 잔존 세력이 있습니다."라고 하여 좌도 수군절도사로 이배되었다. 이에 상이 특별히 소견하여 정중하게 유시하는 한편, 활과 검, 그리고 붉은 칠을 한 화살을 하사하였다.

경술년(1730)에 회령(會寧)으로 옮겨 제수되고 가선대부(嘉善大夫)로 자급이 올랐다. 모종의 일로 파직되어 돌아갔다.

신해년(1731)에 함양(咸陽)에 제수되고, 얼마 뒤에 초산 부사(楚山府使)로 옮겨 제수되었다.

계축년(1733)에 자급이 올라 황해도 병마절도사에 제수되었는데, 대신이 변방 지역의 수령을 자주 바꿔서는 안 된다고 상에게 아뢰자 상이 초산에서 계속 유임하도록 하였다. 그렇게 1년을 더 머무르다 향리로 돌아가자 백성들이 바위에 글을 새겨 사모하는 마음을 담았다. 이후 위원(渭原)과 회령에 연이어 제수되었으나 모두 부임하지 않았다. 부총관(副摠管)에 제수되었다.

신유년(1741)에 다시 회령에 제수되었다. 그 이듬해 관북 병마절도사에 올랐는데, 어떤 사람의 무고로 인해 파직되어 돌아갔다. 이때부터 향리에 은거해 유유자적 소요하면서 지난날 자신의 공을 입 밖에 내지 않았고, 이에 사람들은 이따금 공을 평오 장군(平吳將軍)[87]에 견주었다.

계해년(1743)에 상이 특별히 강화 중군(江華中軍)에 제수하였는데, 강화에 축성(築城) 사업이 있어서였다. 겨우 1년 만에 일이 완료되어 다시 제주 목사(濟州牧使)에 제수되었는데 부임하지 않았다.

기사년(1749) 9월 8일에 병으로 침소에서 삶을 마감하니, 태어난 해인 숙종 병인년(1686, 숙종12)으로부터 64세를 산 것이다. 부음이 이르자 상이 조서를 내려 애도하기를,

> "전 병사(兵使) 우하형(禹夏亨)이 무신년(1728, 영조4)에 수립한 공은 크다. 그러나 곧장 역적의 수괴를 참살하여 공훈(功勳)에 들지 못하고[88] 또 시속의 시기에 의해 견제를 받아 능히 등용되지 못한바, 내심 그 점을 늘 안타깝게 생각해 왔는데 지금 벌써 세상을 떠났다는 소식을 들으니 몹시 슬프다."

하였다. 그러고는 해당 조(曹)로 하여금 넉넉하게 돌보아 주도록 하는 한편, 그 아들 홍규(弘圭)는 복제(服制)가 끝나고 난 뒤 곧바로 등용하도록 하였다. 아아, 공의 애도와 영예가 이로써 마침내 지극하게 된

87 평오 장군(平吳將軍) : 오(吳)나라를 평정한 서진(西晉)의 용양장군(龍驤將軍) 왕준(王濬)을 말한다. 그는 촉(蜀) 지방인 익주(益州)에서 건조한 거대한 전함 용양(龍驤)을 이끌고 내려와 금릉(金陵)을 공격해서 오나라를 멸망시켰으나, 전장에서 돌아온 뒤에는 사제(私第)에서 각건 차림으로 지내며 오나라를 평정한 일을 일체 입 밖으로 꺼내지 않았다고 한다. 《晉書 王濬列傳》

88 곧장……못하고 : 정사의 기록과 다르다. 375쪽 주85 참조.

것이다.[89] 이해 11월 평산(平山) 금암면(金巖面) 간좌(艮坐)의 언덕에 장사 지냈다.

공은 가정에서 효성을 다해 부모를 모셨고, 형이 죽은 뒤에는 형수를 어머니처럼 섬겼다. 친족들과 화목하게 지내어 추위에 떠는 자에게는 옷을 벗어 주고 먹을 것이 없는 자에게는 구휼을 해 주었다. 고을을 차례로 다스리면서는 단 한 번도 자손들을 위하여 사적 재산을 확립해 둔 적이 없었는데 혹 그 일에 대해 누군가 말을 꺼내면 번번이 "내 분수에 넘치는 일이다. 어찌 사후의 일을 도모하겠는가."라고 하였다. 공에 대해 기록할 만한 일들이 많지만, 이제 생각해 보면 지난날 '참된 장군'이며 '참된 충신'이라는 말은 다름 아닌 바로 공에게 해당되는 것이니, 그 위대한 공훈과 장대한 업적은 절로 역사서에 환하게 빛날 것이다. 이에 시기하는 자로 인해 일시적으로 훈권(勳券)에서 배제된 것이 공에게 무슨 흠이 되겠는가. 아주 먼 훗날에 이러한 일들을 가지고 공을 알아준다면, 그것으로 충분할 것이다.

공이 일찍이 영남 관찰사의 병영에 있을 때, 관찰사 유공 척기(兪公拓基)[90]가 공과 더불어 종일토록 이야기를 나누고는 문을 나서면서 사람들에게 "국가에 환난이 있을 때 큰일을 맡길 만한 사람은 이 사람뿐이

89 공의……것이다 : 우하형에 대한 영조의 사후 재평가를 통하여 우하형이 생전과 사후 모두 온전한 대우를 받게 된 것을 말한다. 《논어》 〈자장(子張)〉에 자공(子貢)이 공자를 두고 "그분이 살아 계시면 사람들이 영광으로 여기고, 그분이 돌아가시면 사람들이 애도할 것이다."라고 하였다.

90 유공 척기(兪公拓基) : 유척기(1691～1767)의 본관은 기계(杞溪), 자는 전보(展甫), 호는 지수재(知守齋)이다. 유척기는 1726년부터 이듬해까지 경상도 관찰사 직임을 수행하였다. 《英祖實錄 2年 4月 5日, 3年 4月 1日》

다."라고 하였다. 상이 일찍이 훈국 대장(訓局大將) 이삼(李森)에게 묻기를,

"경 이후에 경을 대신할 만한 자는 누구인가?"

하자, 이삼이 대답하기를,

"한 사람이 있으나, 조정에서는 결코 신의 직임을 그에게 맡기지 않을 것입니다."

하였다. 상이 이르기를,

"그래도 일단 말해 보라."

하자, 대답하기를,

"우하형입니다."

하였다. 이에 상은 이르기를,

"경의 말을 기다릴 것도 없이 내가 익히 알고 있는 사실이다."

하였다. 공이 장수로부터 중한 대우를 받고 밝은 임금으로부터 지우를 입은 것이 이와 같았다. 곤양군(昆陽郡)의 노량(露梁)에는 '우장군창의감란비(禹將軍倡義勘亂碑)'가 있으며, 영남의 선비들이 공의 사적에 대해 많이 노래하고 시 읊으며 이항에 전한다고 한다.

배위는 정부인 한산 이씨(韓山李氏)로 목은(牧隱)의 후예이자 진사 이운한(李雲漢)의 따님이다. 시부모에게 효성을 다하였고 성품 또한 겸소하여 친족들이 모두 현숙하다고 칭찬하였다. 공보다 16년을 앞선 갑인년(1734)에 생애를 마쳤으며 향년 55세이다. 처음에는 장단(長湍)에 장사 지냈고 뒤에 공의 묘 좌편에 합사되었다. 공이 죽자 측실이 얼마 안 있다 목숨을 버려 그 뒤를 따랐는데, 이를 두고 사람들 모두는 "평상시 공이 보인 의열(義烈)에 감화받지 않았다면 천인(賤人)으로서 어찌 이렇게 할 수 있겠는가."라고 말하였다.

공은 2남 1녀를 낳았다. 홍규(弘圭)는 절도사를 지냈고 홍상(弘祥)은 진사이다. 딸은 유한복(柳漢復)에게 출가하였다. 절도사는 후사가 없어 족제(族弟)인 진사 세환(世煥)의 아들 상모(尙謨)를 후사로 삼았다. 1녀를 낳았는데 진사 황기경(黃基敬)에게 출가하였다. 서자(庶子)로 상진(尙鎭)이 있다. 홍상은 후사가 없어 족제인 세준(世儁)의 아들 상금(尙錦)을 아들로 삼았다. 서자로 상경(尙敬)이 있다. 증손과 현손 몇 명은 다 기록하지 못한다.

공의 손자 상모가 공의 행장을 들고 와 나에게 몹시도 간절히 글을 청하였다. 나는 공의 충의(忠義)가 존경할 만하다는 사실을 익히 알고 있는 한편, 또 상모의 선친 절도군(節度君)과 우의가 얕지 않으므로 의리상 사양할 수가 없는바, 마침내 명(銘)을 짓는 바이다. 명은 다음과 같다.

적을 벤 것이 죄가 된다면	斬賊爲罪
적을 놓친 것은 곧 공이 되는가	縱賊者方爲功耶
기린대와 능연각에	麒麟臺凌煙閣
공의 얼굴 어찌 있지 아니한가[91]	胡爲乎公之貌不在其中
임금 마음엔 슬픔이 있고	有盡宸心

91 기린대(麒麟臺)와……아니한가 : 우하형의 초상화가 공신각(功臣閣)에 걸려 있지 않은 것을 한탄한 것이다. 기린대와 능연각(凌煙閣)은 모두 공신의 화상(畫像)을 안치한 공신각이다. 기린대는 한(漢)나라 선제(宣帝) 때 곽광(霍光), 소무(蘇武) 등 공신 11인의 초상화를 봉안한 전각인 기린각(麒麟閣)을 가리키고, 능연각은 당(唐)나라 태종(太宗) 때 장손무기(長孫無忌)를 비롯한 24명의 초상화를 봉안한 전각이다.

공론에는 울울함이 있네	有鬱公議
금암의 큰 나무 넓게 드리우니	金巖之大樹布濩
공의 넋이 편히 머물리	公之魄安以止只

눌옹 이공 묘갈명

訥翁李公墓碣銘

나는 소싯적에 산남(山南)에 눌은(訥隱) 선생 이공(李公)이란 분이 있다는 말을 들었다. 그분은 태백산(太白山) 아래에 은거하면서 행의(行義)가 몸에 갖추어지고 그것이 향리에 알려졌는데, 이에 조정에서 효렴(孝廉)으로 천거하여 일명(一命)의 벼슬[92]을 주며 불렀으나 한번 숙배하고는 곧장 향리로 돌아가 버렸다는 것이다. 또 그때부터 누차에 걸친 부름에도 끝끝내 출사하지 않고 아무런 욕심 없이 자족하는 모습으로 책 읽고 문장 지으며 늙어 가는 줄도 모른 채 즐겁게 지냈는바, 그 쉼 없이 힘쓰는 공부와 광대하게 갖춘 공업(功業)이 엄연히 일가의 문장을 이루어 내었고, 이에 당대의 명성을 구가하는 속에 누구 하나 그분을 천하의 제일인이라고 추중하지 않는 이가 없다고도 하였다. 그러나 나는 연배가 뒤인 데다가 사는 곳마저 천 리나 멀리 떨어져 있으므로 현자를 모르고 사는 부끄러움을 늘 마음에 품고 살아왔다. 그 이후 공이 세상을 떠나자 공의 손자 종훈(宗勛)이 유집(遺集)을 가지고 대령(大嶺)을 넘어와서는 나에게 교감 작업을 부탁하였고, 이에 감히 분수에 넘는 일이란 것을 잊고 그 일을 완료하여 보냈다. 그런데 얼마 안 있다 종훈이 죽었으니, 그 남은 자손들은 의지할 데 없는

92 일명(一命)의 벼슬 : 최하위 품계인 종9품의 관직을 가리키는 말로, 이광정(李光庭)이 1735년(영조11)에 제수되었던 후릉 참봉(厚陵參奉)을 말한다. 참봉은 종9품의 관직이다. 《大山集 卷50 訥翁李公行狀》

고단한 처지가 되어 버렸다. 그리하여 사림에서는 마침내 가당치도 않은 나에게 행록(行錄) 한 통을 주면서 말하기를 "접때 선생을 위하여 유집에 힘을 쏟은 사람은 그대가 아닙니까. 지금 묘도에 아직도 비문이 없으니, 처음처럼 끝까지 은혜를 베풀어 주기를 바랍니다."라고 하였다. 내 그것을 사양하였으나 뜻대로 되지 못한 까닭에, 마침내 대산(大山) 이공(李公)이 지은 행장[93]을 보고 삼가 다음과 같이 쓰는 바이다.

공의 휘는 광정(光庭), 자는 천상(天祥), 본관은 원주(原州)이다. 중세(中世)에 봉례랑(奉禮郞)을 지낸 거(琚)란 분이 여섯 아들을 낳았는데, 이때부터 집안이 번성하여 커졌고 대대로 유행(儒行)을 가업으로 삼았다. 이 중 네 번째 지파(枝派)인 부(赴)라는 분이 공의 8대조이다. 증조의 휘는 택(澤)으로 생원이며 사복시 정에 추증되었는데, 광해조(光海朝)에 과거 공부를 그만두고 남쪽으로 내려와 안동(安東) 내성현(乃城縣)에 터를 잡고 살았다. 조부의 휘는 시암(時馣)으로 문과에 급제하여 도사(都事)를 지내고 예조 참의에 추증되었다. 호는 만문(晩聞)이며 문장으로 세상에 명성을 구가하였다. 선고의 휘는 선룡(先龍)으로 통덕랑(通德郞)을 지내고 호조 참판에 추증되었다. 선비(先妣)는 진성 이씨(眞城李氏)로 정부인(貞夫人)에 추증되었는데, 사인(士人) 이시철(李時哲)의 따님이자 퇴계(退溪) 선생 형님의 후손이다. 생부의

93 대산(大山)……행장 : 이상정(李象靖, 1711~1781)이 지은 〈눌옹이공행장(訥翁李公行狀)〉을 가리킨다. 이 글은 《대산집(大山集)》 권50에 실려 있다. 이상정의 본관은 한산(韓山), 자는 경문(景文), 호는 대산이며 번암과 마찬가지로 이광정의 유집(遺集)을 교감하였다.

휘는 후룡(後龍)으로 통덕랑을 지냈다. 생모는 공주 이씨(公州李氏)로 사인 이유형(李惟馨)의 따님이다.

공은 소싯적부터 지기가 맑고 소탈하여 과거 공부를 즐겨 하지 않았으나, 부모가 계신 까닭으로 마지못해 억지로 과거에 응시하였다.

숙종 기묘년(1699, 숙종25)에 진사에 입격하였다. 그 후 몇 년이 지나 생모와 정부인의 상을 연이어 당하였다. 상기(喪期)가 끝나고 과거 공부를 그만두려고 하자, 참판공(參判公) 형제가 권면하기를 "어째서 가문을 위한 계책을 마련하지 않는 것이냐? 50세에 이르렀을 때 네가 좋아하는 것을 하더라도 괜찮을 것이다." 하였다.

계사년(1713)에 생부가 졸하고 이듬해에는 참판공마저 세상을 하직하였다. 이렇게 연거푸 큰일을 당하고 나서는 한층 더 세상일을 담당할 생각이 사라졌으나, 참판공이 남긴 훈계 때문에 감히 과거 공부를 그만두지 못하였다. 이후로 비록 향시 합격자의 명단에 연달아 이름이 올랐으나, 번번이 성시(省試 복시(覆試))에는 합격하지 못하여 50세가 되어서는 결국 그만두었다.

영종(英宗) 갑인년(1734, 영조10)에 풍원군(豐原君) 조공 현명(趙公顯命)이 영남 관찰사로 있을 때, 선비를 선발하여 스승으로 세움으로써 한 지역을 교화하려고 하여, 공을 예로써 모시고는 안동부(安東府)의 도훈장(都訓長)으로 삼았다. 이에 공은 제생(諸生)을 모아 성리학과 관련한 여러 서적을 강의하였다. 부사(府使)였던 이보혁(李普爀)도 일찍이 그 강의하는 자리에 참여한 적이 있었는데, 그때 공은 제생에게 〈서명(西銘)〉에 있는 '동포(同胞)'와 '형제(兄弟)'[94]의 뜻에 대해 진지하

94 서명(西銘)에……형제(兄弟) : 송(宋)나라 학자 장재(張載)의 〈서명〉에서 "백성

고 간곡하게 설명하면서 부사를 넌지시 깨우치는 데 특히나 정성을 다하였다. 이에 제생은 숙연히 경청하고 이공 역시 낯빛을 바꾸었다. 이날 강의를 들은 자는 자리를 나서면서 하나같이 다 경탄을 쏟아 냈다. 이때 상이 각 도(道)로 하여금 효렴을 천거하게 하라는 명을 내리자 풍원군이 명을 받들어 공을 천거하고는 조정에 돌아가 상에게 주달하기를,

"이광정(李光庭)은 문학과 행의가 산남(山南)의 으뜸입니다."

하였다. 이에 상은 이르기를,

"영남은 우리나라의 추로(鄒魯)[95]니, 영남에서 으뜸가는 사람이면 지금 세상에 으뜸가는 사람이라 할 수 있다. 안 될 것이 어디 있겠는가."

하였다. 이후 상국(相國) 김재로(金在魯)가 영남 관찰사로서 조정에 돌아왔을 때, 공을 추천하며 아뢰기를,

"가르침은 서당에 남았고 행실은 향리에서 신망을 얻었습니다."

하니, 상이 거두어 임용하도록 명하였다.

을묘년(1735)에 후릉 참봉(厚陵參奉)에 제수되었다. 부임한 후 곧바로 전임자들의 서류를 열람하여, 서화담(徐花潭 서경덕(徐敬德))과 성청송(成聽松 성수침(成守琛)) 두 선생이 이 직위에 제수되었으나 부임하지 않았다는 기록을 보고 절구 한 수를 읊기를,[96]

은 내 동포이고, 만물은 나와 함께하는 자이다."라고 한 구절과 "천하의 노약자와 장애인, 의지할 데 없는 사람, 과부와 홀아비는 모두 내 형제 가운데 고통스러우면서도 호소할 데 없는 사람들이다."라고 한 구절을 말한다.

95 추로(鄒魯) : 추(鄒)는 맹자의 출생지이고, 노(魯)는 공자의 출생지로 곧 유학(儒學) 또는 문교(文敎)가 홍성한 곳을 뜻한다.

96 절구……읊기를 : 이 절구는 〈후원직사……감음일절(厚園直舍……感吟一絶)〉이다. 《訥隱集 卷3》

두 어른의 높은 경지 오를 수 없으니　二老高標不可攀
백발의 외로운 능지기 부끄러움 이노라　白頭孤直愧生顏
내일 아침 돛을 펼쳐 동남으로 떠나리니　明朝挂席東南去
강해의 가을바람 소매 가득 차가우리　江海秋風滿袖寒

하고, 마침내 병을 칭탁하여 사직하고 돌아갔다.

병진년(1736)에 또 장릉 참봉(莊陵參奉)에 제수되었다. 이에 앞서 공은 일찍이 약관의 나이였을 때, 단종(端宗)을 모시고 성삼문(成三問), 하위지(河緯地)를 비롯한 공들과 함께 노니는 꿈을 꾸었는데 꿈에서 깨자 눈물이 눈에 가득하였다. 얼마 뒤 단종의 복위(復位)로 경과(慶科)가 실시되면서 공이 사마시에 입격하였는데, 그 일이 마치 꿈속의 일과 은연중 부합하는 점이 있는 듯하였다. 이때에 이르러 공은 편한 마음으로 직소(直所)에 나아가게 된 것이다.

무오년(1738)에 규례대로 혜릉 봉사(惠陵奉事)로 승진되자, 이웃과 친지가 모두 출사하기를 권하면서 누군가는 말을 빌려주기도 하고 누군가는 양식으로 도움을 주기도 하였다. 이에 공은 기꺼이 부임하는 사람처럼 대령을 넘은 뒤 단양의 산수를 두루 유람하고 시를 짓기를,[97]

칠월 가을 물이 가득하니　七月秋水盛
구담에 푸른 물결 일어나네　龜潭生綠波
징군[98]의 유적 이곳에 있으니　徵君遺躅在

97 단양의……짓기를 : 이 시는 〈과구담망정징군댁유감(過龜潭望丁徵君宅有感)〉이다. 정시한(丁時翰)이 살던 구담(龜潭)을 지나면서 지은 것이다. 《訥隱集 卷3》

98 징군(徵君) : 학문과 덕행이 있어 나라의 부름을 받았으나, 벼슬하지 않은 선비의 존칭이다. 여기에서는 정시한을 가리킨다.

감히 노 저어 지나지 못하노라　　　　　　　　　　不敢棹舟過

하고, 그길로 결국 말 머리를 돌려 향리로 돌아갔다. 이로부터 선공감 감역(繕工監監役)과 익위사 세마(翊衛司洗馬)에 거듭 제수되었으나 모두 나아가지 않았다.

계유년(1753)에 상서(尙書) 조영국(趙榮國)이 이조 판서로서 상에게 아뢰기를,

"이광정은 문장과 학술로 큰 명망이 있는 사람으로, 그동안 조정에서 불러 관직에 제수하였으나 모두 나오지 않으면서, 산림에서 글을 읽고 생도를 가르치고 있습니다. 지금 나이가 일흔이 넘었으니, 청컨대 자격(資格)에 따르지 말고 6품직으로 올려 임명하소서."

하니, 상이 윤허하였다. 그 이듬해 익위사 익위(翊衛司翊衛)에 제수되었는데, 곧 나라에 경사가 생겨 기로(耆老)들에게 은전을 베풂에 따라 통정대부로 자급이 오르고 첨지중추부사에 제수되었다.

병자년(1756)에 또 나라의 추은(推恩)으로 말미암아 가선대부로 자급이 오르고, 동지중추부사에 제수되어 3대에까지 영화(榮華)가 미치게 되었다. 이해 봄 여러 노인과 약조하여 태백산에 들어가서 한 달 남짓 머물다 돌아왔다. 4월 1일 무진일에 어은(漁隱)의 계사(溪舍)에서 천수를 누리고 생애를 마치니, 공이 태어난 현종 갑인년(1674, 현종 15)으로부터 83세를 산 것이다. 9월 기미일에 봉화현(奉化縣) 대조산(大鳥山) 태향(兌向)의 언덕에 장사하였다.

공은 소싯적부터 《좌전(左傳)》, 《국어(國語)》, 반고(班固), 사마천(司馬遷), 굴원(屈原), 송옥(宋玉)의 문장을 즐겨 읽었는데, 만년에는 "소싯적에 함부로 문장에 뜻을 두어 이리저리 잡다한 서적에 매달렸으니, 후회막급이다."라고 탄식하고는 마침내 찬술을 한다고 자처하지

않고 육경(六經)에 전심전력하였다. 그리하여 일찍이 말하기를,

"육경의 의리는 모두 선배들이 이미 확정해 놓은 논의가 있으므로 삼가 그것을 고수하면 된다. 그런데 요즘 세상의 학자들은 자신에게서 실제로 터득하는 것에는 힘쓰지 않고 한갓 글의 의미를 따져 논하는 일을 통해 학문한다는 이름을 얻고 있다. 학문이란 부모를 섬기고 어른을 공경하는 데 있으니, 그것을 미루어 국가에 적용하면 될 뿐이다. 《소학(小學)》이란 한 책이 바로 그 근본이니, 마음을 치달려 단계를 건너뛰고 성명(性命)에 대해 고담준론하는 것은 후학들이 절실하게 경계해야 할 일이다."

하였다.

공은 타고난 진정과 성심대로 행동하여 털끝만큼도 가식과 허위가 없었다. 집안에서는 부모를 효성으로 모셔, 비록 가난한 살림에도 맛난 음식으로 봉양해 드리지 않은 적이 없었다. 공의 집과 20리쯤 떨어진 봉성(鳳城) 북지(北枝)의 금씨(琴氏) 집안에 출가한 고모가 살았는데, 공이 그곳을 왕래할 때마다 개 한 마리가 따라다녔다. 하루는 부모님에게 드릴 양식이 떨어졌는데, 공이 마침 병난 데다 심부름 보낼 노비도 없어 그 개에게 "네가 능히 내 편지를 북지에 전해 줄 수 있겠느냐?"라고 하자 개는 마치 말을 알아듣는 것처럼 꼬리를 흔들며 앞으로 나왔다. 이에 마침내 편지를 써서 그 목에 걸어 주었는데, 개는 그 즉시 금씨의 집으로 달려갔고, 이에 금씨는 목에 걸린 편지를 받아 보고 재빨리 양식을 보내어 급한 상황을 넘기도록 해 주었다. 이 이야기를 들은 사람들은 모두 "공의 진실한 효성이 이처럼 이류(異類)마저 감동시켰다."라고 하였다.

공은 남과 만날 때 덕스러운 기운이 그 사람을 감화시켰고, 학생을

마주해서는 반드시 학업에 힘쓰도록 격려하였으며, 농부를 보면 부지런히 밭 갈고 힘써 수확하도록 권면하였고, 바깥으로 유람하는 자를 만나면 산수의 빼어난 경치에 대해 이야기하였다. 친척이나 친구가 죽었다는 소식을 들으면 늙고 병든 몸인데도 매번 소식(素食)을 하면서 때로는 며칠 계속하기도 하였다. 사서(史書)를 읽다가 충신과 의사(義士)가 고난을 만나 목숨을 바치는 대목에 이르면, 울울한 심정이 되어 때로 눈물을 흘리기까지 하였고, 효자와 열부의 아름다운 행실과 탁월한 절개를 들으면, 그때마다 그 이야기를 글에 써서 권면하고 경계하는 뜻을 부쳤다.

일찍이 장릉(莊陵)의 재실(齋室)에서 숙직하고 있을 적에 머물던 곳이 궁벽한 고을이라 실증할 만한 서적과 현인이 없음을 안타깝게 여겨 수업을 청하러 오는 자가 있으면 그대로 받아 주었다. 호서(湖西)에서 학문으로 명성이 있던 한 사람[99]이 그 소문을 듣고 찾아와 학문하는 순서를 묻는 한편, 또 묻기를,

"스승에게 듣건대 〈태극도(太極圖)〉 가운데 청탁(淸濁)이 있다고 하는데, 그렇습니까?"

하자, 공이 말하기를,

"일찍이 듣기로 태극(太極) 속에는 원래 어떤 사물도 없다고 하였으니, 청탁의 이치가 있다고 하는 것은 괜찮겠지만, 곧바로 청탁이 있다고 하는 것은 내가 알지 못하는 것입니다."

하니, 그 사람이 탄복하여 돌아갔다. 늘 말하기를 "음식을 많이 먹으면

99 호서(湖西)에서……사람 : 김계휘(金繼輝)의 문인인 강주우(康柱宇)이다. 김계휘는 서인의 영수인 사계(沙溪) 김장생(金長生)의 아버지이다. 《訥隱集 卷22 行狀》

정기(精氣)가 손상되고 고기를 많이 먹으면 위장이 손상된다. 화려한 것은 내 성격상 지향하는 바가 아니다." 하였다. 한번은 장로(長老) 몇 사람과 함께 각화사(覺華寺)를 유람하였는데, 그때 마침 큰비가 내려 꿩이 뜨락으로 내려왔고, 이에 한 소년이 그것을 산 채로 잡자 온 좌중이 기뻐 웃으며 좋아하였다. 그러다 저녁상을 준비하는 주방에 그 꿩을 올리려 할 때 공이 꿩을 앞에 놓고 쓰다듬다가 창을 열고 풀어 주었고, 이에 꿩은 마음껏 날아가 버렸다. 옆에 있던 사람들이 깜짝 놀라자, 공은 "나는 곤란한 지경을 틈타서 요행으로 잡는 짓은 차마 할 수 없다."라고 하였다. 이익과 의리 사이에서 분명한 결단을 해야 할 상황이 될 때에는 의연히 스스로의 지조를 지키니, 타인이 그 뜻을 빼앗을 수 없었다. 늘 녹문(鹿門)의 산수를 좋아하여 그곳에 정사(精舍)를 짓고 손수 옛《역경(易經)》을 베낀 후 끊임없이 송독하였는데, 얼마 뒤 정사가 불타 버렸다. 이후 만년에는 어은(漁隱)의 경치 좋은 곳에 터를 잡아 몇 칸의 집을 짓고 날마다 마음대로 시를 읊으며 지내다 생애를 마쳤다.

아아, 삼대(三代)가 아득히 먼지라, 삼물빈흥(三物賓興)[100]의 법규가 폐해진 채 거행하지 않게 되었다. 그 결과 공의 커다란 포부와 빛나는 문장으로도 초야에만 묻힌 채 살게 되었으니, 훗날 고인을 논하는 선비들이 세도를 주관하던 자를 어떠한 사람이라 평가하겠는가?

100 삼물빈흥(三物賓興) : 주(周)나라 때 고을의 인재를 가르치고 채용하던 방법으로서, 삼물(三物)은 그 가르침의 내용인 세 가지 일, 즉 육덕(六德), 육행(六行), 육예(六藝)를 가리키며, 빈흥(賓興)은 그러한 교육을 통해 길러진 인재를 귀빈으로 대우하여 천거하는 것을 가리킨다.《周禮 地官司徒上》

공의 문장은 영남에서 100년 이래 이 정도의 수준은 없었다. 그 빛깔은 창연(蒼然)하고 그 말은 온화하여 문단의 법도가 될 만하고 세교에 도움이 될 만하니, 세상에 전해지고 후세에 남겨지리라는 점은 명확하다. 후학들이 그 글을 읽음으로써 공이 가슴속에 품었던 것이 무엇인지를 알고 가슴속에 품었던 것이 무엇인지 알게 된 결과, 공과 똑같이 되기를 바라는 것이 그저 문장에만 그치지 않게 된다면, 공이 사람에게 끼친 은혜는 바로 그 점에 있을 것이다. 그 점에 있을 것이다.

공의 배위는 광산 김씨(光山金氏)로 사인(士人) 김한익(金漢翼)의 따님이고, 후배(後配)는 봉화 금씨(奉化琴氏)로 사인 금덕화(琴德華)의 따님인데, 두 분 모두 정부인(貞夫人)에 추증되었다.

3남 2녀를 두었다. 공보다 먼저 죽은 아들 지(持)와 남응소(南應召)에게 출가한 딸은 전 부인의 소생이다. 아들 확(擴)과 주(拄), 그리고 현령 권정웅(權正雄)에게 출가한 딸은 후 부인의 소생이다.

지는 4남 2녀를 두었는데, 아들은 종훈(宗勛), 숭훈(崇勛), 승훈(承勛), 응훈(應勛)이고, 딸은 김정섭(金鼎燮)과 김시직(金始稷)에게 출가하였다. 확은 1남을 두었는데 □훈(□勛)이고 딸은 박처원(朴處元)에게 출가하였다. 주는 1남을 두었는데, 사훈(師勛)이고 딸은 장지증(張志曾)[101]과 김충련(金忠鍊)에게 출가하였다. 권 현령(權縣令)은 아들 권사을(權思乙)이 있다. 종훈은 2남을 두었는데, 양원(陽元)과 양

101 장지증(張志曾) : 대본에는 '張志曹'로 되어 있다. 《대산집(大山集)》 권50 〈눌옹이공행장(訥翁李公行狀)〉 및 《간옹집(艮翁集)》 권6 〈가선대부동지중추부사눌은이공묘지명(嘉善大夫同知中樞府事訥隱李公墓誌銘)〉 등에 근거하여 '曹'를 '曾'으로 바로잡아 번역하였다.

정(陽貞)이고 딸은 이종명(李宗溟)에게 출가하였다. 명은 다음과 같다.

녹문의 골짜기에	鹿門之洞
밭 갈고 고기 잡는 일 누가 다투랴	誰爭耕漁
계방의 직함이	桂坊之銜
구름처럼 태허에 흩어졌네[102]	雲消太虛
손에 옛 경전 있으니	手有古經
복희씨를 대한 듯[103]	如對伏羲
여유로운 은둔이 이로울 것이라[104]	利在肥遯
점괘를 보고 탄식하였네	玩占曰噫
순리대로 살다가 편하게 작고하니	生順死寧
초야에 묻힌들 무슨 해가 되랴	草莽何傷
명을 지어 현양하노니	銘以揚之
영남의 영광이로다	南國之光

102 계방(桂坊)의……흩어졌네 : 계방은 세자익위사(世子翊衛司)의 별칭으로, 이광정이 1747년 익위사 세마에 제수되었으나 끝까지 나아가지 않은 것을 가리킨다.

103 손에……듯 : 옛 경전은 《주역》이고 복희씨는 《주역》의 팔괘(八卦)를 그렸다는 전설상의 제왕이다. 이광정이 1730년 녹문(鹿門)의 정사에서 손수 《주역》을 베껴 쓰고 끊임없이 송독하며 지낸 것을 가리킨다.

104 여유로운……것이라 : 《주역》 〈돈괘(遯卦) 상구(上九)〉에 "여유 있는 은둔이니 이롭지 않음이 없다.〔肥遯, 无不利.〕"라고 한 것을 가리킨다.

선교랑 행 예문관검열 겸 춘추관기사관 세자시강원설서 이공 묘갈명

宣教郎行藝文館檢閱兼春秋館記事官世子侍講院說書李公墓碣銘

하늘에 상서로운 별과 구름이 없던 적은 없으나 그것이 항상 출현하는 것은 아니어서 천백 세대의 간격으로 어쩌다 한 번 나오는데, 그럴 때면 사람들은 어깨를 포개고 눈을 비비면서 행여 놓칠 것처럼 그 광경을 보고자 원한다. 그러다 홀연 그 모습이 감추어지면 하계(下界) 사람들의 탄식과 앙모가 시간이 지날수록 더욱 그칠 줄 모르는바, 이는 인정상 누구나 자연스레 공유하는 부분이다. 그러나 하늘이 지극한 보배를 사랑하고 아낀 나머지 사람들에게 오래 보여 주지 않으려고 하는 것을 어쩌겠는가. 내가 한림(翰林) 이공(李公)의 행장 앞에서 그 남겨진 빛을 우러르고 지나간 행적을 슬퍼하니, 그 탄식과 앙모는 별과 구름을 향하는 데 그칠 뿐만이 아니건만, 반딧불처럼 미약한 글을 가지고 홀연 감추어진 그 빛을 모사해 내는 것 역시 허망한 짓이 될 터이다. 비록 그렇다 해도 하늘이 지극한 보배를 가지고 하계 사람들의 우러르는 시선을 희롱하는 듯한 이 현실에 실로 유감이 없을 수 없으므로, 비록 200년이 지난 후라지만 그 전후의 사적을 찬술함으로써 굴자(屈子)의 〈천문(天問)〉[105]의 뜻을 부치노라.

105 굴자(屈子)의 천문(天問) : 굴자는 전국 시대 초(楚)나라 문장가 굴원(屈原)이며, 〈천문〉은 굴원이 조정에서 쫓겨나 산택을 방황할 때 우주의 모든 일에 의문을 제기하면서 하늘에 묻는 내용으로 지은 작품으로 《초사(楚辭)》의 편명이다. 모두 180여 구이다.

공의 휘는 구(久), 자는 정견(庭堅), 호는 후곡(後谷)이다. 그 선조는 한산(韓山) 사람으로, 문효공(文孝公) 가정(稼亭) 휘 곡(穀)과 문정공(文靖公) 목은(牧隱) 휘 색(穡)의 후예이다. 목은은 휘 종선(種善)을 낳았는데, 우리 조정에 들어와 지중추부사를 지냈고 시호는 양경공(良景公)이다. 이때부터 대대로 벼슬을 하였는데, 휘 지번(之蕃)은 호가 성암(省菴)으로, 김안로(金安老)를 논척하여 평해(平海)로 유배되었고, 사면되어 돌아오자 조정의 논의에 의해 백의재상(白衣宰相)으로 의망되었으나 마침 인종(仁宗)이 승하하는 바람에 실행되지 못하였다. 관직은 시정(寺正)에 그치고 영의정에 증직되었으며 한천부원군(韓川府院君)에 봉해졌는데 이분이 바로 공의 증조부이다. 조부의 휘는 산해(山海)로, 영의정을 지내고 아성부원군(鵝城府院君)에 봉해졌으며 호는 아계(鵝溪)이다. 황고(皇考)의 휘는 경전(慶全)으로 좌참찬을 지내고 한평군(韓平君)에 봉해졌으며 호는 석루(石樓)이다. 선비(先妣)는 안동 김씨(安東金氏)로 홍문관 교리 김첨(金瞻)의 따님이다. 의정공(議政公)이 성암공(省菴公)의 몸조리를 위해 종남산(終南山) 기슭에 작은 집을 지었는데, 그곳이 오송정(五松亭)이다. 토정(土亭) 문강공(文康公)은 곧 성암의 아우인데, 그 터를 보고는 말하기를 "도봉산(道峯山)의 문필봉(文筆峯)이 똑바로 와 비추니, 유년(酉年)과 술년(戌年)의 해에 자손 중 반드시 기재(奇才)가 태어날 것이다."라고 하였다.

을유년(1585, 선조18)에 공의 형인 이랑공(吏郎公) 후(厚)가 태어났고 공이 또 만력(萬曆) 병술년(1586)에 태어났다. 날 때부터 남다른 지질을 타고나, 겨우 말을 하자마자 절로 문사를 이해할 수 있었다. 의정공이 일찍이 노량강(鷺梁江) 가의 집에 머물 적에 공을 무릎 위에 앉혀 놓은 채 시간을 보내고 있었는데, 마침 오리가 강물에서 자맥질하는 것이 보이자 공에게 시를 지으라고 명하니, 공이 즉시 "누가 흰 빛깔의 붓을 가지고, 물결 가운데 '을' 자를 그려 놓았나.〔誰持粉綵筆乙字寫波心〕"라고 응대하였는데, 이때의 나이가 5세이다.

또 포구에 물이 몹시 불어난 광경이 보이자 '내(來)' 자를 골라 시를 지으라고 명하니, 즉시 "어젯밤 해문에 용들의 싸움 끝나자 옥비늘과 은갑옷이 조수 몰고 오네.〔昨夜海門龍戰罷 玉鱗銀甲捲潮來〕"라고 응대하였다. 이에 의정공이 기특하게 여기고는 거듭 탄식하기를 "그래도 싸움이 끝나지 않은 용이라고 하는 것만은 못하구나."라고 하니, 온 세상에서 이 일화를 떠들썩하게 전하면서 다들 "아계 상공(相公)의 문하에서 신동이 또다시 태어났다."[106]라고 하였다.

참찬공은 공의 허약한 체질을 염려하여 교육과 독책을 무리하게 하지 않았으나, 공은 마치 주리고 목마른 사람처럼 간절한 마음으로 공부하기를 좋아하여 밤이고 낮이고 책을 마주하였다. 그런데 마음으로만 이해하고 입으로 읽지 않았기에 비록 집안사람조차 책 읽는 소리를 듣지 못하였고, 새벽에 문안하고 저녁에 잠자리를 챙겨 드리는 일이 아니면 서실을 나가지 않았기에 바로 옆방에 있는 자도 그 얼굴을 보는 일이 드물었다. 시를 지을 때에는 사람을 놀라게 하고 귀신을 울리는 시어를 만들었고, 문장을 지을 때에는 옛 작자(作者)를 힘써 추구하여

106 아계……태어났다 : 이구(李久)의 조부인 아계 이산해(李山海) 역시 신동으로 유명한 인물이므로 한 말이다. 이산해는 2세에 이미 물명을 한자로 부를 줄 알았고, 5세에는 지나친 공부를 염려한 숙부 이지함(李之菡)의 만류에 시로 응수하는가 하면, 11세에는 처음 과장(科場)에 나가 장원에 뽑힐 정도로 조숙한 천재였다.《鵝溪李相國年譜》

붓 들고 종이를 마주할 때면 그 문장이 마치 강하(江河)의 물결이 터져 바다로 흘러가는 듯하였다. 이랑공은 공과 1년의 차이를 두고 태어났는데 총명과 재능으로 보면 세상 사람들이 이난(二難)[107]이라 칭하였다. 이랑공이 늘 말하기를 "나의 문장은 내 아우와 비교할 때 정밀하고 순수한 점에서는 엇비슷하나, 높고 심원한 점에서는 미치지 못한다."라고 하였다.

공은 16세에 별시(別試) 초시(初試)에서 장원을 차지하였다. 그런데 의정공은 장남인 정자공(正字公)이 빨리 현달하여 일찍 생을 마감한 것[108]에 놀란 나머지 전시(殿試)에 응시하지 말도록 명하였다.

17세에 사마(司馬) 초시에 장원을 차지하고 이듬해 또 회시(會試)에서 장원을 차지하였다. 20세에 증광(增廣) 초시에서 장원을 차지하고 또 회시에서 장원을 차지하였다. 공이 과장에 들어설 때 제생은 빽빽이 둘러선 채로 공이 글 쓰는 모습을 바라보며 그것을 장관으로 여겼고, 합격자 방(榜)이 나붙기도 전에 다투어 "이모(李某)가 분명 장원일 것이다."라고 하였는데, 방이 나붙자 그 말이 과연 현실이 되었다.

이에 앞서 이랑공이 대과(大科)에 합격하자 참찬공이 의정공을 위하여 축하하는 자리를 마련하려 하였다. 그때 의정공이 공의 이름을 부르

107 이난(二難) : 난형난제(難兄難弟)를 이르는 말로, 형제가 모두 훌륭하여 서로 우열을 가리기 어렵다는 뜻이다.

108 정자공(正字公)이……것 : 정자공은 이산해의 장남 이경백(李慶伯)을 가리키는 바, 이경백이 1579년 19세의 어린 나이로 진사시에 입격하고 1580년에는 문과에 합격하여 바로 홍문관 정자에 임용되었으나 그해 돌연 요절해 버린 것을 가리킨다.《鵝溪李相國年譜》

고는 "모(某)가 반드시 이 경사를 이을 것이니, 동시에 함께 경축해도 되겠습니까?"라고 하였는데, 이듬해 공이 정말로 과거에 급제하였다. 이때는 흉년으로 인해 공사(公私) 간에 잔치 모임을 열지 못하도록 금지령이 내려진 상황이었다. 그러나 선조는 공의 형제로 인하여 특별히 서울 집에 잔치를 하사하는 한편, 도신(道臣)에게 명하여 또 묘소에도 잔치를 하사하도록 하니, 이는 실로 세상에 드문 성대한 은전이었다. 전시에서 탐화랑(探花郎)[109]으로 급제하여 장악원 직장(掌樂院直長)에 부직되고 괴원(槐院)을 거쳐 한림에 제수되는 한편 시강원 설서를 겸관하였다. 이후 휴가를 하사받아 호당(湖堂)에서 독서를 하였는데, 이는 당대의 더할 나위 없는 최고의 선발이었다. 이때 이에 선발된 자 아홉 사람 가운데 공의 형제가 그 둘에 해당하였는데, 세상에서 그에 대해 딴말로 시비하는 이가 없었다.

병오년(1606)에 대부인이 세상을 떠났는데, 공은 마마를 앓아 목숨이 위태로웠던 관계로 세 달이 지나서야 그 소식을 듣게 되었고, 이에 공은 이것을 필생의 지극한 한으로 여겨 재기(再朞)[110]가 지났는데도 세 달이 더 지난 뒤에 복제(服制)를 마쳤다. 그러는 동안 지극한 슬픔으로 몸이 상하여 앙상하게 뼈만 남은 상태에서도 소식(疏食)이 아니면 먹지 않았으니, 대개 죽을 때까지 공을 괴롭혔던 질병은 바로 여기에서 시작된 것이다. 그리하여 복(服)을 벗은 이듬해인 기유년

109 탐화랑(探花郎) : 탐화사(探花使)라고도 하는데, 과거의 갑과(甲科)에서 3등으로 급제한 사람을 가리킨다. 1등은 장원(壯元), 2등은 방안(榜眼)이라고 한다. 《續通典 選擧3》

110 재기(再朞) : 상기(喪期)로 만 2년이 되는 때를 가리키며, 이는 곧 삼년상을 지냈음을 의미한다. 《예기》 〈상복소기(喪服小記)〉에 "재기의 상은 3년이다."라고 하였다.

(1609, 광해군1) 2월 26일에 서울 집에서 졸하였는데, 이 당시 나이가 겨우 24세였다. 임종할 무렵 시 한 편이 병상 자리 밑에 있었는데, 그 시에,

훌훌 나는 한 쌍의 학 봉래산에 내리니　翩躚雙鶴下蓬萊
일찍이 요지 향해 억겁 세월 지냈노라　曾向瑤池度劫灰
십 년을 강호에서 한만히 노닐고　十載江湖遊汗漫
한 가을을 성시에서 맘대로 배회했네　一秋城市任徘徊
하늘에 오랫동안 높이 날려고 했고　雲霄久欲高飛去
티끌세상 인연 없어 머리 숙여 먹이 쪼았네　塵土非緣俛啄來
돌아보매 세상엔 썩은 냄새 많으니　回首世間多腐臭
올빼미 부엉이 들은 서로 미워하지 말거라　鴟群鴞隊莫相猜

하였다. 참찬공이 그 시를 손에 쥐고서 눈물을 흘리며 "너는 어찌하여 혼자만 돌아가지 않느냐?"라고 하였다. 4년이 지나 이랑공 역시 세상을 떠났다. 이에 벼슬하는 선배들은 "모(某)의 형제는 지상에 유배되어 내려온 천상의 선인들이니, 티끌세상에 어찌 오래 머무를 수 있었겠는가."라고 한목소리로 말하는 한편, 상서로운 세상의 난새와 봉황이 때마침 왔다가 때마침 떠난 것[111]은 시운(時運)에 중대한 관련이 있는 일이라고 하면서 누구 하나 나라를 위한 탄식과 안타까움을 표하지

111 상서로운……것 : 난새와 봉황처럼 어진 덕을 지닌 이후(李厚)와 이구(李久) 형제가 자연의 순환적 이치에 순응하고 생사의 지극한 도를 체득하여 아무런 망설임 없이 생애를 마쳤다는 뜻이다. 《장자(莊子)》 〈양생주(養生主)〉에 "때마침 온 것은 선생께서 올 때여서 온 것이고, 때마침 간 것은 선생께서 자연의 이치를 따른 것이다. 때를 편안히 여기고 순리에 따라 처신하면 슬픔이나 즐거움이 끼어들지 못한다. 옛날에 이것을 일러 상제가 매달려 있는 것을 풀어 주었다고 하였다."라고 한 데서 온 말이다.

않는 이가 없었다.

공은 행동은 단정하고 진중하며 의론은 정대하였다. 범속한 사람이 가까이 앉는 것조차 두려워하고 비천한 말은 마치 제 몸을 더럽힐 오물처럼 여겼다. 고금 일의 득실(得失)이나 의심나는 부분을 만나면 언제나 의정공에게 질문을 드렸고, 의정공 또한 서로 논란을 제기하기도 하였다. 또 약관의 나이에 5번 과거에 장원함으로써 명성이 당대를 진동하여, 중외(中外)의 선비들이 찾아와 한번 뵙는 것을 영광으로 여겼다. 형제가 때로 혹 성시(城市)를 지날 때면 온갖 기생집에서 일시에 주렴을 걷고서 먼저 보겠다고 다투었는데, 사람들은 혹 이를 두번천(杜樊川)이 양주(揚州)를 지났던 일[112]에 비교하기도 하였다. 오봉(五峯) 이공(李公)[113]은 의정공의 자리에 있을 때 칭찬하기를 "내한(內翰)의 문장은 흡사 대도시에 시장이 열렸는데 주옥과 비단과 화폐 등이 그 속에 가득 차 있어서 아무리 가져도 없어지지 않고 아무리 써도 바닥나지 않는 것과 같다."라고 하였다. 한음공(漢陰公)[114] 역시 "내한의 문사(文詞)는 물이 용솟음치고 산이 솟아 있는 격이다."라고 하였

112 두번천(杜樊川)이……일 : 두번천은 당(唐)나라 시인 두목(杜牧)으로, 두목이 강남의 번화한 도시인 양주에서 회남 절도사(淮南節度使) 우승유(牛僧孺)의 막료(幕僚)로 있을 적에 홍등가에서 마음껏 풍류를 즐기며 방탕하게 산 것을 말한다. 그는 풍채가 뛰어나고 문장이 훌륭하여 술에 취해 양주의 저자를 지나갈 때면 길가 청루(青樓)의 기생들이 다투어 귤을 던져 그가 타고 가던 수레에 귤이 가득했다고 한다. 《詩林廣記 卷6 杜牧之 遣懷》

113 오봉(五峯) 이공(李公) : 이호민(李好閔, 1553~1634)으로, 본관은 연안(延安), 자는 효언(孝彦), 호는 오봉이다.

114 한음공(漢陰公) : 이덕형(李德馨, 1561~1613)으로, 본관은 광주(廣州), 자는 명보(明甫), 호는 한음·쌍송(雙松), 시호는 문익(文翼)이다.

다. 관해(觀海) 이공(李公)[115]은 사람들에게 "만약 이 내한(李內翰) 형제가 만약 있었다면, 우리가 감히 문장을 말할 수 있겠는가."라고 말하였다.

공의 아우인 주봉공(酒峯公)[116]과 예조 판서 과암공(果菴公)[117] 또한 모두 문장으로 명성이 있었는데, 주봉공은 젊은 시절부터 노년까지 공의 문장을 마치 고문(古文)처럼 송독하였고, 과암공은 "우리 형님의 문장은 마치 동정호(洞庭湖)나 운몽택(雲夢澤)[118]과 같아 그 끝을 볼 수 없다."라고 하고 또 "우리 형님은 성리서(性理書)에서 터득한 경지가 심오하였기 때문에 문장에 발휘된 것이 넓고 컸다. 〈궁양달시책(窮養達施策)〉을 보면 가히 그 지닌 포부를 알 수 있다."라고 하였다. 공은 비록 일찍 세상을 떠났으나 저술을 매우 많이 남겼다. 한원(翰苑)과 호당에서 지은 응제문(應製文) 및 남의 부탁을 받고 지은 것은 특히 이루 다 기록할 수 없을 정도로 많았는데, 그 모두 병자년(1636, 인조 14)의 난리 때 소실되어 버려, 남은 246편만이 집안에 소장되어 있다.

아아, 공이 세상에 산 기간은 부딪치는 돌에 일어난 불꽃처럼 찰나에 지나지 않고 그 기간 중 또 3년은 상중(喪中)에 있었으니, 명리(名利)

115 관해(觀海) 이공(李公) : 이민구(李敏求, 1589~1670)로, 본관은 전주(全州), 자는 자시(子時), 호는 관해·동주(東州)이다.

116 주봉공(酒峯公) : 이구의 첫째 아우인 이부(李阜, 1588~?)로, 본관은 한산(韓山), 자는 춘대(春臺), 호는 주봉이다.

117 과암공(果菴公) : 이구의 둘째 아우인 이무(李袤, 1600~1684)로, 본관은 한산, 자는 연지(延之), 호는 과암이다.

118 농정호(洞庭湖)나 운몽택(雲夢澤) : 모두 거대하기로 이름난 중국 호남 지방의 호수이다.

를 다투는 마당[119]에서 노닐었던 세월 또한 얼마나 되겠는가. 그럼에도 불구하고 그 명성이 혁혁하게 남아 전해져서 지금까지도 인구에 회자되니, 근원이 심원하지 않았다면 어떻게 이런 대단한 일을 이룰 수 있었겠는가.

배위는 완산 이씨(完山李氏)로 순녕군(順寧君) 이경검(李景儉)의 따님이다. 규방에서의 법도가 엄준하고 단정하였고, 시부모를 모시고 아버지 없는 어린 자식을 기를 때 지극한 사랑과 엄격한 가르침을 행하였다. 병자년에 온 가족이 뿔뿔이 흩어지는 난리를 겪은 뒤에는 노비들을 불러 모아 농사와 양잠에 무진 애를 씀으로써 집안 살림을 제대로 다시 일으켰다. 이에 시댁 친족이 모두 현부인(賢夫人)이라고 칭송하였다. 공보다 60년 뒤인 무신년(1668, 현종9)에 생을 마감하니 향년 81세이다. 공은 처음에 예산(禮山) 다지동(多枝洞)에 있는 의정공 무덤 왼편에 장사 지내고 뒤에는 단양(丹陽) 구담(龜潭) 묘좌(卯坐)의 언덕으로 천장되었다. 이 부인이 그 무덤에 함께 묻혔다.

공은 1남을 두었는데, 상빈(尙賓)이며 호는 항재(恒齋)이다. 문장으로 집안의 명성을 이었고 25세에 사마시에 입격하였으며, 또 대과에 장원 급제하였으나 참찬공이 고관(考官)으로서 그 이름을 합격 명단에서 삭제하였다.

상빈은 2남 2녀를 낳았는데, 아들 중 첫째는 창근(昌根), 둘째는 현감을 지낸 운근(雲根)이며, 딸 중 첫째는 성첨(成爓)에게 출가하고 둘째는 현감을 지내고 좌찬성에 증직된 조경창(趙景昌)에게 출가하였다. 좌찬성의 장녀가 경은부부인(慶恩府夫人)으로 바로 우리 인원왕후

119 명리(名利)를 다투는 마당 : 과거 시험장을 가리킨다.

(仁元王后)를 낳으신 분이다. 측실에게서 1녀를 두었는데, 수사(水使) 이형진(李衡鎭)의 첩이 되었다.

창근은 부사 김수인(金壽仁)의 딸에게 장가들었는데 바로 선원(仙源) 상공 김상용(金尙容)의 손녀이다. 모두 일찍 세상을 떠나 후사가 없다. 운근은 5남 2녀를 두었는데, 아들 중 첫째는 덕운(德運)으로 문과에 급제하여 한림과 주서에 천망되었으며 관직은 병조 정랑에 그쳤다. 둘째는 복운(復運)으로 성균관 생원이며 문장에 능하였고 호는 구주(龜洲)이다. 셋째는 득운(得運), 넷째는 명운(明運), 다섯째는 익운(翼運)이다. 딸 중 첫째는 사간 권호(權護)에게 출가하고 둘째는 장령 박이문(朴履文)에게 출가하였다. 현손 이하는 많아 다 기록하지 못한다.

지금 조정에서 현달한 자는 5대손 중에는 전 좌윤(左尹) 수하(秀夏)가 있고 6대손 중에는 전 승지 경명(景溟)이 있다. 경명의 아우 전 도사(都事) 주명(柱溟)이 가첩(家牒)을 가지고 나에게 명(銘)을 지어 달라고 부탁하였다. 나는 공에 대해 탄식과 앙모를 하던 자이므로 이에 명을 짓는 바이다. 명은 다음과 같다.

공이 한원으로 왔을 땐	公之來翰苑
호당의 신선이었고[120]	湖堂之仙
공이 십주로 떠났을 땐	公之去十洲
삼산의 신선이었네[121]	三山之仙

120 공이……신선이었고 : 이구가 과거에 합격하여 예문관에 봉직하고 사가독서를 하사받아 호당(湖堂)에서 독서한 것을 말한다.

와서도 신선이고 떠나서도 신선이니	來而仙去而仙
그 무슨 원망할 게 있으랴마는	抑何怨乎
저 푸른 하늘이여	彼蒼者天
한스러운 건 하계의 쓸쓸함이니	所恨者下界寥落
누가 문단의 깃발과 북을 주관하랴	孰主張文苑旗鼓
비범함은 한 시대에 전해졌으나	奇傳一代
한은 천고에 남았구나	恨留千古

121 공이……신선이었네 : 이구의 죽음을 묘사한 것인데, 이구가 신선이 되어 선경으로 떠났다는 말이다. 삼산(三山)은 봉래(蓬萊), 영주(瀛洲), 방장(方丈)의 이른바 삼신산(三神山)이고, 십주(十洲)는 선인(仙人)이 거주한다는 10곳의 섬, 즉 조주(祖洲), 영주(瀛洲), 현주(玄洲), 염주(炎洲), 장주(長洲), 원주(元洲), 유주(流洲), 생주(生洲), 봉린주(鳳麟洲), 취굴주(聚窟洲)를 말한다.《海內十洲記》

통정대부 승정원좌승지 겸 경연참찬관 춘추관수찬관 지제교 경정 이공 묘갈명

通政大夫承政院左承旨兼經筵參贊官春秋館修撰官知製敎敬亭李公墓碣銘

경정(敬亭) 이공(李公)의 휘는 민성(民宬), 자는 관보(寬甫)이다. 공은 젊은 시절부터 남보다 월등히 총명하고 영특하여, 경전 및 그 밖의 온갖 학파와 학설에 대해 두루 통달하지 않은 것이 없었다. 그리하여 축적된 지식은 저술을 통해 드러나면서 찬란하게 옛 작자(作者)를 추구한 결과, 누구 하나 공을 보불(黼黻)과 생용(笙鏞)[122]으로 기대하지 않는 이가 없었다. 그러나 그것은 여력(餘力)으로 한 행위였을 뿐, 그 근본에 깔린 것은 효성과 우애 및 재주와 덕행이고, 그 평소 지킨 신념은 세상에 진출하는 것은 어렵게 하고 세상으로부터 물러나는 것은 쉽게 하는 것이었다. 이에 마침내 가슴속에 온축해 둔 것을 제대로 펼쳐 내지 못하여 직위는 공경(公卿)의 반열에 오르지 못하고 수명은 60세에 그치고 말았으니, 사우들의 탄식과 안타까움은 일찍이 그 점을 향해 있지 않은 적이 없었다.

122 보불(黼黻)과 생용(笙鏞) : 화려하게 수놓은 문양과 금수조차 감동시키는 음악처럼, 형식과 성률이 뛰어난 문장으로 임금의 정사를 도와 국가의 예악을 빛낼 인재를 가리킨다. 보불은 고대 임금의 예복(禮服)에 놓은 수로, 보(黼)는 도끼 모양의 흑백색 수, 불(黻)은 아(亞) 자 모양의 흑청색 수이다. 생용은 피리의 일종인 생황(笙簧)과 대종(大鍾)이다. 《서경》 〈익직(益稷)〉에 "생(笙)과 용(鏞)을 번갈아 울리니, 새와 짐승이 너울너울 춤을 춘다."라고 하였다.

하지만 공은 혼조(昏朝 광해군조)가 인륜을 무너뜨리는 세상을 만나 의연한 태도로 홀로 정론(正論)을 견지하였다. 정조(鄭造)와 윤인(尹訒)이 대비(大妃)를 따로 거처하게 해야 한다고 청하면서 폐출(廢黜)할 방법을 꾀하고 대신(臺臣) 유활(柳活)이 그에 부화뇌동하자[123] 차자(箚子)[124]를 올려 할 말을 끝까지 다 하면서 엄하게 토죄(討罪)하였다. 또 혼주(昏主)가 생모를 추숭(追崇)하자[125] 지제교(知製敎)로서 백관(百官)이 하전(賀箋)을 지어 올릴 때 "노(魯)나라의 성풍(成風)"이란 말을 구사하여 풍자하였으며,[126] 간흉(奸凶)이 차자로 영창대군(永昌

123 정조(鄭造)와……부화뇌동하자 : 1613년(광해군5) 정인홍(鄭仁弘), 이이첨(李爾瞻) 등을 주축으로 하는 대북파(大北派)의 사주에 의해 인목대비(仁穆大妃)의 아버지 김제남(金悌男)의 역모 혐의가 고발되어 이를 조사하는 이른바 계축옥사(癸丑獄事)가 일어났다. 그러자 사헌부 장령으로 있던 정조와 윤인이 인목대비는 역모에 가담하였으므로 한 궁궐 안에 있으면 안 된다고 하면서 먼 곳으로 쫓아 버릴 것을 청하고, 같은 날 사간원 헌납 유활이 그에 동조하는 주장을 한 것을 가리킨다. 《燃藜室記述 卷20 朴應犀之獄》《光海君日記 5年 5月 25日, 30日》

124 차자(箚子) : 〈옥당처치차(玉堂處置箚)〉인데, 《경정집(敬亭集)》 보유(補遺)에 있고, 《광해군일기》 5년 6월 22일 기사에도 그 내용이 일부 실려 있다.

125 혼주(昏主)가 생모를 추숭(追崇)하자 : 광해군이 1610년 3월에 신하들의 반대를 무릅쓰고 생모인 공빈(恭嬪) 김씨(金氏)를 자숙단인공성 왕후(慈淑端仁恭聖王后)로 추숭한 것을 말한다. 공빈 김씨는 선조의 후궁으로 1575년(선조8) 광해군을 낳고 2년 후에 죽었는데, 광해군의 추숭에 의해 사후에 선조의 정비인 의인왕후(懿仁王后)와 같은 위치로 격상되었으나, 인조반정 이후 광해군이 폐위되면서 빈(嬪)으로 다시 격하되었다. 《光海君日記 2年 3月 29日》

126 노(魯)나라의……풍자하였으며 : 노나라의 성풍은 춘추 시대 노나라 장공(莊公)의 첩이자 희공(僖公)의 생모이다. 《춘추(春秋)》 문공(文公) 9년 기사의 기록인 "진(秦)나라 사람이 와서 희공과 성풍의 수의(襚衣)를 전하였다."에 대해 《춘추호씨전(春秋胡氏傳)》에서 풀이하기를 "수의를 함께 보낸 것을 비난한 것이다. 풍씨(風氏)는 장공

大君)을 비호한 이 문익공 덕형(李文翼公德馨)의 행위를 증오하여 그를 극형으로 다스리려고 하자[127] 그 계획을 꺾어 실현하지 못하도록 하였고, 이이첨(李爾瞻)이 이 문충공 원익(李文忠公元翼)을 힘껏 무고한 결과 화가 예측할 수 없는 상태까지 이르자[128] 공이 그것을 맹렬히

의 첩인데 풍씨를 세워 부인으로 만든 것은 그 아들 희공이다. 그러므로 희공과 성풍이라고 기록함으로써, 후세의 자식 된 자가 마땅히 자식의 도리를 밝혀야지 참란(僭亂)한 예를 행하여 자기 부친을 천하게 만들어서는 안 된다는 것을 보여 준 것이다. 이민성(李民宬)은 이러한 입장에 따라 해당 고사를 인용함으로써 광해군의 생모인 공빈 김씨에 대한 추숭을 풍자한 것이다. 《春秋胡氏傳 文公9年》《光海君日記 7年 8月 13日》

127 간흉(奸凶)이……하자 : 1613년 이이첨 등이 박응서(朴應犀)를 사주하여 인목대비의 아버지인 김제남이 반역을 모의하였다고 거짓으로 고변하게 한 뒤 곧바로 반역의 근거가 되는 영창대군의 처형을 주장하자, 이덕형(李德馨)이 영의정을 사직하는 차자를 올려 "비록 역모를 미리 알았다고 해도 나이가 혹 차지 않았다면 법적으로 형을 시행할 수 없으니, 법은 왕이 삼가 지켜야 하는 것입니다."라고 하면서 영창대군을 비호하였다. 이에 이이첨이 이덕형을 당역(黨逆)이라고 지목하면서 공격하는 한편, 삼사(三司)를 중심으로 이덕형에 대한 삭탈관직 요구가 거세게 이루어졌다. 《敬亭集 年譜 卷1 年譜》《龍洲遺稿 卷18 領議政漢陰李公神道碑銘》《光海君日記 5年 8月 8日》 이때 이덕형이 올린 차자는 《한음문고(漢陰文稿)》 권7에 실린 〈진대군불가가죄차(陳大君不可加罪箚)〉이다.

128 이이첨(李爾瞻)이……이르자 : 1613년 계축옥사 때 박동량(朴東亮)을 모반 혐의로 심문하던 과정에서 앞서 선조가 죽을 당시 인목대비의 사주로 궁녀들이 의인왕후의 능인 목릉(穆陵)에 저주했던 사실이 밝혀지는데, 1615년 2월에 광해군이 팔도에 그 사건의 진상을 담은 교서를 반포하도록 명하였다. 그러자 완평부원군(完平府院君) 이원익(李元翼)이 밀차(密箚)를 올려 '대비께서 장차 위호(位號)를 보전하지 못할 것'이라고 하는 항간의 말을 전하면서 교서의 반포가 모자(母子)의 명위(名位)와 윤기(倫紀)에 해가 된다고 하며 그 부당성을 역설하였다. 이에 이원익은 광해군의 분노와 이이첨을 비롯한 그 일파들의 거센 공격에 직면하게 된다. 《敬亭集 年譜 卷1 年譜》《光海君日記 7年 2月 18日, 19日》《記言 卷38 梧里李相國遺事》

논척해 마지않았으니, 이는 공의 도(道)가 드러난 것이다. 또 공이 두 차례 명을 받들고 천자를 배알하였을 때[129] 중조(中朝)의 학사(學士)와 대부(大夫) 들이 간간이 공과 시를 수창하고는 공을 몹시도 존경하고 아낀 나머지 '이적선(李謫仙)'이라고 칭하기까지 하였으니, 이는 공의 이름이 썩지 않고 영원히 전해지게 된 것이다. 그러하니 지위가 덕(德)에 차지 못하고 수명이 인(仁)에 걸맞지 못한 것으로 공에 대해 탄식하고 안타까워하는 자들은, 그 안목과 흉금이 어찌 그리도 작은 데에 국한되고 큰 데에 면밀하지 못한 것인가.

이씨(李氏)는 본래 영양(永陽) 사람이다. 고려 때 휘 휘(暉)란 분이 있어 충렬왕(忠烈王)을 도와 합단적(哈丹賊)을 토벌하고 큰 공을 세우자 원(元)나라 황제가 새서(璽書)를 하사하여 표창하였다. 그 뒤 4대를 지나 휘 려(麗)란 분이 있는데 우리 왕조가 개국하자 군위(軍威)로 이거하여 종적을 감추었다. 국호를 가지고 이름을 삼은 것은 대개 옛 나라를 잊지 않으려는 뜻이다. 또 2대를 지나 휘 세헌(世憲)이란 분이 있어 좌승지에 증직되었는데, 이분이 공의 증조이다. 휘 여해(汝諧)를 낳았는데, 여해는 능침랑(陵寢郎)을 지내고 이조 참판에 증직되었다. 휘 광준(光俊)을 낳았는데, 이분이 공의 선고이다. 문과에 급제하여 관찰사를 지냈다. 군위에서 의성(義城)으로 이주함으로써 자손들은 현재 의성 사람이 되었다. 선비는 평산 신씨(平山申氏)로 장절공(壯節公) 신숭겸(申崇謙)의 후손이자, 인의(引儀) 신권(申權)의 따님이다.

공은 융경(隆慶) 경오년(1570, 선조3)에 태어났다.

129 공이……때 : 이민성은 1602년(선조35)과 1623년(인조1) 두 차례 주청사(奏請使)의 서장관(書狀官) 자격으로 명(明)나라에 간 적이 있다.《敬亭集 年譜 卷1 年譜》

정유년(1597)에 문과에 급제하여 승문원 정자에 선발되어 보임(補任)되었다.

신축년(1601)에 승정원 주서에 제수되었다. 이듬해 시강원 설서에 제수되고 사서(司書)에 올랐다. 서장관으로 차임되어 경사(京師)에 조회를 갔다.

계묘년(1603)에 예조 좌랑을 거쳐 병조로 옮겨 제수되고 얼마 뒤 정랑에 올랐다.

을사년(1605)에 조정의 논의에 따라 천관랑(天官郎)에 보임하고자 하였으나, 정인홍(鄭仁弘)[130]이 공을 미워하여 그 일당을 사주해 탐라 점마 어사(耽羅點馬御史)로 차임시켜 버렸다. 그러나 공은 태연히 웃으며 "남해(南海)에서 발을 씻고 한라(漢拏)에서 옷을 터는 것이 또한 유쾌한 일이 아니겠는가."라고 하였다. 제주에 부임한 뒤에는 오직 마필(馬匹) 장부에 대해 문제 규명과 완비 요구 외에는 요란하게 일을 벌이지 않아 해도(海島)의 목장(牧場)들이 덕분에 안정될 수 있었고, 일을 마치고는 즉시 배를 돌리고 바다를 달려 조정에 복귀하니, 조정에서 하직 인사를 올리고 떠난 때로부터 40여 일 만이었다. 이후 공은 시사(時事)에 염려되는 부분이 많자 실의에 빠져들어 관직을 버리고 남쪽으로 돌아갔다. 이때 이오봉 호민(李五峯好閔)이 시[131]를 지어 전송하고 멀어져 가는 배를 바라보면서 함께 돌아가지 못하는 것을 한탄

130 정인홍(鄭仁弘) : 1535~1623. 본관은 서산(瑞山), 자는 덕원(德遠), 호는 내암(來庵)이다. 이이첨과 마찬가지로 이민성과 반대 세력에 있던 대북파의 실력자이다.

131 시 : 〈이관보형제이친로설권남귀……요신별서(李寬甫兄弟以親老挈眷南歸……聊申別緒)〉이다. 《五峯集 卷3》

하였다.

무신년(1608, 광해군 즉위년)에 사헌부 지평에 제수되었다. 이때 조정에서는 권세를 잡았던 간신들을 치죄(治罪)하면서 그 세력에 빌붙었던 자들까지 모두 연좌시켰는데, 그 가운데 평소 공을 시기하던 자들이 많이 포함되어 있었다. 그러나 이러한 상황에서도 공이 견지한 공평한 논의 덕분에 그들은 처벌을 면할 수 있었고, 이에 세상 사람들 모두 너그러운 도량을 지녔다고 공을 칭송하였다. 얼마 안 있다 체직되어 문학(文學)에 제수되고 호당(湖堂)에서 사가독서를 하였다.

기유년(1609)에 옥당에 뽑혀 들어갔다. 관찰공(觀察公)의 상을 당하여 묘 곁에 여막을 지어 삼년상을 지냈다.

계축년(1613)에 홍문관의 부수찬과 교리에 제배되고 문학을 겸관하였다. 이 당시, 정조와 윤인의 폐모론(廢母論)이 일어났다. 이에 공이 차자를 올려 "정조와 윤인 등이 곧바로 자전(慈殿)을 비난하면서 '응당 끊어야 될 악행이 뚜렷하게 드러났다.'라고까지 하는 한편, 또 '주(邾)나라로 도망하였다.'[132]라거나 '태후(太后)를 옮겼다.'[133]라는 등의 말을

132 주(邾)나라로 도망하였다 : 《춘추좌씨전》 민공(閔公) 2년 기사의 "부인 강씨(姜氏)가 주나라로 도망갔다."를 가리킨다. 강씨는 춘추 시대 노(魯)나라 장공(莊公)의 부인 애강(哀姜)으로, 장공의 동생인 경보(慶父)와 사통(私通)하면서 장공 사후에 각종 간악한 음모와 계략을 꾸며서 제후 자리를 좌지우지하다가 장공의 막냇동생 계우(季友)에게 토벌당해 주나라로 도망쳐 갔다. 애강은 이후 노나라에서 죽음을 당한다.

133 태후(太后)를 옮겼다 : 태후는 후한(後漢) 안제(安帝)의 황후인 염 황후(閻皇后)로, 재주와 미모가 뛰어났으며 질투심이 강해 안제가 궁인 이씨(李氏)를 총애하자 이씨를 독살했다. 안제가 죽은 뒤 남동생 염현(閻顯)과 함께 황태자를 제음왕(濟陰王)으로 폐하고 수렴청정을 하며 북향후(北鄕侯) 의(懿)를 세웠는데, 북향후 의가 죽자 환관 손정(孫程) 등이 제음왕을 황제로 세우고 염후를 이궁으로 옮겼다. 《後漢書 皇后紀 安思閻皇后》

인용하면서 결론지으니, 인륜과 강상에 저지른 죄가 심합니다."라고 하였다. 마침내 이이첨 등이 공이 하전(賀箋)에 쓴 말[134]을 끄집어내 불경죄로 논하면서 직임을 삭탈하고 종신토록 관직에 임용될 수 없도록 하였다. 이에 공은 미련 없이 영남으로 돌아가 좌우에 도서를 쌓아 놓고 완미하고 탐구하며 잠자고 밥 먹는 것조차 잊을 정도의 생활을 거의 10년 동안 하였다.

그러다 인조가 반정을 하자 가장 먼저 공에게 명하여 주청사(奏請使)의 서장관(書狀官)을 차임하고 사헌부 장령을 겸관하게 하였다. 이 당시 요동(遼東)과 계주(薊州)로 통하는 길이 막혀 우리 사신은 졸지에 바다를 건너 천자를 배알하였으나 공은 얼굴에 두려워하는 기색을 보이지 않았다. 도착한 뒤 중조의 경대부(卿大夫)들이 무고하는 말을 들이면서 주청에 대해 갖가지 방법으로 저지하였다.[135] 그러나 공은 사관(使館)에 9개월 동안 머무르면서 선혈을 뿌리듯 간곡하게 글을 써 올리니, 그 충정과 간절함이 족히 사람을 감동시키는 부분이 있었다. 그리하여 그 이듬해인 갑자년(1624, 인조2)에 임무를 완수하고 돌아왔다. 이에 상이 인견(引見)하고는 매우 기뻐하여 성균관 사성으

134 공이……말 : 광해군의 생모인 공빈 김씨에 대한 추숭을 위해 올린 하전에서 노나라 성풍의 고사를 인용한 것을 말한다. 405쪽 주126 참조.

135 중조의……저지하였다 : 인조의 책봉(冊封)을 요청하는 우리 사신들의 요구에 대해 추관(推官) 맹양지(孟養志)를 비롯한 명나라 조정의 신하들 다수가 인조의 등극을 반정이 아닌 찬탈(簒奪)로 규정하면서 황제의 승인 없이 폐출을 마음대로 하고, 궁궐에 불을 지르고, 십수 년 동안 명나라에 충순하였던 광해군을 죽이고, 일본군 3000명까지 끌어들였다는 내용의 유언비어로 무고한 것을 말한다.《敬亭集 年譜 卷1 年譜》《이영춘, 인조반정(仁祖反正) 후에 파견된 책봉 주청사(冊封奏請使)의 기록(記錄)과 외교 활동, 朝鮮時代史學報 59, 조선시대사학회, 2011, 125~128쪽》

로 임명하는 한편, 통정대부로 자급을 올려 주고 토지와 노비를 하사함으로써 총애하였다. 이로부터 누차 은대(銀臺)에 들어가고 동부승지를 거쳐 좌승지에 올랐다.

정묘년(1627)에 건로(建虜)[136]가 크게 날뛰며 관서(關西) 지방에 침입하자 장여헌(張旅軒) 선생이 영남 호소사(嶺南號召使)로서 공을 천거하여 좌도 의병 대장(左道義兵大將)으로 삼았는데, 공은 이미 그보다 앞서 전주(全州)로 나아가 왕세자를 뵙고서[137] 군수 물자 확보와 관련한 계획 수립에 많은 지원을 하였다. 얼마 안 있어 조정에서 군대를 해산하고 강화를 실시하자 분조(分朝)에서 서둘러 강화도로 나아가 어가(御街)를 호종(扈從)하고 조정으로 돌아왔다.

기사년(1629)에 형조 참의에 제수되었으나 병으로 사직하고, 마침내 8월 15일에 졸하였다. 부음이 알려지자 상이 몹시 슬퍼하여 특별히 부의(賻儀)를 더해 주었다. 선대부(先大夫)의 묘 아래에 장사 지내니, 바로 의성현(義城縣) 서쪽 묘좌(卯坐)의 언덕이다.

아아, 공은 맡은 일에 성심을 다하여 의리(義理)의 존재만 알고 화복(禍福)의 존재는 알지 못하였다. 그 결과 흉악한 논의를 꺾어 버린 것이 모두 몇 번이었던가. 그런데 성조(聖祖)가 왕위에 오르고 나서 폐모론이 일어나는 와중에 의리를 세웠던 자들 모두는 살아서 총애를 받으며 발탁되고 죽어서 관직을 추증받는 일에 아무런 유감이

136 건로(建虜) : 건주위(建州衛)의 오랑캐라는 말로, 후금(後金)을 뜻한다.

137 전주(全州)로……뵙고서 : 1627년 후금의 침략으로 인조와 소현세자(昭顯世子)가 조정(朝庭)을 나누는 분조 정책이 시행됨에 따라 전주로 내려가 임시 조정을 지휘하던 소현세자를 찾아간 것이다.

없게 되었다. 그러나 공은 도리어 자신의 글 초고를 삭제해 버리고 가만히 조용하게 앉아서 마치 말을 잘하지 못하는 사람처럼 유약한 모습을 내보였다. 그러다 바닷길을 건너가는 임무를 수행하게 되었을 때, 풍랑이 배를 뒤흔들고 성난 고래가 물을 뿜어 대는 상황이 닥쳐와서 뱃사공들이 두려움에 질린 얼굴로 그저 두 손만 비비며 하늘에 기도를 하던 와중에서, 공은 옷깃을 여미고 태연하게 앉아 붓을 잡고 시를 지어 그 상황을 진정시켰고, 이에 파도는 가라앉고 고래는 사라지는 결과가 나타났다. 공은 이 당시 어쩌면 그리도 용감하고 또 의연했던가.

공이 세상을 떠난 지 160여 년이 지나 6세손 상사생(上舍生) 상발(祥發)이 조부가 지은 기실문(紀實文)[138]을 가지고 천 리 먼 곳에서 서울로 들어와 나에게 명(銘)을 지어 달라고 청하였다. 나는 그저 정신이 흐릿한 늙은 몸일 뿐이니, 어찌 공에 대한 글을 지을 수 있겠는가. 그 덕(德)은 사림들이 제향하고 있음을 통해서, 그 말은 간행된 유집(遺集)을 통해서, 그 칭양할 부분은 여헌 선생이 일찍이 공의 묘지명을 지으면서 한 말인 "몸가짐은 단정하고 말은 온화하며 일을 처리할 때는 치밀하고 남을 대할 때는 관대하였다."를 통해서 알 수 있다. 그러니 후대에 공의 덕을 사모하는 자들이 이를 통해 본다면 도를 간직한 이의 기상이 어떠한지를 살필 수 있으니, 내 어찌 췌언을 하겠는가.

전배(前配)는 양양 권씨(襄陽權氏)로 사인(士人) 권문연(權文淵)의

138 조부가 지은 기실문(紀實文) : 이민성의 현손 이명천(李命天)이 이민성의 생전 행적을 기록한 글로서, 《경정집(敬亭集)》 연보 권2에 실린 〈가장(家狀)〉이다. 1739년(영조15)에 집필되었다.

따님이다. 숙부인(淑夫人)에 증직되었고 공의 묘 왼편에 묻혔다. 후배(後配)는 숙부인 의령 남씨(宜寧南氏)로, 찰방 남이인(南以仁)의 따님이다. 예법으로 가문을 부지하면서 며느리의 도리에 매우 합당하였다. 공보다 22년 뒤에 생애를 마쳐 향년 74세이고 공의 묘 오른편에 묻혔다. 후사가 없어 아우인 참판공(參判公) 민환(民寏)의 아들 정기(廷機)를 후사로 삼았다.

정기는 문과에 급제하여 목사를 지냈고 이씨(李氏)에게 장가들었다. 이씨는 연원부원군(延原府院君) 이광정(李光庭)의 손자인 군수 이분(李昐)의 따님이다. 1녀를 두었다. 후취(後娶)는 심씨(沈氏)로, 현감 심서(沈諝)의 따님이다. 4녀를 두었고 아들은 없어 형 정숙(廷橚)의 아들 중경(重熲)을 아들로 삼았다. 딸은 모두 출가하였다. 측실에게서 둔 아들은 중렬(重烈)과 중훈(重勳)이다. 증손과 현손 이하는 내외 모두 수백 명이라 다 기록하지 못한다. 가장(家狀)을 찬술한 이는 현손 명천(命天)이다. 명은 다음과 같다.

어두운 거리에서 우뚝 서니[139]	卓立昏衢
외로운 촛불의 빛이었고	孤燭之光
중화에 문장을 크게 펼치니	大放中華
아름다운 옥의 울림이었네[140]	瓊玉之瑲

139 어두운……서니 : 광해군의 혼란한 시대에 이민성이 홀로 나서서 대북파의 폐모론을 반대하였다는 말이다.

140 중화에……울림이었네 : 이민성이 1602년과 1623년 명나라에 사신으로 갔을 때 현지의 선비들과 시를 수창하여 '이적선'이라고 극찬을 받은 일을 가리킨다. 당(唐)나라 문인 한유(韓愈)가 〈제유자후문(祭柳子厚文)〉에서 유종원(柳宗元)의 문장을 칭송한

문채 나는 사우여	有斐師友
한려[141]의 문하였고	寒旅之門
드러나 영화가 되니	發爲英華
덕 있는 이의 말이었네	有德之言
나의 명 몹시도 분명하니	我銘孔彰
절행의 완전함이로세	節行之完

표현인 "주옥같은 그 문장은, 몹시도 아름다운 말을 쏟아 내었네.〔王佩瓊琚, 大放厥辭.〕"라는 구절을 차용한 것이다.

141 한려(寒旅) : 정구(鄭逑)의 호인 한강(寒岡)과 장현광(張顯光)의 호인 여헌(旅軒)의 병칭이다.

지은이 **채제공(蔡濟恭)**

1720년(숙종46)~1799년(정조23). 조선 후기의 문신으로, 본관은 평강(平康), 자는 백규(伯規), 호는 번암(樊巖)·번옹(樊翁)이며, 시호는 문숙(文肅)이다. 1743년 정시 문과에 병과로 급제하여 승문원 권지부정자에 임명되면서 관직 생활을 시작하였다. 1748년 11월 영조의 특명으로 시행한 한림 소시(翰林召試)에서 수석을 차지하여 예문관 검열과 대교가 되었고, 이후 대사간, 한성부 판윤, 병조 판서, 예조 판서, 호조 판서 등을 역임하였다. 1780년 역적 홍국영과의 친분, 사도세자에 대한 신원 주장으로 공격을 받자 사직하고, 명덕산(明德山)과 노량(鷺梁) 등지에서 은거하였다. 1788년 우의정이 되었으며 2년 후 좌의정으로 승진하면서 3년간 혼자 정승을 맡아 국정을 운영하였다. 영조가 사도세자의 죽음을 후회하여 기록한 〈금등(金縢)〉을 정조와 함께 보관할 유일한 신하로 채택될 만큼 두 국왕의 깊은 신임을 받았으며, 정조의 탕평책을 추진한 핵심적인 인물이었다. 사후인 1801년 황사영 백서 사건(黃嗣永帛書事件)으로 관작이 추탈되었다가 1823년 영남만인소로 신원되었다. 문장은 소차(疏箚)에 능했고, 시풍은 위로는 이민구(李敏求)·허목(許穆), 아래로는 정약용(丁若鏞)으로 이어진다고 한다.

옮긴이

김정기(金正基)

한림대학교 부설 태동고전연구소와 강원대학교 국어국문학과 박사과정을 수료하였다. 현재 한국고전번역원 고전문헌번역실 교점번역위원이며, 한국국학진흥원 영남선현문집번역 객원연구원이다.

이유찬(李維澯)

경상대학교 사학과를 졸업하고 성균관대학교 한문고전번역협동과정을 수료하였다. 대전 온지당에서 한학을 배웠다. 한국고전번역원 번역위원으로 《승정원일기》 번역에 참여하고 있다. 번역서로 《창계집》(공역)이 있다.

정문채(鄭文采)

부산대학교 국어국문학과를 졸업하고 서울대학교 국어국문학과 석사과정을 수료하였으며 한국고전번역원 부설 고전번역교육원 연수과정을 졸업하였다. 현재 한국고전번역원 고전문헌번역실 교점번역위원이다.